斯尔教育
SINCERE EDU

税务师职业资格考试辅导用书

财务与会计

斯尔教育 组编

2022

民主与建设出版社

·北京·

©民主与建设出版社，2022

图书在版编目（CIP）数据

打好基础. 财务与会计 / 斯尔教育组编. –– 北京：
民主与建设出版社, 2022.6
税务师职业资格考试辅导用书
ISBN 978-7-5139-3868-6

Ⅰ.①打… Ⅱ.①斯… Ⅲ.①财务管理—资格考试—
习题集②会计—资格考试—习题集 Ⅳ.①F23-44

中国版本图书馆CIP数据核字(2022)第094814号

打好基础·财务与会计

DAHAO JICHU·CAIWU YU KUAIJI

组　　编	斯尔教育	
责任编辑	程　旭	
封面设计	师鑫祺	
出版发行	民主与建设出版社有限责任公司	
电　　话	（010）59417747　59419778	
社　　址	北京市海淀区西三环中路10号望海楼E座7层	
邮　　编	100142	
印　　刷	河北鸿运腾达印刷有限公司	
版　　次	2022年6月第1版	
印　　次	2022年6月第1次印刷	
开　　本	889mm×1194mm　1/16	
印　　张	29	
字　　数	742千字	
书　　号	ISBN 978-7-5139-3868-6	
定　　价	75.00元	

注：如有印、装质量问题，请与出版社联系。

顾　言

　　《财务与会计》考试的最大特点是考点覆盖面广、考核基础性强。作为考试用书，这本书在编写的过程中，紧贴考试特点，做到了知识覆盖全面无冗余、内容讲解清晰无累赘，通过最简单、最直接、最高效的方式帮你打牢基础、轻松应试。华山再高、顶有过路，愿大家在这本书的陪伴之下，一路乘风破浪、考试顺利通关。

尚　志　中

　　当我们首次翻开《财务与会计》这本书，或许雄心壮志，或许惶恐不安，各种各样的情绪纷至沓来，但知识的学习并非一蹴而就，更多的是靠积累与沉淀，正如劝学当中所言"不积跬步无以至千里，不积小流无以成江海"，让我们一步一步打好基础，做到"懂原理，有体系，会做题"，最终顺利到达理想的彼岸！

最慢的脚步不是跬步，而是徘徊；最快的脚步不是冲刺，而是坚持。

当你翻开这本书的时候，就意味着你已经开始了新一年的备考征程，希望你能够拥有坚持到底的决心，不要在中途犹豫、徘徊。当然除了坚持之外，还需要准确把握考试特点，找对努力方向。

一、考试时间、题型、题量及判分标准

财务与会计的答题时间为150分钟，考试共设有单项选择题、多项选择题、计算题和综合分析题四种题型。四种题型均以选择的形式作答，以2021年的考试为例，各种题型的题量、分值及判分标准，如下表所示：

项目	单项选择题	多项选择题	计算题	综合分析题	合计
题量	40	20	2×4	2×6	80小题
分值	60	40	16	24	140
判分/及格标准	4选1，每题的备选项中，只有1个最符合题意	每题5个备选项中，有2个或2个以上符合题意，至少有1个错项。错选，本题不得分；少选，所选的每个选项得0.5分	每题的备选项中，只有1个最符合题意	每题的备选项中，有1个或多个符合题意，全部选对得满分，少选选对的，得相应分值，多选、错选、不选均不得分	84分及格
财务管理部分题量	约10	约6	1×4	一般为0	约20小题
财务会计部分题量	约30	约14	1×4	2×6	约60小题

二、考试特点与应对策略

（一）教材涉及内容多、考点覆盖面广

财务与会计是将财务管理和财务会计的内容，通过汇总、整合、筛选之后形成的一门综合性非常强的学科。财务管理和财务会计本身的知识体系就比较庞大。将这两个学科整合为财务与会计后，两个学科的核心知识都保留下来了，其涉及的内容之多，知识的可考性之强，可想而知。

同时，财务与会计科目试卷中共80个小题，相比其他财会类考试，题目的数量比较多。对出题老师而言，充足的题目数量，可以保证每套试卷能够覆盖足够多的知识点。同时参考历年考情，财务与会计考试几乎每一章、每一个知识点都曾经在试卷中出现过。

因此，大家要杜绝只学重点内容，而不学非重点内容的观念，克服把几个大的知识点学会，就可通过考试的错误思想。要先保证自己所学知识的广度，然后不断突破所学知识的深度。

（二）考核注重细节、但深度较浅

由于考试题型和科目属性的限制，财务与会计考试绝大部分题目，所考查知识点的深度并不是很深，都是基础性内容。但是在考核基础内容的同时，又非常注重对细节的考查，每年都会有一些题目看似非常简单，但是如果平时学习没有注意到，会很容易掉进出题老师设置的"陷阱"。

因此大家在学习时，最好搭配《只做好题》，检验学习成果，查漏补缺，及时发现学习中的盲点。

（三）考试计算量大、考试时间紧张

财务与会计的答题时间共150分钟，但是题目共有80个小题，平均到每个小题的答题时间不足2分钟。如果所有题目能够在看完选项后，直接得出结论，这个时间是充足的。但是，这80个小题中，有大部分题目是需要计算才可以得出结论的，同时计算题和综合分析题中，个别题目需要对大段资料分析计算，才可以得出最终的结论。因此考试的时间是非常紧张的。

大家在平时学习时，不要感觉把知识学会，把题目做对就万事大吉了，还要不断追求做题和运算的速度，做到精益求精。

三、需要克服的学习误区

很多同学认为，考过中级或注会的财管和会计之后，就可以裸考财务与会计了。这个观点是非常危险的，绝对不建议大家裸考财务与会计。主要原因有以下三点：

（1）虽然财务与会计考核的内容，大部分中级或注会的财管和会计都有学习，但是也有一部分知识点，是中级和注会学习中，从来没有涉及过的知识点。

（2）即使是那些相同的知识点，由于考试的定位不同，很多题目的考查角度也是不同的，在中级和注会所学的内容，不一定可以应对税务师的考试题目。

（3）试卷的题目数量不同。中级和注会虽然有主观题，需要考生独立编写分录，但是题目量比较少，财务与会计考试虽然不需要独立编写分录，但是题目的数量多。所以，考试的答题策略是完全不同的，如不尽早转换学习和做题思路，很难顺利通过考试。

一个人最美好的状态就是知道自己想要什么，并为之全力以赴。未来的备考旅程可能不会一帆风顺，但是希望大家能够全力以赴，坚持到底，胜利就在前方，加油！

目 录

第一章　财务管理概论

学习提要

考几分？

　　本章属于财务管理部分的基础性重点章节，近三年平均分值为6分左右。

怎么考？

　　本章主要以单项选择题或者多项选择题的形式，考查财务管理目标、货币时间价值和风险与收益等内容，其中货币时间价值经常与后续章节结合出题。

怎么学？

　　本章涉及的知识相对较多，但难度并不是很大。本章一共5节，前3节为基础理论知识，考点比较集中，需要重点突破；后2节为后续章节计算的基础，建议全面掌握。

考 点 精 讲

使用斯尔教育APP
扫码观看本节好课

第一节　财务管理概念与内容

一、财务管理概念

企业财务是指企业在生产经营过程中关于资金收支方面的事务。企业在再生产过程中，从货币资金形态出发，经过若干阶段，依次转换其形态，又回到货币形态，这一过程称为资金运动过程，也称为财务活动过程。

企业的资金循环可以分为资金的筹集、资金的投放与使用、资金的收回与分配等内容，资金只有不断地循环，才能在周转过程中实现价值的增值。

企业财务管理是以价值增值为目标，围绕企业各项财务活动而展开的决策、控制和评价的过程。财务管理的实质在于决策与控制。决策是前提，是一种事前管理活动；控制是日常性的管理活动，是事中管理活动；评价则是一种事后管理活动。

二、财务管理内容

企业的资金循环可以分为资金的筹集、资金的投放与使用、资金的收回与分配等内容，因此，财务管理主要包括筹资管理、投资管理、营运资金管理、股利分配管理四个方面的内容。

（一）筹资管理

企业的生存和发展离不开资金，筹集资金是企业资金运动的前提，也是企业资金运动的起点。

分类标准	类型	举例
按投资者权益的不同	债务资金	流动负债、非流动负债
	股权资本	所有者投入企业的资本金、留存收益
按企业占用时间长短	长期资本	权益资本、非流动负债
	短期资金	流动负债

（二）投资管理

企业筹集资金的动因是投资，企业只有将资金投入使用，才能在资金周转过程中实现其增值。

类型	解读
对内投资	企业将资金用于自身的生产经营，通过投资形成企业的固定资产、流动资产、无形资产和其他资产等
对外投资	企业将资金投放给其他企业，主要形式有股权投资和债权投资，股权投资是企业将资金投给其他企业形成所有者权益，债权投资是将资金投给其他企业形成债权

（三）营运资金管理

营运资金是企业流动资产和流动负债的总称，流动资产减流动负债的余额称为净营运资金。

营运资金管理包括流动资产管理和流动负债管理。

（四）股利分配管理

企业投资者投资企业的目的是获取收益。企业的经营成果在补偿生产耗费，缴纳企业所得税以后，税后利润应属于企业所有者。企业在考虑发展对资金的需要和投资者意愿的前提下，决定向投资者分配的股利和留存利润的比例。

财务管理的上述四项基本内容构成有机联系的整体，它们共同为实现企业财务管理目标服务。此外，财务管理的内容还包括企业破产、清算和重整管理，企业收购与兼并管理，企业财务分析与业绩评价，企业财务诊断，国际财务管理等内容。

三、财务管理环节

（一）财务预测与预算（事前）

（二）财务决策与控制（事中）

（三）财务分析与评价（事后）

使用斯尔教育APP
扫码观看本节好课

第二节　财务管理目标

一、企业财务管理目标（★）

企业财务管理目标主要有三种观点：

（一）利润最大化

维度	解读
含义	企业财务管理以实现利润最大为目标
原因	利润代表了企业新创造的价值，利润增加代表着企业财富的增加，利润越多，代表企业新创造的财富越多
	生产经营活动的目的是创造更多的剩余产品，剩余产品的多少可以用利润指标衡量
	在自由竞争的资本市场中，资本的使用权最终属于获利最多的企业
	只有每个企业最大限度地创造利润，整个社会财富才可能实现最大化，从而推动社会的进步和发展

续表

维度	解读
优点	计算简单，易于理解，有利于企业资源的合理配置，有利于企业整体经济效益的提高
缺点	没有考虑利润实现时间和资金时间价值
	没有考虑风险问题
	没有反映创造的利润与投入资本之间的关系
	可能导致企业财务决策短期化的倾向，影响企业长远发展

提示：利润最大化的另一种表现方式是每股收益最大化，它反映了所创造利润与投入资本之间的关系。但是每股收益最大化并不能弥补利润最大化目标的其他缺陷。

（二）股东财富最大化

维度	解读
含义	企业财务管理以实现股东财富最大为目标
计算	股东财富=股东所拥有的股票数量×股票市场价格 在股票数量一定时，股票价格达到最高，股东财富也就达到最大
优点	考虑风险因素，因为通常股价会对风险作出较敏感的反应
	在一定程度上能避免企业短期行为，因为不仅目前的利润会影响股票价格，预期未来的利润同样会对股价产生重要影响
	对上市公司而言，股东财富最大化目标比较容易量化，便于考核和奖惩
缺点	非上市公司难以应用
	股价受众多因素影响，股价不能完全准确反映企业财务管理状况
	强调更多的是股东利益，而对其他相关者的利益重视不够

（三）企业价值最大化

维度	解读
含义	企业财务管理以实现企业价值最大为目标
计算	企业价值=所有者权益市场价值+债权人权益市场价值 它等于企业所能创造的预计未来现金流量的现值
优点	考虑了取得报酬的时间，并用时间价值的原理进行了计量
	考虑了风险与报酬的关系

续表

维度	解读
优点	将企业长期、稳定的发展和持续的获利能力放在首位，能克服企业在追求利润上的短期行为
	用价值代替价格，避免过多受外界市场因素的干扰
缺点	过于理论化，不易操作
	对于非上市公司，只有对企业进行专门的评估才能确定其价值，由于受评估标准和评估方式的影响，很难做到客观和准确

各种财务管理目标，都应当以股东财富最大化为基础。因为离开了股东的投入，企业就不复存在；股东在企业中承担着最大的义务和风险，相应也需享有最高的报酬。

因此，本书以股东财富最大化作为财务管理目标。

【**典例研习·1-1**】（2017年单项选择题）

下列各项企业财务管理目标中，既没有考虑资金的时间价值、也没有考虑投资风险的是（　　）。

A.股东财富最大化
B.每股收益最大化
C.企业价值最大化
D.每股市价最大化

斯尔解析 本题考查财务管理目标。股东财富最大化，也称为每股市价最大化，其考虑了风险因素，因为通常股价会对风险作出较敏感的反应，选项AD错误；每股收益最大化是利润最大化的另一种表现方式，它反映了所创造利润与投入资本之间的关系，但并不能弥补利润最大化目标的其他缺陷（没有考虑资金时间价值和风险），选项B正确；企业价值等于企业所能创造的预计未来现金流量的现值，因为未来现金流量的预测包含了不确定性和风险因素，而现金流量的现值是以资金的时间价值为基础对现金流量进行折现计算得出的，因此，企业价值最大化考虑了风险因素和货币的时间价值，选项C错误。

【**典例研习·1-2**】（2014年多项选择题）

下列关于财务管理目标理论的表述中，正确的有（　　）。

A.利润最大化不能反映企业财富的增加
B.利润最大化和股东财富最大化都未考虑风险因素
C.企业价值最大化同时考虑了风险和货币的时间价值因素
D.股东财富最大化和企业价值最大化都能规避管理层追求利润的短期行为
E.企业价值最大化用价值代替价格，避免了过多受外界市场因素的干扰，有效地规避了企业的短期行为

斯尔解析 本题考查财务管理目标。以利润最大化作为财务管理目标的主要原因之一是利润代表了企业新创造的价值，利润增加代表着企业财富的增加，选项A错误；利润最大化并未考虑风险因素，但股东财富最大化考虑了风险因素，选项B错误。

【典例研习】答案：
1-1：B
1-2：CDE

二、利益相关者的要求（★）

（一）股东和经营者的利益冲突与协调

1.股东和经营者的利益冲突的主要表现

对象	利益诉求
股东	以较小的代价（支付较少的报酬）实现更多的财富
经营者	在创造财富的同时，能够获取更多的报酬、更多的享受，并避免各种风险

2.股东和经营者利益冲突的主要解决方式

方式	解读
解聘	解聘是一种通过股东约束经营者的办法
接收	接收是一种通过市场约束经营者的办法。如果经营者决策失误，经营不力，绩效不佳，企业就可能被其他企业强行接收或兼并，相应经营者也会被解聘
激励	激励就是将经营者的报酬与其绩效直接挂钩，以使经营者自觉采取能提高股东财富的措施。激励通常有以下两种方式：股票期权、绩效股

（二）股东和债权人的利益冲突与协调

债权人把资金借给公司，要求到期收回本金，获得约定利息。但是债权人一旦将资金提供给公司，就丧失控制权。

股东可能：①不经债权人同意，改变举债资金的原定用途，投资于比债权人预期风险更高的项目；②不征得债权人的同意，发行新债，致使旧债券价值下降，致使原有债权的价值降低。

股东与债权人的上述利益冲突，通常采取以下主要方式解决：

方式	解读
限制性借债	债权人通过事先规定借债用途限制、借债担保条款和借债信用条件，使股东不能通过以上方式削弱债权人的债权价值
收回借款或停止借款	当债权人发现企业有侵蚀其债权价值的意图时，采取收回债权或不再给予新的借款的措施，从而保护自身权益

【典例研习·1-3】（2018年单项选择题）

以股东财富最大化作为财务管理目标的首要任务是协调相关者的利益关系，下列不属于股东和经营者利益冲突解决方式的是（　　　）。

A.因经营者绩效不佳被股东解聘

B.因经营者经营绩效达到规定目标获得绩效股

C.因经营者决策失误企业被兼并

D.因经营者经营不善导致公司贷款被银行提前收回

斯尔解析 本题考查利益相关者的要求。股东和经营者利益冲突的解决途径有：解聘、接收、激励（股票期权、绩效股），因此选项ABC属于股东和经营者利益冲突解决方式，不应当选；选项D不属于股东和经营者利益冲突的解决方式，属于股东和债权人的利益冲突与协调，故当选。

第三节　财务管理环境

使用斯尔教育APP
扫码观看本节好课

一、法律环境

法律环境是指对企业财务活动和财务管理产生影响的各种法律因素。市场经济是法制经济，企业的经营活动总是在一定法律规范内进行的。对企业来说，法律为企业经营活动规定了活动空间，也为企业在规定空间内自由经营提供了法律保护。

这些法律、法规和规章制度，主要包括公司法、证券法、金融法、证券交易法、合同法、税法、企业财务通则、内部控制基本规范、管理会计体系等，它们从不同方面规范或制约企业的筹资、投资和分配活动，对企业财务管理产生影响。

二、经济环境（★）

在影响财务管理的各种外部环境中，经济环境是最为重要的。

经济环境内容十分广泛，包括经济体制、经济周期、经济发展水平、宏观经济政策及社会通货膨胀水平等。

（一）经济周期

在市场经济条件下，经济发展与运行带有一定的波动性。大体上经历复苏、繁荣、衰退和萧条四个阶段的循环，这种循环叫作经济周期。在不同的经济周期，企业应采用不同的财务管理战略：

复苏 （积累能量）	繁荣 （疯狂生长）	衰退 （停止与瘦身）	萧条 （割肉冬眠）
1.增加厂房设备 2.实行长期租赁	1.扩充厂房设备	1.出售多余设备 2.停止扩张	1.建立投资标准 2.压缩管理费用
3.建立存货储备 4.开发新产品	2.继续增加存货 3.提高产品价格 4.开展营销规划	3.削减存货 4.停止长期采购 5.停产不利产品	3.削减存货 4.保持市场份额 5.放弃次要利益
5.增加劳动力	5.增加劳动力	6.停止扩招雇员	6.裁减雇员

【典例研习·1-4】（2019年单项选择题）

下列不同的经济周期，企业采用的财务管理战略错误的是（　　　　）。

A.在经济复苏期，应实行长期租赁

B.在经济萧条期，应保持市场份额

C.在经济繁荣期，应提高产品价格

D.在经济衰退期，应增加长期采购

斯尔解析　本题考查财务管理环境。在经济衰退期，应停止长期采购，选项D的表述错误。

【典例研习】答案：
1-4：D

（二）通货膨胀水平

1.通货膨胀对企业财务活动的影响

（1）引起资金占用的大量增加，从而增加企业的资金需求；

（2）引起企业利润虚增，造成企业资金由于利润分配而流失；

（3）引起利润上升，加大企业的权益资本成本；

（4）引起有价证券价格下降，增加企业的筹资难度；

（5）引起资金供应紧张，增加企业的筹资困难。

2.通货膨胀的应对措施

阶段	措施
初期	进行投资可以避免风险，实现资本保值
	与客户签订长期购货合同，以减少物价上涨造成的损失
	取得长期负债，保持资本成本的稳定
持续期	采用比较严格的信用条件，减少企业债权
	调整财务政策，防止和减少企业资本流失

三、金融环境（★）

（一）金融工具

金融工具是指融通资金双方在金融市场上进行资金交易、转让的工具。借助金融工具，资金从供给方转移到需求方。金融工具分为基本金融工具（股票、债券）和衍生金融工具（远期合约）。

金融工具具有流动性、风险性和收益性的特征。

（二）金融市场

金融市场是指资金供应者和资金需求者双方通过一定的金融工具进行交易而融通资金的场所。

（三）利率

利率是资金的价格，它是衡量资金增值的基本单位，是资金的增值同投入资金的价值比。

名义利率=纯利率+通货膨胀预期补偿率+风险补偿率

风险补偿率=违约风险补偿率+流动性风险补偿率+期限风险补偿率

项目	解读
纯利率	没有风险、没有通货膨胀情况下的平均利率，它只受货币的供求关系、平均利润率和国家调节的影响
通货膨胀预期补偿率	由于通货膨胀造成货币实际购买力下降而对投资者的补偿，它与将来的通货膨胀水平有关，与当前的通货膨胀水平关系不大
风险补偿率	资本提供者因承担风险所获得的超过纯利率、通货膨胀预期补偿率的回报。风险补偿率受风险大小的影响，风险越大，要求的报酬率越高，当风险升高时，就相应要求提高报酬率

续表

项目		解读
风险补偿率	违约风险	由于借款人无法按时支付利息或偿还本金而给投资者带来的风险
	流动性风险	一项资产能否迅速转化为现金，如果能迅速转化为现金，说明其变现能力强，流动性风险小
	期限风险	在一定时期内利率变动的幅度，利率变动幅度越大，期限风险越大

【典例研习·1-5】（2013年单项选择题改编）

下列关于利率构成的各项因素的表述中，错误的是（　　　）。

A.纯利率是没有风险、没有通货膨胀情况下的平均利率

B.通货膨胀预期补偿是由于通货膨胀造成货币实际购买力下降而对投资者的补偿，它与当前的通货膨胀水平关系不大，与预期通货膨胀水平有关

C.流动性风险的大小可用一项资产转化为现金的速度来衡量，如果变现能力强，流动性风险就大

D.期限风险是指在一定时期内利率变动的幅度，利率变动幅度越大，期限风险就越大

斯尔解析 本题考查财务管理环境。流动性风险是指一项资产能否迅速转化为现金，如果能迅速转化为现金，说明变现能力强，流动性风险小，反之，流动性风险大，选项C的表述错误。

第四节　货币时间价值

使用斯尔教育APP
扫码观看本节好课

认识现金流量（时间）轴：

0代表现在时点，即第一期期初；1代表第一期期末；2代表第二期期末……

0~1之间的时间段代表第一期期间，1~2之间的时间段代表第二期期间……

一、货币时间价值的概念

维度	解读
定义	货币时间价值是指一定量货币资本在不同时点上的价值量差额
产生原因	货币的时间价值来源于货币进入社会再生产过程后的价值增值。通常情况下，它是指没有风险也没有通货膨胀情况下的社会平均利润率，是利润平均化规律发生作用的结果

【典例研习】答案：
1-5：C

续表

维度	解读
举例	现在的1元钱，比1年后的1元钱的经济价值要大一些
作用	可以将某一时点的货币价值金额折算为其他时点的价值金额

二、复利终值与复利现值（★★）

原理详解

复利计息与单利计息

单利计息：按照固定的本金计算利息。

复利计息：每期所产生的利息要并入本金，作为下一期的计息基数。

存入银行100元，年利率10%			
单利计息， **三年后收到的本利和**		**复利计息，** **三年后收到的本利和**	
第一年 利息	100×10%=10	第一年 利息	100×10%=10
第二年 利息	100×10%=10	第二年 利息	（100+10）×10%=11
第三年 利息	100×10%=10	第三年 利息	（100+21）×10%=12.1
三年 本利和	100+30=130	三年 本利和	100+10+11+12.1=133.1

指标	含义
终值 Future value	终值又称将来值，是现在一定量的货币折算到未来某一时点所对应的金额，记作F
现值 Present Value	现值指未来某一时点上一定量的货币折算到现在所对应的金额，记作P

现值和终值是一定量货币在前后两个不同时点上对应的价值，其差额即为货币的时间价值。

（一）复利终值

复利终值指一定量的货币，按复利计算的若干期后的本利总和。

存入银行100元，年利率10%，复利计息	
第一年年末的本利和	100×（1+10%）=110
第二年年末的本利和	100×（1+10%）×（1+10%）=121

其中：100为现值或初始值，可记作P；10%为利率或报酬率，可记作i；110、121分别为第一年年末、第二年年末的终值或本利和，可记作F。

$F_n = P \times (1+i)^n$，其中：$(1+i)^n$称为复利终值系数，用符号$(F/P, i, n)$表示，i为利率，n为计息期。

【**典例研习·1-6**】（教材例题改编）

某人将100元存入银行，年利率2%，复利计息，求5年后的终值。〔已知：$(F/P, 2\%, 5) = 1.1041$〕

斯尔解析 本题考查货币时间价值。

$F = P \times (1+i)^n = 100 \times (1+2\%)^5 = 110.41$（元）

或：$F = P \times (F/P, 2\%, 5) = 100 \times 1.1041 = 110.41$（元）

【**典例研习·1-7**】（模拟单项选择题）

甲公司向银行借款10 000万元，借款期限6年，前面3年年利率为14%，后面3年年利率16%。按复利计算，一次性还本付息，6年后本利和是（　　　）万元。〔已知：$(F/P, 14\%, 3) = 1.4815$，$(F/P, 14\%, 6) = 2.1950$，$(F/P, 16\%, 3) = 1.5609$，$(F/P, 16\%, 6) = 2.4364$〕

A.21 950　　　　　B.23 131　　　　　C.24 364　　　　　D.23 125

斯尔解析 本题考查货币时间价值。6年后本利和$= 10\ 000 \times (F/P, 14\%, 3) \times (F/P, 16\%, 3) = 10\ 000 \times 1.4815 \times 1.5609 = 23\ 125$（万元），选项D正确。

（二）复利现值

复利现值是指未来某期的一定量的货币，按复利计算的现在价值。

$P = F/(1+i)^n$

其中，$1/(1+i)^n$称为复利现值系数，用符号$(P/F, i, n)$来表示，i为利率，n为计息期。

【**典例研习·1-8**】（教材例题改编）

某人为了5年后能从银行取出100元，在年利率2%的情况下，求当前应存入的金额。〔已知：$(P/F, 2\%, 5) = 0.9057$〕

斯尔解析 本题考查货币时间价值。

$F = F/(1+i)^n = 100/(1+2\%)^5 = 90.57$（元）

或：$P = F \times (P/F, 2\%, 5) = 100 \times 0.9057 = 90.57$（元）

【典例研习】答案：
1-7：D

提示：

（1）复利终值和复利现值互为逆运算。

（2）复利终值系数$(1+i)^n$和复利现值系数$1/(1+i)^n$互为倒数。

三、年金终值与年金现值（★★）

年金是指间隔期相等的系列等额收付款。

类型	含义
普通年金	普通年金是指从第一期起，在一定时期内每期期末等额收付的系列款项，又称为后付年金
预付年金	预付年金是指从第一期起，在一定时期内每期期初等额收付的系列款项，又称先付年金或即付年金
递延年金	递延年金是指隔若干期后才开始发生的系列等额收付款项
永续年金	永续年金是指无限期收付的年金，即一系列没有到期日的等额现金流

（一）普通年金终值

普通年金终值是指普通年金最后一次收付时的本利和，它是每次收付款项的复利终值之和。

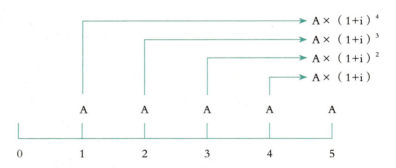

如果期数为n，则：

终值$F = A + A(1+i) + A(1+i)^2 + A(1+i)^3 + \cdots\cdots + A(1+i)^{n-1}$

$$= A \times \frac{(1+i)^n - 1}{i}$$

$\dfrac{(1+i)^n - 1}{i}$称为年金终值系数，记作$(F/A, i, n)$。

【典例研习·1-9】（教材例题）

小李热心于公益事业，自2012年12月月底开始，他每年都要向一位失学儿童捐款1 000元，帮助这位失学儿童从小学一年级读完九年义务教育。假设每年定期存款利率都是2%，则小李9年的捐款在2020年年底相当于多少元？〔已知：（F/A，2%，9）＝9.7546〕

💡 斯尔解析 本题考查货币时间价值。

$F = 1\ 000 \times (F/A, 2\%, 9) = 1\ 000 \times 9.7546 = 9\ 754.6$（元）。

（二）普通年金现值

普通年金现值是指将在一定时期内按相同时间间隔在每期期末收付的相等金额，折算到第一期期初的现值之和。

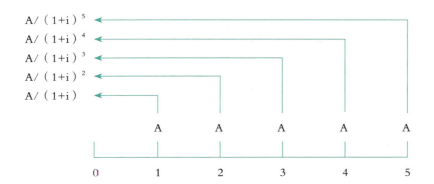

如果期数为n，则：

现值$P=A\times(1+i)^{-1}+A\times(1+i)^{-2}+A\times(1+i)^{-3}+A\times(1+i)^{-4}+\cdots\cdots+A\times(1-i)^{-n}$

$$=A\times\frac{1-(1+i)^{-n}}{i}$$

$\dfrac{1-(1+i)^{-n}}{i}$ 称为年金现值系数，记作（P/A，i，n）。

【典例研习·1-10】（教材例题）

某投资项目于2020年年初动工，假设当年投产，从投产之日起每年年末可得收益40 000元。按年利率6%计算预期10年收益的现值。〔已知：（P/A，6%，10）=7.3601〕

🔎斯尔解析 本题考查货币时间价值。

$P=40\ 000\times(P/A，6\%，10)=40\ 000\times7.3601=294\ 404$（元）

（三）预付年金终值与现值

预付年金终值是指一定时期内每期期初等额收付的系列款项的终值。

预付年金现值是指在一定时期内按相同时间间隔在每期期初收付的相等金额，折算到第一期期初的现值之和。

计算方法一：

形式一预付年金求终值和现值，与形式二普通年金求终值和现值的效果是一样的。

形式一

形式二

因此：

预付年金的终值$F=A\times(1+i)\times(F/A，i，n)$

预付年金的现值$P=A\times(1+i)\times(P/A，i，n)$

计算方法二：

预付年金终值系数和普通年金终值系数相比，期数加1，系数减1，可记作［（F/A，i，n+1）-1］。

预付年金现值系数和普通年金现值系数相比，期数减1，系数加1，可记作［（P/A，i，n-1）+1］。

（四）递延年金的终值与现值

1.递延年金终值

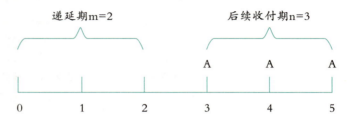

递延年金的终值计算与普通年金的终值计算方法一样，计算公式为：

递延年金终值F=A×（F/A，i，n）

2.递延年金现值

计算方法一：分段折现法（常用的方法）。

先将递延年金视为n期普通年金，求出在递延期期末的普通年金现值，然后再折算到现在，即第0期价值。

递延年金现值P=A×（P/A，i，n）×（P/F，i，m）

计算方法二：插补法。

假设递延期内也有年金发生，先计算（递延期+收付期）的年金现值，再扣除递延期内实际并未发生的年金现值。

递延年金现值P=A×［（P/A，i，m+n）-（P/A，i，m）］

计算方法三：先求终值再算现值。

递延年金现值P=A×（F/A，i，n）×（P/F，i，m+n）

【**典例研习** · 1-11】（教材例题）

某企业向银行借入一笔款项，银行贷款的年利率为10%，每年复利一次。银行规定前10年不用还本付息，但从第11~20年每年年末偿还本息5 000元。用两种方法计算这笔款项的现值。［已知（P/A，10%，10）=6.1446，（P/F，10%，10）=0.3855，（P/A，10%，20）=8.5136］

斯尔解析 本题考查货币时间价值。

方法一：P=A×（P/A，10%，10）×（P/F，10%，10）
　　　　　　=5 000×6.1446×0.3855=11 843.72（元）

方法二：P=A×［（P/A，10%，20）－（P/A，10%，10）］
　　　　　　=5 000×（8.5136−6.1446）=11 845（元）

提示：两种计算方法相差1.28元，是因货币时间价值系数的小数点位数保留造成的。后面的例题中也有类似的情况，不再一一说明。

（五）永续年金现值

永续年金现值可以看成是一个n无穷大时普通年金的现值，永续年金现值计算公式为：

$$P=\frac{A}{i}$$

【**典例研习** · 1-12】（教材例题）

旅国华侨吴先生想支持家乡建设，特地在祖籍所在县设立奖学金。奖学金每年发放一次，奖励每年高考的文理科状元各10 000元。奖学金的基金保存在该县银行，银行一年的定期存款利率为2%。则吴先生要投资多少作为奖励基金，才能保证这一奖学金的成功运行？

斯尔解析 本题考查货币时间价值。

由于每年都要拿出20 000元，因此奖学金的性质是一项永续年金，其现值应为：

P=A/i=20 000/2%=1 000 000（元）

即：吴先生要存入1 000 000元作为基金，才能保证这一奖学金的成功运行。

（六）偿债基金与资本回收额

1.年偿债基金

年偿债基金是指为了在约定的未来某一时点清偿某笔债务或积聚一定数额的资金而必须分次等额形成的存款准备金。

也就是为使年金终值达到既定金额的年金数额（即已知终值F，求年金A）。在普通年金终值公式中解出A，这个A就是年偿债基金。

根据普通年金的计算公式$F=A×\frac{(1+i)^{n}-1}{i}$，可知：

$$A=F×\frac{i}{(1+i)^{n}-1}$$

式中$\frac{i}{(1+i)^{n}-1}$是普通年金终值系数的倒数，称偿债基金系数，记作（A/F，i，n）。

【典例研习·1-13】 （教材例题）

某人拟在5年后还清10 000元债务，从现在起每年年末等额存入银行一笔款项。假设银行存款年利率为10%，则每年需存入多少元？［已知：（F/A，10%，5）=6.1051］

斯尔解析 本题考查货币时间价值。

由于利息原因，不必每年存入2 000元，只要存入较少的金额，5年后本利和即可达到10 000元以清偿债务。

根据公式F=A×（F/A，10%，5）

得：

A=F/（F/A，10%，5）=10 000/6.1051=1 637.97（元）

因此，在银行利率为10%时，每年存入1 637.97元，5年后可得10 000元，用来清偿债务。

2.年资本回收额

年资本回收额是指在约定年限内等额回收初始投入资本的金额。年资本回收额的计算实际上是已知普通年金现值P，求年金A。

根据普通年金现值的计算公式 $P = A \cdot \dfrac{1-(1+i)^{-n}}{i}$，可知：

$$A = P \cdot \dfrac{i}{1-(1+i)^{-n}}$$

上述计算过程中的 $\dfrac{i}{1-(1+i)^{-n}}$ 是普通年金现值系数的倒数，它可以把普通年金现值折算为年金，被称作资本回收系数，记作（A/P，i，n）。

【典例研习·1-14】 （教材例题）

某企业取得1 000万元的贷款，需在10年内以年利率12%等额偿还，则每年应付的金额为多少元？［已知：（P/A，12%，10）=5.6502］

斯尔解析 本题考查货币时间价值。

根据公式P=A×（P/A，12%，10）

得：

A=P/（P/A，12%，10）=1 000/5.6502=176.98（万元）

命题角度： 考查货币时间价值系数之间的关系。

互为倒数的系数有四组：

（1）复利终值系数与复利现值系数；

（2）单利终值系数与单利现值系数；

（3）普通年金终值系数与偿债基金系数；

（4）普通年金现值系数与资本回收系数。

【典例研习·1-15】（2018年多项选择题）

下列关于货币时间价值系数关系的表述中，正确的有（　　　）。

A.普通年金终值系数和偿债基金系数互为倒数关系

B.复利终值系数和复利现值系数互为倒数关系

C.复利终值系数和单利现值系数互为倒数关系

D.单利终值系数和单利现值系数互为倒数关系

E.普通年金现值系数和普通年金终值系数互为倒数关系

斯尔解析　本题考查货币时间价值。复利终值系数与复利现值系数（而非单利现值系数）互为倒数，选项C错误；普通年金现值系数与资本回收系数（而非普通年金终值系数）互为倒数，选项E错误，选项ABD正确。

使用斯尔教育APP
扫码观看本节好课

第五节　风险与收益

一、资产收益与收益率

（一）资产收益的含义与计算

资产的收益是指资产的价值在一定时期的增值，有两种表述资产收益的方式：一种是以金额表示的，称为资产的收益额；另一种是以百分比表示的，称为资产的收益率或报酬率。

1.资产的收益额

资产的收益额，通常以资产价值在一定期限内的增值量来表示，该增值量来源于两部分：

一是期限内资产的现金净收入，如利息、红利或股息收益；

二是期末资产的价值（或市场价格）相对于期初价值（价格）的升值，即资本利得。

2.资产的收益率

资产的收益率是资产增值量与期初资产价值（价格）的比值，该收益率包括两部分：一是利息（股息）的收益率；二是资本利得的收益率。

以金额表示的收益不利于不同规模资产之间收益的比较，而以百分数表示的收益则是一个相对指标，便于不同规模下资产收益的比较和分析，所以通常都用收益率表示资产的收益。

另外，由于收益率是相对于特定期限的，它的大小要受计算期限的影响，但是计算期限常常不一定是1年，为了便于比较和分析，对于计算期限短于或长于1年的资产，在计算收益率时一般要将不同期限的收益率转化成年收益率。因此，如果不做特殊说明，资产的收益指的就是资产的年收益率。

单期资产的收益率

$$= \frac{资产价值（价格）的增值}{期初资产价值（价格）}$$

$$= \frac{利息（股息）收益+资本利得}{期初资产价值（价格）}$$

=利息（股息）收益率+资本利得收益率

【典例研习・1-16】（教材例题）

某股票1年前的价格为10元，1年中的税后股息为0.25元，现在的市价为12元。在不考虑交易费用的情况下，1年内该股票的收益率是多少？

> **斯尔解析** 本题考查资产的收益。
>
> 1年中资产的收益=0.25+（12−10）=2.25（元）
>
> 股票的收益率=（0.25+12−10）/10=22.5%
>
> 其中股利收益率为2.5%，资本利得收益率为20%。

（二）资产收益率的类型

资产收益率的类型有三种：实际收益率、预期收益率和必要收益率。

1.实际收益率

实际收益率表示已经实现或者确定可以实现的资产收益率，表述为已实现或确定可以实现的利息（股息）率与资本利得收益率之和。当存在通货膨胀时，还应当扣除通货膨胀率的影响，才是真实的收益率。

2.预期收益率

预期收益率也称期望收益率，是指在不确定的条件下，预测的某资产未来可能实现的收益率。对预期收益率的估算，可以参考以下三种方法：

方法一：预计未来各种可能情况下收益率的加权平均值，权数是各种可能情况发生的概率。

【典例研习・1-17】（教材例题）

王某以5 000元购买某股票，预计未来一年内不会再发放红利，且未来一年后市值达到5 200元的可能性为50%，市值达到5 600元的可能性也是50%。那么预期收益率是多少？

> **斯尔解析** 本题考查资产的收益。
>
> 预期收益率=［（5 200−5 000）÷5 000］×50%+［（5 600−5 000）÷5 000］×50%=8%

方法二：收集历史数据，计算各类经济情况可能出现的概率和收益率，然后，计算各类情况下收益率的加权平均数。

方法三：假定所有历史收益率的观测值出现的概率相等，预期收益率就是所有数据的简单算术平均值。

【典例研习・1-18】（教材例题）

某公司股票的历史收益率数据如下表所示，请用算术平均值估计其预期收益率。

年度	1	2	3	4	5	6
收益率	14%	11%	14%	14%	12%	13%

> **斯尔解析** 本题考查资产的收益。
>
> 预期收益率=（14%+11%+14%+14%+12%+13%）÷6=13%

3.必要收益率

必要收益率也称最低必要报酬率或最低要求的收益率，表示投资者对某资产合理要求的最低收益率。

必要收益率=无风险收益率+风险收益率

（1）无风险收益率。

含义：无风险收益率是指无风险资产的收益率。

无风险收益率＝纯利率（资金的时间价值）＋通货膨胀补偿率

一般情况下用短期国债的利率近似地代替无风险收益率。

（2）风险收益率。

含义：风险收益率是指某资产持有者因承担该资产的风险而要求的超过无风险利率的额外收益。

影响因素：一是风险的大小；二是投资者对风险的偏好。

【典例研习·1-19】（模拟单项选择题）

已知纯利率为3%，通货膨胀补偿率为2%，投资某证券要求的风险收益率为6%，则该证券的必要收益率为（　　　）。

A.5%　　　　　　　B.11%　　　　　　　C.8%　　　　　　　D.9%

斯尔解析 本题考查资产的收益。必要收益率＝纯利率（资金的时间价值）＋通货膨胀补偿率＋风险收益率＝3%＋2%＋6%＝11%，选项B正确。

二、资产的风险及其衡量（★）

资产的风险是资产收益率的不确定性，其大小可用资产收益率的离散程度来衡量。离散程度是指资产收益率的各种可能结果与预期收益率的偏差。

衡量风险的指标主要有收益率的方差、标准离差和标准离差率等。

（一）概率分布

在现实生活中，某一事件在完全相同的条件下可能发生也可能不发生，这类事件称为随机事件。概率是用来表示随机事件发生可能性大小的数值。

通常，把必然发生的事件概率定为1，把不可能发生的事件的概率定为0，而一般随机事件的概率是介于0与1之间的一个数。概率越大就表示该事件发生的可能性越大。随机事件所有可能结果出现的概率之和等于1。

（二）期望值

期望值是一个概率分布中的所有可能结果，以各自相应的概率为权数计算的加权平均值，通常用符号E表示。

【典例研习·1-20】（教材例题）

某企业有A、B两个投资项目，两个投资项目的收益率及其概率分布情况如下表所示，计算两个项目的预期收益率。

项目实施情况	项目A		项目B	
	收益率	概率	收益率	概率
好	15%	0.20	20%	0.30
一般	10%	0.60	15%	0.40
差	0	0.20	−10%	0.30

斯尔解析 本题考查资产的收益。

项目A的预期收益率＝15%×0.2＋10%×0.6＋0×0.2＝9%

项目B的预期收益率＝20%×0.3＋15%×0.4＋（−10%）×0.3＝9%

（三）方差

方差通常用符号σ²来表示，其计算公式可以表述为：离差的平方的加权平均数。

根据表述可知计算方差有三个关键步骤：

第一步：算离差，离差是可能出现的结果与期望值的差值。

第二步：算平方。

第三步：加权平均。

（四）标准离差

标准离差通常用符号σ来表示，也叫均方差，是方差的算术平方根。

【典例研习·1-21】（教材例题）

沿用【典例研习·1-20】的数据，分别计算A、B两个项目投资收益率的方差和标准离差。

斯尔解析 本题考查资产的风险。

A项目的方差＝$0.2×(0.15-0.09)^2+0.6×(0.10-0.09)^2+0.2×(0-0.09)^2$

$\qquad\qquad =0.0024$

B项目的方差＝$0.3×(0.20-0.09)^2+0.4×(0.15-0.09)^2+0.3×(-0.10-0.09)^2$

$\qquad\qquad =0.0159$

A项目的标准离差＝$\sqrt{0.0024}$＝0.049

B项目的标准离差＝$\sqrt{0.0159}$＝0.1261

方差和标准离差以绝对数衡量决策方案的风险，在期望值相同的情况下，方差和标准离差越大，风险越大；反之，方差和标准离差越小，则风险越小。

（五）标准离差率

标准离差率是标准离差同期望值之比，通常用符号V表示。

【典例研习·1-22】（教材例题）

沿用【典例研习·1-20】的数据，分别计算A、B两个项目的标准离差率。

斯尔解析 本题考查资产的风险。

A项目的标准离差率＝0.049/0.09×100%＝54.4%

B项目的标准离差率＝0.1261/0.09×100%＝140.1%

标准离差率是一个相对指标，它以相对数反映决策方案的风险程度。在期望值不同的情况下，标准离差率越大，风险越大；反之，标准离差率越小，风险越小。

提示：由于无风险资产没有风险，所以，无风险资产的方差、标准离差和标准离差率都等于0。

命题角度：考查期望值、方差、标准离差和标准离差率等指标的应用。

指标	应用
期望值	反映预计收益的平均值，可以用来衡量收益，不能直接用来衡量风险
方差	绝对指标，可比性较差，只有当期望值相同时，才可以用于比较，方差、标准离差越大，风险越大
标准离差	
标准离差率	相对指标，可比性较好，无论期望值是否相同，标准离差率越大，风险越大

【典例研习·1-23】（2019年多项选择题）

下列关于衡量资产风险的表述中，正确的有（　　）。

A.一般来说，离散程度越大，风险越大

B.期望值不相同的两个项目，标准离差率越大，风险越大

C.期望值不相同的两个项目，标准离差越大，标准离差率就越大

D.期望值相同的两个项目，标准离差越大，风险越大

E.期望值相同的两个项目，标准离差越大，标准离差率就越大

斯尔解析 本题考查资产的风险。资产的风险是资产收益率的不确定性，其大小可用资产收益率的离散程度来衡量，一般来说，离散程度越大，风险越大，选项A正确；标准离差率可用于期望值不同项目的风险比较，标准离差率越大，风险越大，选项B正确；标准离差可用于期望值相同项目的风险比较，标准离差越大，风险越大，选项D正确；标准离差率=标准离差/期望值，只有期望值相同时，标准离差越大，标准离差率才越大，如果期望值不同，无法仅通过标准离差确定标准离差率的大小，选项C错误，选项E正确。

三、证券资产组合的风险与收益（★★）

两个或两个以上资产构成的集合，称为资产组合。如果资产组合中的资产均为有价证券，则该资产组合也称为证券资产组合或证券组合。

（一）证券资产组合的预期收益率

证券资产组合的预期收益率就是组成证券资产组合的各种资产收益率的加权平均数，其权数为各种资产在组合中的价值比例。

【典例研习·1-24】（教材例题）

某投资公司的一项投资组合中包含A、B和C三种股票，权重分别为30%，30%和40%，三种股票的预期收益率分别为10%、12%和16%。要求计算该投资组合的预期收益率。

斯尔解析 本题考查投资组合的收益。

该投资组合的预期收益率=30%×10%+30%×12%+40%×16%=13%

（二）证券资产组合的风险

证券组合的风险不仅取决于组合内的各证券的风险，还取决于各个证券之间的关系（相关性），反映资产收益率之间相关性的指标是相关系数。

1.相关系数

相关系数的取值范围$-1 \leq \rho \leq 1$

取值范围	含义	解读
$\rho = 1$	完全正相关	两项资产的收益率变化方向和幅度完全相同（正确的题目数与考试成绩）
$0 < \rho < 1$	正相关	两项资产的收益率变化方向相同（复习时间与考试成绩）
$\rho = 0$	缺乏相关性	每种资产的收益率相对于另外资产的收益率独立变动（国足进球数与考试成绩）
$-1 < \rho < 0$	负相关	两项资产的收益率变动方向相反（玩的时间与考试成绩）
$\rho = -1$	完全负相关	两项资产的收益率变化方向和幅度完全相反（学习时间与非学习时间）

2.证券资产组合风险的衡量

两项证券资产组合的收益率的方差满足以下关系式：

W₁和W₂分别表示组合中
两项资产所占的价值比例

ρ₁,₂反映两项
资产收益率的相关系数

$$\sigma_P^2 = W_1^2\sigma_1^2 + W_2^2\sigma_2^2 + 2W_1\sigma_1W_2\sigma_2\rho_{1,2}$$

σ_P表示证券资产组合的
标准离差，它衡量的是组合的风险

σ_1和σ_2表示组合中
两项资产收益率的标准离差

令：$W_1\sigma_1 = A$；$W_2\sigma_2 = B$。则：两项资产组合的方差$= A^2 + B^2 + 2AB\rho_{1,2}$

（1）当两种证券完全正相关，即$\rho_{1,2} = +1$时：

两项资产组合的方差$= A^2 + B^2 + 2AB = (A+B)^2$

两种证券组合的标准离差$= A + B$

此时，组合的标准离差最大，投资组合的标准离差（风险）等于组合内个别资产的标准离差（风险）的加权平均值——两项资产的风险完全不能相互抵消，这样的组合不能降低任何风险。

（2）当两种证券完全负相关，即$\rho_{1,2} = -1$时：

两项资产组合的方差$= A^2 + B^2 - 2AB = (A-B)^2$

两种证券组合的标准离差$= |A-B|$

此时，组合的标准离差达到最小，甚至可能是0，两项资产的风险可以充分地互相抵消，甚至完全消除。因而这样的组合能够最大限度地降低风险。

（3）当两种证券具有不完全的相关关系，即$-1 < \rho_{1,2} < 1$时：

$0 <$组合的标准离差$< A + B$，

资产组合能够分散风险，但不能完全消除风险。

（三）系统风险与非系统风险

在证券资产组合中，能够随着资产种类增加而降低直至消除的风险，被称为非系统性风险；不能随着资产种类增加而分散的风险，被称为系统性风险。

1.系统风险

系统风险是影响所有资产的、不能通过资产组合而消除的风险。这部分风险是由那些影响整个市场的风险因素所引起的。这些因素包括宏观经济形势的变动、国家经济政策的变化、税制改革、企业会计准则改革、世界能源状况、政治因素等。

2.非系统风险

非系统风险又被称为公司风险或可分散风险，是可以通过证券资产组合而分散掉的风险。它是指由于某种特定原因对某特定资产收益率造成影响的可能性。对于特定企业而言，公司风险可进一步分为经营风险和财务风险。

风险类型	解读
经营风险	因生产经营方面的原因给企业目标带来不利影响的可能性，如由于原材料供应地的政治经济情况变动、新材料的出现等因素带来的供应方面的风险；由于生产组织不合理而带来的生产方面的风险；由于销售决策失误带来的销售方面的风险
财务风险	由于举债而给企业目标带来的可能影响。企业举债经营，全部资金中除自有资金外还有一部分借入资金，这会对自有资金的获利能力造成影响；同时，借入资金需还本付息，一旦无力偿付到期债务，企业便会陷入财务困境甚至破产

在风险分散的过程中，不应当过分夸大资产多样性和资产个数的作用。实际上，在资产组合中资产数目较低时，增加资产的个数，分散风险的效应会比较明显，但资产数目增加到一定程度时，风险分散的效应就会逐渐减弱。

不要指望通过资产多样化达到完全消除风险的目的，因为系统风险是不能够通过风险的分散来消除的。

证券组合的风险

总风险

可分散风险

不可分散风险

0   10   20   证券组合构成数量

投资组合的风险

[典例研习 · 1-25] （2017年多项选择题）

下列关于证券资产组合风险的表述中，正确的有（　　）。

A.证券资产组合中的非系统风险能随着资产种类的增加而逐渐减小

B.证券资产组合中的系统风险能随着资产种类的增加而不断降低

C.当资产组合的收益率的相关系数大于零时，组合的风险小于组合中各项资产风险的加权平均数

D.当资产组合的收益率具有完全负相关关系时，组合风险可以充分地相互抵消

E.当资产组合的收益率具有完全正相关关系时，组合的风险等于组合中各项资产风险的加权平均数

斯尔解析 本题考查投资组合的风险。投资组合的非系统风险能够随着资产种类的增加而降低，选项A正确；投资组合的系统风险，不能随着资产种类的增加而分散，选项B错误；当相关系数小于1时（而不是大于0时），组合的风险小于组合中各项资产风险的加权平均数，当资产组合的收益率具有完全正相关关系时，组合的风险等于组合中各项资产风险的加权平均数，选项C错误，选项E正确；当资产组合的收益率具有完全负相关关系时，组合风险可以充分地相互抵消，选项D正确。

【典例研习】答案：
1-25：ADE

四、资本资产定价模型（★★）

资本资产定价模型中，所谓资本资产主要指的是股票资产，而定价则试图解释资本市场如何决定股票收益率，进而决定股票价格。

（一）系统风险的衡量——β系数

1.β系数

单项资产系统风险系数β，表示单项资产收益率的变动受市场平均收益率变动的影响程度。即：相对于市场组合的平均风险而言，单项资产所含的系统风险大小。

$$\beta_i = cov(R_i, R_m)/\sigma_m^2 = \rho_{i,m}\sigma_i\sigma_m/\sigma_m^2 = \rho_{i,m}\sigma_i/\sigma_m$$

2.市场组合

市场组合，是在市场上所有资产组成的组合，它的收益率就是市场平均收益率。市场组合由于包含了所有资产，所以市场组合中的非系统风险已经被消除，所以市场组合的风险就是市场风险或系统风险。

原理详解

> ### β系数的经济含义
>
> （1）如果一项资产的β系数=1，表明该资产收益率与市场平均收益率呈同方向、同比例的变化；该资产所含的系统风险与市场组合的风险一致；
>
> （2）如果一项资产的β系数=0.5，表明其收益率的变化与市场收益率变化同向，波动幅度是市场波动幅度的一半；
>
> （3）如果一项资产的β系数=2，表明这种资产收益率波动幅度为一般市场波动幅度的两倍；
>
> （4）无风险资产的β系数=0；
>
> （5）极个别的资产的β系数为负数，当市场平均收益率增加时，这类资产的收益率却在减少。

3.证券资产组合的系统风险

证券资产组合的β系数是组合内所有单项资产β系数的加权平均数，权数为各种资产在证券资产组合中所占的价值比例。

【典例研习·1-26】 （教材例题）

某证券资产组合中有三只股票，相关的信息如下表所示，要求计算证券资产组合的β系数。

股票	β系数	股票的每股市价（元）	股票数量	价值比例
A	0.6	8	400	40%
B	1.0	4	200	10%
C	1.5	20	200	50%

斯尔解析 本题考查资本资产定价模型。

证券资产组合的β系数=40%×0.6+10%×1.0+50%×1.5=1.09

（二）计算公式

根据风险与收益的一般关系，某资产的必要收益率是由无风险收益率和资产的风险收益率决定的，即：

必要收益率＝无风险收益率＋风险收益率

资本资产定价模型的表达公式如下：

> R_f表示无风险收益率，通常以短期国债的利率来近似替代

> R_m表示市场组合收益率，通常用股票价格指数收益率的平均值或所有股票的平均收益率来代替

$$R=R_f+\beta \times （R_m-R_f）$$

> R表示某资产的必要收益率

> β表示该资产的系统风险系数

公式中（R_m-R_f）称为市场风险溢酬。它是附加在无风险收益率之上的，由于承担了市场平均风险所要求获得的补偿，它反映的是市场作为整体对风险的平均"容忍"程度。

对风险越是厌恶和回避，要求的补偿就越高，市场风险溢酬的数值就越大；反之，如果市场的抗风险能力强，则对风险的厌恶和回避就不是很强烈，要求的补偿就越低，所以市场风险溢酬的数值就越小。

某项资产的风险收益率是该资产系统风险系数与市场风险溢酬的乘积：

风险收益率＝$\beta \times （R_m-R_f）$

【典例研习·1-27】（模拟单项选择题）

甲企业拟投资某证券资产组合，假设该组合的β系数为0.5，股票价格指数平均收益率为12％，无风险收益率为5％，则该证券组合的必要收益率是（　　　　）。

A.7.0％　　　　　　B.8.5％　　　　　　C.6.4％　　　　　　D.9.8％

斯尔解析 本题考查资本资产定价模型。该证券组合的必要收益率＝5％＋0.5×（12％－5％）＝8.5％，选项B正确。

（三）证券市场线

如果把资本资产定价模型公式中的β看作自变量（横坐标），必要收益率R作为因变量（纵坐标），无风险利率（R_f）和市场风险溢酬（R_m-R_f）作为已知系数，那么这个关系式在数学上就是一个直线方程，叫作证券市场线，即下列关系式所代表的直线：

$$R=R_f+\beta \times （R_m-R_f）$$

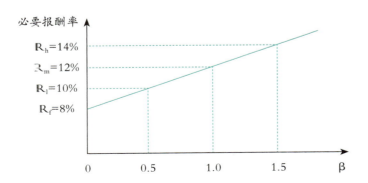

【典例研习】答案：

1-27：B

相关结论：

（1）证券市场线对任何公司、任何资产都是适合的。只要将该公司或资产的β系数代入到上述直线方程中，就能得到该公司或资产的必要收益率。

（2）证券市场上任意一项资产或证券资产组合的系统风险系数和必要收益率都可以在证券市场线上找到相对应的一点。

（3）证券市场线一个重要的暗示就是"只有系统风险才有资格要求补偿"。该公式中并没有引入非系统风险即公司风险，也就是说，投资者要求补偿只是因为他们"忍受"了市场风险的缘故，而不包括公司风险，因为公司风险可以通过证券资产组合被消除掉。

五、财务估值方法

财务估值的方法可分为两大类：一是折现法，如未来现金流量折现法；二是非折现法，如市场比较法。

（一）未来现金流量折现法

经典的价值评估理论认为，一项资产的价值取决于该项资产创造未来现金流量的能力，因此资产的价值等于其未来现金流量的现值。

由此可知，资产价值的决定因素有三个：未来现金流量、折现率和期限。

（二）市场比较法

市场比较法是利用可比公司的价格或价值参数来估计被评估公司的相应参数的一种方法。一般来说，"可比"公司应当具有以下特征：

（1）处于同一个行业；

（2）股本规模、经营规模、盈利能力、成长性、经营风险、资本结构等相同或相近。

市场比较法的常用的比较基准包括市盈率、市净率。以下以市盈率法为例进一步阐述。

市盈率指股票的价格和每股收益的比率。市盈率法是借助可比公司市盈率，用被评估公司的预期收益来估计其权益资本的市场价值的一种方法。市盈率法下的估值模型如下：

每股价值=预计每股收益×标准市盈率

尽管参照企业尽量与目标企业相接近，但是，目标企业与参照企业在成长性、市场竞争力、盈利能力及股本规模，甚至品牌等方面总会存在一定的差异，在对目标企业的价值估价时，必须对上述影响价值因素进行分析、比较，确定差异调整量。

市盈率法通常被用于对未公开发行股票，或者刚刚向公众发行股票的企业进行估价。

冲关地图

$\square$ ：要听懂
$!!!$ ：你得背
$\sqrt{+-×÷}$ ：你得算
∞ ：有空看

第一章 财务管理概论

财务管理概念与内容
- ∞ 财务管理概念
- ∞ 财务管理内容
- ∞ 财务管理环节

财务管理目标
- $\square$ 企业财务管理目标
- $\square$ 利益相关者的要求

财务管理环境
- ∞ 法律环境
- $\square$ 经济环境
- $\square$ 金融环境

货币时间价值
- $\square$ 货币时间价值的概念
- $\sqrt{+-×÷}$ 复利终值与复利现值
- $\sqrt{+-×÷}$ 年金终值与年金现值

风险与收益
- $\sqrt{+-×÷}$ 资产收益与收益率
- $\sqrt{+-×÷}$ 资产的风险及其衡量
- $\sqrt{+-×÷}$ 证券资产组合的风险与收益
- $\sqrt{+-×÷}$ 资本资产定价模型
- ∞ 财务估值方法

第二章 财务预测和财务预算

学 习 提 要

考几分？

　　本章属于次重点章，近三年平均分值在6分左右，但是历年考试本章分值波动较大，最低为2分，最高为11.5分。

怎么考？

　　本章主要考查销售百分比法、本量利分析和财务预算的编制方法，其中本量利分析可以与后续章节结合考查计算题。

怎么学？

　　本章的内容相对较少，难度偏低，但考核覆盖面广、灵活性强。本章主要分成三模块，模块之间关联性较小，建议化整为零，逐个击破。

考点精讲

使用斯尔教育APP
扫码观看本节好课

第一节　资金需要量预测

一、资金需要量预测的意义

资金需要量预测是指企业根据生产经营的需求，对未来所需资金的估计和推测，它是企业制订融资计划的基础。

资金需要量预测有助于改善企业的投资决策。

资金需要量预测的方法主要包括因素分析法、销售百分比法和资金习性预测法等。

二、因素分析法

因素分析法又称分析调整法，是以有关项目基期年度的平均资金需要量为基础，根据预测年度的生产经营任务和资金周转加速的要求进行分析调整，来预测资金需要量的一种方法。这种方法计算简便，容易掌握，但预测结果不太精确。它通常适用于品种繁多、规格复杂、资金用量较小的项目。因素分析法的计算公式为：

资金需要量＝（基期资金平均占用额－不合理资金占用额）×（1±预测期销售增减率）×（1－预测期资金周转速度变动率）

提示：

（1）不合理资金占用额，有时题目直接给出金额，有时题目给出占用比率，则需要通过简单计算得出占用额；

（2）销售增长一般会加大资金占用额；

（3）资金周转速度变动率为正，表明资金周转速度加快，则资金使用效率会提高，会导致资金需求减少。

【典例研习·2-1】（教材例题）

甲企业上年度资金平均占用额为3 400万元，经分析，其中不合理部分400万元，预计本年度销售增长率为6%，资金周转速度变动率为2%。

要求：

运用因素分析法预测本年度资金需要量。

斯尔解析 本题考查资金需要量预测的因素分析法。预测年度资金需要量＝（3 400－400）×（1+6%）×（1－2%）=3 116.4（万元）

三、销售百分比法（★★）

（一）基本原理

销售百分比法，是假设某些资产、负债与销售额存在稳定的百分比关系，根据该假设预计外部资金需要量的方法。企业的销售规模扩大时，要相应增加流动资产；如果销售规模增加很多，还必须增加长期资产。为取得扩大销售所需增加的资产，企业需要筹措资金。这些资金一部分来自随销售额同比例增加的流动负债，还有一部分来自预测期的收益留存，另一部分通过外部筹资取得。

第二章　财务预测和财务预算

学习提要

考几分？

（二）敏感性资产与敏感性负债

项目	解读	举例
敏感性资产	与销售额保持稳定比例关系的资产，有时称为"经营性资产"	包括：库存现金、应收账款、存货等
敏感性负债	与销售额保持稳定比例关系的负债，有时称为"经营性负债"或"自发性负债"	包括：应付票据、应付账款等；不包括：短期借款、短期融资券、长期负债等筹资性负债

（三）基本步骤

第一步：确定随销售额而变动的资产和负债项目。

第二步：确定有关项目与销售额的稳定比例关系。

第三步：确定需要增加的资金量。

需要增加的资金量=增加的敏感性资产−增加的敏感性负债

增加的敏感性资产=基期敏感性资产×收入增长率

或：

增加的敏感性资产=增加的收入×（基期敏感性资产/基期营业收入）

说明：如果存在非敏感性资产增加，需要增加的资金量需要考虑非敏感资产增加的影响。

第四步：确定增加的留存收益，即预计期的利润留存。

预计期的利润留存=预计期营业收入×预计期销售净利率×预计期利润留存率

第五步：确定所需要的外部筹资额。

外部融资需求量=需要增加的资金量−预计期的利润留存

【典例研习·2-2】（教材例题）

光华公司2021年12月31日的简要资产负债表如下表所示。假定光华公司2021年销售额为20 000万元，销售净利率为10%（指每1元销售收入可以产生0.1元的净利润），利润留存率为50%（指每1元净利润中有0.5元用于支付股利，0.5元留在公司转化为留存收益）。2022年销售额预计增长20%，光华公司有足够的生产能力，无须追加固定资产投资。（N表示该项目不随销售额变化而变化）

单位：万元

资产	金额	与销售关系（%）	负债与权益	金额	与销售关系（%）
现金	1 000	5	短期借款	5 000	N
应收账款	3 000	15	应付账款	2 000	10
存货	6 000	30	应付票据	1 000	5
固定资产	6 000	N	公司债券	2 000	N
			实收资本	4 000	N
			留存收益	2 000	N
合计	16 000	50	合计	16 000	15

💡**斯尔解析** 本题考查资金需要量预测的销售百分比法。

（1）确定需要增加的敏感性资产。

敏感性资产与销售的百分比合计为50%

增加的收入=20 000×20%=4 000（万元）

增加的敏感性资产=4 000×50%=2 000（万元）

或：基期的敏感性资产=1 000+3 000+6 000=10 000（万元）

增加的敏感性资产=10 000×20%=2 000（万元）

（2）确定需要增加的敏感性负债。

敏感性负债与销售的百分比合计为15%

增加的敏感性负债=4 000×15%=600（万元）

（3）确定需要增加的资金量。

需要增加的资金量=2 000−600=1 400（万元）

（4）计算预测期增加的留存收益。

增加的留存收益=20 000×（1+20%）×10%×50%=1 200（万元）

（5）计算所需的外部筹资额。

外部融资需要量=1 400−1 200=200（万元）

（四）销售百分比法的优点

销售百分比法的优点，是能为筹资管理提供短期预计的财务报表，以适应外部筹资的需要，且易于使用。但在有关因素发生变动的情况下，必须相应地调整原有的销售百分比。

【典例研习·2-3】（2017年单项选择题）

甲公司采用销售百分比法预测2017年外部资金需求量，2017年销售收入将比上年增长20%，2016年销售收入为2 000万元，敏感资产和敏感负债分别占销售收入的59%和14%，销售净利率为10%，股利支付率为60%，若甲公司2017年销售净利率、股利支付率均保持不变，则甲公司2017年外部融资需求量为（　　）万元。

A.36　　　　　　B.60　　　　　　C.84　　　　　　D.100

斯尔解析　本题考查资金需要量预测的销售百分比法。外部融资需求量＝（59%−14%）×2 000×20%−2 000×（1+20%）×10%×（1−60%）＝84（万元），选项C正确。

四、资金习性预测法

资金习性预测法，是指根据资金习性预测未来资金需要量的一种方法。

所谓资金习性，是指资金的变动同产销量变动之间的依存关系。按照资金同产销量之间的依存关系，可以把资金区分为不变资金、变动资金和半变动资金。

类型	特征
不变资金	在一定的产销量范围内，不受产销量变动的影响而保持固定不变的那部分资金
变动资金	随产销量的变动而同比例变动的那部分资金
半变动资金	虽然受产销量变化的影响，但不成同比例变动的资金，可采用一定的方法划分为不变资金和变动资金两部分

资金习性预测法一般需根据历史上企业资金占用总额与产销量之间的关系，把资金分为不变和变动两部分，然后结合预计的销售量来预测资金需要量。设产销量为自变量X，资金占用为因变量Y，它们之间的关系可用下式表示：

$$Y=a+bX$$

式中，a为不变资金；b为单位产销量所需变动资金。

其中计算a和b的方法有高低点法和回归直线法。

（一）高低点法（★）

根据资金习性模型Y=a+bX，利用历史数据中业务量最高和业务量最低的两期资料联立方程组，求解a和b。

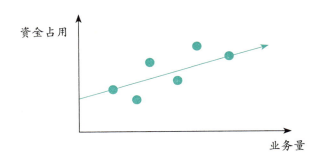

b＝（最高收入期的资金占用量−最低收入期的资金占用量）/（最高销售收入−最低销售收入）

a＝最高收入期的资金占用量−b×最高销售收入

或者：

a＝最低收入期的资金占用量−b×最低销售收入

【典例研习·2-4】（教材例题）

某企业历年资金需要量与销售额之间的关系如下表所示，需要根据两者的关系，运用高低点法计算现金占用项目中不变资金和变动资金的数额。

年度	销售收入（X）	现金占用（Y）
2017	10 000（最低点）	600
2018	12 000	550
2019	13 000	700
2020	14 000	730
2021	15 000（最高点）	800

要求：

假设2022年的预计销售额为18 000万元，利用高低点法预测该企业的资金需要量。

斯尔解析 本题考查资金需要量预测的高低点法。

联立方程：

方程①：$600=a+b\times 10\,000$

方程②：$800=a+b\times 15\,000$

用方程②−①可得：$200=b\times 5\,000$

解得，$b=0.04$

将$b=0.04$带入方程①：$600=a+0.04\times 10\,000$

解得，$a=200$（万元）

则对应的预测模型为：

$Y=200+0.04X$

如果2022年的预计销售额为18 000万元，则：

2022年的资金需要量$=200+0.04\times 18\,000=920$（万元）

【典例研习·2-5】（2019年单项选择题）

甲公司2018年度销售收入500万元、资金需要量90万元；2017年度销售收入480万元、资金需要量72万元；2016年度销售收入560万元、资金需要量80万元。若甲公司预计2019年度销售收入600万元，则采用高低点法预测的资金需要量是（　　）万元。

A.100　　　　　　B.75　　　　　　C.84　　　　　　D.96

斯尔解析 本题考查资金需要量预测的高低点法。收入最高点为2016年，收入最低点为2017年，按照高低点法得出：

$b=（80-72）/（560-480）=0.1$

$a=80-560\times 0.1=24$（万元）

则资金需要量模型为：$Y=24+0.1X$

2019年预测的资金需要量$=24+0.1\times 600=84$（万元），选项C正确。

（二）回归直线法

回归直线法是根据若干期业务量和资金占用的历史资料，运用最小平方法原理计算不变资金和单位产销量所需变动资金的一种资金习性分析方法。相关计算公式为：

$$a = \frac{\sum x_i^2 \sum y_i - \sum x_i \sum x_i y_i}{n \sum x_i^2 - (\sum x_i)^2}$$

$$b = \frac{n \sum x_i y_i - \sum x_i \sum y_i}{n \sum x_i^2 - (\sum x_i)^2}$$

230 2-2
使用斯尔教育APP
扫码观看本节好课

第二节　利润预测

一、本量利分析（★★★）

（一）本量利分析的含义

本量利分析，是指以成本性态分析和变动成本法为基础，对成本、利润、业务量与单价等因素之间的依存关系进行分析，发现变动的规律性的一种方法。其中，

"本"是指成本，包括固定成本和变动成本；

"量"是指业务量，一般指销售量；

"利"一般指利润。

（二）本量利分析的基本假设

1.总成本由固定成本和变动成本两部分组成

（1）固定成本。

固定成本是指与商品产销数量没有直接联系，在一定时期和一定产销数量内其发生总额保持相对稳定的成本，例如，固定月工资、固定资产折旧费、取暖费、财产保险费、职工培训费等。

（2）变动成本。

变动成本是指其发生额随商品产销量的增减变化而相应变动的成本，例如，直接材料、直接人工、销售佣金等。

（3）混合成本。

混合成本是指除固定成本和变动成本之外的成本，它们因业务量变动而变动，但不成正比例关系，可以运用一定的方法分解为固定成本和变动成本。

2.销售收入与业务量呈完全线性关系

3.产销平衡

假设当期产品的生产量与业务量相一致，不考虑存货水平变动对利润的影响。即假定每期生产的产品总量均能在当期全部销售出去，从而实现产销平衡。

4.产品产销结构稳定

假设同时生产销售多种产品的企业，其销售产品的品种结构不变。

（三）本量利分析的基本原理

1.本量利分析的基本关系式

利润＝销售收入－总成本

　　＝销售收入－（变动成本＋固定成本）

　　＝销售量×单价－销售量×单位变动成本－固定成本

　　＝销售量×（单价－单位变动成本）－固定成本

【典例研习·2-6】（教材例题）

某企业每月固定成本为1 000元，生产一种产品，单价为10元，单位变动成本为6元，本月计划销售500件，请计算预期利润是多少？

斯尔解析 本题考查本量利分析。

将有关数据代入本量利分析方程式：

利润＝单价×销售量－单位变动成本×销售量－固定成本＝10×500－6×500－1 000＝1 000（元）

2.边际贡献

边际贡献又称边际利润或贡献毛益，是指产品的销售收入减去变动成本后的金额。

边际贡献的表现形式有两种：一种是以绝对额表示的边际贡献，另一种是以相对数表示的边际贡献率。

（1）以绝对额表示的边际贡献。

边际贡献总额＝销售收入－变动成本

单位边际贡献＝单价－单位变动成本

边际贡献总额＝销售量×单位边际贡献

由于：

利润＝销售收入－变动成本－固定成本＝边际贡献总额－固定成本

可得：

边际贡献总额＝固定成本＋利润

（2）边际贡献率。

边际贡献率是边际贡献与销售收入的比率。

边际贡献率＝边际贡献总额÷销售收入

　　　　　＝单位边际贡献÷单价

根据上述公式可得：

边际贡献总额＝销售收入×边际贡献率

另外，可根据变动成本率计算边际贡献率。

变动成本率＝变动成本总额÷销售收入＝单位变动成本÷单价

由于：

边际贡献总额＋变动成本总额＝销售收入

等式两边同时除以销售收入，可得：

边际贡献率＋变动成本率＝1

【典例研习·2-7】（教材例题）

某企业生产甲产品，售价为60元/件，单位变动成本24元，固定成本总额

100 000元，当年产销量20 000件。请计算该产品单位边际贡献、边际贡献总额、边际贡献率及利润。

斯尔解析 本题考查本量利分析。

单位边际贡献=单价-单位变动成本=60-24=36（元）

边际贡献总额=单位边际贡献×产销量=36×20 000=720 000（元）

边际贡献率=单位边际贡献÷单价=36÷60=60%

利润=边际贡献总额-固定成本=720 000-100 000=620 000（元）

【典例研习·2-8】（模拟单项选择题）

某企业生产单一产品，年销售收入为100万元，变动成本总额为60万元，固定成本总额为16万元，则该产品的边际贡献率为（　　　）。

A.76%　　　　　B.60%　　　　　C.24%　　　　　D.40%

斯尔解析 本题考查本量利分析。边际贡献率=单位边际贡献/单价=边际贡献总额/销售收入=（销售收入-变动成本总额）/销售收入=（100-60）/100=40%。

（四）盈亏平衡分析

盈亏平衡分析（也称保本分析），是指分析、测定盈亏平衡点，以及有关因素变动对盈亏平衡点的影响等，是本量利分析的核心内容。盈亏平衡分析的原理是，通过计算企业在利润为零时处于盈亏平衡的业务量，分析项目对市场需求变化的适应能力等。

盈亏临界点的表示方法有两种：一种是用实物数量表示，即盈亏临界点销售量；另一种是用货币金额表示，即盈亏临界点销售额。

1.盈亏临界点销售量

由于：

利润=边际贡献总额-固定成本

　　　=销售量×单位边际贡献-固定成本

令利润=0，此时的销售数量为盈亏临界点销售量：

0=盈亏临界点销售量×单位边际贡献-固定成本

则，

盈亏临界点销售量=固定成本÷单位边际贡献

这一公式适用于产销单一产品的企业。

【典例研习·2-9】（教材例题）

假设计划年度某种产品的销售价格为38元，单位变动成本为22元，固定成本总额为16 000元。

要求：

计算该产品的盈亏临界点销售量为多少？

斯尔解析 本题考查盈亏平衡分析。

盈亏临界点销售量=固定成本÷单位边际贡献=16 000÷（38-22）=1 000（件）

2.盈亏临界点销售额

由于：

利润=边际贡献总额-固定成本

　　　=销售额×边际贡献率-固定成本

【典例研习】答案：
2-8：D

令利润=0，此时的销售额为盈亏临界点销售额：

0=盈亏临界点销售额×边际贡献率-固定成本

可得：

盈亏临界点销售额=固定成本÷边际贡献率

固定成本=盈亏临界点销售额×边际贡献率

3.盈亏临界点作业率

盈亏临界点作业率，是指盈亏临界点销售量（额）占正常经营情况下销售量（额）的百分比。

盈亏临界点作业率=盈亏临界点销售量/正常经营销售量×100%

=盈亏临界点销售额/正常经营销售额×100%

【典例研习·2-10】（教材例题）

假设某公司计划年度的销售收入为800 000元，固定成本总额为175 000元，变动成本率为65%。

要求：

计算该公司计划年度的盈亏临界点销售额和盈亏临界点作业率。

斯尔解析 本题考查盈亏平衡分析。

盈亏临界点销售额=固定成本总额/边际贡献率

=175 000/（1-65%）=500 000（元）

盈亏临界点作业率=盈亏临界点销售额/正常经营销售额×100%

=500 000/800 000×100%=62.5%

计算结果表明，该公司的作业率必须达到正常作业的62.5%以上才能盈利，否则会发生亏损。

【典例研习·2-11】（2018年单项选择题）

长江公司只生产甲产品，其固定成本总额为160 000元，每件单位变动成本50元，则下列关于甲产品单位售价对应的盈亏临界点销售量计算正确的是（　　）。

A.单位售价50元，盈亏临界点销售量3 200件

B.单位售价70元，盈亏临界点销售量8 000件

C.单位售价100元，盈亏临界点销售量1 600件

D.单位售价60元，盈亏临界点销售量6 400件

斯尔解析 本题考查盈亏平衡分析。

当单位售价为50元时，盈亏临界点销售量=160 000/（50-50），盈亏临界点销售量趋于无穷大，选项A错误；

当单位售价为70元时，盈亏临界点销售量=160 000/（70-50）=8 000（件），选项B正确；

当单位售价为100元时，盈亏临界点销售量=160 000/（100-50）=3 200（件），选项C错误；

当单位售价为60元时，盈亏临界点销售量=160 000/（60-50）=16 000（件），选项D错误。

（五）安全边际和安全边际率

安全边际，是指正常销售额超过盈亏临界点销售额的差额，它表明销售额下降多少企业乃不至亏损。

安全边际=正常销售额−盈亏临界点销售额

安全边际量=正常销售量−盈亏临界点销售量

安全边际率=安全边际/正常销售额（或实际订货额）×100%

　　　　　=安全边际量/正常销售量×100%

由于：

盈亏临界点销售额+安全边际=正常销售额

等式两边同时除以正常销售额可得：

盈亏临界点作业率+安全边际率=1

安全边际主要用于衡量企业承受营运风险的能力，尤其是销售量下降时承受风险的能力。也可以用于盈利预测。安全边际或安全边际率的数值越大，企业发生亏损的可能性越小，抵御营运风险的能力越强，盈利能力越大。

二、目标利润分析（★★）

（一）预测目标利润额

利润=销售收入−变动成本−固定成本

　　=边际贡献−固定成本

　　=销售收入×边际贡献率−盈亏临界点销售额×边际贡献率

　　=（销售收入−盈亏临界点销售额）×边际贡献率

　　=安全边际×边际贡献率

（二）预测实现目标必须达到的经济指标

影响企业利润的主要经济指标有产品销售数量、销售价格、固定成本、变动成本等。为了保证目标利润的实现，企业可以从以上几个方面采取相应措施。

【典例研习·2-12】（教材例题）

某企业2021年度甲产品的销售数量（Q）为1 000件，售价（SP）为18 000元，单位变动成本（V）为12 000元，固定成本总额（F）为500万元。

要求：

（1）计算该企业2021年度的利润。

（2）若计划2022年度的利润增长12%，在其他条件不变的情况下，分别计算销售数量、售价、单位变动成本、固定成本总额的变动率。

斯尔解析 本题考查目标利润分析。

（1）甲产品2021年度的利润为：

P=Q×SP−Q×V−F

　=1 000×18 000−1 000×12 000−5 000 000=1 000 000（元）

（2）如果要求2022年度的利润增长12%，即达到1 120 000元［1 000 000×（1−12%）］，可以从以下四个方面采取措施：

①增加销售数量。

因为：1 120 000=18 000×Q−12 000×Q−5 000 000

所以：Q=6 120 000/（18 000−12 000）=1 020（件）

在其他条件不变时，销售数量增加2%〔（1 020-1 000）/1 000×100%〕，达到1 020件时，可实现目标利润。

②提高销售价格。

因为：1 120 000=1 000×SP-1 000×12 000-5 000 000

所以：SP=18 120 000/1 000=18 120（元）

在其他条件不变时，销售价格提高0.67%〔（18 120-18 000）/18 000×100%〕，达到18 120元时，可实现目标利润。

③降低固定成本总额。

因为：1 120 000=1 000×18 000-1 000×12 000-F

1 120 000=18 000 000-12 000 000-F

所以：F=18 000 000-12 000 000-1 120 000=4 880 000（元）

在其他条件不变时，固定成本总额降低2.4%〔（4 880 000-5 000 000）/5 000 000×100%〕，降低为4 880 000元时，可实现目标利润。

④降低单位变动成本。

因为：1 120 000=1 000×18 000-1 000×V-5 000 000

所以：V=11 880 000/1 000=11 880（元）

在其他条件不变时，单位变动成本降低1%〔（11 880-12 000）/12 000×100%〕，降低为11 880元时，可实现目标利润。

三、利润敏感性分析（★★）

所谓利润敏感性分析，就是研究本量利分析的假设前提中的诸因素发生微小变化时，对利润的影响方向和程度。

基于本量利分析的利润敏感性分析主要应解决两个问题：一是各因素的变化对最终利润变化的影响程度；二是当目标利润要求变化时允许各因素的升降幅度。

（一）各因素对利润的影响程度

各相关因素变化都会引起利润的变化，但其影响程度各不相同。如有些因素虽然只发生了较小的变动，却导致利润很大的变动，利润对这些因素的变化十分敏感，称这些因素为敏感因素。与此相反，有些因素虽然变动幅度很大，却有可能只对利润产生较小的影响，称为不敏感因素。

反映各因素对利润敏感程度的指标为利润的敏感系数，其计算公式为：

敏感系数=利润变动百分比/因素变动百分比

【典例研习·2-13】（教材例题）

某企业生产和销售单一产品，计划年度内有关数据预测如下：销售量100 000件，单价30元，单位变动成本为20元，固定成本为200 000元。假设没有利息支出和所得税，计算该企业预计的目标利润，以及销售量、单价、单位变动成本和固定成本的敏感系数。

斯尔解析 本题考查利润敏感分析。

（1）预计的目标利润为：

P=（30-20）×100 000-200 000=800 000（元）

（2）销售量的敏感程度。设销售量增长10%，则：

销售量=100 000×（1+10%）=110 000（件）

利润=（30-20）×110 000-200 000=900 000（元）

利润变动百分比=（900 000-800 000）/800 000×100%=12.5%

销售量的敏感系数=12.5%/10%=1.25

可见，销售变动10%，利润就会变动12.5%，当销售量增长时，利润会以更大的幅度增长，这是由于企业固定成本的存在而导致的。

（3）销售单价的敏感程度。设单价增长10%，则：

单价=30×（1+10%）=33（元）

利润=（33-20）×100 000-200 000=1 100 000（元）

利润变化的百分比=（1 100 000-800 000）/800 000×100%=37.5%

单价的敏感系数=37.5%/10%=3.75

可见，单价对利润的影响很大，从百分率来看，利润以3.75倍的速率随单价变化。涨价是提高盈利的有效手段，反之，价格下跌也将对企业构成很大威胁。经营者根据敏感系数分析可知，每降价1%，企业将失去3.75%的利润，必须格外予以关注。

（4）单位变动成本的敏感程度。设单位变动成本增长10%，则：

单位变动成本=20×（1+10%）=22（元）

利润=（30-22）×100 000-200 000=600 000（元）

利润变化百分比=（600 000-800 000）/800 000×100%=-25%

单位变动成本的敏感系数=（-25%）/（10%）=-2.5

由此可见，单位变动成本对利润的影响比单价小，单位变动成本每上升1%，利润将减少2.5%。但是，敏感系数绝对值大于1，说明单位变动成本的变化会造成利润更大的变化，仍属于敏感因素。

（5）固定成本的敏感程度。设固定成本增长10%，则：

固定成本=200 000×（1+10%）=220 000（元）

利润=（30-20）×100 000-220 000=780 000（元）

利润变化百分比=（780 000-800 000）/800 000×100%=-2.5%

固定成本的敏感系数=（-2.5%）/（10%）=-0.25

这说明固定成本每上升1%，利润将减少0.25%。

敏感系数的绝对值越大，该因素越敏感。如上例数据，将这四个因素按敏感系数的绝对值排列，其顺序依次是单价、单位变动成本、销售量、固定成本。即：影响利润最大的因素是单价和单位变动成本，然后才是销售量和固定成本。

上述各因素敏感系数的排序是在题目所设定的条件下得到的，如果条件发生变化，各因素敏感系数的排序也可能发生变化。

（二）目标利润要求变化时允许各因素的升降幅度

当目标利润有所变化时，只有通过调整各因素现有水平才能达到目标利润变动的要求。因此，对各因素允许升降幅度的分析，实质上是各因素对利润影响程度分析的反向推算，在计算上表现为敏感系数的倒数。

【典例研习·2-14】（2015年单项选择题）

某企业上年度甲产品的销售数量为10 000件，销售价格为每件18 000元，单位变动成本为12 000元，固定成本总额为50 000 000元，若企业要求甲产品的利润总额增长12%，则在其他条件不变情况下，应将甲产品的单位变动成本降低（　　　）。

A.1%　　　　　　B.0.67%　　　　　　C.2%　　　　　　D.2.4%

斯尔解析　本题考查利润敏感分析。

上年度利润=（18 000−12 000）×10 000−50 000 000=10 000 000（元）

目标利润=10 000 000×（1+12%）=11 200 000（元）

（18 000−单位变动成本）×10 000−50 000 000=11 200 000

解得：单位变动成本=11 880（元）

单位变动成本变动的比率=（11 880−12 000）/12 000=−1%，选项A正确。

使用斯尔教育APP
扫码观看本节好课

第三节　财务预算

一、全面预算（★）

（一）全面预算的内容

全面预算体现了预算的全员、全过程、全部门的特征。全面预算包括经营预算、资本支出预算和财务预算三个部分。

财务预算主要包括现金预算、预计利润表、预计资产负债表和预计现金流量表。财务预算的综合性最强，是预算的核心内容；财务预算的各项指标又依赖于经营预算和资本支出预算。

（二）全面预算的作用

1.明确企业经营目标

2.协调各方面关系

3.控制经济活动

4.考核评价业绩

二、财务预算（★★）

（一）财务预算的内容

1.现金预算

（1）现金预算又称现金收支预算，是反映企业在预算期内全部现金流入和现金流出，以及由此预计的现金收支所产生的结果的预算。

（2）现金预算以销售预算、生产预算、成本与费用预算、预计资本支出预算为基础编制，是财务预算的核心。

（3）现金预算的内容包括现金收入、现金支出、现金余缺及资金的筹集与运用四个部分：

①现金收入包括期初现金余额、预算期销售现金收入；

②现金支出包括预算期内各种现金支出；

③现金余缺指预算期内现金收入和现金支出的差额；

④资金的筹集与运用反映预算期内向银行借款、还款、支付利息、短期投资、投资收回等内容。

2.预计利润表

预计利润表是反映和控制企业在预算期内损益情况和盈利水平的预算。

3.预计现金流量表

预计现金流量表是从现金流入和流出两个方面反映企业经营活动、投资活动和筹资活动所产生的现金流量的预算。

4.预计资产负债表

预计资产负债表是用来反映企业在计划期末预计的财务状况,它的编制须以计划期开始日的资产负债表为基础,然后结合计划期间业务预算、专门决策预算、现金预算和预计利润表进行编制。

(二)财务预算的编制方法

常见的预算编制方法根据不同的分类标准,主要包括以下内容:

按其出发点的特征不同,可分为增量预算法和零基预算法;

按其业务量基础的数量特征不同,可分为固定预算法和弹性预算法;

按其预算期的时间特征不同,可分为定期预算法和滚动预算法。

1.增量预算法与零基预算法

(1)增量预算法。

维度	解读
含义	以历史期实际经济活动及其预算为基础,通过调整历史期经济活动项目及金额形成预算的预算编制方法
假定条件	企业现有业务活动是合理的,不需要进行调整
	企业现有各项业务的开支水平是合理的,在预算期予以保持
	以现有业务活动和各项活动的开支水平,确定预算期各项活动的预算数
缺陷	可能导致无效费用开支项目无法得到有效控制,造成预算上的浪费

(2)零基预算法。

维度	解读
含义	企业不以历史期经济活动及其预算为基础,以零为起点,从实际需要出发,形成预算的预算编制方法
优点	以零为起点编制,不受历史期的影响,能够灵活应对内外环境的变化,更贴近预算期企业经济活动需要
	有助于增加预算编制透明度,有利于进行预算控制
缺点	预算编制工作量较大、成本较高
	预算编制的准确性受企业管理水平和相关数据标准准确性影响较大
适用性	适用于企业各项预算的编制,特别是不经常发生的预算项目或预算编制基础变化较大的预算项目

2.固定预算法与弹性预算法

（1）固定预算法（静态预算法）。

维度	解读
含义	在编制预算时，只将预算期内正常、可实现的某一固定的业务量水平作为唯一基础来编制预算的方法
缺点	适应性差、可比性差
适用性	一般适用于经营业务稳定，生产产品产销量稳定，能准确预测产品需求及产品成本的企业，也可用于编制固定费用预算

（2）弹性预算法（动态预算法）。

维度	解读
含义	在成本性态分析的基础上，按照预算期内可能的一系列业务量水平编制系列预算的方法
优点	考虑了预算期可能的不同业务量水平，更贴近实际
缺点	编制工作量大
	市场预测的准确性、预算项目与业务量之间依存关系的判断水平等会对其合理性造成较大影响
适用性	适用于企业各项预算的编制，特别是存在较大不确定性，且其预算项目与业务量之间存在明显的数量依存关系的预算项目

3.定期预算法与滚动预算法

（1）定期预算法。

定期预算法是指在编制预算时，以不变的会计期间作为预算期的一种编制预算的方法。

2021年度预算											
1月	2月	3月	4月	5月	6月	7月	8月	9月	10月	11月	12月

2022年度预算											
1月	2月	3月	4月	5月	6月	7月	8月	9月	10月	11月	12月

特点	解读
优点	预算期间与会计期间相对应，便于将实际数与预算数进行对比
	有利于对预算执行情况进行分析和评价
缺点	不利于前后各个期间的预算衔接
	不能适应连续不断的业务活动过程的预算管理

（2）滚动预算法。

滚动预算法是指企业根据上一期预算执行情况和新的预测结果，按既定的预算编制周期和滚动频率，对原有的预算方案进行调整和补充，逐期滚动，持续推进的预算编制方法。

按照滚动的时间单位不同可分为逐月滚动、逐季滚动和混合滚动。

以逐季滚动为例：

逐季滚动预算方式示意图

特点	解读
优点	通过持续滚动预算编制、逐期滚动管理，实现动态反映市场、建立跨期综合平衡，从而有效指导企业营运，强化预算的决策与控制职能
缺点	预算滚动的频率越高，对预算沟通的要求越高，预算编制的工作量越大
	过高的滚动频率容易增加管理层的不稳定感，导致预算执行者无所适从

【典例研习·2-15】（2019年多项选择题）

与固定预算法相比，下列属于弹性预算法特点的有（　　　）。

A.编制工作量大

B.考虑了预算期可能的不同业务量水平，更贴近企业经营管理实际情况

C.不受历史期经济活动中的不合理因素影响

D.有助于增加预算编制透明度，不利于进行预算控制

E.能够使预算期间与会计期间相对应

斯尔解析　本题考查财务预算的编制方法。与固定预算法相比，弹性预算的主要优点是：考虑了预算期可能的不同业务量水平，更贴近企业经营管理实际情况，选项B正确；主要缺点是：一是编制工作量大；二是市场及其变动趋势预测的准确性、预算项目与业务量之间依存关系的判断水平等会对弹性预算的合理性造成较大影响，选项A正确；选项CD是零基预算法的特点；选项E是定期预算法的特点。

【典例研习】答案：

2-15：AB

冲关地图

⊡ ：要听懂
!!! ：你得背
√+-×÷ ：你得算
∞ ：有空看

第二章 财务预测和财务预算

资金需要量预测
- ∞ 资金需要量预测的意义
- √+-×÷ 因素分析法
- √+-×÷ 销售百分比法
- √+-×÷ 资金习性预测法

利润预测
- √+-×÷ 本量利分析
- √+-×÷ 目标利润分析
- √+-×÷ 利润敏感性分析

财务预算
- ⊡ 全面预算
- ⊡ 财务预算

第三章　筹资与股利分配管理

学习提要

考几分？

　　本章属于次重点章，近三年平均分值在5分左右。

怎么考？

　　本章考试题型以理论型题目为主，计算型题目为辅，计算型题目主要考查资本成本、每股收益无差别点和杠杆系数的计算。

怎么学？

　　本章知识并不难理解，但对于理论型内容，不能只记最终结论，要能够理解每一个结论形成的原因；针对计算型内容，不能只满足于会算，要能够快速准确地计算。在开始本章内容之前，需要先了解两个概念：

　　资本结构分为广义资本结构和狭义资本结构，广义的资本结构是指全部债务与股东权益的构成比例；狭义的资本结构则是指长期负债与股东权益的构成比例。

　　财务风险是指由于企业运用了债务筹资方式而产生的丧失偿付能力的风险。

考点精讲

使用斯尔教育APP
扫码观看本节好课

第一节　筹资管理概述

一、筹资分类（★）

　　企业筹资，是指企业为了满足经营活动、投资活动、资本结构管理和其他需要，运用一定的筹资方式，通过一定的筹资渠道，筹措和获取所需资金的一种财务行为。

　　企业采用不同方式所筹集的资金，按照不同的分类标准，可分为不同的筹资类别。

分类标准	类型	解读	举例
所取得资金的权益特性	股权筹资	股东投入的，企业依法长期拥有、能够自主调配运用的资本	吸收直接投资、发行股票、利用留存收益
	债务筹资	企业按合同向债权人取得的，在规定期限内需要清偿的债务	发行债券、银行借款
	混合筹资	兼具股权与债务筹资性质	可转换债券、认股权证
是否以金融机构为媒介	直接筹资	企业直接与资金供应者协商融通资金的筹资活动	发行股票、发行债券、吸收直接投资
	间接筹资	企业借助银行和非银行金融机构而筹资的资金	银行借款、融资租赁
资金的来源范围不同	内部筹资	企业通过利润留存而形成的筹资来源	利用留存收益
	外部筹资	企业向外部筹措资金形成的筹资来源	发行股票、发行债券、向银行借款等
所筹集资金的使用期限	长期筹资	企业筹集资金使用期限在1年以上的资金	发行股票、取得长期借款等
	短期筹资	企业筹集资金使用期限在1年以内的资金	商业信用、短期借款、保理业务

二、筹资管理原则

原则	含义
筹措合法	企业筹资要遵循国家法律法规，合法筹措资金
规模适当	要根据生产经营及其发展的需要，合理安排资金需求
取得及时	要合理安排筹资时间，适时取得资金
来源经济	要充分利用各种筹资渠道，选择经济、可行的资金来源
结构合理	筹资管理要综合考虑各种筹资方式，优化资本结构

第二节　筹资方式

使用斯尔教育 APP
扫码观看本节好课

一、股权筹资（★★）

股权筹资是企业最基本的筹资方式，它包括吸收直接投资、发行股票和利用留存收益三种基本形式。

（一）吸收直接投资

吸收直接投资，是指企业按照"共同投资、共同经营、共担风险、共享收益"的原则，直接吸收国家、法人、个人和外商投入资金的一种筹资方式。吸收直接投资是非股份制企业筹集权益资本的基本方式。吸收直接投资的实际出资额中，注册资本部分，形成实收资本；超过注册资本的部分，属于资本溢价，形成资本公积。

1.吸收直接投资的出资方式

吸收直接投资的出资方式包括以货币资产出资、以实物资产出资、以土地使用权出资、以工业产权出资和以特定债权出资。

2.吸收直接投资的筹资特点

特点		解读
优点	能够尽快形成生产能力	吸收直接投资不仅可以取得一部分货币资金，而且能够直接获得所需的先进设备和技术，尽快形成生产经营能力
	容易进行信息沟通	吸收直接投资的投资者比较单一，股权没有社会化、分散化，投资者还可以直接担任公司管理层职务
缺点	资本成本较高	相对于股票筹资方式来说，吸收直接投资的资本成本较高。但与发行股票相比，吸收投资的手续相对比较简便，筹资费用较低
	不易进行产权交易	由于没有以证券为媒介，不利于产权交易，难以进行产权转让

资本成本大小的决策思路

资本成本是企业为筹集和使用资本而付出的代价，包括筹资费用和用资费用。以A公司为例，其资本成本大小的决策思路如下：

（二）发行股票

股票是股份有限公司为筹措股权资本而发行的有价证券，是公司签发的证明股东持有公司股份的凭证。股票作为一种所有权凭证，代表着对发行公司净资产的所有权。股票只能由股份有限公司发行。

1.股票的种类

（1）按股东权利和义务的不同，分为普通股股票和优先股股票。

（2）按票面是否记名，分为记名股票和无记名股票。

（3）按票面是否标明金额，分为有面值股票和无面值股票。

2.股票的发行方式

发行方式	解读
公开发行	股份公司通过中介机构向社会公众公开发行股票。上市公司公开发行股票，既包括首次公开发行股票，也包括增发新股和配股
非公开发行	股份公司只向少数特定对象发行股票，一般不需要中介机构承销

3.发行普通股股票的筹资特点

普通股股票简称普通股，是公司发行的代表着股东享有平等的权利、义务，不加特别限制的，股利不固定的股票。

特点		解读
优点	两权分离，有利于公司自主经营管理	公司通过对外发行股票筹资，公司的所有权与经营权相分离，分散了公司控制权，有利于公司自主管理、自主经营
	能提高公司的社会声誉，促进股权流通和转让	普通股筹资，股东的大众化为公司带来了广泛的社会影响。特别是上市公司，其股票的流通性强，有利于市场确认公司的价值

续表

特点	解读
缺点　　资本成本较高	①对投资者来说，投资普通股票的风险比投资债券的风险大。因此，投资者对普通股投资要求得到较高的收益率，这就增加了筹资公司的资本成本； ②股利由扣除所得税后的净利润支付，筹资公司得不到抵减税款的好处； ③普通股票的发行手续复杂，发行费用一般比其他筹资方式高
不易及时形成生产能力	普通股筹资吸收的一般都是货币资金，还需要通过购置和建造固定资产等形成生产经营能力。相对吸收直接投资方式来说，不易及时形成生产能力

4.发行优先股股票的筹资特点

优先股股票简称优先股，是公司发行的相对于普通股具有一定优先权的股票。其优先权利主要表现在股利分配优先权和分配剩余财产优先权上。优先股股东在股东大会上无表决权，在参与公司经营管理上受到一定限制，仅对涉及优先股股利的问题有表决权。

维度	解读
优点	优先股一般没有到期日，不需要偿还本金，只需支付固定股息
	优先股的股息率一般为固定比率，使得优先股融资具有财务杠杆作用
	优先股股东不能强迫公司破产，发行优先股能增强公司的信誉，提高公司的举债能力
	优先股股东一般没有投票权，发行优先股不会因稀释控制权而引起普通股股东的反对，其筹资能顺利进行
缺点	优先股的资本成本虽低于普通股，但高于债券
	优先股在股息分配、资产清算等方面拥有优先权，使普通股股东在公司经营不稳定时收益受到影响
	优先股筹资后对公司的限制较多

如何理解财务杠杆作用

财务杠杆作用是放大企业盈利的同时，也增加了企业的风险。

假设目前A拥有财富10万元，投资1年的收益率，可能是50%，此时盈利5万元；收益率也可能是-50%，此时亏损5万元。

如果A按照10%的利率取得了20万元的借款进行投资，此时A拥有的资金为30万元。

如果投资收益率是50%，1年可以赚取15万元的收益，扣除需要偿还的利息2万元，还剩下13万元的收益（从而放大了企业的收益）。

如果投资收益率是-50%，1年后，A拥有的资金将变为15万元，不足以支付借款的本金和利息，A就破产了（从而增加了企业的风险）。

（三）留存收益

1.留存收益的筹资途径

（1）提取盈余公积金。

盈余公积金，是指有指定用途的留存净利润，其提取基数是抵减年初累计亏损后的本年度净利润。盈余公积金主要用于企业未来的经营发展，经投资者审议后也可以用于转增股本（实收资本）和弥补以前年度经营亏损。盈余公积金不得用于以后年度的对外利润分配。

（2）未分配利润。

未分配利润，是指未限定用途的留存净利润。未分配利润有两层含义：第一，这部分净利润本年没有分配给公司的股东投资者；第二，这部分净利润未指定用途，可以用于企业未来经营发展、转增股本（实收资本）、弥补以前年度经营亏损、以后年度利润分配。

2.利用留存收益的筹资特点

特点	解读
不用发生筹资费用	与普通股筹资相比较，留存收益筹资不需要发生筹资费用，资本成本较低
维持公司的控制权分布	利用留存收益筹资，不用对外发行新股或吸收新投资者，由此增加的权益资本不会改变公司的股权结构，不会稀释原有股东的控制权
筹资数额有限	留存收益的最大数额是企业到期的净利润和以前年度未分配利润之和，不像外部筹资一次性可以筹资大量资金

二、债务筹资（★★）

债务筹资的前提是资产回报率大于债务利率。债务筹资不仅可以满足企业投资和经营的资金需要，而且存在杠杆效应，能够提高股权资本回报率。债务资金的高风险性，能够限制经理人的扩张冲动，因此，债务筹资也具有公司治理效应。

债务筹资的主要方式包括银行借款、发行债券、融资租赁和商业信用等多种方式。

（一）银行借款

1.银行借款的种类

分类标准	类型
提供贷款的机构	政策性银行贷款、商业性银行贷款和其他金融机构贷款
有无担保要求	信用贷款和担保贷款
取得贷款的用途	基本建设贷款、专项贷款和流动资金贷款

2.长期借款的保护性条款

长期借款的金额高、期限长、风险大，除借款合同的基本条款之外，债权人通常还在借款合同中附加各种保护性条款，以确保企业按要求使用借款和按时足额偿还借款。

保护性条款一般有下三类：例行性保护条款、一般性保护条款、特殊性保护条款。

（1）例行性保护条款。

例行性保护条款作为例行常规，在大多数借款合同中都会出现。主要包括：

①定期向提供贷款的金融机构提交公司财务报表，以使债权人随时掌握公司的财务状况和经营成果；

②保持存货储备量，不准在正常情况下出售较多的非产成品存货，以保持企业正常生产经营能力；

③及时清偿债务，包括到期清偿应缴纳税金和其他债务，以防被罚款而造成不必要的现金流失；

④不准贴现应收票据或出售应收账款，以避免或有负债等；

⑤不准以资产作其他承诺的担保或抵押。

（2）一般性保护条款。

一般性保护条款是对企业资产的流动性及偿债能力等方面的要求条款，这类条款应用于大多数借款合同，主要包括：

①保持企业的资产流动性。要求企业需持有一定最低额度的货币资金及其他流动资产，以保持企业资产的流动性和偿债能力，一般规定了企业必须保持的最低营运资金数额和最低流动比率数值。

②限制企业非经营性支出。如限制支付现金股利、购入股票和职工加薪的数额规模，以减少企业资金的过度外流。

③限制企业资本支出的规模。控制企业资产结构中的长期性资产的比例，以减少公司日后不得不变卖固定资产以偿还贷款的可能性。

④限制公司再举债规模。目的是防止其他债权人取得对公司资产的优先索偿权。

⑤限制公司的长期投资。如规定公司不准投资于短期内不能收回资金的项目，不能未经银行等债权人同意而与其他公司合并等。

（3）特殊性保护条款。

特殊性保护条款是针对某些特殊情况而出现在部分借款合同中的条款，只有在特殊情况下才能生效。主要包括：

①要求公司的主要领导人购买人身保险；

②借款的用途不得改变；

③违约惩罚条款等。

【典例研习·3-1】（2019年多项选择题）

下列属于长期借款的一般性保护条款的有（　　　　）。

A.不得改变借款的用途

B.限制企业非经营性支出

C.不准以资产作其他承诺的担保或抵押

D.保持企业的资产流动性

E.限制公司的长期投资

斯尔解析 本题考查银行借款筹资。长期借款的一般性保护条款主要包括：

①保持企业的资产流动性，选项D正确；

②限制企业非经营性支出，选项B正确；

③限制企业资本支出的规模；

【典例研习】答案：

3-1：BDE

④限制公司再举债规模；

⑤限制公司的长期投资，选项E正确。

不得改变借款用途属于长期借款的特殊性保护条款，选项A错误；不准以资产作其他承诺的担保或抵押，属于长期借款的例行性保护条款，选项C错误。

3.银行借款的筹资特点

特点		解读
优点	筹资速度快	与发行公司债券、融资租赁等其他债务筹资方式相比，银行借款的程序相对简单，所花时间较短，公司可以迅速获得所需资金
	资本成本较低	利用银行借款筹资，一般都比发行债券和融资租赁的利息负担要低。而且，无须支付证券发行费用、租赁手续费用等筹资费用
	筹资弹性较大	在借款之前，公司根据当时的资本需求与银行等贷款机构直接商定贷款的时间、数量和条件。在借款期间，若公司的财务状况发生某些变化，也可与债权人再协商，变更借款数量、时间和条件，或提前偿还本息
缺点	限制条款多	与发行公司债券相比较，银行借款合同对借款用途有明确规定，通过借款的保护性条款，对公司资本支出额度、再筹资、股利支付等行为有严格的约束
	筹资数额有限	银行借款的数额往往受到贷款机构资本实力的制约，难以像发行公司债券、股票能一次筹集到大笔资金，无法满足公司大规模筹资的需要

（二）发行公司债券

公司债券是由企业发行的有价证券，是企业为筹措资金而公开负担的一种债务契约，表示企业借款后，有义务偿还其所借金额的一种期票。

债券的基本要素：

要素	解读
面值	债券面值是债券设定的票面金额，代表发行人承诺于未来某一特定日偿付债券持有人的金额
票面利率	债券票面利率是债券发行者预计一年内向持有者支付的利息占票面金额的比率
到期日	债券到期日是指偿还债券本金的日期，债券一般都有规定到期日，以便到期时归还本金

1.公司债券的种类

分类标准	类型
是否记名	记名债券和无记名债券
能否转换为公司股票	可转换债券和不可转换债券
是否上市流通	上市债券和非上市债券
偿还期限的长短	长期债券和短期债券
支付利息的形式不同	固定利息债券、浮动利息债券和贴息债券
发行的保证条件不同	抵押债券、担保债券和信用债券

2.发行公司债券的筹资特点

特点		解读
优点	一次筹资数额大	利用发行公司债券筹资能够筹集大额的资金，满足公司大规模筹资的需要
	募集资金的使用限制条件少	与银行借款相比，发行公司债券募集的资金在使用上具有相对灵活性和自主性
	提高公司的社会声誉	公司债券的发行主体有严格的资格限制。通过发行公司债券，一方面筹集了大量资金，另一方面也扩大了公司的社会影响
缺点	资本成本负担较高	相对于银行借款筹资，发行公司债券的利息负担和筹资费用都比较高

【典例研习·3-2】（2017年多项选择题）

与发行债券筹资相比，企业利用普通股股票筹集资金的优点包括（　　　）。

A.不需要偿还本金

B.能提高企业的社会声誉

C.资金成本较低

D.没有固定的利息支出

E.及时形成生产能力

斯尔解析 本题考查发行股票筹资。发行债券筹资一般需要偿还本金，而发行普通股筹资一般没有到期日，企业可以长期使用，选项A正确；发行普通股和发行公司债券都能提高公司的社会声誉，选项B错误；发行普通股筹资的资本成本高于发行债券筹资的资本成本，选项C错误；发行债券筹资，一般要按照合同规定定期支付利息，而发行普通股筹资没有固定的利息支付，股利是否支付，企业拥有自主权，选项D正确；发行债券筹资和发行普通股筹资，吸收的一般都是货币资金，均不易形成生产经营能力，选项E错误。

【典例研习】答案：

3-2：AD

（三）租赁

租赁，是指在一定期间内，出租人将资产的使用权让与承租人以获取对价的合同。

1.按照租赁当事人之间的关系，租赁可以划分为三种类型

类型	含义
直接租赁	出租人直接向承租人提供租赁资产的租赁形式。直接租赁只涉及出租人和承租人双方
杠杆租赁	出租人引入资产时只支付所需款项的一部分，其余款项向第三方申请贷款解决。这样，出租人利用自己的少量资金推动了大额的租赁业务。杠杆租赁涉及三方当事人
售后回租	承租人先将某资产卖给出租人，再将该资产租回的一种租赁形式。承租人一方面通过出售资产获得了现金，另一方面又通过租赁满足了对资产的需要，而租赁费却可以分期支付

2.租赁筹资的特点

特点		解读
优点	无须大量资金就能迅速获得资产	在缺乏资金情况下，融资租赁能迅速获得所需资产
	财务风险小	能够避免一次性支付的负担，而且租金支出是未来的、分期的。还款时，租金可以通过项目本身产生的收益来支付，是一种基于未来的"借鸡生蛋卖蛋还钱"的筹资方式
	筹资的限制条件较少	相比运用股票、债券、长期借款筹资方式，租赁筹资的限制条件很少
	能延长资金的融通期限	通常为购置设备而贷款的借款期限比该资产的物理寿命要短得多，而租赁的融资期限却可接近其全部使用寿命期限
缺点	资本成本负担较高	租赁的租金通常比银行借款或发行公司债券所负担的利息高得多，租金总额通常要比设备价值高出30%

【典例研习·3-3】（2016年多项选择题）

与其他融资方式相比，下列属于租赁筹资方式特点的有（   ）。

A.能延长资金融通的期限

B.筹资的限制条件较多

C.财务风险小，财务优势明显

D.资本成本负担较低

E.无须大量资金就能迅速获得资产

斯尔解析 本题考查租赁筹资。融资租赁的筹资特点包括：

①无须大量资金就能迅速获得资产，选项E正确；

②财务风险小，财务优势明显，选项C正确；

③筹资的限制条件较少，选项B错误；

④租赁能延长资金融通的期限，选项A正确；

⑤资本成本负担较高，选项D错误。

三、筹资方式创新

（一）商业票据融资

商业票据融资是指通过商业票据进行融通资金。商业票据是一种商业信用工具，是由债务人向债权人开出的、承诺在一定时期内支付一定款项的支付保证书，即由无担保、可转让的短期期票组成。商业票据融资具有融资成本较低、灵活方便等特点。

（二）中期票据融资

中期票据是指具有法人资格的非金融类企业在银行间债券市场按计划分期发行的、约定在一定期限还本付息的债务融资工具。中期票据具有如下特点：

特点	解读
发行机制灵活	中期票据发行采用注册制，一次注册通过后两年内可分次发行；可选择固定利率或浮动利率，到期还本付息；付息可选择按年或季等
用款方式灵活	中期票据可用于中长期流动资金、置换银行借款、项目建设等
融资额度大	企业申请发行中期票据，按规定发行额度最多可达企业净资产的40%
使用期限长	中期票据的发行期限在1年以上，一般3~5年，最长可达10年
成本较低	根据企业信用评级和当时市场利率，中期票据利率较中长期贷款等融资方式往往低20%~30%
无须担保抵押	发行中期票据，主要依靠企业自身信用，无须担保和抵押

（三）股权众筹融资

股权众筹融资主要是指通过互联网形式进行公开小额股权融资的活动。股权众筹融资必须通过股权众筹融资中介机构平台（互联网网站或其他类似的电子媒介）进行。股权众筹融资方应为小微企业，应通过股权众筹融资中介机构向投资人如实披露企业的商业模式、经营管理、财务、资金使用等关键信息，不得误导或欺诈投资者。股权众筹融资业务由证监会负责监管。

（四）企业应收账款证券化

企业应收账款资产支持证券，是指证券公司、基金管理公司子公司作为管理人，通过设立资产支持专项计划开展资产证券化业务，以企业应收账款债权为基础资产或基础资产现金流来源所发行的资产支持证券。

（五）融资租赁债权资产证券化

融资租赁债权资产支持证券是指证券公司、基金管理公司子公司作为管理人，通过设立资产支持专项计划开展资产证券化业务，以融资租赁债权为基础资产或基础资产现金流来源所发行的资产支持证券。

（六）商圈融资

商圈融资模式包括商圈担保融资、供应链融资、商铺经营权和租赁权质押、仓单质押、存货质押、动产质押、企业集合债券等。

发展商圈融资是缓解中小商贸企业融资困难的重大举措，有助于增强中小商贸经营主体的融资能力，促进中小商贸企业健康发展；有助于促进商圈发展，增强经营主体集聚力，提升产业关联度，整合产业价值链，从而带动税收、就业增长和区域经济发展，实现搞活流通、扩大消费的战略目标；也有助于银行业金融机构和融资性担保机构等培养长期稳定的优质客户群，扩大授信规模，降低融资风险。

（七）供应链融资

供应链融资，是将供应链核心企业及其上下游配套企业作为一个整体，根据供应链中相关企业的交易关系和行业特点制定基于货权和现金流控制的"一揽子"金融解决方案的一种融资模式。供应链融资解决了上下游企业融资难、担保难的问题，而且通过打通上下游融资瓶颈，还可以降低供应链条融资成本，提高核心企业及配套企业的竞争力。

（八）绿色信贷

绿色信贷，也称可持续融资或环境融资。它是指银行业金融机构为支持环保产业、倡导绿色文明、发展绿色经济而提供的信贷融资。绿色信贷重点支持节能环保、清洁生产、清洁能源、生态环境、基础设施绿色升级和绿色服务六大类产业。

（九）能效信贷

能效信贷，是指银行业金融机构为支持用能单位提高能源利用效率，降低能源消耗而提供的信贷融资。

能效信贷包括用能单位能效项目信贷和节能服务公司合同能源管理信贷两种方式。

（1）用能单位能效项目信贷，是指银行业金融机构向用能单位投资的能效项目提供的信贷融资。用能单位是项目的投资人和借款人。

（2）合同能源管理信贷，是指银行业金融机构向节能服务公司实施的合同能源管理项目提供的信贷融资。节能服务公司是项目的投资人和借款人。

使用斯尔教育 APP
扫码观看本节好课

第三节　资本成本与资本结构

一、资本成本的概念（★）

资本成本是指资金使用者为筹集和使用资金所支付的代价，包括筹资费用和用资费用。

项目	解读
筹资费用	筹资费用指在资金筹集过程中所支付的费用，如委托证券经营机构代理发行股票、债券所支付的代办费等，这些费用都是一次性的，不需要在资金使用期内按年、按月支付。筹资费用实际上是筹资总额的减少
用资费用	用资费用指在资金使用期内按年或按月支付给资金供应者的报酬，如股息、红利、利息、租金等

资本成本可用绝对数表示，也可用相对数表示。但为了便于比较和应用，一般采用相对数表示资本成本，它是年用资费用与净筹资额的比率，计算公式为：

资本成本＝年用资费用/净筹资额

净筹资额＝筹资总额－筹资费用＝筹资总额×（1－筹资费率）

二、各种资本成本的计算（★★）

（一）银行借款资本成本

银行借款资本成本包括借款利息和借款手续费用，手续费用是筹资费用的具体表现。利息费用在税前支付，可以起抵税作用。一般计算税后资本成本：

$$银行借款的资本成本=\frac{银行借款年利率×（1-所得税税率）}{1-筹资费用率}×100\%$$

【典例研习·3-4】（教材例题）

某企业取得4年期长期借款100万元，年利率为6%，每年付息一次，到期一次还本，借款费用率为0.2%，企业所得税税率为25%，该项借款的资本成本是多少？

斯尔解析 本题考查资本成本的计算。

$$K=\frac{银行借款年利率×（1-所得税税率）}{1-筹资费用率}×100\%=\frac{6\%×（1-25\%）}{1-0.2\%}×100\%=4.51\%$$

（二）公司债券的资本成本

公司债券资本成本包括债券利息和借款发行费用。

$$公司债券的资本成本=\frac{债券年利息×（1-所得税税率）}{公司债券筹资净额}$$

【典例研习·3-5】（教材例题）

某公司以6 500万元的价格，溢价发行面值为6 000万元、期限为5年、利率为8%的公司债券，每年付息一次，到期一次还本。筹资费用率为2%，所得税税率为25%，则该债券的资本成本是多少？

斯尔解析 本题考查资本成本的计算。

$$K=\frac{债券年利息×（1-所得税税率）}{公司债券筹资净额}×100\%=\frac{6\,000×8\%×（1-25\%）}{6\,500×（1-2\%）}×100\%=5.65\%$$

（三）普通股资本成本

普通股资本成本的估计有两种方法：一是股利增长模型法，二是资本资产定价模型法。

1.股利增长模型法

假定资本市场有效，股票市场价格与价值相等。假定某股票本期支付股利为D_0，未来各期股利按g速度增长，下期的股利是D_1，目前股票市场价格为P_0，筹资费率为f，则普通股资本成本为：

$$K_s=\frac{D_0×（1+g）}{P_0×（1-f）}+g=\frac{D_1}{P_0×（1-f）}+g$$

【典例研习·3-6】（教材例题）

某公司发行普通股每股市价为20元，预计下年每股股利为2元，每股筹资费用率为2.5%，预计股利每年增长3%，则该普通股资本成本是多少？

> **斯尔解析** 本题考查资本成本的计算。

$$K=\frac{D_1}{P_0\times（1-f）}+g=\frac{2}{20\times（1-2.5\%）}+3\%=13.26\%$$

2.资本资产定价模型法

假定资本市场有效，股票市场价格与价值相等。无风险报酬率为R_f，市场平均报酬率为R_m，某股票贝塔系数为β，则普通股资本成本为：

$$K_s=R_f+\beta（R_m-R_f）$$

【**典例研习·3-7**】（教材例题）

某公司普通股β系数为1.5，此时一年期国债利率5%，市场平均报酬率10%，要求：

利用资本资产定价模型计算该公司普通股资本成本。

> **斯尔解析** 本题考查资本成本的计算。

$K=R_f+\beta（R_m-R_f）=5\%+1.5\times（10\%-5\%）=12.5\%$

（四）优先股的资本成本

优先股要定期支付股息，但是没有到期日，其股息用税后收益支付，不能获得税收优惠。如果优先股股利每年相等，则可视为永续年金。

$$优先股资本成本=\frac{优先股年股息}{优先股当前每股市价\times（1-筹资费率）}$$

（五）留存收益的资本成本

留存收益是由企业税后净利润形成的，是一种所有者权益，其实质是所有者向企业的追加投资。企业利用留存收益筹资无须发生筹资费用。留存收益资本成本，表现为股东追加投资要求的报酬率，其计算与普通股成本相同，也分为股利增长模型法和资本资产定价模型法，不同点在于不考虑筹资费用。

（六）加权资本成本

加权资本成本是指多元化融资方式下的综合资本成本，反映着企业资本成本整体水平的高低。在衡量和评价单一融资方案时，需要计算个别资本成本；在衡量和评价企业筹资总体的经济性时，需要计算企业的加权资本成本。加权资本成本用于衡量企业资本成本水平，确立企业理想的资本结构。

企业加权资本成本，是以各项个别资本在企业总资本中的比重为权数，对各项个别资本成本进行加权平均而得到的总资本成本。

其中，权数的确定方法，通常有三个：

确定方法	解读
账面价值权数	以各项个别资本的会计报表账面价值为基础来计算资本权数，确定各类资本占总资本的比重
市场价值权数	以各项个别资本的现行市价为基础来计算资本权数，确定各类资本占总资本的比重
目标价值权数	以各项个别资本预计的未来价值为基础确定资本权数，确定各类资本占总资本的比重，适用于未来的筹资决策，但目标价值的确定难免具有主观性

【典例研习·3-8】（教材例题）

某公司本年年末长期资本账面总额为2 000万元，其中：银行长期贷款800万元，占40%；长期债券300万元，占15%；普通股900万元（共400万股，每股面值1元，市价8元），占45%。个别资本成本分别为：5%、7%、10%。

要求：

分别按照账面价值权重和市场价值权重，计算该公司的加权平均资本成本。

斯尔解析　本题考查资本成本的计算。

按账面价值计算的加权资本成本=5%×40%+7%×15%+10%×45%=7.55%

按市场价值计算的加权资本成本=800/（800+300+3 200）×5%+300/（800+300+3 200）×7%+3 200/（800+300+3 200）×10%=8.86%

三、杠杆效应（★★）

杠杆效应表现为：由于特定固定支出或费用的存在，当某一财务变量以较小幅度变动时，另一相关变量会以较大幅度变动。财务管理中的杠杆效应，包括经营杠杆、财务杠杆和总杠杆三种效应形式。

类型	含义
经营杠杆效应	由于固定性经营成本的存在，使企业的资产报酬（息税前利润）变动率大于业务量变动率的现象
财务杠杆效应	由于固定性资本成本的存在，而使得企业的普通股收益（或每股收益）变动率大于息税前利润变动率的现象
总杠杆效应	由于固定性经营成本和固定性资本成本的共同存在，使企业的每股收益变动率大于业务量变动率的现象

息税前利润的含义与计算

息税前利润（Earnings Before Interest and Tax，EBIT），通俗理解为，扣除利息和所得税之前的利润。

	收入
−	经营成本费用
=	息税前利润
−	利息费用
=	利润总额
−	所得税费用
=	净利润

原理详解

方法	公式						
直接法	息税前利润	=	收入	−	成本	−	费用（不包括利息支出）
间接法	息税前利润	=	净利润	+	所得税费用	+	利息费用

相关指标汇总

指标	含义
P	单位销售价格
V	单位变动成本
Q	产品销售数量
$S=Q \times P$	营业收入
F	固定经营成本总额
$EBIT=Q \times (P-V)-F$	息税前利润
I	利息
D_p	优先股股息
$EPS=[(EBIT-I) \times (1-T)-D_p]/N$	每股收益

（一）经营杠杆系数（DOL）

经营杠杆系数是息税前利润变动率与业务量变动率的比值。其计算分为两个方法：

1.定义公式

$$DOL=\frac{息税前利润变动率}{业务量变动率}=\frac{\Delta EBIT/EBIT_0}{\Delta Q/Q_0}$$

2.简化公式

$$DOL=\frac{基期边际贡献}{基期息税前利润}=\frac{M_0}{M_0-F_0}=\frac{EBIT_0+F_0}{EBIT_0}$$

经营杠杆放大了市场和生产等因素变化对利润波动的影响，经营杠杆系数越高，表明息税前利润受产销量变动的影响程度越大，经营风险也就越大。

在息税前利润为正的前提下，经营杠杆系数最低为1，不会为负数；只要有固定性经营成本存在，经营杠杆系数总是大于1。

【典例研习·3-9】（教材例题）

某公司产销某种服装，固定成本500万元，变动成本率为70%。年产销额5 000万元时，变动成本为3 500万元，固定成本500万元，息税前利润为1 000万元；年产销额7 000万元时，变动成本为4 900万元，固定成本仍为500万元，息税前利润为1 600万元。

要求：

计算该公司在年产销额在5 000万元时的经营杠杆系数。

💡 斯尔解析 本题考查杠杆效应。

$$DOL = \frac{息税前利润变动率}{业务量变动率} = \frac{600/1\,000}{2\,000/5\,000} = \frac{60\%}{40\%} = 1.5$$

或者：

$$DOL = \frac{基期边际贡献}{基期息税前利润} = \frac{1\,000+500}{1\,000} = 1.5$$

结论：产销量增长了40%，息税前利润增长了60%，产生了1.5倍的经营杠杆效应。

（二）财务杠杆系数（DFL）

财务杠杆系数是普通股每股收益变动率与息税前利润变动率的比值。其计算分为两个方法：

1.定义公式

$$DFL = \frac{普通股每股收益变动率}{息税前利润变动率} = \frac{\Delta EPS/EPS_0}{\Delta EBIT/EBIT_0}$$

2.简化公式

$$DFL = \frac{基期息税前利润}{基期利润总额} = \frac{EBIT_0}{EBIT_0 - I}$$

其中，I为基期的利息费用。

财务杠杆放大了资产报酬变化对普通股收益的影响，财务杠杆系数越高，表明普通股收益的波动程度越大，财务风险也就越大。

在企业有正的税后利润的前提下，财务杠杆系数最低为1，不会为负数；只要有固定性资本成本存在，财务杠杆系数总是大于1。

（三）总杠杆系数（DTL）

总杠杆系数是经营杠杆系数和财务杠杆系数的乘积，是普通股每股收益变动率与业务量变动率的比值。其计算分为两个方法：

1.定义公式

$$DTL = \frac{普通股每股收益变动率}{业务量变动率}$$

2.简化公式

$$DTL = \frac{基期边际贡献}{基期利润总额} = \frac{基期税后边际贡献}{基期税后利润}$$

总杠杆系数反映了经营杠杆和财务杠杆之间的关系，用以评价企业的整体风险水平。在总杠杆系数一定的情况下，经营杠杆系数与财务杠杆系数此消彼长。

【典例研习·3-10】（模拟单项选择题）

甲公司只生产一种产品，产品单价为6元，单位变动成本为4元，产品销量为10万件/年，固定成本为5万元/年，利息支出为3万元/年。甲公司的财务杠杆为（ ）。

A.1.18 B.1.25 C.1.33 D.1.66

💡 斯尔解析 本题考查杠杆系数。

$EBIT_0 = Q \times (P-V) - F = 10 \times (6-4) - 5 = 15$（万元）

$DFL = EBIT_0 / (EBIT_0 - I) = 15/(15-3) = 1.25$，选项B正确。

四、资本结构（★★）

（一）资本结构的概念

资本结构是指企业资本总额中各种资本的构成及其比例关系。

广义的资本结构：指全部债务与股东权益的构成比例；

狭义的资本结构：指长期负债与股东权益的构成比例。

狭义资本结构下，短期债务作为营运资金来管理。本书所指的资本结构，是指狭义的资本结构。

企业筹资方式虽然很多，但总的来看，可分为债务资本和权益资本两大类。权益资本是企业必备的基础资本，因此，资本结构问题实际上也就是债务资本的比例问题，即债务资本在企业全部资本中所占的比重。

（二）影响资本结构的因素

1.企业经营状况的稳定性和成长性

2.企业的财务状况和信用等级

3.企业的资产结构

4.企业投资人和管理当局的风险态度

5.行业特征和企业发展周期

6.税收政策和货币政策

（三）最优资本结构决策方法

企业资本结构决策就是要确定最优资本结构。所谓最优资本结构，是指在适度财务风险的条件下，使企业加权平均资本成本最低，同时使企业价值最大的资本结构。

资本结构决策的方法主要包括比较资本成本法、每股收益无差别点分析法和公司价值分析法。

1.比较资本成本法

通过计算和比较各种可能的筹资方案的加权资本成本，选择加权资本成本最低的方案。

2.每股收益无差别点分析法

可以用每股收益的变化来判断资本结构是否合理，即能够提高普通股每股收益的资本结构，就是合理的资本结构。

【典例研习·3-11】（教材例题改编）

甲公司目前有债务资金2 000万元（年利息200万元），普通股股数3 000万股。该公司由于有一个较好的新投资项目，需要追加筹资1 500万元，企业所得税税率为25%，有两种筹资方案：

A方案：增发普通股300万股，每股发行价5元。

B方案：向银行取得长期借款1 500万元，利息率10%。

根据财务人员测算，追加筹资后销售额可望达到6 000万元，变动成本率60%，固定成本为1 000万元，企业所得税税率为25%，不考虑筹资费用因素。

要求：

分别计算两种筹资方案的每股收益，并选择每股收益较大的筹资方案。

斯尔解析 本题考查每股收益无差别点分析法。

追加筹资后企业的销售额可望达到6 000万元，此时企业的息税前利润：

EBIT＝6 000×（1－60%）－1 000＝1 400（万元）

则：

A方案的每股收益=（1 400-200）×（1-25%）÷（3 000+300）=0.27（元/股）

B方案的每股收益=（1 400-200-1 500×10%）×（1-25%）÷3 000=0.26（元/股）

按照A方案筹资的每股收益比较大，应该选择A方案。

但是预期的EBIT可能变化，此时就要重复计算，为简化决策，可以通过计算各备选筹资方案的每股收益无差别点，并进行比较选择最佳资本结构融资方案方法。所谓每股收益无差别点，是指不同筹资方式下每股收益都相等时的息税前利润或业务量水平。

【典例研习·3-12】（教材例题改编）

沿用【典例研习·3-11】的数据，计算两种筹资方案的每股收益无差别点，并根据每股收益无差别点进行筹资方案决策。

斯尔解析 本题考查每股收益无差别点分析法。

设：每股收益无差别点的息税前利润为EBIT。

令两个方案每股收益相等：

$$\frac{（EBIT-200）×（1-25\%）}{3\ 000+300}=\frac{（EBIT-200-150）×（1-25\%）}{3\ 000}$$

可得：

EBIT=1 850（万元）

在每股收益无差别点上，无论是采用债务筹资方案还是股权筹资方案，每股收益都是相等的。

当预期息税前利润或业务量水平大于每股收益无差别点时，应当选择财务杠杆效应较大的筹资方案；

当预期息税前利润或业务量水平小于每股收益无差别点时，应当选择财务杠杆效应较小的筹资方案。

追加筹资后企业的EBIT为1 400万元，小于每股收益无差别点的息税前利润1 850万元。

因此应该选择杠杆效应比较小的A方案。

3.公司价值分析法

公司价值分析法，是在考虑市场风险基础上，以公司市场价值为标准，进行资本结构优化。即能够提升公司价值的资本结构，则是合理的资本结构。同时，在公司价值最大的资本结构下，公司的加权资本成本也是最低的。

设：V表示公司价值；S表示权益资本价值；B表示债务资本价值。

公司价值等于资本的市场价值，即：

V=S+B

为简化分析，假设公司各期的EBIT保持不变，债务资本的市场价值等于其面值，权益资本的市场价值可通过下式计算（假设不存在优先股）：

$S=（EBIT-I）×（1-T）/K_s$

本质是将未来净利润当作现金流按照股权资本成本折现，求价值。

【典例研习·3-13】 （教材例题）

某公司现有的资本结构为100%的普通股，账面价值为1 000万元，息税前利润（EBIT）为400万元，假设无风险报酬率R_f为6%，市场证券组合的平均报酬率R_m为10%，所得税税率为25%，该公司准备通过发行债券调整其资本结构。已知其不同负债水平下的债务成本率及β系数情况如下表前三列数据列示，可根据以上公式计算出后四列数据。

债务的市场价值（万元）	债务资本的税前成本K_b（%）	股票β系数	权益资本的成本K_s（%）	普通股市场价值S（万元）	公司总价值V（万元）	加权资本成本K_w（%）
0	0	1.5	12	2 500	2 500	12.00
200	8	1.6	12.4	2 322.58	2 522.58	11.89
800	10	2.1	14.4	1 666.67	2 466.67	12.16
1 000	12	2.3	15.2	1 381.58	2 381.58	12.60
1 200	15	2.5	16	1 031.25	2 231.25	13.45

可见，在没有债务的情况下，该公司的总价值就是其原有股票的价值，当该公司增加债务资本比重时，一开始该公司总价值上升，加权资本成本下降。在债务上升到200万元时，该公司总价值最高，加权资本成本最低。债务超过200万元后，该公司总价值下降，加权资本成本上升。因此，200万元的负债是该公司的最优资本结构。

使用斯尔教育APP
扫码观看本节好课

第四节　股利分配

一、股利分配方式与支付程序（★）

（一）股利的分配方式

企业向股东分配股利的方式，通常有以下四种。

类型	解读
现金股利	支付现金是企业向股东分配股利的基本形式
股票股利	股票股利是公司以增发股票的方式所支付的股利，发放股票股利对公司而言并没有现金流出，也不会导致公司的财产减少
财产股利	财产股利是公司以现金以外的资产支付的股利，主要有两种形式：一是证券股利，即以本公司持有的其他公司的有价证券或政府公债等证券作为股利发放；二是实物股利，即以公司的物资、产品或不动产等充当股利
负债股利	负债股利是公司以负债支付的股利，通常以公司的应付票据支付给股东，在不得已的情况下，也有公司发行公司债券抵付股利

（二）股利支付过程中的重要日期

日期	含义
股利宣告日	公司董事会将股东大会通过本年度利润分配方案的情况以及股利支付情况予以公告的日期
股权登记日	有权领取本期股利的股东资格登记截止日期。在这一天之后登记在册的股东，即使是在股利支付日之前买入的股票，也无权领取本期分配的股利
除息日（登记次日）	股利所有权与股票本身分离的日期，将股票中含有的股利分配权利予以解除，即在除息日当日及以后买入的股票不再享有本次股利分配的权利。除息日通常是在登记日的下一个交易日
股利支付日	公司确定的向股东正式发放股利的日期

二、股利分配政策（★★）

（一）剩余股利政策

剩余股利政策是指公司在有良好的投资机会时，根据目标资本结构，测算出投资所需的权益资本额，先从盈余中留用，然后将剩余的盈余作为股利来分配，即净利润首先满足公司的资金需求，如果还有剩余，就派发股利；如果没有，则不派发股利。

具体步骤如下：

第一步：设定目标资本结构，即确定权益资本与债务资本的比率，在此资本结构下，加权平均资本成本达到最低水平；

第二步：确定公司的最佳资本预算，并根据公司的目标资本结构预计资金需求中所需增加的权益数额；

第三步：最大限度地使用留存收益来满足资金需求中所需增加的权益资本数额；

第四步：留存收益在满足公司权益资本增加需求后，若还有剩余再用来发放股利。

【典例研习·3-14】（教材例题）

某公司2021年税后净利润为1 000万元，2022年的投资计划需要资金1 200万元，公司的目标资本结构为权益资本占60%，债务资本占40%。该公司2021年流动在外的普通股为1 000万股。

要求：

根据剩余股利政策，计算该公司2021年的每股股利。

斯尔解析 本题考查剩余股利政策。

按照目标资本结构的要求，公司投资方案所需的权益资本数额为：

权益资本数额=1 200×60%=720（万元）

公司2021年全部可用于分派的盈利为1 000万元，除了满足上述投资方案所需的权益资本数额外，还有剩余可用于发放股利。

2021年公司可以发放的股利额=1 000-720=280（万元）

每股股利=280/1 000=0.28（元/股）

剩余股利政策的特点：

维度	解读
优点	有助于降低再投资的资金成本，保持最佳的资本结构，实现企业价值的长期最大化
缺点	若完全遵照执行剩余股利政策，股利发放额就会每年随着投资机会和盈利水平的波动而波动
	不利于投资者安排收入与支出
	不利于公司树立良好的形象

（二）固定或稳定增长的股利政策

固定或稳定增长的股利政策是指公司将每年派发的股利额固定在某一特定水平或是在此基础上维持某一固定比率逐年稳定增长。公司只有在确信未来盈余不会发生逆转时才会宣布实施固定或稳定增长的股利政策。

固定或稳定增长股利政策的特点：

维度	解读
优点	稳定的股利向市场传递着公司正常发展的信息，有利于树立公司的良好形象，增强投资者对公司的信心，稳定股票的价格
	有助于投资者安排股利收入和支出，有利于吸引那些打算进行长期投资并对股利有很高依赖性的股东
	股票市场会受多种因素影响（包括股东的心理状态和其他要求），为了将股利或股利增长率维持在稳定的水平上，即使推迟某些投资方案或暂时偏离目标资本结构，也可能比降低股利或股利增长率更为有利
缺点	股利的支付与企业的盈利相脱节，可能会导致企业资金紧缺，财务状况恶化。此外，在企业无利可分的情况下，依然实施固定或稳定增长的股利政策，是违反《公司法》的行为

（三）固定股利支付率政策

固定股利支付率政策是指公司将每年净利润的某一固定百分比作为股利分派给股东。

固定股利支付率政策的特点：

维度	解读
优点	体现了"多盈多分、少盈少分、无盈不分"的股利分配原则
	公司每年按固定的比例从税后利润中支付现金股利，从企业的支付能力的角度分析，这是一种稳定的股利政策
缺点	波动的股利很容易给投资者带来经营状况不稳定、投资风险较大的不良印象，成为影响股价的不利因素
	容易使公司面临较大的财务压力，这是因为公司实现的盈利多，并不能代表公司有足够的现金流用来支付较多的股利额
	合适的固定股利支付率的确定难度比较大

（四）低正常股利加额外股利政策

低正常股利加额外股利政策，是指公司事先设定一个较低的正常股利额，每年除了按正常股利额向股东发放股利外，还在公司盈余较多、资金较为充裕的年份向股东发放额外股利。但是，额外股利并不固定化，不意味着公司永久地提高了股利支付额。

低正常股利加额外股利政策的特点：

维度	解读
优点	赋予公司较大的灵活性，使公司在股利发放上留有余地，并具有较大的财务弹性
	使那些依靠股利度日的股东每年至少可以得到虽然较低但比较稳定的股利收入，从而吸引住这部分股东
缺点	由于各年度之间公司盈利的波动使额外股利不断变化，容易给投资者造成收益不稳定的感觉
	当公司在较长时间持续发放额外股利后，可能会被股东误认为"正常股利"，一旦取消，传递出的信号可能会使股东认为这是公司财务状况恶化的表现，进而导致股价下跌

（五）不同股利政策的选择

阶段	特征	股利政策选择
初创阶段	公司风险很高，急需大量资金投入，融资能力差，资金成本高	为降低风险，公司应贯彻先发展后分配的原则，剩余股利政策为最佳选择
高速增长阶段	公司的产品销售急剧上升，投资机会快速增加，资金需求大而紧迫，不宜宣派股利。但此时公司的发展前景已相对较明朗，投资者有分配股利的要求	为平衡这两方面的要求，应采取正常股利加额外股利政策，股利支付方式应采用股票股利的形式，避免现金支付
稳定增长阶段	公司产品的市场容量、销售收入稳定增长，对外投资需求减少	公司已具备持续支付较高股利的能力，应采用稳定增长的股利政策
成熟阶段	产品市场趋于饱和，销售收入不再增长，利润水平稳定。公司通常已积累了一定的盈余和资金	为了与公司的发展阶段相适应，公司可考虑采用固定股利支付率政策
衰退阶段	产品销售收入减少，利润下降，公司为了不被解散或被其他公司兼并重组，需要投入新的行业和领域	公司已不具备较强的股利支付能力，应采用剩余股利政策

【典例研习·3-15】（2018年多项选择题改编）

下列关于股利政策的表述中正确的有（　　　）。

A.固定股利政策有可能导致公司违反我国《公司法》的规定

B.剩余股利政策有利于投资者安排收入和支出

C.低正常股利加额外股利政策赋予公司较大的灵活性，使公司在股利发放上留有余地，并具有较大的财务弹性

D.剩余股利政策有助于降低再投资的资金成本，保持最佳的资本结构，实现企业价值的长期最大化

E.处于成熟阶段的企业，可以考虑采用固定股利支付率政策

斯尔解析　本题考查股利分配政策。在企业无利可分的情况下，依然实施固定或稳定增长的股利政策，是违反《公司法》的行为，选项A正确；若完全遵照执行剩余股利政策，股利发放额就会每年随着投资机会和盈利水平的波动而波动，剩余股利政策不利于投资者安排收入与支出，也不利于公司树立良好的形象，选项B错误。

三、股票分割与股票回购（★）

（一）股票分割

1.股票分割的概念

股票分割又称拆股，即将一股股票拆分成多股股票的行为。股票分割一般只会增加发行在外的股票总数，但不会对公司的资本结构产生任何影响。

2.股票分割的作用

作用	解读
降低股票价格	股票分割会使每股市价降低，买卖该股票所需资金量减少，从而可以促进股票的流通和交易。流通性的提高和股东数量的增加，会在一定程度上加大对公司股票恶意收购的难度
	降低股票价格还可以为公司发行新股做准备，因为股价太高会使许多潜在投资者力不从心而不敢轻易对公司股票进行投资
传递良好信息	向市场和投资者传递"公司发展前景良好"的信号，有助于提高投资者对公司股票的信心

3.股票分割与股票股利

维度	股票分割	股票股利
相同点	在不增加股东权益的情况下增加了股份的数量	
不同点	股东权益总额及其内部结构都不会发生任何变化，变化的只是股票面值	虽不会引起股东权益总额的改变，但股东权益的内部结构会发生变化

问题：为什么实施股票分割股东权益的内部结构不会变化，而发放股票股利股东权益的内部结构会发生变化？

解答：首先股东权益的内部结构指的是股东权益各组成部分之间的比例关系，常见的比如：股本、资本公积和留存收益等项目之间的比例关系。

其次，实施股票分割，只是股票的面值发生了变化，股本、资本公积和留存收益等各项目的金额均不会发生变化，所以股东权益的内部结构不会发生变化。

而发放股票股利，留存收益会减少，股本会增加，股本、资本公积和留存收益等各项目之间的比例关系发生了变化，所以股东权益的内部结构会发生变化。

（二）股票回购

1.股票回购的概念

股票回购是指上市公司出资将其发行在外的普通股以一定价格购买回来予以注销或作为库存股的一种资本运作方式。

2.股票回购的方式

方式	含义
公开市场回购	公司在公开交易市场上以当前市价回购股票
要约回购	公司在特定期间向股东发出以高出当前市价的某一价格回购既定数量股票的要约，并根据要约内容进行回购
协议回购	公司以协议价格直接向一个或几个主要股东回购股票

3.股票回购的影响

（1）股票回购需要大量资金支付回购成本，容易造成资金紧张，降低资产流动性，影响公司的后续发展。

（2）股票回购无异于股东退股和公司资本的减少，也可能会使公司的发起人股东更注重创业利润的变现，从而不仅在一定程度上削弱了对债权人利益的保护，而且忽视了公司的长远发展，损害了公司的根本利益。

（3）股票回购容易导致公司操纵股价。公司回购自己的股票容易导致其利用内幕消息进行炒作，加剧公司行为的非规范化，损害投资者的利益。

冲关地图

☑ ： 要听懂
!!! ： 你得背
√+-×÷ ： 你得算
○○ ： 有空看

第三章　筹资与股利分配管理

- 筹资管理概述
  - ☑ 筹资分类
  - ○○ 筹资管理原则
- 筹资方式
  - 股权筹资
    - ☑ 吸收直接投资
    - ☑ 发行股票
    - ☑ 留存收益
  - 债务筹资
    - ☑ 银行借款
    - ☑ 发行公司债券
    - ☑ 租赁
  - 筹资方式创新
    - ○○ 筹资方式创新
- 资本成本与资本结构
  - ☑ 资本成本的概念
  - √+-×÷ 各种资本成本的计算
  - √+-×÷ 杠杆效应
  - √+-×÷ 资本结构
- 股利分配
  - ☑ 股利分配方式与支付程序
  - ☑ 股利分配政策
  - ☑ 股票分割与股票回购

第四章　投资管理

学习提要

考几分？

本章属于重点章节，近三年平均分值在8分左右。

怎么考？

本章的公式比较多，主要考查计算型题目，并且考查计算题的频率非常高。

怎么学？

本章的知识比较难，公式比较多，历年真题考查比较全面，在学习时，要保持一个清晰的思路，学会分解问题，不可死记硬背。

考点精讲

230 4-1

使用斯尔教育APP
扫码观看本节好课

第一节　投资管理概述

一、投资的意义

投资是指企业把资金直接或间接投放于一定对象，以期望在未来获取收益的经济活动，它对企业具有重要意义。

（1）投资是企业获得利润的前提。

（2）投资是企业生存和发展的必要手段。

（3）投资是企业降低风险的重要途径。

二、企业投资管理的特点

与日常经营活动相比，企业投资的主要特点表现在以下三个方面：

特点	解读
属于企业的战略性决策	企业的投资活动一般涉及其未来的经营发展方向、生产能力规模等问题，往往需要一次性地投入大量的资金，并在一段较长时期内发生作用，对企业经营活动的方向产生重大影响
属于企业的非程序化管理	企业的投资项目涉及的资金数额较大，不会经常发生，应根据特定的影响因素、相关条件和具体要求来进行审查和抉择
投资价值的波动性大	投资项目的价值是由投资标的物资产的内在获利能力决定的。这些标的物资产的形态是不断转换的，未来收益的获得具有较强的不确定性，其价值也具有较强的波动性

三、投资的分类

分类标准	具体类型	
投资回收期限的长短	短期投资	回收期在1年以内的投资，如短期有价证券投资
	长期投资	回收期在1年以上的投资，如固定资产投资
资金投出的方向	对内投资	把资金投向企业内部，如形成无形资产的投资
	对外投资	把资金投向企业外部，如购买其他公司的债券
投资活动与公司本身的生产经营活动的关系	直接投资	把资金投放于形成生产经营能力的实体性资产，直接谋取经营利润的投资行为
	间接投资	把资金投放于股票、债券等权益性资产上的投资行为，以获取投资收益和资本利息

使用斯尔教育APP
扫码观看本节好课

第二节　固定资产投资管理

一、固定资产投资的特点与意义

固定资产投资又称项目投资，具有投资数额大、影响时间长（至少1年或一个营业周期以上）、发生频率低、变现能力差和投资风险高的特点。

从宏观角度看，项目投资有助于促进社会经济的长期可持续发展；能够为社会提供更多的就业机会，提高社会总供给量。

从微观角度看，项目投资能够增强企业经济实力，提高企业创新能力和市场竞争能力。

二、投资项目现金流量估计（★★★）

（一）现金流量估计需要注意的问题

1.基本原则

只有增量现金流量才是与项目相关的现金流量。

所谓增量现金流量，是指接受或拒绝某个投资方案后，企业总现金流量因此发生的变动。

只有那些由于采纳某个项目引起的现金支出增加额，才是该项目的现金流出；

只有那些由于采纳某个项目引起的现金流入增加额，才是该项目的现金流入。

要树立一种整体的观念，不要仅仅局限于这个项目本身。

净现金流量是指现金流入量与现金流出量之差。

2.营运资金

所谓营运资金的需要，指增加的经营性流动资产与增加的经营性流动负债之间的差额。

营运资金一般在经营期的期初投入，并随着产规模的扩大而追加。流动资金投资额估算方法如下：

某年流动资金投资额（垫支数）=本年流动资金需用额-截至上年的流动资金投资额

或：

某年流动资金投资额（垫支数）=本年流动资金需用额-上年流动资金需用额

本年流动资金需用额=本年流动资产需用额-本年流动负债需用额

注意：在进行投资分析时，通常假定开始时投资的营运资金在项目结束时收回。

【典例研习·4-1】（教材例题）

B企业拟建的生产线项目，预计投产第1年的流动资产需用额为30万元，流动负债需用额为15万元；预计投产第2年流动资产需用额为40万元，流动负债需用额为20万元。

要求：

计算分别该项目第1年和第2年年初的流动资金投资额。

〔斯尔解析〕本题考查投资项目现金流量估计。

投产第1年的流动资金需用额=30-15=15（万元）

第1年的流动资金投资额=15-0=15（万元）

投产第2年的流动资金需用额=40-20=20（万元）

第2年的流动资金投资额=20-15=5（万元）

流动资金投资合计=15+5=20（万元）

（二）投资项目现金流量的构成

投资项目的现金流量由建设期现金流量、经营期现金流量、终结期现金流量三部分组成。

1.建设期现金流量

建设期现金流量即项目建设期开始至项目建设完成投资使用过程中发生的现金流量，主要为现金流出量，即在该投资项目上的原始投资，包括在长期资产上的投资和垫支的营运资金。建设期投资可以一次性投入，也可以分期投入。一般包括：

项目	解读
固定资产投资	现金购买新资产，如固定资产购买、运输、安装等成本；原有资产的利用，如原有固定资产的变现收入、机会成本等
营运资金垫支	项目引起的增加的经营性流动资产与增加的经营性流动负债之间的差额
其他投资费用	与固定资产投资有关的其他费用，如筹建费用、职工培训费

2.经营期现金流量

经营期是指项目投产至项目终结的时间段。经营期现金流量表现为净现金流量，等于现金流入量减去现金流出量。

方法	计算
直接法	经营期现金净流量=销售收入-付现成本-所得税
间接法	经营期现金净流量=净利润+折旧
分算法	经营期现金净流量=（销售收入-付现成本）×（1-所得税税率）+折旧×所得税税率

备注：为简化公式形式，公式中的折旧代表全部非付现成本。

原理详解

经营期现金净流量计算公式的推导过程

经营期每年现金净流量

=销售收入-付现成本-所得税

=销售收入-（全部成本-折旧）-所得税

=税前利润+折旧-所得税

=净利润+折旧

=（销售收入-付现成本-折旧）×（1-所得税税率）+折旧

=（销售收入-付现成本）×（1-所得税税率）-折旧×（1-所得税税率）+折旧

=（销售收入-付现成本）×（1-所得税税率）+折旧×所得税税率

【典例研习·4-2】（教材例题）

某企业计划投资购买1台设备，设备价值为35万元，使用寿命为5年，以直线法计提折旧，期末无残值，使用该设备每年给企业带来销售收入38万元，付现成本15万元，若企业适用的所得税税率为25%，计算该项目经营期每年现金净流量。

斯尔解析 本题考查投资项目现金流量估计。

折旧额=35/5=7（万元）

税前利润=38-15-7=16（万元）

所得税=16×25%=4（万元）

净利润=16-4=12（万元）

方法一：直接法

现金净流量=销售收入-付现成本-所得税=38-15-4=19（万元）

方法二：间接法

现金净流量=净利润+折旧=12+7=19（万元）

方法三：分算法

现金净流量=（销售收入-付现成本）×（1-所得税税率）+折旧×所得税税率=（38-15）×（1-25%）+7×25%=19（万元）

3.终结期现金流量

终结期的现金流量主要是现金流入量，包括固定资产变价净收入、固定资产变现净损益对现金净流量的影响和垫支营运资金的收回。

（1）固定资产变价净收入。

固定资产变价净收入，是指固定资产出售或报废时的出售价款或残值收入扣除清理费用后的净额。

（2）固定资产变现净损益对现金净流量的影响。

注意：这个影响额是通过变现净损益影响所得税，来影响现金净流量的。对所得税的影响看的是变现净损益，不要只看收入。

固定资产变现净损益对现金净流量的影响=（账面价值-变价净收入）×所得税税率

其中：

固定资产的账面价值=固定资产原值-按照税法规定计提的累计折旧

情形	结果
账面价值-变价净收入>0	意味着发生了变现净损失，可以抵税，减少现金流出，增加现金净流量
账面价值-变价净收入=0	意味着变现净损益为0，不改变现金净流量
账面价值-变价净收入<0	意味着实现了变现净收益，应该纳税，增加现金流出，减少现金净流量

【典例研习·4-3】（模拟计算题）

某公司适用的所得税税率为25%，于2022年1月1日出售1项固定资产，该固定资产的账面价值为40万元。

要求：

分别计算该固定资产变现收入为50万元、40万元和30万元时，固定资产变现净损益对现金流量的影响。

斯尔解析　本题考查投资项目现金流量估计。

当固定资产变现净收入为50万元时：

固定资产变现净损益对现金净流量的影响＝（40－50）×25%＝－2.5（万元）

当固定资产变现净收入为40万元时：

固定资产变现净损益对现金净流量的影响＝0（万元）

当固定资产变现净收入为30万元时：

固定资产变现净损益对现金净流量的影响＝（40－30）×25%＝2.5（万元）

【典例研习·4-4】（教材例题）

某企业2020年12月31日以20 000元价格处置1台闲置设备，该设备于2012年12月以80 000元价格购入，并于当期立即投入使用，预计可使用年限为10年，预计净残值率为零。按年限平均法计提折旧（均与税法规定相同）。若企业适用的所得税税率为25%，不考虑其他相关税费，计算该业务对该企业当期现金流量的影响。

斯尔解析　本题考查投资项目现金流量估计。

固定资产年折旧额＝80 000/10＝8 000（元）

目前账面价值＝80 000－8 000×8＝16 000（元）

该业务对该企业当期现金流量的影响＝20 000＋（16 000－20 000）×25%＝19 000（元）

（3）垫支营运资金的收回。

伴随着固定资产的出售或报废，投资项目的经济寿命结束，企业将与该项目相关的存货出售，应收账款收回，应付账款也随之偿付。营运资金恢复到原有水平，项目开始垫支的营运资金在项目结束时得到回收。

解题高手

👍 **命题角度：投资项目各期现金流量的计算。**

根据历年真题考核的方式，关于投资项目现金流量估计，可以按照"2+3+3"的方法记忆：

阶段	现金流量
投资期（2项）	长期资产投资
	营运资金垫支
经营期（3种方法）	公式1：销售收入－付现成本－所得税
	公式2：净利润＋折旧
	公式3：（销售收入－付现成本）×（1－所得税税率）＋折旧×所得税税率
终结期（3项）	固定资产变价净收入
	固定资产变现净收益纳税/净损失抵税
	垫支营运资金的收回

三、固定资产投资决策方法（★★★）

（一）投资回收期法

投资回收期是指收回全部投资所需要的时间。缩短投资回收期可以提高资金的使用效率，降低投资风险，因此，投资回收期是评选投资方案的重要标准。

投资回收期一般不能超过固定资产使用期限的一半，多个方案中则以投资回收期最短者为优。

根据各年现金净流量是否相等，投资回收期的计算方法分以下两种情况：

（1）若各年的现金净流量相等。

投资回收期（年）=投资总额/年现金净流量

（2）若各年的现金净流量不相等。

如果原始投资额是在第n年和第n+1年之间收回的，则投资回收期的计算公式为：

投资回收期（年）=n+（第n年年末尚未收回的投资额/第n+1年的现金净流量）

【典例研习·4-5】（教材例题）

某企业有甲、乙两个投资方案，甲方案需要投资4 500万元，设备使用6年，每年现金净流量为2 500万元；乙方案需要投资4 000万元，设备使用6年，每年现金净流量为1 600万元。计算甲、乙两个投资方案的投资回收期并判断选择投资方案。

斯尔解析 本题考查固定资产投资决策方法。

甲方案的投资回收期=4 500/2 500=1.8（年）

乙方案的投资回收期=4 000/1 600=2.5（年）

从计算结果看，甲方案的投资回收期比乙方案的投资回收期短，所以选择甲方案。

【典例研习·4-6】（教材例题）

某企业计划投资一个项目，需要投资1亿元，现有甲、乙两个投资方案，有关资料如下表所示。

甲、乙两个方案有关资料

单位：万元

使用期限（年）	甲方案各年现金净流量	甲方案年末累计现金净流量	乙方案各年现金净流量	乙方案年末累计现金净流量
1	6 000	−4 000	0	−10 000
2	5 000	1 000	2 000	−8 000
3	3 000	4 000	6 000	−2 000
4	2 000	6 000	8 000	6 000

计算甲、乙两个投资方案的投资回收期并判断选择投资方案。

斯尔解析 本题考查固定资产投资决策方法。

两个方案的现金流量不相等，投资回收期为：

甲方案的投资回收期=1+4 000/5 000=1.8（年）

乙方案的投资回收期=3+2 000/8 000=3.25（年）

从计算结果分析，甲方案的投资回收期比乙方案的投资回收期短，所以选择甲方案投资。

（二）投资回报率法

投资回报率=年均现金净流量/原始投资额

投资回报率的高低以相对数的形式反映投资回报水平的高低，投资回报率越高，则方案越好。

【典例研习·4-7】（教材例题改编）

乙方案需要投资10 000万元，各年的现金流量如下表：

单位：万元

年份	1	2	3	4	累计	平均
各年现金净流量	0	2 000	6 000	8 000	16 000	4 000

计算乙方案的投资回报率。

斯尔解析 本题考查固定资产投资决策方法。

乙方案的投资回报率=4 000÷10 000=40%

（三）净现值法

净现值（NPV），是指一个投资项目在项目计算期内，按设定折现率或基准收益率计算的各年净现金流量现值的代数和。计算公式为：

净现值=未来现金流量现值−原始投资额现值

其中，折现率可以按照以下方法确定：

①以拟投资项目所在行业的平均收益率作为折现率；

②如果项目风险与企业风险不一致，则采用项目本身的加权资本成本作为折现率；

③如果项目风险与企业风险一致，则可采用企业的加权资本成本作为折现率。

决策方法：

净现值大于0，说明方案的实际报酬率高于所要求的报酬率，项目具有财务可行性；

净现值小于0，说明方案的实际投资报酬率低于所要求的报酬率，项目不可行；

净现值等于0，说明方案的实际报酬率等于所要求的报酬率，不改变股东财富，没有必要采纳。

多个方案中，应选择净现值最大的方案。

【典例研习·4-8】（教材例题改编）

某投资项目各年的现金流量如下表所示：单位：万元

时点	0	1	2 ~ 10	11
各年现金净流量	−1 100	0	200	300

假定该投资项目的基准折现率为10%，计算该项目的净现值，并判断该项目是否值得投资。[已知：（P/F，10%，1）=0.9091，（P/F，10%，2）=0.8264，（P/A，10%，9）=5.7590，（P/F，10%，11）=0.3505]

斯尔解析 本题考查固定资产投资决策方法。

该项目的净现值=200×（P/A，10%，9）×（P/F，10%，1）+300×（P/F，10%，11）−1 100=200×5.7590×0.9091+300×0.3505−1 100=52.25（万元）

由于该项目净现值大于0，因此方案具有财务可行性。

（四）现值指数法

现值指数法又称获利指数法，是投资项目的未来现金净流量现值与原始投资额现值的比率。计算公式为：

现值指数=未来现金净流量现值/原始投资额现值

现值指数法是使用现值指数作为评价方案优劣标准的方法，现值指数大于1的方案是可取的；否则不可取。在现值指数大于1的诸多投资方案中，现值指数最大的方案为最优方案。

【典例研习·4-9】（教材例题）

有A、B两个独立投资方案，有关资料如下表所示：

净现值计算

单位：元

项目	方案A	方案B
原始投资额现值	30 000	3 000
未来现金净流量现值	31 500	4 200
净现值	1 500	1 200

计算两个方案的现值指数，并以现值指数为评价标准判断应该选择哪个方案。

斯尔解析 本题考查固定资产投资决策方法。

A方案现值指数=31 500/30 000=1.05

B方案现值指数=4 200/3 000=1.40

计算结果表明，方案B的现值指数大于方案A，应当选择方案B。

（五）年金净流量法

项目期间内全部现金净流量总额的总现值或总终值折算为等额年金的平均现金净流

量，称为年金净流量。年金净流量的计算公式为：

$$年金净流量=现金净流量总现值/年金现值系数$$
$$=现金净流量总终值/年金终值系数$$

与净现值指标一样，年金净流量指标的结果大于0，说明每年平均的现金流入能抵补现金流出，投资项目的净现值（或净终值）大于0，方案的报酬率大于所要求的报酬率，方案可行。

在两个以上寿命期不同的投资方案比较时，年金净流量越大，方案越好。

年金净流量法是净现值法的辅助方法，在各方案寿命期相同时，实质就是净现值法。

（六）内含报酬率法

内含报酬率又称内部收益率，是指项目投资实际可望达到的收益率。从计算角度分析，内含报酬率是使投资方案净现值为0时的贴现率。

令净现值=0，解方程求出的折现率，就是内含报酬率。

内含报酬率大于基准收益率时，投资项目具有财务可行性；内含报酬率小于基准收益率时，投资项目则不可行。多个方案比较中，选择内含报酬率最大的投资方案。

【典例研习·4-10】（教材例题）

某企业有一个投资项目。需要在项目起点投资4 500万元，设备使用10年，每年现金净流量1 000万元，计算该项目的内含报酬率。如果企业的资金成本为16%，该项目是否可行？

 斯尔解析 本题考查固定资产投资决策方法。

设该项目的内含报酬率为r，则有：

$1 000×（P/A，r，10）-4 500=0$

则，$（P/A，r，10）=4.5$

查年金现值系数表，得：

$（P/A，18%，10）=4.4941$

$（P/A，16%，10）=4.8332$

由于4.4941<4.5<4.8332，采用插值法：

$$\frac{r-16\%}{18\%-16\%}=\frac{4.5-4.8332}{4.4941-4.8332}$$

解方程可得，r=17.97%。

由于该项目内含报酬率为17.97%，高于资本成本16%，项目可行。

总结：贴现法中四种评价方法对单一方案的评价结果是一致的，净现值＞0的项目，年金净流量＞0、现值指数＞1、内含报酬率大于基准折现率。

（七）各决策方法的优缺点

方法		优缺点
投资回收期法	优点	能够直观地反映原始投资的返本期限，便于理解，计算简便，可以直接利用回收期之前的净现金流量信息
	缺点	没有考虑资金时间价值因素和回收期满后继续发生的净现金流量，不能正确反映不同投资方式对项目的影响

续表

方法		优缺点
投资报酬率法	优点	计算公式简单
	缺点	没有考虑资金时间价值因素，不能正确反映建设期长短及投资方式等条件对项目的影响
净现值法	优点	①适用性强，能基本满足项目年限相同的互斥投资方案的决策； ②能灵活地考虑投资风险
	缺点	①所采用的折现率不易确定； ②不适宜于对投资额差别较大的独立投资方案的比较决策； ③有时也不能对寿命期不同的互斥投资方案进行直接决策
现值指数法	优点	现值指数是一个相对数指标，反映了投资效率，可以克服净现值指标不便于对原始投资额现值不同的独立投资方案进行比较和评价的缺点，对方案的分析评价更加合理、客观
年金净流量法	优点	属于净现值法的辅助方法，适用于期限不同的投资方案决策
	缺点	不便于对原始投资额不相等的独立投资方案进行决策
内含报酬率法	优点	①内含报酬率反映了投资项目可能达到的报酬率，易于被高层决策人员所理解； ②能够反映各独立投资方案的获利水平
	缺点	①计算复杂，不易直接考虑投资风险大小； ②在互斥投资方案决策时，如果各方案的原始投资额现值不相等，有时无法作出正确的决策

【典例研习·4-11】（2011年多项选择题）

下列关于投资方案评价的净现值法与现值指数法的表述中，正确的有（　　　　）。

A.两者都是绝对数指标，反映投资的效率

B.两者都没有考虑货币的时间价值因素

C.两者都必须按照预定的折现率折算现金流量的现值

D.两者都不能反映投资方案的实际投资报酬率

E.两者对同一投资方案的评价结果是一致的

斯尔解析　本题考查固定资产投资决策方法。净现值是绝对数指标，现值指数是相对数指标，选项A错误；净现值法和现值指数法都考虑了资金的时间价值因素，选项3错误，两者都必须按照预定的折现率折算现金流量的现值，选项C正确；两者都不能反映投资方案的实际投资报酬率，内含报酬率可以反映投资方案实际的投资报酬率，选项D正确；净现值＞0的方案，说明现值指数＞1，两者对于同一投资方案的评价结果是一致的，选项E正确。

使用斯尔教育APP
扫码观看本节好课

第三节　有价证券投资管理

一、股票投资（★）

（一）股票投资的优缺点

1.股票投资的优点

优点	解读
投资收益高	虽然普通股票的价格变动频繁，但优质股票的价格总是呈上涨趋势。只要投资决策正确，股票投资收益是比较高的
能降低购买力的损失	普通股票的股利是不固定的，其随着股份公司收益的增长而提高。在通货膨胀时期，股份公司的收益增长率一般仍大于通货膨胀率，股东获得的股利可全部或部分抵消通货膨胀带来的购买力损失
流动性很强	上市公司股票的流动性很强，投资者有闲散资金可随时买入，需要资金时又可随时卖出
能达到控制股份公司的目的	投资者是股份公司的股东，有权参与或监督公司的生产经营活动。当投资者的投资额达到公司股本一定比例时，就能实现控制公司的目的

2.股票投资的缺点

股票投资的主要缺点是投资风险较大。

（二）股票的估价模型

股票的价值，也称为股票的内在价值或理论价格，等于投资于股票预期所获得的未来现金流量的现值。股票给持有者带来未来的收益一般是以股利形式出现的，因此可以通过股利计算确定股票价值。

股票估价是股票投资的基础，股票的估价模型有以下四种：股票估价的基本模型、零增长模型、固定增长模型和阶段性增长模型。

1.股票估价的基本模型

由于普通股票的价值是通过各年股利所形成的现金流入量表示出来的，因此，将各年股利的现值加总即为普通股票的价值。

2.零增长模型

零增长模型是普通股票的股利增长速度为0，即每年的股利保持不变，这种股票价值的估价模型为：

$P = d_0 \div k$

式中，P表示普通股票的价值；d_0表示上一期支付的固定股利；k表示投资者要求的报酬率。

3.固定增长模型

若普通股票的股利每年都增长，并且增长速度相等，这种条件下，普通股票估价的计算公式为：

$$P=[d_0\times(1+g)]/(k-g)=d_1/(k-g)$$

式中，P表示普通股票的价值；d_0表示上一期支付的股利；d_1表示下一期预计支付的股利；g表示股利的增长率；k表示投资者要求的报酬率，并且k大于g。

【典例研习·4-12】（教材例题）

某公司普通股票上年每股分配股利1.2元，公司每年股利的增长率为3%，投资者要求的报酬率为8%，则该公司的股票价值为多少元？

斯尔解析 本题考查股票的估价模型。

根据固定增长股票的估价模型，计算该公司的股票价值为：

$$P=1.2\times(1+3\%)/(8\%-3\%)=24.72（元）$$

4.阶段性增长模型

实务中，有些公司的股利是不固定的，例如，在一段时间里面高速增长，在另一段时间里正常固定增长或固定不变。对于阶段性增长的股票，需要分段计算，才能确定股票的价值。

【典例研习·4-13】（教材例题）

假定某投资人持有甲公司的股票，投资必要报酬率为15%。预计甲公司未来3年股利将高速增长，增长率为20%。在此以后转为正常增长，增长率为12%。甲公司最近支付的股利是2元。计算该公司股票的价值。

斯尔解析 本题考查股票的估价模型。

首先，计算非正常增长期的股利现值，如下表所示：

年份	股利（元）	复利现值系数（15%）	现值（元）
1	$2\times(1+20\%)=2.4$	0.870	2.088
2	$2.4\times(1+20\%)=2.88$	0.756	2.177
3	$2.88\times(1+20\%)=3.456$	0.658	2.274
合计	3年股利的现值		6.54

然后，先将第4年以后的现金流折现到第3年年底：

$$P=3.456\times1.12/(15\%-12\%)=129.02（元）$$

再计算其现值$=129.02\times(P/F,15\%,3)=129.02\times0.658=84.90（元）$

最后，计算该股票的价值$=6.54+84.90=91.44（元）$

二、债券投资（★）

（一）债券投资的优缺点

1.债券投资的优点

优点	解读
投资收益比较稳定	债券收益主要包括利息和买卖差价两部分。由于债券票面一般标有固定利率，而发行单位又有按规定支付利息的法定义务，所以利息收入是稳定的；同样，由于债券的未来利息比较稳定，所以，债券的转让价格及买卖价差也比较稳定
投资安全性好	政府债券有国家的财力作后盾，通常称为无风险债券；公司债券优先于股票求偿，保证了债券投资的安全性优于股票

2.债券投资的缺点

购买债券不能达到参与和控制发行企业经营管理活动的目的。

（二）债券的估值模型

债券的内在价值，也称为债券的理论价格，等于将在债券投资上未来收取的利息和收回的本金折为现值。

只有债券价值大于其购买价格时，该债券才值得投资。影响债券价值的因素主要有债券的面值、期限、票面利率和所采用的贴现率等。

债券的估值模型有以下三种：一年付息一次的债券估价模型、到期一次还本付息的债券估价模型和贴现发行债券的估价模型。

1.一年付息一次的债券估价模型

一年付息一次的债券，是指每年年底债券的持有人都会得到当年的利息，在债券到期日收回债券的本金，该债券的价值可由下式计算：

债券价值=每年利息现值合计+到期日本金现值

其中：

每年利息=债券面值×票面利率

【典例研习·4-14】（教材例题）

某公司投资购入一种债券，该债券的面值为1 000元，票面利率为8%，每年年末付息一次，期限为10年。

分别计算，当市场利率为10%和6%时，债券的价值。

💡斯尔解析 本题考查债券的估价模型。

（1）当市场利率为10%时：

P=80×（P/A，10%，10）+1 000×（P/F，10%，10）

 =80×6.1446+1 000×0.3855

 =877.07（元）

（2）当市场利率为6%时：

P=80×（P/A，6%，10）+1 000×（P/F，6%，10）

 =80×7.3601+1 000×0.5584

 =1 147.21（元）

由上例可知，当市场利率发生变化时，债券的价值也会发生变化。一般来讲，当市场利率高于票面利率时，市场利率越高，债券价值越低；当市场利率低于票面利率时，市场利率越低，债券价值越高；当市场利率等于票面利率时，债券实际价值等于债券票面价格。

2.到期一次还本付息的债券估价模型

这种债券在未到期之前不支付利息，当债券到期时，一次支付全部的本金及利息，一般情况下，这种债券的利息是按单利计息。到期一次还本付息的债券估价模型为：

债券的价值=债券到期日本金与利息的现值

债券到期日本金与利息之和=债券面值+债券面值×票面利率×债券期限

3.贴现发行债券的估价模型

贴现发行的债券是在债券上没有票面利率，只有票面值的债券。在债券发行时，以低于票面值的价格发行，到期时按面值偿还，面值与发行价格的差额作为债券的利息。贴现发行债券的估价模型为：

债券价值=债券到期日债券面值的现值

【典例研习·4-15】（2013年单项选择题）

甲公司拟发行票面金额为10 000万元，期限为3年的贴现债券。若市场年利率为10%，则该债券的发行价格为（　　）万元。

A.7 000　　　　　　B.7 513.15　　　　　　C.8 108.46　　　　　　D.8 264.46

斯尔解析 本题考查债券的估值模型。贴现债券的现金流中没有利息，只有到期日的本金现金流，将该债券到期日本金折现可得发行价格，发行价格=10 000÷$(1+10\%)^3$=7 513.15（万元），选项B正确。

第四节　公司并购与收缩

使用斯尔教育APP
扫码观看本节好课

一、公司并购（★）

（一）并购的概念

并购是合并与收购的简称。

类型		含义
合并	吸收合并	以主并企业法人地位存续为前提，将目标公司的产权折合为股份，连同相应的资产与负债整合到主并企业之中的资本运作方式，也叫兼并
	新设合并	两个或两个以上公司合并组成一个新的统一的法人公司，被合并的各公司原有的法人地位均不复存在
收购（股权收购）	非控制权性收购	主并企业与目标公司各自原有的法人地位继续存在，也称之为参股性收购
	控制权性收购	目标公司通常作为主并企业的一个子公司，而继续保持其原有的法人地位

【典例研习】答案：
4-15：B

（二）并购动因

动因	解读
获取公司控制权增效	控制权增效，是指由于取得对公司的控制权，而使公司效率改进和获得价值增大的效果
取得协同效应	两个企业组成一个企业之后，其产出比原先两个企业产出之和还要大的情形，即俗称的"1+1＞2"效应
向市场传递公司价值低估的信息	收购活动会传递关于目标企业股票被低估的信息，并且促使市场对这些股票进行重新估价，收购要约会激励目标企业的管理层自身贯彻更有效的战略
降低代理成本	当管理者只拥有一小部分公司股份时，便会产生代理问题（如管理层的额外消费），在所有权极为分散的大公司中，单个所有者没有足够的动力去花费大量的资源用于监督管理者行为
管理者扩张动机	经理阶层扩张动机论认为，管理者具有很强烈的扩大公司规模的欲望，因为经理的报酬是公司规模的函数。这样，经理会热衷于扩大公司规模

（三）被并购企业的价值评估

企业价值评估是并购方制定合理支付价格范围的主要依据。目前，企业价值评估模式大致可分为两类：折现式价值评估模式和非折现式价值评估模式。

1.折现式价值评估模式

目标公司价值=目标公司每年自由现金流量现值的合计

目标公司股权价值=目标公司价值−目标公司债务价值

在现金流量折现过程中，需要三个重要参数：一是现金流量；二是折现率；三是期限。由于目标公司为可持续经营企业，因此，并购估值中期限一般取无穷大。

2.非折现式价值评估模式

非折现式价值评估模式包括市盈率法、账面资产净值法和清算价值法等，教材主要介绍市盈率法的应用。市盈率法下的每股价值计算公式如下：

市盈率=每股价格÷每股收益

根据公式可知，如果知道一个标准的市盈率，知道目标公司的预计每股收益，则：

每股价值=预计每股收益×标准市盈率

这种估值方法一般适用于并购公司或目标公司为上市公司的情况。

其中，标准市盈率的确定一般要遵循下列原则：

①以一家或多家具有相似的发展前景和风险特征的公司为参照；

②考虑主并企业自身的市盈率。这主要因为并购整合后的目标公司可能会得到与并购公司相同或相近的市场评价；

③以最近10个或20个交易日的市盈率进行加权平均。这主要为了克服参照企业价格波动的影响。

（四）并购支付方式

方式	特征
现金支付	最迅速、最受现金拮据的目标公司欢迎的一种方式，但容易造成并购公司巨大的现金压力，引起并购公司流动性问题
股票对价	集团公司通过增发新股换取目标公司的股权，减少集团公司财务风险，但可能会稀释企业集团原有的控制权结构与每股收益水平，同时股票支付处理程序复杂，可能会延误并购时机，增大并购成本
杠杆收购	杠杆收购指集团公司通过借款的方式购买目标公司的股权，取得控制权后，再以目标公司未来创造的现金流量偿付借款。管理层收购中多采用杠杆收购方式
卖方融资	卖方融资指作为并购公司的企业集团暂不向目标公司支付全额价款，而是作为对目标公司所有者的负债，承诺在未来一定时期内分期、分批支付并购价款的方式。应用这种付款方式的前提是企业集团有着良好的资本结构和风险承受能力

【典例研习·4-16】（2018年单项选择题）

公司并购的支付方式是指并购活动中并购公司和目标公司之间的交易形式。下列不属于并购支付方式的是（　　　）。

A.现金支付方式　　　　　　　　B.股票对价方式

C.杠杆收购方式　　　　　　　　D.买方融资方式

斯尔解析　本题考查公司并购。并购支付方式主要包括以下四种：现金支付方式、股票对价方式、杠杆收购方式、卖方融资方式，并没有买方融资，故选项D当选，选项ABC不当选。

二、公司收缩（★）

公司收缩是公司重组的一种形式，是相对于公司扩张而提出的概念，它是指对公司的股本或资产进行重组从而缩减主营业务范围或缩小公司规模的各种资本运作方式。

公司收缩的目标是通过收缩战线实现公司的最优规模。

公司收缩的主要方式包括：资产剥离、公司分立、分拆上市等。

（一）资产剥离

资产剥离指企业将其所拥有的资产、产品线、经营部门、子公司出售给第三方，以获取现金或股票，或现金与股票混合形式回报的一种商业行为。资产剥离的一种特别方式是资产置换。在一个典型的剥离中，购买者是一家已存在的企业，因此，不会产生新的法律实体。

1.资产剥离的分类

按照剥离是否符合公司的意愿，分为自愿剥离和非自愿剥离（或被迫剥离）；

按照剥离业务中所出售资产的形式，分为出售固定资产、出售无形资产、出售子公司等形式。

2.资产剥离的动因

①适应经营环境变化，调整经营战略；

②提高管理效率；

③提高资源利用效率；

④弥补并购决策失误或成为并购决策的一部分；

⑤获取税收或管制方面的收益。

3.资产剥离对股价的影响

资产剥离的消息通常会对股票市场价值产生积极的影响。

（二）公司分立

类型	含义	
标准式	标准式公司分立指母公司将其在某子公司中所拥有的股份，按母公司股东在母公司中的持股比例分配给现有母公司的股东，从而在法律上和组织上将子公司的经营从母公司的经营中分离出去的行为	
衍生式	换股式	换股式公司分立指母公司把其在子公司中占有的股份分配给母公司的一些股东（而不是全部母公司股东），用以交换上述股东在母公司中的股份的行为
	解散式	解散式公司分立指母公司将子公司的控制权移交给它的股东。在解散式公司分立中，母公司所拥有的全部子公司都分立出来，因此原母公司不复存在

（三）分拆上市

广义的分拆上市是指已上市公司或者尚未上市公司将其中部分业务独立出来单独上市；

狭义的分拆上市指的是已上市公司将其中部分业务或者已上市母公司将其中某个子公司独立出来，另行公开招股上市。

随着全资子公司部分股权的公开出售，对子公司管理层而言，把报酬与公开发行股票的表现相联系将会有助于提高管理者的积极性。另外，由于子公司部分股权已上市，母公司如想再出售其余股权，则会比较容易以合适的价格寻找到合适的买家。

但分拆上市对子公司的运作也有一些负面影响，主要表现在母公司对子公司的干预程度上。一些分拆后的子公司高层管理人员仍然要做一些努力以摆脱母公司的过多干预。从这个角度看，分立比分拆上市对子公司独立程度的贡献更大。

分拆上市后，如果母公司仍然对分拆的子公司处于绝对控股地位，可能会动用子公司的现金来满足母公司的需要，如偿还债务、投资新业务等，这也是分拆上市中的风险之一。

冲关地图

🏳 ： 要听懂
❗❗❗ ： 你得背
√+-×÷ ： 你得算
👓 ： 有空看

第四章 投资管理

投资管理概述
- 👓 投资的意义
- 👓 企业投资管理的特点
- 🏳 投资的分类

固定资产投资管理
- 固定资产投资的特点与意义 —— 👓 固定资产投资的特点与意义
- 投资项目现金流量估计 —— √+-×÷ 投资项目现金流量估计
- 固定资产投资决策方法
  - √+-×÷ 投资回收期法
  - √+-×÷ 投资回报率法
  - √+-×÷ 净现值法
  - √+-×÷ 现值指数法
  - √+-×÷ 年金净流量法
  - √+-×÷ 内含报酬率法
  - 🏳 各决策方法的优缺点

有价证券投资管理
- 股票投资
  - 🏳 股票投资的优缺点
  - √+-×÷ 股票的估价模型
- 债券投资
  - 🏳 债券投资的优缺点
  - √+-×÷ 债券的估值模型

公司并购与收缩
- 🏳 公司并购
- 🏳 公司收缩

第五章　营运资金管理

学习提要

考几分？

本章属于次重点章，近三年考试平均分在3分左右。

怎么考？

本章考试题型以选择题为主，计算题为辅。

怎么学？

　　本章的内容比较多，但是层次非常清晰，整体的学习难度并不大。学习时，首先要厘清框架，然后逐个击破，最后再融会贯通。

考点精讲

230 5-1
使用斯尔教育APP
扫码观看本节好课

第一节　营运资金管理概述

一、营运资金的概念及特点

（一）营运资金的概念

营运资金是指在企业生产经营活动中占用在流动资产上的资金。

广义的营运资金：指一个企业流动资产的总额；

狭义的营运资金：指流动资产减去流动负债后的余额。

本章指的是狭义的营运资金概念。营运资金的管理既包括流动资产的管理，也包括流动负债的管理。

1.流动资产

流动资产是指可以在1年以内或超过1年的一个营业周期内变现或运用的资产。流动资产具有占用时间短、周转快、易变现等特点。流动资产主要包括现金、交易性金融资产、应收及预付款项和存货等。

2.流动负债

流动负债是指需要在1年或者超过1年的一个营业周期内偿还的债务。流动负债又称短期负债，具有成本低、偿还期短的特点，必须加强管理。

（二）营运资金的特点

1.营运资金的来源具有多样性

企业筹集营运资金的方式较为灵活多样，通常有银行短期借款、短期融资券、商业信用、应交税费、应付股利、应付职工薪酬等多种内外部融资方式。

2.营运资金的数量具有波动性

流动资产的数量会随企业内外条件的变化而变化，时高时低，波动很大。随着流动资产数量的变动，流动负债的数量也会发生相应变动。

3.营运资金的周转具有短期性

企业占用在流动资产上的资金，通常会在1年或超过1年的一个营业周期内收回，对企业影响的时间比较短。

4.营运资金的实物形态具有变动性和易变现性

二、营运资金管理策略（★）

财务管理人员在营运资金管理方面必须做两项决策：一是需要拥有多少流动资产；二是如何为需要的流动资产融资。前者对应的是流动资产的投资策略，后者对应的是流动资产的融资策略。

（一）流动资产的投资策略

流动资产的投资策略有以下两种基本类型：

策略	流动资产与销售收入比率	风险	持有成本	收益水平
紧缩的流动资产投资策略	维持低水平	较高	较低	较高
宽松的流动资产投资策略	维持高水平	较低	较高	较低

　　制定流动资产投资策略时，需要权衡资产的收益性与风险性。增加流动资产投资会增加流动资产的持有成本，降低资产的收益性，减少短缺成本。反之，减少流动资产投资会降低流动资产的持有成本，增加资产的收益性，增加短缺成本。

　　因此，从理论上来说，最优的流动资产投资应该是使流动资产的持有成本与短缺成本之和最低。

（二）流动资产的融资策略

预备知识：

1.期限匹配融资策略

含义：永久性流动资产和非流动资产以长期融资方式来融通，波动性流动资产用短期来源融通。

2.保守融资策略

含义：长期融资支持非流动资产、永久性流动资产和部分波动性流动资产，短期融资仅用于融通剩余的波动性流动资产。此时融资风险较低、成本较高、收益较低。

波动性流动资产	临时性负债
	自发性流动负债
永久性流动资产	长期负债
长期资产	所有者权益

原理详解

为什么说保守融资策略的风险和收益均较低？

一方面，由于短期金融负债所占比重较小，所以企业无法偿还到期债务的风险较低。另一方面，因长期负债资本成本高于短期金融负债的资本成本，以及经营淡季时资金有剩余但仍需负担长期负债利息，从而降低企业的收益。所以，保守融资策略是一种风险和收益均较低的营运资本筹资政策。

3.激进融资策略

含义：仅对一部分永久性流动资产使用长期融资方式融资。短期融资方式支持剩下的永久性流动资产和所有的波动性流动资产。此时，成本比较低，收益较高，但会导致较低的流动比率和较高的流动性风险。

波动性 流动资产	临时性 负债
永久性 流动资产	自发性 流动负债
	长期负债
长期资产	所有者 权益

【典例研习·5-1】（2019年单项选择题）

下列关于流动资产投资策略的表述中，错误的是（　　）。

A.采用紧缩的流动资产投资策略，可以节约流动资产的持有成本

B.在紧缩的流动资产投资策略下，流动资产与销售收入比率较低

C.在宽松的流动资产投资策略下，企业的财务和经营风险较小

D.制定流动资产投资策略时，不需要权衡资产的收益性和风险性

斯尔解析 本题考查营运资金管理策略。在紧缩的流动资产投资策略下，企业维持低水平的流动资产与销售收入比率，此时可以节约流动资产的持有成本，选项AB的表述正确；在宽松的流动资产投资策略下，企业通常会维持高水平的流动资产与销售收入比率，由于较高的流动性，企业的财务与经营风险较小，选项C的表述正确；制定流动资产投资策略时，需要权衡资产的收益性与风险性，选项D的表述错误。

第二节　现金管理

使用斯尔教育APP
扫码观看本节好课

现金有广义和狭义之分：

广义的现金指生产经营过程中，以货币形态存在的资金，包括库存现金、银行存款和其他货币资金等；狭义的现金仅指库存现金。

本节所讲的现金是指广义的现金。

一、持有现金的动机

企业持有现金的动机主要有以下三种：

动机类型	含义
交易性动机	为了满足日常生产经营的需要，企业在生产经营过程中需要购买原材料，支付各种成本费用
预防性动机	考虑到可能出现的意外情况，应准备一定的预防性现金。 需考虑的因素：①企业愿冒现金短缺风险的程度；②企业预测现金收支可靠的程度；③企业临时融资的能力
投机性动机	企业进行投机性的资本运作通常都是临时性的，捕捉某些转瞬即逝的机会

【典例研习】答案：

5-1：D

针对企业持有现金的动机，可以看出，预防性动机和投机性动机持有的现金对于企业来讲不容易确定，现金管理主要指交易性现金的管理，其管理目标有两个：

一是在满足需要的基础上尽量减少现金的持有量；二是加快现金的周转速度。

二、最佳现金持有量的确定（★）

1.计算方法

存货模式。

2.假设条件

（1）公司的现金流入量是稳定并且可以预测的；

（2）公司的现金流出量是稳定并且可以预测的；

（3）在预测期内，公司的现金需求量是一定的；

（4）在预测期内，公司不能发生现金短缺，并且可以出售有价证券来补充现金。

则一段时间内，现金持有状态可用下图表示：

图中，Q代表各循环期之初现金持有量，Q/2代表各循环期内的现金平均持有量。

3.考虑的成本

（1）持有成本。持有成本是由于持有现金损失了其他投资机会而发生损失，它与现金持有量成正比。

持有成本＝平均现金持有量×有价证券的报酬率＝Q/2×R

式中，Q表示现金持有量；R表示有价证券的报酬率。

（2）转换成本。转换成本，是将有价证券转换成现金发生的手续费等开支，它与转换次数成正比，与现金的持有量成反比。

转换成本＝转换次数×每次转换的交易成本＝T/Q×F

式中，T表示全年现金需求总量；F表示每次出售有价证券以补充现金所需的交易成本。

4.最佳现金持有量

最佳现金持有量是使持有现金总成本最低的持有量，其计算公式为：

$$最佳现金持有量=\sqrt{\frac{2×全年现金需求总量×每次的交易成本}{有价证券的报酬率}}$$

最佳现金持有量计算公式的推导过程

持有现金的成本包括持有成本和转换成本，其随现金持有量的变化如图所示：

由上图可知，最佳现金持有量，是持有成本线与转换成本线交叉点对应的现金持有量，因此，现金持有量应当满足：

转换成本=持有成本，即：

全年现金需求总量/最佳现金持有量×每次的交易成本=最佳现金持有量/2×有价证券的报酬率

整理可得：

$$最佳现金持有量=\sqrt{\frac{2×全年现金需求总量×每次的交易成本}{有价证券的报酬率}}$$

【典例研习·5-2】（教材例题）

假设某企业明年需要现金8 400万元，已知有价证券的报酬率为7%，将有价证券转换为现金的转换成本为150元，则最佳现金持有量应为多少万元？

斯尔解析 本题考查最佳现金持有量的确定。

$$最佳现金持有量=\sqrt{\frac{2×全年现金需求总量×每次的交易成本}{有价证券的报酬率}}$$

$$=\sqrt{\frac{2×8\ 400×10\ 000×150}{7\%}}=600\ 000（元）=60（万元）$$

【典例研习·5-3】（2015年多项选择题）

企业在利用存货模式计算持有现金总成本时，应考虑（　　　）。

A.有价证券报酬率　　　　　　　B.全年现金需求总量

C.现金持有量　　　　　　　　　D.一次转换成本

E.缺货成本

斯尔解析 本题考查最佳现金持有量的确定。持有现金总成本=持有成本+转换成本=现金持有量/2×有价证券的报酬率+全年现金需求总量/现金持有量×一次转换成本，选项ABCD正确，利用存货模式计算持有现金总成本时，无须考虑短缺成本，选项E错误。

【典例研习】答案：

5-3：ABCD

三、现金收支日常管理（★）

（一）现金周转期

企业的经营周期是指从取得存货开始到销售存货并收回现金为止的时期。现金周转期是指介于企业支付现金与收到现金之间的时间段。

经营周期＝存货周转期＋应收账款周转期＝应付账款周转期＋现金周转期

如果要减少现金周转期，可以从三方面着手：

（1）加快制造与销售产成品来减少存货周转期；

（2）加速应收账款的回收来减少应收账款周转期；

（3）减缓支付应付账款来延长应付账款周转期。

（二）收款管理

1.收款成本

收款成本包括浮动期成本，管理收款系统的相关费用（如银行手续费）及第三方处理费用或清算相关费用。在获得资金之前，在途收款项目使企业无法利用这些资金，也会产生机会成本。

2.收款浮动期

收款浮动期是指从支付开始到企业收到资金的时间间隔。收款浮动期主要有下列三种类型：

（1）邮寄浮动期：从付款人寄出支票到收款人或收款人的处理系统收到支票的时间间隔；

（2）处理浮动期：支票的接受方处理支票和将支票存入银行以收回现金所花的时间；

（3）结算浮动期：通过银行系统进行支票结算所需的时间。

（三）付款管理

现金支出管理的主要任务是尽可能延缓现金的支出时间。当然，这种延缓必须是合理合法的。

1.使用现金浮游量

现金浮游量是指由于企业提高收款效率和延长付款时间所产生的企业账户上的现金余额和银行账户上的企业存款余额之间的差额。

2.推迟应付款的支付

推迟应付款的支付是指企业在不影响自己信誉的前提下，充分运用供货方所提供的信用优惠，尽可能地推迟应付款的支付期。

3.改进员工工资支付模式

企业可以为支付工资专门设立一个工资账户，通过银行向职工支付工资。为了最大限度地减少工资账户的存款余额，企业要合理预测从开出支付工资的支票到职工去银行兑现的具体时间。

4.争取现金流出与现金流入同步

企业应尽量使现金流出与流入同步，这样就可以降低交易性现金余额，同时可以减少有价证券转换为现金的次数，提高现金的利用效率，节约转换成本。

5.使用零余额账户

企业与银行合作，保持一个主账户和一系列子账户。企业只在主账户保持一定的安全储备，而在一系列子账户不需要保持安全储备。当从某个子账户签发的支票需要现金时，所需要的资金立即从主账户划拨过来，从而使更多的资金可以作为他用。

第三节 应收账款管理

使用斯尔教育APP
扫码观看本节好课

一、应收账款管理目标

由于应收账款的存在，一方面增加企业的收入，另一方面会使企业产生费用，因此，管理应收账款的目标为：在适当利用赊销增加企业产品的市场占有率的条件下控制应收账款的余额；加快应收账款的周转速度。

二、应收账款的成本（★★）

（一）应收账款的机会成本

应收账款会占用企业一定量的资金，若企业不把这部分资金投放于应收账款，便可以用于其他投资并可能获得收益，如投资债券获得利息收入。这种因投放于应收账款而放弃其他投资所带来的收益，即为应收账款的机会成本。

应收账款占用资金的应计利息			
=应收账款占用资金			×资本成本
=应收账款平均余额		×变动成本率	×资本成本
=日销售额	×平均收现期	×变动成本率	×资本成本
=全年销售额/360	×平均收现期	×变动成本率	×资本成本

式中，平均收现期指的是各种收现期的加权平均数。

【典例研习·5-4】（2016年单项选择题）

甲公司2015年度销售收入900万元，确定的信用条件为"2/10，1/20，n/30"，其中占销售收入50%的客户选择10天内付款、40%的客户选择10天后20天内付款、10%的客户选择20天后30天内付款。假设甲公司的变动成本率为60%、资本成本率为10%、全年天数按360天计算，则甲公司2015年度应收账款的机会成本为（　　）万元。

A.4.2　　　　　B.3.4　　　　　C.3.2　　　　　D.2.4

【典例研习】答案：
5-4：D

斯尔解析 本题考查应收账款的成本。平均收现期＝50%×10＋40%×20＋10%×30＝16（天），应收账款机会成本＝日销售额×平均收现期×变动成本率×资本成本＝900/360×16×60%×10%＝2.4（万元），选项D正确。

（二）应收账款的管理成本

应收账款的管理成本主要是指企业管理应收账款所增加的费用。其主要包括调查顾客信用状况的费用、收集各种信息的费用、账簿的记录费用、收账费用、数据处理成本、相关管理人员成本和从第三方购买信用信息的成本等。

（三）应收账款的坏账成本

在赊销交易中，债务人由于种种原因无力偿还债务，债权人就有可能无法收回应收账款而发生损失，这种损失就是坏账成本。坏账成本一般用下列公式测算：

应收账款的坏账成本＝赊销额×预计坏账损失率

（四）应收账款的收账成本

应收账款发生后，企业应采取各种措施，尽量争取按期收回款项，否则会因拖欠时间过长而发生坏账，使企业蒙受损失。通常企业可以采取寄发账单、电话催收、派人上门催收、法律诉讼等方式催收应收账款，然而催收账款要发生费用，某些催款方式的费用还会很高。一般来说，收账的花费越大，收账措施越有力，可收回的账款越多，坏账损失也就越小。

三、企业信用政策（★★）

企业信用政策是管理和控制应收账款余额的政策，它由信用标准、信用条件、收账政策组成。

（一）信用标准

信用标准是企业用来衡量客户是否有资格享受商业信用所具备的基本条件，通常用"5C"系统来评价。

指标	含义
品质	顾客的信誉，即履行偿债义务的可能性
能力	顾客的偿债能力，即其流动资产的数量和质量以及与流动负债的比例
资本	顾客的财务实力和财务状况，表明顾客可能偿还债务的背景
抵押	顾客拒付款项或无力支付款项时能被用作抵押的资产
条件	可能影响顾客付款能力的经济环境

（二）信用条件

信用条件是企业为了鼓励客户尽快付款而给客户提出的付款要求，包括信用期间、现金折扣和折扣期间。

信用条件经常表示为（1/10，n/30），它的含义是：客户在购买货物后，可以在30日内付款；如果客户在10日内付款，可享受价格1%的折扣。

（三）收账政策

收账政策是在信用条件被违反时企业采取的收账策略，有积极型和消极型两种。

类型	措施	影响
积极型	对超过信用期限的客户通过派人催收等措施加紧收款，必要时行使法律程序	有利于减少坏账损失，但会加大收账成本
消极型	对超过信用期限的客户通过发函催收或等待客户主动偿还	有利于减少收账成本，但会加大坏账损失

（四）信用政策决策

信用政策决策是在比较不同信用标准、信用条件和收账政策的收益与成本的基础上，选择最优信用政策的过程。

【典例研习·5-5】（教材例题）

某企业生产某种家用电器，年销售量为100万台，每台单价8 000元，单位变动成本为4 800元，企业销售利润率（税前利润/销售收入）为20%，企业为扩大销售，准备下一年度实行新的信用政策，现有A、B两个方案。

方案A：信用条件是对所有客户实行"2/10，n/30"，这样销量可增加20万台。客户中，享受现金折扣的占40%，其余享受商业信用，商业信用管理成本占销售收入的1%，坏账损失率为销售收入的4%，收账费用为销售收入的2%。

方案B：信用条件为"2/20，n/60"，这样销量可增加50万台。客户中，享受现金折扣的为20%，其余享受商业信用，商业信用管理成本占销售收入的2%，坏账损失率为销售收入的8%，收账成本占销售收入的7%。

企业预计在下一年度里销售利润率保持不变，资金的机会成本率为8%，试评价两个方案并从中选出最优方案。

斯尔解析 本题考查信用政策决策。

决策思路：分别计算两个方案能为企业带来多少利润，然后选择利润较大的方案。

（1）方案A的利润：

销售产品的利润＝120×8 000×20%＝192 000（万元）

应收账款的平均收现期＝10×40%＋30×60%＝22（天）

应收账款平均余额＝120×8 000×22/360≈58 666.67（万元）

应收账款占用资金＝58 666.67×（4 800/8 000）≈35 200（万元）

应收账款的机会成本＝35 200×8%＝2 816（万元）

现金折扣数额＝120×8 000×40%×2%＝7 680（万元）

坏账损失＝120×8 000×4%＝38 400（万元）

管理成本＝120×8 000×1%＝9 600（万元）

收账成本＝120×8 000×2%＝19 200（万元）

该方案的利润＝192 000－2 816－7 680－38 400－9 600－19 200＝114 304（万元）

（2）方案B的利润：

销售产品的利润=150×8 000×20%=240 000（万元）

应收账款的平均收现期=20×20%+60×80%=52（天）

应收账款平均余额=150×8 000×52/360≈173 333.33（万元）

应收账款占用资金=173 333.33×（4 800/8 000）=104 000.00（万元）

应收账款的机会成本=104 000×8%=8 320（万元）

现金折扣数额=150×8 000×20%×2%=4 800（万元）

坏账损失=150×8 000×8%=96 000（万元）

管理成本=150×8 000×2%=24 000（万元）

收账成本=150×8 000×7%=84 000（万元）

B方案的利润=240 000-8 320-4 800-96 000-24 000-84 000=22 880（万元）

（3）根据计算可知，方案A的利润114 304万元大于方案B的利润22 880万元，因此，方案A比较好，应选择执行方案A。

四、应收账款的日常管理（★）

（一）应收账款追踪分析

应收账款一旦形成，赊销企业就必须考虑如何按期足额收回的问题，要解决这一问题，企业就需要对该项应收账款的运行过程进行追踪分析。对应收账款实施追踪分析的重点是赊销商品的销售与变现能力。

（二）应收账款账龄分析

应收账款账龄分析是通过编制账龄分析表，以显示应收账款存账时间（账龄）的长短，并按时间长短进行排序。应收账款账龄分析主要是考查研究应收账款的账龄结构。

其中，应收账款的账龄结构，是指各账龄应收账款的余额占应收账款总计余额的比重。

（三）建立应收账款坏账准备制度

应收账款的坏账损失一般无法彻底避免，因此，遵循谨慎性原则，对坏账损失的可能性预先进行估计，并建立弥补坏账损失的准备制度，即提取坏账准备金就显得极为必要。

（四）应收账款保理

保理是保付代理的简称，是指保理商与债权人签订协议，转让其对应收账款的部分或全部权利与义务，并收取一定费用的过程。

保理又称托收保付，是指卖方（供应商或出口商）与保理商间存在的一种契约关系。根据契约，卖方将其现在或将来的基于其与买方（债务人）订立的货物销售（服务）合同所产生的应收账款转让给保理商，由保理商提供下列服务中的至少两项：贸易融资、销售账户管理、应收账款的催收、信用风险控制与坏账担保。可见，保理是一项综合性的金融服务方式，其同单纯的融资或收账管理有本质区别。

应收账款保理是企业将赊销形成的未到期应收账款，在满足一定条件的情况下转让给保理商，以获得流动资金，加快资金的周转。保理可分为有追索权保理（非买断型）和无追索权保理（买断型）、明保理和暗保理、折扣保理和到期保理。

应收账款保理对于企业而言，其财务管理作用主要体现在：

（1）融资功能。应收账款保理，其实质也是一种利用未到期应收账款这种流动资产作为抵押从而获得银行短期借款的一种融资方式。

（2）减轻企业应收账款的管理负担。面对市场的激烈竞争，企业可以把应收账款让与专门的保理商进行管理，使企业从应收账款的管理中解脱出来，由专业的保理企业对销售企业的应收账款进行管理，他们具备专业技术人员和业务运行机制，会详细地对销售客户的信用状况进行调查，建立一套有效的收款政策，及时收回账款，使企业减轻财务管理负担，提高财务管理效率。

（3）减少坏账损失、降低经营风险。企业只要有应收账款就有发生坏账的可能性，以往应收账款的风险都是由企业单独承担，而采用应收账款保理后，一方面可提供信用风险控制与坏账担保，帮助企业降低其客户违约的风险，另一方面也可以借助专业的保理商去催收账款，能在很大程度上降低坏账发生的可能性，有效控制坏账风险。

（4）改善企业的财务结构。应收账款保理业务是将企业的应收账款与货币资金进行置换。企业通过出售应收账款，将流动性稍弱的应收账款置换为具有高度流动性的货币资金，增强了企业资产的流动性，提高了企业的债务清偿能力。

【典例研习·5-6】（2019年多项选择题）

下列关于应收账款保理的表述中，正确的有（　　　）。

A.有助于改善企业资产的流动性，增强债务清偿能力

B.可分为有追索权保理和无追索权保理

C.实质是企业利用未到期应收账款向银行抵押获得短期借款的融资方式

D.是一项单纯的收账管理业务

E.能降低企业坏账发生的可能性，有效控制坏账风险

斯尔解析 本题考查应收账款保理。保理是一项综合性的金融服务方式，其同单纯的融资或收账管理有本质区别，选项D的表述错误。

【典例研习】答案：

5-6：ABCE

使用斯尔教育APP
扫码观看本节好课

第四节　存货管理

一、存货管理目标

增加存货会占用企业的资金，而降低存货又可能会影响企业生产。因此，存货管理目标为：合理确定存货量，在保证生产的前提下尽量减少存货；加强存货的日常控制，加快存货的周转速度。

二、存货的成本（★）

（一）取得成本

（二）储存成本

（三）缺货成本

缺货成本指由于存货供应中断而造成的损失，包括材料供应中断造成的停工损失、产成品库存缺货造成的拖欠发货损失、丧失销售机会的损失及造成的商誉损失等。

企业存货的最优化，就是使企业存货总成本值最小。

三、经济订货基本模型（★★）

（一）经济订货基本模型的假设

（1）存货总需求量是已知常数；

（2）订货提前期是常数；

（3）货物是一次性入库；

（4）单位货物成本为常数，无批量折扣；

（5）库存储存成本与库存水平呈线性关系；

（6）货物是一种独立需求的物品，不受其他货物影响；

（7）不允许缺货，即无缺货成本。

（二）最优经济订货批量及存货相关总成本的计算

最优经济订货批量是指能够使存货的相关总成本最小的一次进货数量。

储备存货总成本=变动订货成本+固定订货成本+购置成本+变动储存成本+固定储存成本+缺货成本

根据相关假设：

存货相关总成本=变动订货成本+变动存储成本，当变动订货成本=变动储存成本时，存货相关总成本最小，此时的订货批量为经济订货批量，计算公式为：

$$经济订货量 = \sqrt{\frac{2 \times 存货年需求量 \times 每次订货变动成本}{单位储存变动成本}}$$

在经济批量下，存货的相关总成本公式为：

$$相关总成本 = \sqrt{2 \times 存货年需求量 \times 每次订货变动成本 \times 单位储存变动成本}$$

【典例研习·5-7】（教材例题）

设某企业每年所需的原材料为18 000件，企业每次订货变动成本为20元，单位变动储存成本为0.5元/件。

则：

$$经济订货批量 = \sqrt{\frac{2 \times 18\,000 \times 20}{0.5}} = 1\,200（件）$$

$$相关总成本 = \sqrt{2 \times 18\,000 \times 20 \times 0.5} = 600（元）$$

【典例研习·5-8】（2017年单项选择题）

甲公司某零件年需要量为18 000件，每次订货成本为20元，单位储存成本0.5元/件。按照经济订货量进货，下列计算结果中错误的是（　　）。

A.经济订货量为1 200件

B.年订货次数为15次

C.总订货成本为300元

D.与进货批量相关的总成本为900元

斯尔解析 本题考查经济订货基本模型。

经济订货量＝（2×18 000×20/0.5）$^{1/2}$＝1 200（件）

年订货次数＝18 000/1 200＝15（次）

总订货成本＝15×20＝300（元）

与进货批量有关的总成本＝（2×18 000×20×0.5）$^{1/2}$＝600（元），故D选项表述错误，当选。

四、存货的日常控制

（一）归口分级控制法

归口分级控制法是传统的存货日常管理的基本方法。该方法按存货归属的部门，按资金控制的级别进行控制，实质上是一种强化经济责任制的做法。

如原材料、燃料、包装物品等由供应部门管理；在产品、半成品等由生产部门管理；产成品由销售部门管理；低值易耗品由行政部门管理等。

（二）ABC控制法

ABC控制法实质上是一种重点管理的办法，它所遵循的基本原则就是"保证重点，照顾一般"，把企业的存货按一定的标准与方法区分为重点存货与一般存货，针对不同的存货施以不同的管理。

1.ABC分类标准

存货分类的标准一般按资金的占用额和品种数量进行划分，划分标准如下：

A类：金额占到存货总金额的70%以上，而品种数量只占10%的商品。

B类：金额占到存货总金额的20%左右，品种数量占存货总量的20%左右的商品。

C类：金额占到存货总金额的10%左右，而品种数量占到存货总量的70%以上的商品。

2.ABC管理原则

A类商品品种少，但资金的投入量极大，应作为日常控制的重点，在管理方面，应按品种严格控制，逐项核定经济进货批量，经常检查并掌握库存动态，对每种存货的收、发、存都要做详细记录、定期盘点，努力加快资金的周转速度。

C类商品品种繁多，但资金的投入量极少，不必花费太多精力去管理，其管理质量无关大局，只需按总额控制。

B类商品介于A类与C类之间，可作为一般控制的商品，适当顾及，按类控制。

（三）适时制存货管理

适时制（JIT）存货管理强调的是"只在需要的时间、按需要的量、生产需要的产品"，以通过减少存货来降低成本，实现获取利润的目标，因此，零存货是JIT存货管理的最高目标。通过均衡生产来实现零库存是JIT存货管理的核心内容。

使用斯尔教育APP
扫码观看本节好课

第五节　流动负债管理

一、短期借款（★★）

（一）短期借款的信用条件

1.信用额度

信用额度是金融机构对借款企业规定的无抵押、无担保借款的最高限额。企业在信用额度内可随时使用借款，但金融机构并不承担必须提供全部信用额度的义务。

2.周转信用协议

周转信用协议是金融机构与企业签订的一种正式的最高限额的借款协议。在协议有效期内，只要企业的借款总额未超过协议规定的最高限额，金融机构必须满足企业提出的借款要求，对周转信用协议负有法律责任，而借款企业则必须按借款限额未使用部分的一定比例向金融机构支付承诺费。

例如，某企业与银行商定的周转信贷额度为5 000万元，年度内实际使用2 800万元，承诺费率为0.5%。企业应向银行支付的承诺费11万元［（5 000−2 800）×0.5%］。

3.补偿性余额

补偿性余额是金融机构要求借款企业在其存款账户上保留按实际借款的一定比例（通常为10%～20%）计算的存款余额。对企业而言，补偿性余额提高了借款的实际利率；从金融机构来看，它可以降低贷款风险，补偿贷款损失。实际利率的计算公式为：

$$实际利率=\frac{名义借款金额×名义利率}{名义借款金额×（1-补偿性余额比例）}=\frac{名义利率}{1-补偿性余额比例}$$

【典例研习·5-9】（教材例题）

某企业向银行借款800万元，利率为6%，银行要求保留10%的补偿性余额，计算该笔借款的实际利率。

斯尔解析 本题考查短期借款。

企业实际可动用的贷款=800−800×10%=720（万元）

该笔借款的实际利率=800×6%/720=6.67%

或者：$实际利率=\frac{名义利率}{1-补偿性余额比例}=\frac{6\%}{1-10\%}=6.67\%$

4.借款抵押

金融机构为了避免投资风险，对企业借款往往要求有抵押品担保。

5.偿还条件

贷款的偿还有到期一次偿还和在贷款期内定期（每月、季）等额偿还两种方式。一般而言，企业不希望采用定期等额偿还方式，这会提高借款的实际年利率；而银行不希望采用一次偿还方式，因为这会加重企业的财务负担，增加企业的拒付风险，同时也会降低实际贷款利率。

6.其他承诺

银行有时还要求企业为取得贷款而作出其他承诺，如及时提供财务报表、保持适当的财务水平等。如企业违背所作出的承诺，银行可要求企业立即偿还全部贷款。

（二）短期借款的成本

短期借款成本主要包括利息、手续费等。短期借款成本的高低主要取决于贷款利率的高低和利息的支付方式。短期贷款利息的支付方式有收款法、贴现法和加息法三种。

类型	含义	实际利率
收款法	在借款到期时向银行支付利息的方法	实际利率=名义利率
贴现法	银行向企业发放贷款时，先从本金中扣除利息部分，到期时借款企业偿还全部贷款本金的一种利息支付方法	实际利率＞名义利率
加息法	银行发放分期等额偿还贷款时采用的利息收取方法，由于贷款本金分期均衡偿还，借款企业实际只平均使用了贷款本金的一半，却支付了全额利息	实际利率高于名义利率大约1倍

【典例研习·5-10】（教材例题）

某企业从银行取得借款200万元，期限为1年，利率为6%，利息为12万元。按贴现法付息，计算该借款的实际利率。

斯尔解析 本题考查短期借款的成本。

按照贴现法付息，企业实际可动用资金量为188万元，

借款实际利率=（200×6%）/188=6%/（1-6%）=6.38%。

（三）短期借款筹资方式的优缺点

短期借款筹资方式的优点：①筹资速度快；②款项使用灵活；③资本成本低。

短期借款筹资方式的缺点：①借款金额有限；②筹资风险大。

【典例研习·5-11】（2019年单项选择题）

甲公司与乙银行签订一份周转信用协议，协议约定，2018年度信贷最高限额为800万元，借款利率为6%，承诺费率为0.5%；同时乙银行要求保留15%的补偿性余额。甲公司2018年度实际借款500万元，则该笔借款的实际利率是（　　）。

A.7.41%　　　　B.6.20%　　　　C.7.06%　　　　D.6.30%

斯尔解析 本题考查短期借款。甲公司支付给银行的利息费用=500×6%=30（万元），支付的承诺费=（800-500）×0.5%=1.5（万元），实际可动用的借款额=500-500×15%=425（万元），因此该笔借款的实际利率=（1.5+30）/425≈7.41%，选项A正确。

二、商业信用筹资（★）

（一）商业信用的形式

1.应付账款

应付账款是供应商给企业提供的一种商业信用。供应商在信用条件中有时会有现金折扣，目的主要在于加速资金回收。企业在决定是否享受现金折扣时，应仔细考虑。通常，放弃现金折扣的成本是高昂的。

$$放弃现金折扣成本 = \frac{折扣\%}{1-折扣\%} \times \frac{360天}{付款期（信用期）-折扣期}$$

【典例研习·5-12】（教材例题）

某企业按"2/10，n/30"的付款条件购入货物100万元。如果企业在10天以后付款，放弃现金折扣的信用成本率是多少？

斯尔解析 本题考查商业信用筹资。

$$放弃现金折扣成本 = \frac{折扣\%}{1-折扣\%} \times \frac{360天}{付款期（信用期）-折扣期}$$

$$= \frac{2\%}{1-2\%} \times \frac{360}{30-10}$$

$$= 36.73\%$$

公式表明，放弃现金折扣的信用成本率与折扣百分比大小、折扣期长短和付款期长短有关系，与货款额和折扣额没有关系。

如果企业将应付账款额用于短期投资，所获得的投资报酬率高于放弃折扣的信用成本率，则应当放弃现金折扣。

2.应付票据

应付票据是指企业在商品购销活动或对工程价款进行结算中，因采用商业汇票结算方式而产生的商业信用。根据承兑人的不同，应付票据分为商业承兑汇票和银行承兑汇票两种。应付票据可以带息，也可以不带息。应付票据的利率一般比银行借款的利率低，且不用保持相应的补偿余额和支付协议费，所以应付票据的筹资成本低于银行借款成本。

3.预收货款

预收货款是指销货单位按照合同和协议规定，在发出货物之前向购货单位预先收取部分或全部货款的信用行为。购买单位对于紧俏商品往往乐于采用这种方式购货；销货方对于生产周期长，造价较高的商品，往往采用预收货款方式销货，以缓和本企业资金占用过多的矛盾。

4.应计未付款

应计未付款是企业在生产经营和利润分配过程中已经计提但尚未以货币支付的款项，主要包括应付职工薪酬、应交税费、应付利润或应付股利等。以应付职工薪酬为例，企业通常以半月或月为单位支付职工薪酬，在应付职工薪酬已计提但尚未支付的这段时间，就会形成应计未付款，它相当于职工给企业的一个信用。

（二）商业信用筹资的优缺点

1.优点

优点	解读
商业信用容易获得	商业信用的载体是商品购销行为，企业有一批既有供需关系又有相互信用基础的客户，所以对大多数企业而言，应付账款和预收账款是自然的、持续的信贷形式
企业有较大的机动权	企业能够根据需要，选择决定筹资的金额大小和期限长短，甚至如果在期限内不能付款或交货时，一般还可以通过与客户的协商，请求延长时限
企业一般不用提供担保	通常，商业信用筹资不需要第三方担保，也不会要求筹资企业用资产进行抵押

2.缺点

缺点	解读
商业信用筹资成本高	在附有现金折扣条件的应付账款融资方式下，其筹资成本与银行信用相比较高
容易恶化企业的信用水平	商业信用的期限短，还款压力大，对企业现金流量管理的要求很高。如果长期和经常性地拖欠账款，会造成企业的信誉恶化
受外部环境影响较大	商业信用筹资受外部环境影响较大，稳定性较差，即使不考虑机会成本，也是不能无限利用的

冲关地图

🏳️ : 要听懂
！！！: 你得背
√+-×÷ : 你得算
👓 : 有空看

第五章 营运资金管理

营运资金管理概述
- 营运资金的概念及特点 —— 👓 营运资金的概念及特点
- 营运资金管理策略
  - 🏳️ 流动资产的投资策略
  - 🏳️ 流动资产的融资策略

现金管理
- 🏳️ 持有现金的动机
- √+-×÷ 最佳现金持有量的确定
- 🏳️ 现金收支日常管理

应收账款管理
- 👓 应收账款管理目标
- √+-×÷ 应收账款的成本
- √+-×÷ 企业信用政策
- 🏳️ 应收账款的日常管理

存货管理
- 👓 存货管理目标
- √+-×÷ 存货的成本
- √+-×÷ 经济订货基本模型
- 🏳️ 存货的日常控制

流动负债管理
- 短期借款
  - √+-×÷ 短期借款的信用条件
  - √+-×÷ 短期借款的成本
  - 🏳️ 短期借款筹资方式的优缺点
- 商业信用筹资
  - 🏳️ 商业信用的形式
  - 🏳️ 商业信用筹资的优缺点

第六章　财务分析与评价

学习提要

考几分？

本章属于次重点章，近三年平均分值在6分左右。

怎么考？

本章主要考查各个财务比率所反映的内容及其计算。

怎么学？

　　本章的公式非常多，学习难度较大。建议大家按"三步法"学习掌握：第一步，掌握每个财务比率所反映的内容；第二步：按照财务比率命名的基本规则，掌握比较简单的财务比率的计算；第三步：逐个攻克剩余比较特殊的财务比率。

考点精讲

使用斯尔教育APP
扫码观看本节好课

第一节　财务分析概述

一、财务分析的意义和内容

（一）财务分析的意义

（1）评价企业的财务状况和经营成果，揭示企业经营活动中存在的矛盾和问题，为改善经营管理提供方向和线索。

（2）预测企业未来的风险和报酬，为投资人、债权人和经营者的决策提供帮助。

（3）检查企业预算完成情况，考核经营管理人员的业绩，为完善合理的激励机制提供帮助。

（二）财务分析的目的

财务分析的主体不同，财务分析的目的也不相同。

主体	目的
债权人	债权人所关心的是企业能否按时支付利息并在债权到期日归还本金，因此，债权人关心的主要问题是企业资产能否及时变现以及偿债能力如何。长期债权人还需要分析企业的盈利状况和资本结构
投资人	投资人是企业的所有者，除了企业的偿债能力外，还要关心企业的资产管理及使用状况、企业的获利能力，以及企业的长期发展趋势
企业经营管理人员	管理者进行财务分析的目的是对企业财务状况及经营成果做出准确判断，提高企业的经营管理水平
国家宏观调控和监管部门	一方面，国家作为国有企业的所有人要了解企业的生产经营情况；另一方面，国家作为宏观管理机构，也要对企业进行财务分析以了解国民经济的发展方向，考察企业是否合法经营，是否依法纳税

（三）财务分析的内容

财务分析的基本内容，主要包括以下四个方面：

（1）分析企业的偿债能力，分析企业资产的结构，估量所有者权益对债务资金的利用程度，制定企业筹资策略。

（2）评价企业资产的营运能力，分析企业资产的分布情况和周转使用情况，测算企业未来的资金需用量。

（3）评价企业的盈利能力，分析企业利润目标的完成情况和不同年度盈利水平的变动情况，预测企业盈利前景。

（4）从总体上评价企业的资金实力，分析各项财务活动的相互联系和协调情况，揭示企业财务活动方面的优势和薄弱环节，找出改进财务管理工作的着力点。

以上四项分析内容互相联系、互相补充，可综合描述出企业的财务状况、经营成果及现金流量，以满足不同使用者对财务信息的需要。

二、财务分析的基本方法

（一）比较分析法

财务报表的比较分析法，是指对两个或两个以上的可比数据进行对比，找出企业财务状况、经营成果及现金流量中的差异与问题。

根据比较对象的不同，比较分析法分为以下三类：

类型	解读
趋势分析法	比较对象是本企业的历史，是最常用的比较分析法
横向比较法	比较对象是同类企业，如行业平均水平或竞争对手
预算差异分析法	比较对象是预算数据

比较分析法的具体运用主要有重要财务指标的比较、会计报表的比较和会计报表项目构成的比较三种方式。

采用比较分析法时，应当注意下问题：

（1）用于对比的各个时期的指标，其计算口径必须保持一致；

（2）应剔除偶发性项目的影响，使分析所利用的数据能反映正常的生产经营状况；

（3）应运用例外原则对某项有显著变动的指标作重点分析，分析其产生的原因，以便采取对策，趋利避害。

（二）比率分析法

比率分析法是通过计算各种比率指标来确定财务活动变动程度的方法。主要有三类：

类型	含义
构成比率	又称结构比率，是某项财务指标的各组成部分数值占总体数值的百分比，反映部分与总体的关系
效率比率	是某项财务活动中所费与所得的比率，反映投入与产出的关系，如将利润项目与成本对比
相关比率	是以某个项目和与其有关但又不同的项目加以对比所得的比率，反映有关经济活动的相互关系，如将负债总额与资产总额进行对比

（三）因素分析法

因素分析法是依据分析指标与其影响因素的关系，从数量上确定各因素对分析指标影响方向和影响程度的一种方法。

因素分析法有两种具体方法：连环替代法和差额分析法。

1.连环替代法

连环替代法，是将分析指标分解为各个可以计量的因素，并根据各个因素之间的依存关系，顺次用各因素的比较值（通常为实际值）替代基准值（通常为标准值或计划值），据以测定各因素对分析指标的影响。

例如：

基期（计划）指标$R_0 = A_0 \times B_0 \times C_0$ （1）

第一次替代 $A_1 \times B_0 \times C_0$ （2）

第二次替代 $A_1 \times B_1 \times C_0$ （3）

第三次替代 $R_1 = A_1 \times B_1 \times C_1$ （4）

（2）－（1）→A变动对R的影响

（3）－（2）→B变动对R的影响

（4）－（3）→C变动对R的影响

总差异：$\Delta R = R_1 - R_0$

2.差额分析法

差额分析法是连环替代法的一种简化形式，是利用各个因素的比较值与基准值之间的差额，来计算各因素对分析指标的影响。

例如：

A变动对R的影响：$(A_1 - A_0) \times B_0 \times C_0$

B变动对R的影响：$A_1 \times (B_1 - B_0) \times C_0$

C变动对R的影响：$A_1 \times B_1 \times (C_1 - C_0)$

采用因素分析法时，必须注意以下问题：

类型	含义
因素分解的关联性	构成经济指标的因素，必须客观上存在着因果关系，并能够反映形成该项指标差异的内在构成原因，否则就失去了应用价值
因素替代的顺序性	确定替代因素时，必须根据各因素的依存关系，遵循一定的顺序并依次替代，不可随意加以颠倒，否则就会得出不同的计算结果
顺序替代的连环性	因素分析法在计算每一因素变动的影响时，都是在前一次计算的基础上进行，并采用连环比较的方法确定因素变化的影响结果
计算结果的假定性	由于因素分析法计算的各因素变动的影响数会因替代顺序不同而有差别，因而计算结果不免带有假定性，即它不可能使每个因素计算的结果都达到绝对的准确

使用斯尔教育APP
扫码观看本节好课

第二节　基本财务分析

命题角度：考查财务比率的计算。

关键财务比率公式的记忆规律和计算取值问题总结如下：

（1）公式的记忆规律。

类型	规律	举例
母子率指标	比率名称中出现两个报表项目，前者是分母，后者是分子	资产负债率＝负债总额/资产总额
分子率指标	比率名称中只出现一个报表项目，一般作为分子，分母是流动负债	流动比率＝流动资产/流动负债

（2）计算取值问题。

①区分时期数和时点数：一般而言，取自利润表和现金流量表的数字属于时期数，而取自资产负债表的数字属于时点数；

②取值原则：时期指标与时点指标相除时，一般情况下，时点指标要取平均值，如，总资产报酬率＝净利润/平均总资产。

一、反映偿债能力的比率（★★）

（一）流动比率

流动比率＝流动资产/流动负债

一般来说，流动比率越高，说明资产的流动性越强，短期偿债能力越强；流动比率越低，说明资产的流动性越差，短期偿债能力越弱。

同时应看到，流动比率作为衡量短期偿债能力的指标还存在一些不足。过高的流动比率，也许是存货超储积压、存在大量应收款项的结果。

此外，较高的流动比率可能反映了企业拥有过分充裕的现金，未能将这部分多余的现金充分用于效益更好的业务，有可能降低企业的获利能力。

（二）速动比率

速动比率＝速动资产/流动负债

速动资产是企业在短期内可变现的资产，等于流动资产减去存货、一年内到期的非流动资产及其他流动资产后的金额，包括货币资金、交易性金融资产和各种应收款项等。

存货是企业流动资产中流动性最差的一种，其变现不仅要经过销货和收账两道手续，而且还会发生一些损失。因此，在分析中将存货从流动资产中减去，可以更好地反映一个企业偿还短期债务的能力。

一般来说，速动比率越高，说明资产的流动性越强，短期偿债能力越强；速动比率越低，说明资产的流动性越差，短期偿债能力越弱。

在对速动比率进行分析时，还要注重对应收账款变现能力这一因素的分析。

（三）现金比率

现金比率＝现金及现金等价物/流动负债

这里所说的现金，是指现金及现金等价物，如交易性金融资产。这项比率可显示企业立即偿还到期债务的能力。

一般来说，现金比率越高，说明资产的流动性越强，短期偿债能力越强，但同时表明企业持有大量不能产生收益的现金，可能会使企业获利能力降低；现金比率越低，说明资产的流动性越差，短期偿债能力越弱。

（四）现金流动负债比率

现金流动负债比率＝年经营现金净流量/年末流动负债×100%

该指标是从现金流量角度来反映企业当期偿付短期负债的能力，反映本期经营活动所产生的现金净流量足以抵付流动负债的倍数。

由于净利润与经营活动产生的现金净流量有可能背离，有利润的年份不一定有足够的现金（含现金等价物）来偿还债务，所以利用该指标能充分体现企业经营活动所产生的现金净流量，可以在多大程度上保证当期流动负债的偿还，直观地反映出企业偿还流动负债的实际能力。

一般该指标大于1，表示企业流动负债的偿还有可靠保证。该指标越大，表明企业经营活动产生的现金净流量越多，越能保障企业按期偿还到期债务，但也并不是越大越好，该指标过大则表明企业流动资金利用不充分，盈利能力不强。

（五）资产负债率

资产负债率＝负债总额/资产总额×100%

资产负债率，用来反映企业的长期偿债能力。

一般来说，资产负债率越高，债权人发放贷款的安全程度越低，企业偿还长期债务的能力越弱；资产负债率越低，债权人发放贷款的安全程度越高，企业偿还长期债务的能力越强。

（六）产权比率

产权比率＝负债总额/所有者权益总额×100%

产权比率是衡量企业长期偿债能力的指标。

产权比率用来表明由债权人提供的和由投资者提供的资金来源的相对关系，反映企业基本财务结构是否稳定。一般来说，产权比率越高，说明企业偿还长期债务的能力越弱；产权比率越低，说明企业偿还长期债务的能力越强。

提示：

权益乘数＝资产总额/所有者权益总额

权益乘数也是衡量企业长期偿债能力的指标，一般来说，权益乘数越高，说明企业偿还长期债务的能力越弱。资产负债率、产权比率和权益乘数三者可以相互转换，三者的变动方向相同。公式推导如下：

权益乘数

=资产总额/所有者权益总额

=（负债总额+所有者权益总额）/所有者权益总额

=1+产权比率

权益乘数

=资产总额/所有者权益总额

=资产总额/（资产总额−负债总额）=1/（1−资产负债率）

（七）已获利息倍数

$$已获利息倍数=\frac{息税前利润}{利息总额}=\frac{利润总额+利息费用}{利息费用+资本化利息}$$

已获利息倍数反映企业用经营所得支付债务利息的能力。

一般来说，已获利息倍数至少应等于1。这项指标越大，说明支付债务利息的能力越强；这项指标越小，说明支付债务利息的能力越弱。

（八）带息负债比率

带息负债比率=带息负债总额/负债总额×100%

带息负债总额=短期借款+一年内到期的长期负债+长期借款+应付债券+应付利息

如果有带息应付票据和带息交易性金融负债也应予以考虑。

该指标反映企业负债中带息负债的比重，在一定程度上体现了企业未来的偿债压力，尤其是偿还利息的压力。

解题高手

命题角度：考查偿债能力指标的计算和应用。

分类	计算	记忆规律
反映短期偿债能力的指标	流动比率=流动资产/流动负债	分子率公式
	速动比率=速动资产/流动负债	
	现金比率=现金及现金等价物/流动负债	
	现金流动负债比率=年经营现金净流量/年末流动负债×100%	
反映长期偿债能力的指标	资产负债率=负债总额/资产总额×100%	母子率公式
	产权比率=负债总额/所有者权益总额×100%	
教材未指明具体反映短期或长期偿债能力的指标	已获利息倍数=息税前利润/利息总额	—
	带息负债比率=带息负债总额/负债总额×100%	

【典例研习·6-1】（2019年单项选择题）

甲公司2018年度实现利润总额800万元，利息发生额为150万元，其中符合资本化条件的为50万元，其余的费用化。则甲公司2018年度已获利息倍数是（　　）。

A.5.33　　　　　　B.6.00　　　　　　C.8.50　　　　　　D.9.00

斯尔解析 本题考查反映偿债能力的比率。甲公司2018年度费用化利息=150-50=100（万元），息税前利润=利润总额+费用化利息=800+100=900（万元），已获利息倍数=息税前利润/利息总额=900/150=6，选项B正确，选项ACD错误。

【典例研习·6-2】（2016年多项选择题）

下列各项财务指标中，能够反映企业偿债能力的有（　　）。

A.产权比率　　　　　　　　　B.权益乘数

C.现金比率　　　　　　　　　D.市净率

E.每股营业现金净流量

斯尔解析 本题考查反映偿债能力的比率。反映企业偿债能力的指标包括：流动比率、速动比率、现金比率、现金流动负债比率、资产负债率、产权比率、权益乘数、已获利息倍数和带息负债比率，选项ABC正确；市净率是反映上市公司特殊财务分析的比率，选项D错误；每股营业现金净流量是反映获取现金能力的比率，选项E错误。

二、反映资产质量状况的比率（★）

相关比率主要分为两大类：

指标	计算	含义
××资产周转次数	=营业收入净额（存货为营业成本）/××资产平均余额	年度内××资产平均变现的次数
××资产周转天数	=360/××资产周转次数	年度内××资产平均变现一次所需要的天数

其中：

（1）××资产可以是应收账款、存货、流动资产和总资产。

（2）营业收入净额=营业收入-销售退回、折让、折扣。

（一）应收账款周转率

1.应收账款周转次数

应收账款周转次数=营业收入净额/应收账款平均余额

应收账款平均余额=（期初应收账款+期末应收账款）/2

2.应收账款周转天数

应收账款周转天数=360/应收账款周转次数

或：

应收账款周转天数=应收账款平均余额×360/营业收入净额

其中：

（1）应收账款平均余额是指未扣除坏账准备的应收账款金额，是资产负债表中"期初应收账款余额"与"期末应收账款余额"分别加上期初、期末"坏账准备"科目余额后的平均数。

（2）应收账款周转次数越多，应收账款周转天数越少，应收账款变现能力越强，企业应收账款管理水平越高。

【典例研习·6-3】（教材例题改编）

甲公司2022年的营业收入为14 500万元，年初应收账款账面价值为2 660万元，年末应收账款账面价值为2 850万元，年初坏账准备余额为140万元，年末坏账准备余额为150万元。一年按照360天计算。

要求：

计算甲公司2022年应收账款周转次数和应收账款周转天数。

斯尔解析

年初应收账款余额=2 660+140=2 800（万元）

年末应收账款余额=2 850+150=3 000（万元）

应收账款平均余额=（2 800+3 000）/2=2 900（万元）

应收账款周转次数=14 500/2 900=5（次）

应收账款周转天数=360/5=72（天）

（二）存货周转率

1.存货周转次数

存货周转次数=营业成本/存货平均余额

平均存货余额=（期初存货+期末存货）/2

2.存货周转天数

存货周转天数=360/存货周转次数

或：

存货周转天数=存货平均余额×360/营业成本

存货周转天数越少，存货周转次数越多，说明存货周转越快，企业实现的利润会相应增加，企业的存货管理水平越高。

（三）流动资产周转率

流动资产周转率（次）=营业收入净额/平均流动资产总额

平均流动资产总额=（流动资产年初数+流动资产年末数）/2

（四）总资产周转率

总资产周转率=营业收入净额/平均资产总额

平均资产总额=（期初总资产+期末总资产）/2

这一比率用来衡量企业资产整体的使用效率。

【典例研习·6-4】（2014年单项选择题）

某企业2013年度销售收入净额为12 000万元，销售成本（营业成本）为8 000万元，2013年年末流动比率为1.6，速动比率为1.0，假定该企业年末流动资产只有货币资金，应收账款和存货三项，共计1 600万元，期初存货为1 000万元，则该企业2013年存货周转次数为（　　）次。

A.8　　　　　　　B.10　　　　　　　C.12　　　　　　　D.15

斯尔解析　本题考查反映资产质量状况的比率。存货周转次数=营业成本/存货平均余额，其中营业成本和期初存货是已知的，核心问题在找到期末存货是多少。

【典例研习】答案：
6-4：B

年末流动比率=（货币资金+应收账款+存货）/流动负债=1 600/流动负债=1.6，所以流动负债=1 600/1.6=1 000（万元）；年末速动比率=（流动资产−存货）/流动负债=（1 600−存货）/1 000=1，所以年末存货=600（万元），2013年存货周转次数=8 000/［（1 000+600）/2］=10（次），选项B正确，选项ACD错误。

三、反映盈利能力的比率（★）

指标	计算
总资产报酬率	=净利润/平均资产总额
净资产收益率	=净利润/平均净资产
资本收益率	=净利润/平均资本×100%
营业利润率	=利润总额/营业收入净额×100%
成本费用利润率	=利润总额/成本费用总额×100%
利润现金保障倍数	=经营现金净流量/净利润×100%

其中：

（1）成本费用一般指营业成本及附加和三项期间费用（销售费用、管理费用、财务费用）。

（2）资本通常指资本性投入及其资本溢价。

（3）利润现金保障倍数反映了企业当期净利润中，现金收益的保障程度，真实地反映了企业的盈余的质量。

【典例研习·6-5】（2019年多项选择题）

下列属于反映企业盈利能力的财务指标有（　　　）。

A.总资产报酬率　　　　　　　　　B.产权比率

C.营业利润率　　　　　　　　　　D.现金比率

E.总资产周转率

斯尔解析 本题考查反映盈利能力的比率。反映企业盈利能力的财务指标包括：营业利润率、总资产报酬率、净资产收益率、成本费用利润率、资本收益率、利润现金保障倍数，选项AC当选；产权比率和现金比率是反映偿债能力的比率，选项BD不当选，总资产周转率是反映资产质量状况的比率，选项E不当选。

四、反映经济增长状况的比率（★）

（一）与利润表数据相关的比率

指标	计算
营业收入增长率	=本年营业收入增长额/上年营业收入×100%
营业利润增长率	=本年营业利润增长额/上年营业利润总额×100%
技术投入比率	=本年科技支出合计/本年营业收入净额×100%

由于营业收入和营业利润都属于利润表指标，是时期数指标，因此其增长额=本年数据−上年数据。

（二）与资产负债表数据相关的比率

指标	计算
总资产增长率	=本年资产增长额/年初资产总额×100%
资本保值增值率	=期末所有者权益/期初所有者权益×100%
资本积累率	=本年所有者权益增长额/年初所有者权益×100%

由于总资产和所有者权益都属于资产负债表指标，是时点数指标，因此其增长额=年末数据−年初数据。

五、反映获取现金能力的比率（★）

指标	计算
销售现金比率	=经营活动现金流量净额/销售收入
每股营业现金净流量	=经营活动现金流量净额/普通股股数
全部资产现金回收率	=经营活动现金流量净额/平均总资产×100%

六、反映上市公司特殊财务分析的比率（★★）

（一）每股收益

1.基本每股收益

基本每股收益=净利润/发行在外的普通股加权平均数

其中：

发行在外的普通股加权平均数=期初发行在外普通股股数+当期新发行普通股股数×（已发行时间/报告期时间）−当期回购普通股股数×（已回购时间/报告期时间）

发行在外的普通股加权平均数的已发行时间、报告期时间和已回购时间一般按天数计算，在不影响计算结果合理性的前提下，也可以采用简化的计算方法，按月数计算。

【典例研习·6-6】（教材例题）

某股份有限公司按月计算每股收益的时间权数。2022年期初发行在外的普通股为40 000万股；2022年3月1日新发行普通股10 800万股；2022年11月1日回购普通股4 800万股，以备将来奖励员工之用。该公司当年度实现净利润为12 050万元。

要求：

计算该公司2022年度的基本每股收益。

斯尔解析　本题考查反映上市公司特殊财务分析的比率。

2022年发行在外的普通股加权平均数

=40 000+10 800×10/12−4 800×2/12=48 200（万股）

基本每股收益=12 050/48 200=0.25（元）

2.稀释每股收益

稀释每股收益是指企业存在具有稀释性潜在普通股的情况下，以基本每股收益的计算为基础，在分母中考虑稀释性潜在普通股的影响，同时对分子也作相应的调整。

稀释性潜在普通股是指假设当期转换为普通股会减少每股收益的潜在普通股。

常见的潜在普通股主要包括可转换公司债券、认股权证和股份期权等。

（1）可转换公司债券。

分子（净利润）调整项：可转换债券当期已确认费用的利息、溢价或折价摊销等的税后影响额；

分母（股数）调整项：增加的潜在普通股。

【典例研习·6-7】（教材例题）

某上市公司2022年归属于普通股股东的净利润为25 500万元，期初发行在外普通股股数1亿股，年内普通股股数未发生变化。2022年1月1日，该公司按面值发行4亿元的3年期可转换公司债券，债券每张面值100元，票面固定年利率为2%，利息自发行之日起每年支付一次，即每年12月31日为付息日。该批可转换公司债券自发行结束后12个月以后即可转换为公司股票，即转股期为发行12个月后至债券到期日止的期间。转股价格为每股10元，即每100元债券可转换为10股面值为1元的普通股。债券利息不符合资本化条件，直接计入当期损益，所得税税率为25%。假设不具备转股权的类似债券的市场利率为3%。

要求：

计算该公司2022年的稀释每股收益。

💡 **斯尔解析** 本题考查反映上市公司特殊财务分析的比率。

（1）基本每股收益=25 500/10 000=2.55（元）

（2）稀释每股收益：

①每年支付利息=40 000×2%=800（万元）

负债成分公允价值=800/（1+3%）+800/（1+3%）^{2}+40 800/（1+3%）^{3}=38 868.56（万元）

假设转换增加的净利润=38 868.56×3%×（1−25%）=874.54（万元）

假设转换所增加的普通股股数=40 000/10=4 000（万股）

②增量每股收益=874.54/4 000=0.22（元），小于基本每股收益2.55元，具有稀释作用。

③稀释每股收益=（25 500+874.54）/（10 000+4 000）=1.88（元）

（2）认股权证和股份期权。

行权价格低于当期普通股平均市场价格时，应当考虑稀释性。

分子（净利润）：净利润金额不变；

分母（股数）：考虑可以转换的普通股股数的加权平均数与按照当期普通股平均市场价格能够发行的普通股股数的加权平均数的差额。

【典例研习·6-8】（教材例题）

某公司2022年度归属于普通股股东的净利润为500万元，发行在外的普通股加权平均数为1 250万股，该普通股平均每股市场价格为4元。2022年1月1日，该公司对外发行250万份认股权证，行权日为2023年3月1日，每份认股权证可以在行权日以3.5元的价格认购本公司1股新发的股份。

要求：

计算该公司2022年的稀释每股收益。

💡 **斯尔解析** 本题考查反映上市公司特殊财务分析的比率。

基本每股收益=500/1 250=0.4（元）

调整增加的普通股股数=250−250×3.5/4=31.25（万股）

稀释每股收益=500/（1 250+31.25）=0.39（元）

3.计算每股收益时应考虑的其他调整因素

企业派发股票股利、公积金转增资本、拆股或并股等，会增加或减少其发行在外普通股或潜在普通股的数量，并不影响所有者权益金额，也不改变企业的盈利能力。但是，为了保持会计指标的前后期可比性，应当按调整后的股数重新计算各列报期间的每股收益（无须按照时间权重加权计算）。

【典例研习·6-9】（2016年单项选择题）

乙公司2015年1月1日发行在外普通股30 000万股，2015年7月1日以2015年1月1日总股本30 000万股为基础，每10股送2股。2015年11月1日，回购普通股2 400万股，若2015年净利润为59 808万元，则2015年基本每股收益为（　　　）元。

A.1.68　　　　　B.1.48　　　　　C.1.78　　　　　D.1.84

斯尔解析　本题考查反映上市公司特殊财务分析的比率。发行在外普通股的加权平均数=30 000×1.2−2 400×2/12=35 600（万股），基本每股收益=59 808/35 600=1.68（元），选项A正确。

（二）每股股利

每股股利=现金股利总额/期末发行在外的普通股股数

每股股利反映的是普通股股东每持有上市公司一股普通股获取的股利大小，是投资者股票投资收益的重要来源之一。由于净利润是股利分配的来源，因此，每股股利的多少很大程度上取决于每股收益的多少。

反映每股股利和每股收益之间关系的一个重要指标是股利发放率，即每股股利分配额与当期的每股收益之比。其计算公式为：

股利发放率=每股股利/每股收益

（三）每股净资产

每股净资产=期末净资产/期末发行在外的普通股总数

每股净资产显示了发行在外每一普通股份所能分配的企业账面净资产的价值。每股净资产指标反映了在会计期末每一股份在企业账面上到底值多少钱，它与股票面值、发行价值、市场价值乃至清算价值等往往有较大差距，是理论上股票的最低价值。

（四）市盈率

市盈率=每股市价/每股收益

市盈率反映了普通股股东为获取1元净利润所愿意支付的股票价格。

市盈率是股票市场上反映股票投资价值的重要指标，该比率的高低反映市场上投资者对股票投资收益和投资风险的预期。一方面，市盈率越高，意味着投资者对股票的收益预期越看好，投资价值越大。另一方面，市盈率越高，也说明获得一定的预期利润投资者需要支付更高的价格，因此，投资于该股票的风险也越大。

（五）市净率

市净率=每股市价/每股净资产

净资产代表的是全体股东共同享有的权益，是股东拥有公司财产和公司投资价值最基本的体现。一般来说，市净率较低的股票，投资价值较高。但有时较低市净率反映的

【典例研习】答案：

6−9：A

可能是投资者对公司前景的不良预期。因此，在判断某只股票的投资价值时，还要综合考虑当时的市场环境以及公司经营情况资产质量和盈利能力等因素。

【典例研习·6-10】（2015年单项选择题）

甲公司2015年净利润350万元，流通在外普通股加权平均数为500万股，优先股100万股，优先股股利为1元/股，若2015年年末普通股每股市价20元。则市盈率为（　　　）。

A.40　　　　　　B.35　　　　　　C.50　　　　　　D.55

斯尔解析 本题考查反映上市公司特殊财务分析的比率。每股收益=归属于普通股的净利润/流通在外普通股加权平均数=（350−100×1）/500=0.5（元），市盈率=每股市价/每股收益=20/0.5=40，选项A正确，选项BCD错误。

使用斯尔教育APP
扫码观看本节好课

第三节　综合分析与评价

一、杜邦分析法（★★）

杜邦分析法是利用各个财务比率指标之间的内在联系，对企业财务状况进行综合分析的一种方法。分析的核心指标为净资产收益率。

$$净资产收益率$$

$$=\frac{净利润}{净资产}$$

$$=\frac{净利润}{总资产}×\frac{总资产}{净资产}=总资产报酬率×权益乘数$$

$$=\frac{净利润}{销售收入}×\frac{销售收入}{总资产}×\frac{总资产}{净资产}$$

$$=销售净利润率×总资产周转率×权益乘数$$

具体指标解读：

（1）净资产收益率是综合性最强的财务比率，是杜邦财务分析系统的核心指标。

（2）总资产报酬率，也是综合性较强的重要财务比率，它是销售净利润率和资产周转率的乘积，因此，需要进一步从销售成果和资产运营两方面来分析。

（3）销售净利润率反映了企业净利润与销售收入的关系，提高销售净利润率是提高企业盈利能力的关键所在。影响销售净利润率的主要因素，一是销售收入；二是成本费用。

（4）总资产周转率是反映资产管理效率的财务指标。

（5）权益乘数反映所有者权益同企业总资产的关系，它主要受资产负债率的影响。资产负债率越大，权益乘数就高，说明企业有较高的负债程度，既可能给企业带来较多的杠杆利益，也可能带来较大的财务风险。

【典例研习·6-11】（2015年单项选择题）

某企业2015年的销售净利率为19.03%，净资产收益率为11.76%，总资产周转率为30.89%，则该企业2015年的资产负债率为（　　　）。

A.38.20%　　　　　B.61.93%　　　　　C.50.00%　　　　　D.69.90%

斯尔解析　本题考查杜邦分析法。根据：净资产收益率=销售净利率×总资产周转率×权益乘数，可得：权益乘数=净资产收益率/（销售净利率×总资产周转率）=11.76%/（19.03%×30.89%）=2，又根据：权益乘数=1/（1-资产负债率），求得资产负债率=50%，选项C正确，选项ABD错误。

二、综合绩效评价（★）

综合绩效评价是指运用数理统计和运筹学的方法，通过建立综合评价指标体系，对照相应的评价标准，定量分析与定性分析相结合，对企业一定经营期间的盈利能力、资产质量、债务风险以及经营增长等经营业绩和努力程度等各方面进行的综合评判。综合绩效评价是综合分析的一种，一般是站在企业所有者（投资人）的角度进行的。

评价内容	财务绩效（70%）		管理绩效（30%）
	基本指标	修正指标	评议指标
盈利能力	总资产报酬率 净资产收益率	销售利润率、成本费用利润率、利润现金保障倍数、资本收益率	战略管理 发展创新 经营决策 风险控制 基础管理 人力资源 行业影响 社会贡献
资产质量	总资产周转率 应收账款周转率	不良资产比率 资产现金回收率 流动资产周转率	
债务风险	资产负债率 已获利息倍数	速动比率、现金流动负债比率、带息负债比率、或有负债比率	
经营增长	销售增长率 资本保值增值率	销售利润增长率、总资产增长率、技术投入比率	

【典例研习·6-12】（2016年单项选择题）

企业综合绩效评价指标由财务绩效定量评价指标和管理绩效定性评价指标组成。下列属于财务绩效中评价企业盈利能力状况修正指标的是（　　　）。

A.总资产报酬率　　　　　　　　　　B.已获利息倍数

C.资本收益率　　　　　　　　　　　D.净资产收益率

斯尔解析　本题考核综合绩效评价。反映盈利能力状况的修正指标有：销售利润率、利润现金保障倍数、成本费用利润率、资本收益率，选项C正确；总资产报酬率和净资产收益率是评价企业盈利能力状况的基本指标，选项AD错误；已获利息倍数是评价企业债务风险状况的基本指标，选项B错误。

【典例研习】答案：

6-11：C

6-12：C

冲关地图

：要听懂

!!!：你得背

√+-×÷：你得算

○○：有空看

第六章 财务分析与评价

- 财务分析概述
  - 财务分析的意义和内容 —— ○○ 财务分析的意义和内容
  - 财务分析的基本方法
    - 比较分析法
    - 比率分析法
    - √+-×÷ 因素分析法

- 基本财务分析
  - 反映偿债能力的比率
    - √+-×÷ 流动比率
    - √+-×÷ 速动比率
    - √+-×÷ 现金比率
    - √+-×÷ 现金流动负债比率
    - √+-×÷ 资产负债率
    - √+-×÷ 产权比率
    - √+-×÷ 已获利息倍数
    - √+-×÷ 带息负债比率
  - 反映资产质量状况的比率
    - √+-×÷ 应收账款周转率
    - √+-×÷ 存货周转率
    - √+-×÷ 流动资产周转率
    - √+-×÷ 总资产周转率
  - 反映盈利能力的比率
    - √+-×÷ 总资产报酬率
    - √+-×÷ 净资产收益率
    - √+-×÷ 资本收益率
    - √+-×÷ 营业利润率
    - √+-×÷ 成本费用利润率
    - √+-×÷ 利润现金保障倍数
  - 反映经济增长状况的比率
    - √+-×÷ 营业收入增长率
    - √+-×÷ 营业利润增长率
    - √+-×÷ 技术投入比率
    - √+-×÷ 总资产增长率
    - √+-×÷ 资本保值增值率
    - √+-×÷ 资本积累率
  - 反映获取现金能力的比率
    - √+-×÷ 销售现金比率
    - √+-×÷ 每股营业现金净流量
    - √+-×÷ 全部资产现金回收率
  - 反映上市公司特殊财务分析的比率
    - √+-×÷ 每股收益
    - √+-×÷ 每股股利
    - √+-×÷ 每股净资产
    - √+-×÷ 市盈率
    - √+-×÷ 市净率

- 综合分析与评价
  - √+-×÷ 杜邦分析法
  - 综合绩效评价

第七章　财务会计概论

学习提要

考几分？

本章属于非重点章节，近三年平均分值在2分左右。

怎么考？

本章主要以单项选择题和多项选择题的形式进行考查，考点比较分散。

怎么学？

本章主要介绍财务会计的基础理论知识，内容比较少，难度比较低，但是对于初学者并不友好，个别知识点需等后续章节学完之后才可融会贯通。所以如果有个别知识点难以理解，不要着急，可以先放一放，等后续章节学完后自然而然就懂了。

考点精讲

使用斯尔教育APP
扫码观看本节好课

第一节　财务会计目标、会计基本假设和会计基础

一、财务会计目标

对于现代会计来说，会计是企业经济管理活动，也是处理经济信息的一个信息系统，一般分为财务会计和管理会计两大领域。

类别	目的
管理会计	主要是满足企业内部管理部门等内部使用者开展决策活动等方面的信息需要
财务会计	向外部会计信息使用者提供有用的信息，帮助其作出相关决策，而承担这一信息载体和功能的则是企业编制的财务报告

财务报告的目标是向财务报告使用者提供与企业财务状况、经营成果和现金流量等有关的会计信息，反映企业管理层受托责任履行情况，有助于财务会计报告使用者作出经济决策。

二、会计基本假设（★）

会计基本假设是指组织会计核算工作应具备的前提条件，也是会计准则中规定的各种程序和方法适用的前提条件，包括会计主体、持续经营、会计分期和货币计量等。

（一）会计主体

会计主体是指会计为之服务的特定单位，会计主体规定了会计核算的空间范围，这一前提就是要明确会计所提供的信息，反映的是特定会计主体的财务状况与经营成果，既不能与其他会计主体相混淆，也不能将本会计主体的会计事项遗漏或转嫁。

会计主体可以是一个独立的法律主体，如企业法人；也可以不是一个独立的法律主体，如企业内部相对独立的核算单位，由多个企业法人组成的企业集团，由企业管理的证券投资基金、企业年金基金等。

（二）持续经营

持续经营是指企业会计确认、计量和报告应当以企业持续、正常的生产经营活动为前提，并假设在可以预见的未来，企业的经营活动将以既定的经营方针和目标继续经营下去，而不会面临破产清算。

企业一旦进入破产清算程序，不能持续经营，应改变核算方法，适用企业破产清算会计。

（三）会计分期

（1）会计分期是指在企业持续不断的经营过程中，人为地将其划分为一个个间距相等、首尾相接的会计期间，以便确定每一个会计期间的收入、费用和盈亏，确定该会计期间期初、期末的资产、负债和所有者权益的金额，并据以结算账目和编制财务报

表。会计分期规定了会计核算的时间范围。

（2）企业应当划分会计期间，分期结算账目和编制财务报告。会计期间分为年度和中期。以年度为会计期间通常称为会计年度。短于一个完整的会计年度的报告期间统称为中期。

划分会计期间是企业分期反映经营活动和总结经营活动的前提。

（四）货币计量

企业会计应当以货币进行计量。货币计量是指企业会计核算采用货币作为计量单位，记录、反映企业的经济活动，并假设币值基本保持不变。

对企业经济活动的计量，可以有多种计量单位，如实物数量、货币、重量、长度、体积等。由于各种经济活动的非货币计量单位具有不同的性质，在量上无法比较，为了连续、系统、全面、综合地反映企业的经济活动，会计核算客观上需要一种统一的计量单位作为会计核算的计量尺度。在商品经济条件下，货币作为一般等价物，是衡量商品价值的共同尺度，因此，会计核算自然就选择货币作为计量单位，以货币形式来反映和核算企业经营活动的全过程。

三、会计基础

收付实现制VS权责发生制	
收付实现制	以收到或支付现金作为确认收入和费用的依据
权责发生制	凡是当期已经实现的收入和已经发生或应当负担的费用，不论款项是否收付，都应当作为当期的收入和费用
	凡是不属于当期的收入和费用，即使款项已在当期收付，都不应作为当期的收入和费用
	权责发生制以权利取得和义务完成作为收入和费用发生的标志，有助于正确计算企业的经营成果，企业一般应当以权责发生制为基础进行会计确认、计量和报告

第二节　财务会计要素及其确认、计量和报告

使用斯尔教育APP
扫码观看本节好课

一、财务会计要素及其确认（★）

会计要素是会计核算的具体对象，也是组成企业财务报表的基本单位。企业财务会计要素包括资产、负债、所有者权益、收入、费用和利润六项。资产、负债和所有者权益是组成资产负债表的会计要素；收入、费用和利润是组成利润表的会计要素。

会计确认是指将符合会计要素定义及其确认标准的项目纳入资产负债表和利润表的过程。

（一）资产

资产是指企业过去的交易或者事项形成的、由企业拥有或者控制的、预期会给企业带来经济利益的资源。

1.确认条件

符合上述资产定义的资源，在同时满足以下条件时，应确认为资产：

（1）与该资源有关的经济利益很可能流入企业；

（2）该资源的成本或者价值能够可靠地计量。

符合资产定义和资产确认条件的项目，应当列入资产负债表；符合资产定义，但不符合资产确认条件的项目不应当列入资产负债表。

2.分类

类别	含义	举例
流动资产	资产满足下列条件之一的，应当归类为流动资产： ①预计在一个正常营业周期中变现、出售或耗用； ②主要为交易目的而持有； ③预计在资产负债表日起1年内（含1年）变现； ④自资产负债表日起1年内（含1年），交换其他资产或清偿负债的能力不受限制的现金或现金等价物	货币资金、交易性金融资产、应收账款、预付账款和存货等
非流动资产	流动资产以外的资产应当归类为非流动资产	长期股权投资、固定资产、无形资产等

（二）负债

负债是指企业过去的交易或者事项形成的、预期会导致经济利益流出企业的现时义务。

1.确认条件

符合负债定义的义务，在满足以下条件时，确认为负债：

（1）与该义务有关的经济利益很可能流出企业；

（2）未来流出的经济利益的金额能够可靠地计量。

2.分类

类别	含义	举例
流动负债	负债满足下列条件之一的，应当归类为流动负债： ①预计在一个正常营业周期中清偿； ②主要为交易目的而持有； ③自资产负债表日起1年内到期应予以清偿； ④企业无权自主地将清偿推迟至资产负债表日后1年以上	短期借款、应付及预收款项、应付职工薪酬、应交税费等
非流动负债	流动负债以外的负债应当归类为非流动负债	长期借款、应付债券、长期应付款、递延所得税负债等

（三）所有者权益

所有者权益是指企业资产扣除负债后由所有者享有的剩余权益。公司的所有者权益又称为股东权益。

来源	含义
所有者投入的资本	所有者所有投入企业的资本部分
直接计入所有者权益的利得和损失	不应计入当期损益、会导致所有者权益发生增减变动的、与所有者投入资本或者向所有者分配利润无关的利得或者损失
留存收益	企业历年实现的净利润留存于企业的部分，主要包括累计计提的盈余公积和未分配利润

提示：利得和损失。

	含义	去向
利得	由企业非日常活动所形成的、会导致所有者权益增加的、与所有者投入资本无关的经济利益的流入	①直接计入所有者权益，计入"其他综合收益"科目；
损失	由企业非日常活动所发生的、会导致所有者权益减少的、与向所有者分配利润无关的经济利益的流出	②计入当期损益

（四）收入

收入指企业在日常活动中形成的、会导致所有者权益增加的、与所有者投入资本无关的经济利益的总流入。这里所谓的"日常活动"，是指企业为完成其经营目标所从事的经常性活动，以及与之相关的其他活动。

企业收入的来源渠道多种多样，不同收入来源的特征有所不同，其收入确认条件也往往存在差别。通常，收入只有在经济利益很可能流入从而导致企业资产增加或者负债减少且经济利益的流入额能够可靠计量时才能予以确认。

（五）费用

费用是指企业在日常活动中发生的、会导致所有者权益减少的、与向所有者分配利润无关的经济利益的总流出。

费用只有在经济利益很可能流出从而导致企业资产减少或者负债增加，且经济利益的流出额能够可靠计量时才能予以确认。

企业为生产产品、提供劳务等发生的可归属于产品成本、劳务成本等的费用，应当在确认产品销售收入、劳务收入等时，将已销售产品、已提供劳务的成本等计入当期损益。

企业发生的支出不产生经济利益的，或者即使能够产生经济利益但不符合或者不再符合资产确认条件的，应当在发生时确认为费用，计入当期损益。企业发生的交易或者事项导致其承担了一项负债而又不确认为一项资产的，应当在发生时确认为费用，计入当期损益。

（六）利润

利润是指企业在一定会计期间的经营成果，利润包括收入减去费用后的净额、直接计入当期利润的利得和损失等。

利润金额取决于收入和费用、直接计入当期利润的利得和损失金额的计量。

二、财务会计计量（★）

计量是指为了在资产负债表和利润表内确认和列示财务报表的要素而确定其金额的过程。会计计量属性反映的是会计要素金额的确定基础，主要包括以下五方面内容：

计量属性		含义
历史成本	资产	按照购买时支付的现金或者现金等价物的金额，或者按照购买资产时所付出的对价的公允价值计量
	负债	按照因承担现时义务而实际收到的款项或者资产的金额，或者承担现时义务的合同金额，或者按照日常活动中为偿还负债预期需要支付的现金或者现金等价物的金额计量
重置成本	资产	按照现在购买相同或者相似资产所需支付的现金或者现金等价物的金额计量
	负债	按照现在偿付该项债务所需支付的现金或者现金等价物的金额计量
可变现净值		资产按照其正常对外销售所能收到现金或者现金等价物的金额扣减该资产至完工时估计将要发生的成本、估计的销售费用以及相关税费后的金额计量
现值	资产	按照预计从其持续使用和最终处置中所产生的未来净现金流入量的折现金额计量
	负债	按照预计期限内需要偿还的未来净现金流出量的折现金额计量
公允价值		资产和负债按照市场参与者在计量日发生的有序交易中，出售一项资产所能收到或者转移一项负债所需支付的价格计量

企业在对会计要素进行计量时，一般应当采用历史成本，采用重置成本、可变现净值、现值、公允价值计量的，应当保证所确定的会计要素金额能够取得并可靠地计量。

【典例研习·7-1】（2015年单项选择题）

如果企业资产按照购买时所付出的对价的公允价值计量，负债按照承担现时义务的合同金额计量，则其所采用的会计计量属性为（   ）。

A.公允价值

B.重置成本

C.可变现净值

D.历史成本

斯尔解析 本题考查财务会计计量。在历史成本计量下，资产按照购买时支付的现金或者现金等价物的金额，或者按照购买资产时所付出的对价的公允价值计量，负债按照因承担现时义务而实际收到的款项或者资产的金额，或者承担现时义务的合同金额，或者按照日常活动中为偿还负债预期需要支付的现金或者现金等价物的金额计量，选项D正确；特别注意，虽然题干当中提到了公允价值，但并不符合公允价值计量属性的含义，选项A错误。

三、财务报告

财务报告是指企业对外提供的，反映企业某一特定日期的财务状况和某一会计期间的经营成果、现金流量等会计信息的文件。

财务报告包括财务报表和其他应当在财务报告中披露的相关信息和资料。

财务报表至少应当包括资产负债表、利润表、现金流量表等报表及其附注。

财务报告分为年度财务报告和中期财务报告。

使用斯尔教育APP
扫码观看本节好课

第三节 企业财务会计信息质量要求及其核算规范

一、财务会计信息质量要求（★★）

我国会计信息质量要求一共有八个，分别是：

可靠性、相关性、可理解性、可比性、实质重于形式、重要性、谨慎性、及时性。

（一）可靠性

可靠性是指企业应当以实际发生的交易或者事项为依据进行会计核算，如实反映符合确认和计量要求的各项会计要素及其他相关信息，保证会计信息真实可靠、内容完整。

（二）相关性

相关性是指企业提供的会计信息应当与财务报告使用者的经济决策需要相关，有助于财务报告使用者对企业过去、现在或者未来的情况作出评价或者预测。因此在会计信息收集、加工、处理和提供的过程中，应充分考虑会计信息使用者的信息需求。

（三）可理解性

可理解性要求企业提供的会计信息应当清晰明了、简明扼要，便于财务会计报告使用者理解和使用。

（四）可比性

可比性是指企业提供的会计信息应当具有可比性。主要体现在两个维度：

同一企业不同时期发生的相同或者相似的交易或者事项，应当采用一致的会计政策，不得随意变更。确需变更的，应当在附注中说明——"纵向可比"。

不同企业发生的相同或者相似的交易或者事项，应当采用规定的会计政策，确保会计信息口径一致、相互可比——"横向可比"。

（五）实质重于形式

实质重于形式是指企业应当按照交易或者事项的经济实质进行会计确认、计量和报告，不应仅以交易或者事项的法律形式为依据。

（六）重要性

重要性是指企业提供的会计信息应当反映与企业财务状况、经营成果和现金流量等有关的所有重要交易或者事项。遵循重要性原则，要考虑提供会计信息的成本与效益的问题，使得提供会计信息的收益大于成本，避免出现提供会计信息的成本大于收益的情况。会计核算中，评价某些项目的重要性时，一般来说，应当从性质和数量两个方面进行分析。

（七）谨慎性

谨慎性原则亦称稳健性原则，或称保守主义，是指企业对交易或者事项进行会计确认、计量和报告应当保持应有的谨慎，不应高估资产或者收益、低估负债或者费用。对于预计会发生的损失应计算入账；对于可能发生的收益则不预计入账。遵循这一原则并不意味着企业可以任意设置各种秘密准备，否则，就属于滥用本原则。

（八）及时性

及时性是指企业对于已经发生的交易或者事项，应当及时进行计确认、计量和报告，不得提前或者延后。

解题高手

命题角度：结合具体业务，判断其体现的是哪一个维度的信息质量要求。

1.常见的体现"实质重于形式"的业务

（1）融资性售后回购方式销售商品取得的价款不确认收入。融资性售后回购是企业在销售商品的同时，约定未来以固定价格将商品购回，形式上属于购销业务，本质是一种融资行为，因此销售商品时，不确认收入。

（2）具有重大融资成分的销售业务，按现销价格确认收入。具有重大融资成分的销售业务，合同中约定的价款中有一部分属于融资费用，因此不能按照合同约定价款确认收入，需要按照现销价格确认收入。

（3）附有追索权的票据贴现，不终止确认应收票据。追索权是指持票人的付款请求权没有获得满足或者有可能无法获得满足的情况下，在符合了法定的条件之后，可以向偿还义务人所主张的票据权利。附追索权的票据贴现的本质类似于"抵押借款"，因此不终止确认应收票据。

2.常见的体现"谨慎性"的业务

如：计提各类资产减值损失、计提预计负债。

3.常见的体现"可比性"的业务

投资性房地产成本模式转为公允价值模式进行计量，采用追溯调整法进行计量，目的是为了保证同一企业不同时期相同业务的可比性。

【典例研习·7-2】（2017年单项选择题）

下列各项会计处理方法中，体现财务会计信息可比性的是（ ）。

A.分期收款发出商品未全额确认为当期收入

B.发出存货的计价方法一经确定，不得随意变更，如需变更应在财务报表附注披露

C.对发生减值的资产计提减值

D.对个别资产采用现值计量

斯尔解析 本题考查财务会计信息质量要求。可比性要求同一企业不同时期发生的相同或者相似的交易或者事项，应当采用一致的会计政策，不得随意变更，确需变更的，应当在附注中说明，不同企业发生的相同或者相似的交易或者事项，应当采用规定的会计政策，确保会计信息口径一致、相互可比，选项B正确。

二、我国企业财务会计核算规范

我国的企业会计核算规范主要由《会计法》《企业会计准则》等组成，并已形成了以《会计法》为核心的一个比较完整的体系。

我国企业会计准则体系由基本准则、具体准则、应用指南和解释等构成。基本准则在整个准则体系中起统御作用，主要规范财务报告目标、会计基本假定、会计基本原则、会计要素的确认和计量等。具体准则又分为一般业务准则、特殊行业的特定业务准则和报告准则三类。而具体准则的应用指南主要对会计科目的设置、会计分录的编制和报表的填报等操作层面的内容予以作出示范性指导。

冲关地图

☑ ：要听懂
❗❗❗：你得背
√＋-×÷ ：你得算
👓 ：有空看

第七章　财务会计概论

- 财务会计目标、会计基本假设和会计基础 ···· ☑ 财务会计目标、会计基本假设和会计基础

- 财务会计要素及其确认、计量和报告 ····
  - ☑ 财务会计要素及其确认
  - ☑ 财务会计计量
  - ☑ 财务报告

- 企业会计信息质量要求及其核算规范 ····
  - ☑ 财务会计信息质量要求
  - ☑ 我国企业财务会计核算规范

第八章　流动资产（一）

学习提要

考几分？

本章属于次重点章节，近三年平均分值在5分左右。

怎么考？

本章主要考查单项选择题和多项选择题。

怎么学？

　　本章的知识不难，考点相对比较集中，学习时要注意细节。本章主要包括货币资金、应收款项、交易性金融资产和外币交易的核算，为方便学习，交易性金融资产的核算将与其他金融资产一同在第十一章讲解。

考点精讲

230 8-1
使用斯尔教育APP
扫码观看本节好课

第一节　货币资金的核算

一、现金的核算

现金是企业中流动性最强的一项资产。狭义的现金指企业为满足日常零星开支而存放在财会部门金库中的各种货币，即库存现金。广义的现金指货币资金。

为了核算和监督库存现金的收入、支出和结存情况，企业应设置"库存现金"科目，由负责总账的财会人员进行总分类核算。

企业应设置"现金日记账"，由出纳人员根据收、付款凭证，按照业务的发生顺序逐笔登记。每日终了，应计算当日的现金收入合计数、现金支出合计数和结余数，并将结余数与实际库存数核对，做到账款相符。

二、银行存款的核算（★★）

（一）银行存款的核算

我国银行存款包括人民币存款和外币存款两种。银行存款账户分为基本存款账户、一般存款账户、临时存款账户和专用账户。

企业应当按照开户银行和其他金融机构、存款种类等，分别设置"银行存款日记账"，由出纳人员根据收付款凭证，按照业务的发生顺序逐笔登记。每日终了，应结出余额。

"银行存款日记账"应定期与"银行对账单"核对，至少每月核对一次。月末，企业银行存款账面余额与银行对账单余额之间如有差额，应按月编制"银行存款余额调节表"调节相符。有外币交易业务的企业，应在本科目下分别设置人民币和各种外币"银行存款日记账"进行明细核算。

企业应当定期对银行存款进行检查，对于存在银行或其他金融机构的款项已经部分不能收回或者全部不能收回的，应当查明原因进行处理，有确凿证据表明无法收回的，应当根据企业管理权限报经批准后，借记"营业外支出"科目，贷记"银行存款"科目。

（二）银行存款的对账

1.银行存款的对账包括三个方面

对账	含义
账证相符	银行存款日记账与银行存款收、付款凭证相互核对
账账相符	银行存款日记账与银行存款总账相互核对
账单相符	在账证、账账相符的基础上，银行存款日记账与银行对账单相互核对

2.未达账项

银行存款日记账余额与银行对账单余额如有不符，除记账错误外，未达账项的影响是主要原因。所谓未达账项，是指银行与企业之间，由于凭证传递上的时间差，一方已登记入账，而另一方尚未入账的收支项目。具体来说有四种情况：

①银行已入账但企业未入账的收入；

②银行已入账但企业未入账的支出；

③企业已入账但银行未入账的收入；

④企业已入账但银行未入账的支出。

3.银行存款余额调节表

基本格式			
项目	金额	项目	金额
银行存款日记账余额		银行对账单余额	
加：银行已收、企业未收		加：企业已收、银行未收	
减：银行已付、企业未付		减：企业已付、银行未付	
调节后余额		调节后余额	

调节后的银行存款余额，反映了企业可以动用的银行存款实有数额。银行存款余额调节表是用来核对企业和银行的记账有无错误的，不能作为记账的依据。对于未达账项，无须进行账面调整，待结算凭证收到后再进行账务处理。

【典例研习·8-1】（2019年单项选择题）

甲公司2019年5月31日银行存款日记账余额为85 000元，银行对账单余额为107 500元。经核对，存在下列未达账项：（1）银行计提企业存款利息1 800元，企业尚未收到通知；（2）企业开出转账支票支付货款21 750元，银行尚未办理入账手续；（3）企业收到转账支票一张，金额为1 050元，企业已入账，银行尚未入账。则甲公司5月31日可动用的银行存款实有数额是（　　）元。

A.85 750　　　　　B.94 300　　　　　C.86 800　　　　　D.85 000

斯尔解析　本题考查银行存款的核算。企业可以动用的银行存款实有数额，为通过"银行存款余额调节表"调节后的银行存款余额，具体计算过程如下表所示：

单位：元

银行存款余额调节表

项目	金额	项目	金额
银行存款日记账余额	85 000	银行对账单余额	107 500
加：银行已收、企业未收	1 800	加：企业已收、银行未收	1 050
减：银行已付、企业未付	—	减：企业已付、银行未付	21 750
调节后余额	86 800	调节后余额	86 800

【典例研习】答案：

8-1：C

三、其他货币资金的核算（★）

项目	含义
银行汇票存款	企业为取得银行汇票按照规定存入银行的款项
银行本票存款	企业为取得银行本票按照规定存入银行的款项
信用卡存款	企业为取得信用卡按照规定存入银行的款项
信用证保证金存款	企业为取得信用证按规定存入银行的保证金
外埠存款	企业到外地进行临时和零星采购时，汇往采购地银行开立采购专户存款的款项
存出投资款	企业已存入证券公司但尚未进行交易性投资的现金

企业应当定期对其他货币资金进行检查，对于已经部分不能收回或者全部不能收回的其他货币资金，应当查明原因进行处理，有确凿证据表明无法收回的，应当根据企业管理权限报经批准后，借记"营业外支出"科目，贷记"其他货币资金"科目。

【典例研习·8-2】（2015年单项选择题）

下列各项中，不通过"其他货币资金"科目核算的是（　　　）。

A.临时账户存款

B.信用证保证金存款

C.银行汇票存款

D.存放在证券公司但尚未进行交易性投资的现金

斯尔解析　本题考查其他货币资金的核算。基本存款账户存款、一般存款账户存款、临时存款账户存款和专用账户存款属于银行存款，不通过"其他货币资金"核算，选项A正确。

使用斯尔教育APP
扫码观看本节好课

第二节　应收款项的核算

一、应收票据的核算（★★）

应收票据是指企业因销售商品、产品，提供劳务等而收到的商业汇票。

分类标准	类别
按其承兑人不同	商业承兑汇票
	银行承兑汇票
按其是否计息	不带息商业汇票，票据到期值等于面值
	带息商业汇票，到期值等于其面值加上到期应计利息

1.收到票据和票据到期的账务处理

情形	账务处理
因销售商品、产品，提供劳务等而收到商业汇票	借：应收票据（按商业汇票的票面金额） 　贷：主营业务收入 　　　应交税费——应交增值税（销项税额）
汇票到期、收到款项	借：银行存款 　贷：应收票据
汇票到期、付款人无力支付	借：应收账款 　贷：应收票据

2.票据贴现和背书转让的账务处理

情形	账务处理
贴现	借：银行存款（实际收到的金额） 　　财务费用 　贷：应收票据（满足终止确认条件） 　　　短期借款（不满足终止确认条件）
背书转让	借：材料采购、原材料、库存商品等 　　应交税费——应交增值税（进项税额） 　贷：应收票据 　　　银行存款（差额，或借方）

（1）贴现额的计算。

贴现额＝票据到期值－贴现息

贴现息＝票据到期值×贴现率×贴现期

式中，贴现率由银行统一制定，贴现期按银行规定计算，通常是指从贴现日至票据到期日前1日的时期。

对于带息票据，票据到期值＝面值＋票据到期利息

票据到期利息＝应收票据面值×票面利率×时间

式中，票面利率有年、月、日之分。如需换算成月利率或日利率，每月统一按30天计算，全年按360天计算。三者之间的关系是：

月利率＝年利率÷12

日利率＝月利率÷30＝年利率÷360

时间是指从票据生效之日到票据到期之日止的时间间隔。通常有以下两种表述方法：第一种以月表示，即按月计息。第二种是以日数表示，即按日计息。计算时以实际日历天数计算到到期日及其利息，到期日那天不计息，称为"算头不算尾"。

【典例研习·8-3】（2017年单项选择题）

甲公司2017年6月20日销售一批价值5 000元（含增值税）的商品给乙公司，乙公司开具一张面值5 000元、年利率8%、期限3个月的商业承兑汇票。甲公司因资金周转需要，于2017年8月20日持该票据到银行贴现（符合终止确认条件），年贴现

率为12%，则甲公司该票据的贴现额是（ 　　 ）元。

A.5 100 　　　　　　 B.5 099 　　　　　　 C.5 049 　　　　　　 D.4 999

斯尔解析 本题考查应收票据的核算。票据到期值＝面值＋应收票据面值×票面利率×时间＝5 000＋5 000×8%×3/12＝5 100（元），贴现息＝票据到期值×贴现率×贴现期＝5 100×12%×1/12＝51（元），贴现额＝票据到期值－贴现息＝5 100－51＝5 049（元），选项C正确。

二、应收账款的核算（★）

（一）应收账款的范围

应收账款是企业因销售商品、产品，提供劳务等经营活动应收取的款项。应收账款范围包括以下三个方面：

（1）应收账款是企业因销售商品、产品，提供劳务等经营活动引起的债权。

凡不是因销售商品或提供劳务等经营活动而发生的应收款项，不应列入应收账款。如应收职工欠款、应收债务人的利息、应收保险赔款、应收已宣告分配的现金股利、应收股东的认股款等，均不应列入应收账款。

（2）应收账款是指流动资产性质的债权，不包括长期性质的债权，如因销售商品、产品，提供劳务等，合同或协议价款的收取采用递延方式、实质上具有融资性质的，属于长期应收款。

（3）应收账款是企业应收客户的款项，不包括企业付出的各类存出保证金，如投标保证金和租入包装物保证金。

（二）应收账款的计价

应收账款通常是由企业赊销活动所引起的，因此，应收账款的确认时间与收入的确认标准密切相关，应收账款应于收入实现时确认。

商业折扣，是指在商品交易时从价目单所列售价中扣减的一定数额。由于商业折扣在交易成立及实际付款之前予以扣除，因此，对应收账款和营业收入均不产生影响，会计记录只按商品定价扣除商业折扣后的净额入账。

（三）账务处理

企业应设置"应收账款"科目，不单独设置"预收账款"科目的企业，预收的账款也在"应收账款"科目核算。如果应收账款期末余额在贷方，一般反映企业预收的账款。

情形	账务处理
发生应收账款时	借：应收账款 　贷：主营业务收入 　　　应交税费——应交增值税（销项税额） 　　　银行存款（代垫的包装费、运杂费等）
收回应收账款时	借：银行存款 　贷：应收账款

三、预付账款的核算

预付账款是企业按照购货合同规定预付给供应单位的款项。

企业发生的预付账款业务，通过"预付账款"科目核算。预付款项情况不多的企业，可以不设置"预付账款"科目，而将预付的款项通过"应付账款"科目核算。但编制报表时，仍然要将"预付账款"和"应付账款"的金额分开报告。

会计处理：

情形	账务处理
因购货而预付的款项	借：预付账款 　贷：银行存款
收到所购物资时	借：材料采购、原材料、库存商品等 　　应交税费——应交增值税（进项税额） 　贷：预付账款
补付款项时	借：预付账款 　贷：银行存款
退回多付款项时	借：银行存款 　贷：预付账款

四、应收股利和应收利息的核算（★）

（一）应收股利

应收股利是指企业收取的现金股利或应收取其他单位分配的利润。

（二）应收利息

应收利息是企业债权投资、其他债权投资、存放中央银行款项等应收取的利息。

具体账务处理，讲解具体资产时，再进行详细讲解。

五、其他应收款的核算（★）

其他应收款是企业除应收票据、应收账款和预付账款等经营活动以外的其他各种应收、暂付款项。其内容包括：①应收的各种赔款、罚款；②应收出租包装物的租金；③应向职工收取的各种垫付款项；④备用金（向企业各职能科室、车间等拨付的备用金）；⑤存出的保证金，如租入包装物支付的押金；⑥其他各种应收、暂付款项。不包括企业拨出用于投资购买物资的各种款项。

【典例研习·8-4】（2015年多选题改编）

下列各项中，应通过"其他应收款"核算的有（　　　）。

A.企业应收取的现金股利

B.租入周转材料支付的押金

C.拨出的用于购买国库券的存款

D.代缴的个人养老保险金

E.支付的工程投标保证金

斯尔解析　本题考查其他应付款的核算。租入周转材料支付的押金和支付的工程投标保证金，均属于存出的保证金，选项BE正确。企业应收取的现金股利，应计入应收股利，选项A错误；企业拨出用于投资购买物资的各种款项，企业拨出用

【典例研习】答案：

8-4：BE

于购买国库券的存款，应计入其他货币资金，选项C错误；企业代缴的个人养老保险金，通过"其他应付款"核算，选项D错误。

六、应收款项减值的核算（★★）

（一）应收款项等金融资产发生减值的判断

应收账款等应收款项是企业拥有的金融资产。根据《企业会计准则第22号——金融工具确认和计量》的规定，企业应当在资产负债表日对以公允价值计量且其变动计入当期损益的金融资产以外的金融资产的账面价值进行检查，有客观证据表明该金融资产发生减值的，应当计提减值准备。

表明金融资产发生减值的客观证据，是指金融资产初始确认后实际发生的，对该金融资产的预计未来现金流量有影响，且企业能够对该影响进行可靠计量的事项。金融资产发生减值的客观证据，包括下列各项：

（1）发行方或债务人发生严重财务困难。

（2）债务人违反了合同条款，如偿付利息或本金发生违约或逾期等。

（3）债权人出于与债务人财务困难有关的经济或合同考虑，给予债务人在任何其他情况下都不会做出的让步。

（4）债务人很可能倒闭或进行其他财务重组。

（5）因发行方或债务人发生重大财务困难，导致该金融资产的活跃市场消失。

（6）以大幅折扣购买或源生一项金融资产，该折扣反映了发生信用损失的事实。

（二）应收款项减值的确定

企业应当按照应收款项整个存续期内预期信用损失的金额计量其损失准备。

企业对应收款项进行减值测试，应根据本单位的实际情况分为单项金额重大和非重大的应收款项，分别进行减值测试，计算确定减值损失，计提坏账准备。

（1）对于单项金额重大的应收款项，应当单独进行减值测试，有客观证据表明其发生了减值的，应当根据其未来现金流量现值低于其账面价值的差额，确认减值损失，计提坏账准备。这种情况下，主要是要合理预计各项应收款项的未来现金流量，采用应收款项发生时的初始折现率计算未来现金流量的现值，进一步与该应收款项的账面价值比较，来确定是否发生减值损失。

（2）对于单项金额非重大的应收款项及单独测试后未发生减值的单项金额重大的应收款项，应当采用组合方式进行减值测试，分析判断是否发生减值。通常情况下，可以将这些应收款项按类似信用风险特征划分为若干组合，在此基础上计算确定减值损失，计提坏账准备。

（三）应收款项减值的账务处理

应收账款减值的有关账务处理的内容包括三个方面：

一是期末按一定方法确定应收款项的减值损失，计提坏账准备的账务处理；

二是实际发生坏账时的账务处理；

三是已确认的坏账又收回的账务处理。

1.计提坏账准备的账务处理

借：信用减值损失

　　贷：坏账准备

当期应提取的坏账准备=当期应收款项计算应提取坏账准备金额－"坏账准备"科目贷方余额

（1）当期应收款项计算应提取坏账准备金额大于"坏账准备"科目的贷方余额，应按其差额提取坏账准备。

（2）如果当期应收款项计算应提取坏账准备金额小于"坏账准备"科目的贷方余额，应按其差额冲减已计提的坏账准备。

（3）当期应收款项计算应提取坏账准备金额为0，应将"坏账准备"科目的余额全部冲回。

2.发生坏账时的账务处理

对于确实无法收回的应收款项，按管理权限报经批准后作为坏账损失，转销应收款项。

借：坏账准备

　　贷：应收账款等

3.已确认并转销的坏账又收回的账务处理

借：应收账款等（实际收回的金额）

　　贷：坏账准备

借：银行存款

　　贷：应收账款等

例如：某公司计提坏账准备的计提比例为应收账款余额的5%。

情形	账务处理	
2020年年末应收账款为1 000万元，第一次计提坏账准备	借：信用减值损失 　　贷：坏账准备	50 50
2021年5月实际发生坏账30万元	借：坏账准备 　　贷：应收账款	30 30
2021年6月，已核销坏账又收回10万元	借：应收账款 　　贷：坏账准备 借：银行存款 　　贷：应收账款	10 10 10 10
2021年年末应收账款余额2 000万元	借：信用减值损失 　　贷：坏账准备	70 70

【典例研习·8-5】（2017年单项选择题）

甲公司按期末应收款项余额的5%计提坏账准备。2015年12月31日应收款项余额240万元。2016年发生坏账30万元，已核销的坏账又收回10万元。2016年12月31日应收款项余额220万元，则甲公司2016年年末应计提坏账准备金额为（　　　）万元。

A.-9　　　　　　　B.19　　　　　　　C.-29　　　　　　　D.49

💡斯尔解析　本题考查应收款项减值的核算。甲公司2016年年末应有坏账准备=220×5%=11（万元），已有坏账准备=240×5%-30+10=-8（万元），应计提坏账准备=11-（-8）=19（万元），选项B正确。

【典例研习】答案：

8-5：B

使用斯尔教育APP
扫码观看本节好课

第三节 外币交易的核算

一、外币业务的内容（★）

（一）外币的概念

从会计角度而言，外币就是指记账本位币以外的货币计量单位。记账本位币是指记账和编制财务报表所用的货币。

如果企业的经济业务存在多种货币计量并存的情形，就需要确定其中一种货币作为记账本位币。记账本位币是指企业经营所处的主要经济环境中的货币。

我国企业通常应选择人民币作为记账本位币，业务收支以人民币以外的货币为主的企业，可以选定其中一种货币作为记账本位币，但是，编报的财务报表应当折算为人民币。

企业选定记账本位币时应当考虑下列因素：

关键词	具体因素
销售结算	该货币主要影响商品和劳务的销售价格，通常以该货币进行商品和劳务的计价和结算
采购结算	该货币主要影响商品和劳务所需人工、材料和其他费用，通常以该货币进行上述费用的计价和结算
收钱使用	融资活动获得的货币以及保存从经营活动中收取款项所使用的货币

如果企业存在境外经营，即通过在境外设立子公司、合营企业、联营企业、分支机构开展经营活动，企业在选定境外经营的记账本位币时，还应当考虑下列因素：

关键词	具体因素
自主性	境外经营对其所从事的活动是否拥有很强的自主性
交易占比	境外经营活动中与企业的交易是否在境外经营活动中占有较大比重
现金汇回	境外经营活动产生的现金流量是否直接影响企业的现金流量、是否可以随时汇回
偿还债务	境外经营活动产生的现金流量是否足以偿还其现有债务和可预期的债务

企业记账本位币一经确定，不得随意变更，除非企业经营所处的主要经济环境发生重大变化。企业因经营所处的主要经济环境发生重大变化，确需变更记账本位币时，应当采用变更当日的即期汇率将所有项目折算为变更后的记账本位币。

会计上把货币作为计量单位，同时假设货币的内在价值是稳定的，在恶性通货膨胀环境下，货币价值的波动将给会计计量带来重大的影响，此时，就需要采用通货膨胀会计来解决。

【典例研习·8-6】（2013年单项选择题）

下列关于记账本位币的表述错误的是（　　）。

A.业务收支以人民币以外的货币为主的企业，可以选定其中的一种货币作为记账本位币

B.以人民币以外的货币作为记账本位币的企业，向国内有关部门报送的财务报表应当折算为人民币

C.企业应在每个资产负债表日，根据当年每种货币的使用情况决定是否需要变更记账本位币

D.变更记账本位币时应采用变更当日的即期汇率将所有项目折算为变更后的记账本位币

斯尔解析 本题考查外币的概念。企业记账本位币一经确定，不得随意变更，除非企业经营所处的主要经济环境发生重大变化，企业因经营所处的主要经济环境发生重大变化，确需变更记账本位币时，应当采用变更当日的即期汇率将所有项目折算为变更后的记账本位币，并不需要在每个资产负债表日决定是否变更记账本位币，选项C的表述错误。

（二）汇率

1.汇率的含义

汇率又称"汇价"，指一种货币兑换成另一种货币的比率。从银行买卖外汇的角度可以分为以下三类：

类型	含义
买入汇率	银行向客户买入外币时所采用的汇率，亦称"买入价"
卖出汇率	银行向客户出售外币时所采用的汇率，亦称"卖出价"
中间汇率	银行买入汇率与卖出汇率的简单算术平均数

2.记账汇率的选择

企业对于发生的外币交易，应当在初始确认时选定折算汇率，即记账汇率。

记账汇率一般采用交易发生日的即期汇率将外币金额折算为记账本位币金额。即期汇率通常是指当日中国人民银行公布的人民币外汇牌价的中间价。

当汇率变动不大时，为简化核算，也可以采用按照系统合理的方法确定的，与交易发生日即期汇率近似的汇率折算。即期汇率的近似汇率是按照系统合理的方法确定的，与交易发生日即期汇率近似的汇率，通常是指当期平均汇率或加权平均汇率等。记账汇率的确定是重要的会计政策，企业一旦选定，前后各期应保持一致，不得随意变动。

【典例研习】答案：

8-6：C

（三）外币交易的记账方法

企业外币交易记账方法的选择，与企业记账本位币的确定有密切关系。外币交易记账方法有两种：

类型	含义	适用情况
外币统账制	以记账本位币作为统一记账金额的记账方法。所有外币的收支，都应折算为记账本位币进行反映，外币金额只在账上作为补充资料进行反映	涉及外币种类较少，而且外币收支业务不多的企业
外币分账制	企业的记账本位币业务和外币交易业务均应分别设立账户反映。在发生外币交易业务时，以原币记账，而不立即折算为记账本位币记账	涉及外币种类较多，而且外币收支较大的企业，如商业银行等

提示：采用分账制记账方法，只是账务处理方法不同，但其产生的汇兑差额的确认、计量的结果和列报，应当与统账制处理结果一致。

二、外币交易的账务处理（★★）

外币交易，是指以外币计价或者结算的交易。外币交易包括：

（1）买入或者卖出以外币计价的商品或者劳务。

（2）借入或者借出外币资金。

（3）其他以外币计价或者结算的交易，如外币兑换业务，即一种货币兑换为另一种货币的业务；投入外币资本业务，即投资人以外币作为资本投入企业的业务等等。

（一）外币货币性项目与外币非货币性项目

对于汇兑差额的会计处理，企业应在资产负债表日，按照下列规定分别对外币货币性项目和外币非货币性项目进行处理。

1.外币货币性项目

货币性项目是指企业持有的货币资金和将以固定或可确定的金额收取的资产或者偿付的负债。货币性项目分为货币性资产和货币性负债。货币性资产包括现金、银行存款、应收账款、其他应收款、长期应收款等；货币性负债包括短期借款、应付账款、其他应付款、长期借款、应付债券、长期应付款等。

对于外币货币性项目，应当采用资产负债表日的即期汇率折算，因汇率波动而产生的汇兑差额作为财务费用，计入当期损益，同时调增或调减外币货币性项目的记账本位币金额；需要计提减值准备的，应当按资产负债表日的即期汇率折算后，再计提减值准备。

2.外币非货币性项目

非货币性项目，是货币性项目以外的项目，包括存货、长期股权投资、固定资产、无形资产、实收资本、资本公积、其他综合收益等。外币预收账款和预付账款均不满足货币性项目的定义，也属于以历史成本计量的外币非货币性项目。

对于以历史成本计量的外币非货币性项目，除其外币价值发生变动外，已在交易发生日按当日即期汇率折算，资产负债表日不应改变其原记账本位币金额，不产生汇兑差额。

对于交易性金融资产等外币非货币性项目，其公允价值变动计入当期损益的，相应的汇率变动的影响也应当计入当期损益；对于其他权益工具投资等金融资产形成的汇兑差额，与其公允价值变动应当一并计入其他综合收益。

【典例研习·8-7】（教材例题）

国内甲公司的记账本位币为人民币。2020年12月2日以30 000港元购入乙公司H股10 000股作为短期投资，当日汇率为1港元=1.2元人民币，款项已付。2020年12月31日，由于市价变动，当月购入的乙公司H股变为35 000港元，当日1港元=1元人民币。

2020年12月2日，该公司应对上述交易作以下处理：

借：交易性金融资产　　　　　　　　（30 000×1.2）36 000

　　贷：银行存款（港元户）　　　　　　　　　　　　　　36 000

由于该项短期股票投资是从境外市场购入、以外币计价，在资产负债表日，不仅应考虑其港币市价的变动，还应一并考虑汇率变动的影响，上述交易性金融资产以资产负债表日的人民币35 000元（即35 000×1）入账，与原账面价值36 000元（即30 000×1.2）的差额为1 000元人民币，计入公允价值变动损益。相应的会计分录为：

借：公允价值变动损益　　　　　　　　　　　　1 000

　　贷：交易性金融资产　　　　　　　　　　　　　　1 000

1 000元人民币包含甲公司所购H股公允价值变动以及人民币与港币之间汇率变动的双重影响。

【典例研习·8-8】（模拟多项选择题）

下列以外币计价的项目中，期末因汇率波动产生的汇兑差额应计入当期损益的有（　　）。

A.其他权益工具投资　　　　　　　　B.无形资产

C.长期应付款　　　　　　　　　　　D.应收账款

E.交易性金融资产

斯尔解析　本题考查外币交易的账务处理。其他权益工具投资期末产生的汇兑差额，计入其他综合收益，不影响当期损益，选项A错误；无形资产属于非货币性项目，不确认汇兑差额，不影响当期损益，选项B错误；长期应付款和应收账款期末产生的汇兑差额，计入财务费用，影响当期损益，选项CD正确；交易性金融资产期末产生的汇兑差额，计入公允价值变动损益，影响当期损益，选项E正确。

（二）外币兑换业务

1.企业把外币卖给银行

企业把持有的外币卖给银行，银行按买入价将人民币兑付给企业。

借：银行存款（人民币户）（按实得人民币金额）

　　财务费用（差额）

　　贷：银行存款（外币户）（实际兑出的外币额与按企业选定的折算汇率折算的人民币金额）

2.向银行购汇

企业向银行购入外汇时，银行按卖出价向企业收取人民币。

【典例研习】答案：

8-8：CDE

借：银行存款（外币户）（按企业选定的折算汇率折合的人民币金额）

　　财务费用（差额）

　　贷：银行存款（本币户）（实际支付的人民币金额）

（三）借入或借出外币资金业务

企业借入外币资金时，按照借入外币时的选定的折算汇率折算为记账本位币入账，同时按照借入外币的金额登记相关的外币账户。

（四）买入或者卖出以外币计价的商品或者劳务

企业发生买入或者卖出以外币计价的商品或者劳务时，应按企业选定的折算汇率将外币金额折合为记账本位币入账。期末对所有外币账户余额按期末即期汇率进行调整，调整后的差额计入财务费用。

【典例研习·8-9】（教材例题）

某企业外币业务核算采用当月月初的即期汇率作为即期汇率的近似汇率，并作为当月外币交易业务的折算汇率，按月计算汇兑损益。当年5月1日的即期汇率为1美元=7.1元人民币。当年4月30日的即期汇率为1美元=7.1元人民币，各外币账户当年4月30日的期末余额如下表所示：

外币账户	外币余额（美元）	折算汇率	记账本位币金额（人民币元）
银行存款	100 000	7.1	710 000
应收账款——甲企业	10 000	7.1	71 000
应付账款——A企业	10 000	7.1	71 000
短期借款	15 000	7.1	106 500

该企业5月外币收支业务如下（不考虑增值税等相关税金）：

业务	账务处理
5日收回甲企业货款8 000美元	借：银行存款（美元户）　　　（8 000×7.1）56 800 　　贷：应收账款——甲企业（美元户）　　　56 800
8日支付A企业货款5 000美元	借：应付账款——A企业（美元户）　　　35 500 　　贷：银行存款（美元户）　　（5 000×7.1）35 500
20日归还短期借款10 000美元	借：短期借款（美元户）　　（10 000×7.1）71 000 　　贷：银行存款（美元户）　　　71 000
23日出售甲企业产品一批，货款25 000美元，货已发出，货款尚未收到	借：应收账款——甲企业（美元户）　　　177 500 　　贷：主营业务收入　　（25 000×7.1）177 500

若当年5月31日的即期汇率为1美元＝7.05元人民币，则该企业调整各外币账户余额如下表：

银行存款（美元户）			
摘要	美元	汇率	人民币元
期初余额（借）	100 000	7.1	710 000
借方发生额	8 000	7.1	56 800
贷方发生额	15 000	7.1	106 500
期末余额	93 000		660 300
期末调整	93 000	7.05	655 650
汇兑损益			4 650（贷）

应收账款——甲企业（美元户）			
摘要	美元	汇率	人民币元
期初余额（借）	10 000	7.1	71 000
借方发生额	25 000	7.1	177 500
贷方发生额	8 000	7.1	56 800
期末余额	27 000		191 700
期末调整	27 000	7.05	190 350
汇兑损益			1 350（贷）

应付账款——A企业（美元户）			
摘要	美元	汇率	人民币元
期初余额（贷）	10 000	7.1	71 000
贷方发生额	0	7.1	0
借方发生额	5 000	7.1	35 500
期末余额	5 000		35 500
期末调整	5 000	7.05	35 250
汇兑损益			250（借）

短期借款（美元户）			
摘要	美元	汇率	人民币元
期初余额（借）	15 000	7.1	106 500
贷方发生额	0	7.1	0
借方发生额	10 000	7.1	71 000
期末余额	5 000		35 500
期末调整	5 000	7.05	35 250
汇兑损益			250（借）

根据对上述各外币账户的调整结果编制如下调整会计分录：

借：应付账款——A企业（美元户）　　　　　　　　250

　　短期借款（美元户）　　　　　　　　　　　　250

　　财务费用　　　　　　　　　　　　　　　　5 500

　贷：银行存款（美元户）　　　　　　　　　　　　　　4 650

　　　应收账款——甲企业（美元户）　　　　　　　　　1 350

（五）外币投入资本

外币投入资本属于非货币性项目，企业收到投资者以外币投入的资本，应当采用交易日即期汇率折算，不得采用合同约定汇率和即期汇率的近似汇率折算，外币投入资本与相应的货币性项目的记账本位币金额之间不产生外币资本折算差额。

【典例研习·8-10】（2016年单项选择题）

下列关于外币交易会计处理的表述中，错误的是（　　　）。

A.外币交易在初始确认时，可以采用按照系统合理的方法确定的、与交易日即期汇率近似的汇率折算

B.资产负债表日，对于外币货币性项目应当根据汇率变动计算汇兑差额作为财务费用，无须再计提减值准备

C.外币交易应当在初始确认时，采用交易发生日的即期汇率或近似汇率将外币金额折算为记账本位币金额

D.资产负债表日，对以历史成本计量的外币非货币性项目，仍采用交易发生日的即期汇率折算，不改变记账本位币金额

斯尔解析　本题考查外币交易的账务处理。对于外币货币性项目，应当采用资产负债表日的即期汇率折算，因汇率波动而产生的汇兑差额作为财务费用，计入当期损益，同时调增或调减外币货币性项目的记账本位币金额；需要计提减值准备的，应当按照资产负债表日的即期汇率折算后，根据折算后的数据计算应计提的减值准备金额，选项B的表述错误。

冲关地图

- ▢➤ ：要听懂
- ！！！：你得背
- √+-×÷：你得算
- ∞ ：有空看

第八章 流动资产（一）

- 货币资金的核算
  - ∞ 现金的核算
  - √+-×÷ 银行存款的核算
  - ▢➤ 其他货币资金的核算
- 应收款项的核算
  - √+-×÷ 应收票据的核算
  - ▢➤ 应收账款的核算
  - ∞ 预付账款的核算
  - ▢➤ 应收股利和应收利息的核算
  - ▢➤ 其他应收款的核算
  - √+-×÷ 应收款项减值的核算
- 外币交易的核算
  - 外币业务的内容
    - ▢➤ 外币的概念
    - ▢➤ 汇率
    - ▢➤ 外币交易的记账方法
  - 外币交易的账务处理
    - √+-×÷ 外币货币性项目与外币非货币性项目
    - √+-×÷ 外币兑换业务
    - ▢➤ 借入或借出外币资金业务
    - √+-×÷ 买入或者卖出以外币计价的商品或者劳务
    - ▢➤ 外币投入资本

第九章　流动资产（二）

学习提要

考几分？

　　本章属于次重点章节，近三年平均分值在8分左右，今年教材将去年删除的"原材料的核算"和"其他存货的核算"重新收录在内，预计重要性将有所提高。

怎么考？

　　本章主要考查单项选择题和多项选择题，偶尔会考查计算题，其中发出存货成本的确定是历年计算型题目考查的高频考点。

怎么学？

　　本章的知识不难，但是考点比较分散，考查非常全面，学习时需要注意细节和原理的掌握。同时，本章可考查计算型题目的知识点较多，学习时要强化练习，避免眼高手低。为方便学习，与非货币性资产交换有关的内容，将集中统一在第十一章介绍。

考点精讲

使用斯尔教育APP
扫码观看本节好课

第一节　存货的确认和计量

一、存货的概念和确认（★）

存货是指企业在日常活动中持有以备出售的产成品或商品、处在生产过程中的在产品、在生产过程或提供劳务过程中耗用的材料和物料等，包括各类原材料、在产品、半成品、产成品、商品、周转材料以及委托代销商品等。

（1）原材料，指企业在生产过程中经加工改变其形态或性质并构成产品主要实体的各种原料及主要材料、辅助材料、外购半成品（外购件）、修理用备件（备品备件）、包装材料、燃料等。

（2）在产品，指企业正在制造尚未完工的生产物，包括正在各个生产工序加工的产品和已加工完毕但尚未检验或已检验但尚未办理入库手续的产品。

（3）半成品，指经过一定生产过程并已检验合格交付半成品仓库保管，但尚未制造完工，成为产成品，仍需进一步加工的中间产品。

（4）产成品，指制造企业已经完成全部生产过程并验收入库，可以按照合同规定的条件送交订货单位，或者可以作为商品对外销售的产品。

（5）商品，指企业外购或委托加工完成验收入库用于销售的各种商品。

（6）周转材料，指企业能够多次使用，但不符合固定资产定义的材料，如包装物和低值易耗品，以及企业（建筑企业）的钢模板、木模板、脚手架和其他周转使用的材料等。符合固定资产定义和确认条件的，应当作为固定资产核算。

（7）委托代销商品，指企业委托其他单位代销的商品。

实务中，存货范围的确认，通常应以企业对存货是否具有法定所有权为依据，凡在盘存日，法定所有权属于企业的所有一切物品，不论其存放地点，都应视为企业的存货。即所有在库、在耗、在用、在途的存货均确认为企业的存货。反之，凡是法定所有权不属于企业的物品，即使存放于企业，也不应确认为企业的存货。对于代销商品，在售出前，所有权属于委托方，因此，代销商品应作为委托方的存货处理。

解题高手 +1

命题角度：考查存货构成项目的辨析。

①为建造固定资产等各项工程而储备的各种材料，虽然同属于材料，但是由于用于建造固定资产等各项工程，并不符合存货的定义，因此不能作为企业的存货进行核算。

②从一个生产车间转给另一个生产车间继续加工的自制半成品以及不能单独计算成本的自制半成品，属于在产品，而非半成品。

③委托外单位加工的商品，属于委托加工物资，不属于企业的库存商品。

④已经完成销售手续并确认销售收入，但购买单位在月末未提取的商品，应作为代管商品处理，不属于企业的库存商品。

⑤计划上单独列作企业商品产品的自制包装物，应作为库存商品处理，不作为周转材料处理。

⑥企业的各种包装材料，如纸、绳、铁丝、铁皮等，应在"原材料"科目内核算，不在"周转材料"科目内核算。

⑦企业接受外来原材料加工制造的代制品和为外单位加工修理的代修品，制造和修理完成验收入库后，应视同企业的产成品。

【典例研习·9-1】（2015年单项选择题）

下列各项中，不属于周转材料的是（　　　）。

A.生产过程中使用的包装材料

B.出租或出借的多次使用的包装物

C.随同产品出售不单独计价包装物

D.随同产品出售单独计价包装物

斯尔解析 本题考查存货的概念。周转材料包括包装物和低值易耗品，其中包装物包括：生产过程中用于包装产品作为产品组成部分的包装物；随同产品出售不单独计价的包装物；随同产品出售单独计价的包装物；出租或出借给购买单位使用的包装物，选项BCD属于周转材料，不当选；企业的各种包装材料，如纸、绳、铁丝、铁皮等，应在"原材料"科目内核算，不在"周转材料"科目内核算，选项A当选。

【典例研习·9-2】（2014年多项选择题）

下列各项中，属于存货项目的有（　　　）。

A.尚未完工的生产物

B.委托代销的商品

C.接受外来原材料加工制造的代制品

D.为建造生产设备而储备的各种材料

E.委托外单位加工的物资

斯尔解析 本题考查存货的概念。尚未完工的生产物，属于存货中的在产品，选项A正确；委托代销商品，属于存货，选项B正确；企业接受外来原材料加工制造的代制品，视同企业的产成品，选项C正确；为建造生产设备而储备的各种材料计入工程物资，选项D错误；委托外单位加工的物资，法定所有权属于企业，应属于企业的存货，选项E正确。

【典例研习】答案：

9-1：A

9-2：ABCE

二、存货的初始计量（★★）

（一）一般方式取得的存货

存货应当按照成本进行初始计量，存货成本包括采购成本、加工成本和其他成本。不同存货的成本构成内容不同：

类型	成本构成
原材料、商品、周转材料等通过购买而取得的存货	采购成本
产成品、在产品、半成品、委托加工物资等通过进一步加工而取得的存货	采购成本+加工成本+其他成本

1.存货的采购成本

组成	注意事项
购买价款	不包括可以抵扣的增值税进项税额
相关税费	比如，采购商品过程中发生的进口关税、消费税等
其他可归属于存货采购成本的费用	采购过程中除购买价款和相关税费以外的可归属于存货采购成本的费用，例如：运输费、装卸费、保险费、运输途中的合理损耗等。 提示： （1）企业（商品流通）在采购商品过程中发生的上述费用应当计入存货采购成本，也可以先进行归集，期末根据所购商品的存销情况进行分摊，对于已售商品的进货费用，计入当期损益；对于未售商品的进货费用，计入期末存货成本； （2）企业采购过程中发生的非合理损耗不计入存货成本； （3）企业采购商品的进货费用金额较小的，也可以在发生时直接计入当期损益

2.存货的加工成本

组成	含义
直接人工	企业在生产产品、提供劳务过程中发生的直接从事该事项人员的职工薪酬
制造费用	企业为生产产品和提供劳务而发生的各项间接费用： （1）生产车间管理人员工资； （2）生产车间生产产品正常发生的水电费、折旧费、劳动保护费等； （3）生产车间发生的季节性和修理期间的停工损失

3.存货的其他成本

存货的其他成本指除采购成本、加工成本以外的，使存货达到目前场所和状态所发生的其他支出。

维度	项目
计入产品成本	为特定客户设计产品所发生的设计费用
	为达到下一个生产阶段所必需的仓储费用
	入库前的挑选整理费用
	经过相当长时间的生产活动才能达到销售状态的存货，占用借款而发生的符合资本化条件的借款费用
不计入产品成本	企业设计产品发生的普通的设计费用等
	不是为达到下一个生产阶段所必需的仓储费用
	入库后的挑选整理费
	采购人员的差旅费

（二）通过特定方式取得的存货

特定方式	初始计量基础
投资者投入	除投资合同或协议约定的价值不公允外，应当按照投资合同或协议约定的价值确定
债务重组取得	根据《企业会计准则第12号——债务重组》的要求确定，详见"债务重组"相关内容
非货币性资产交换	根据《企业会计准则第7号——非货币性资产交换》的要求确定，详见"非货币性资产交换"相关内容
企业合并取得	根据《企业会计准则第20号——企业合并》的规定确定

命题角度：根据经济业务计算外购存货的入账成本和单位成本。

第一步：确定外购存货的入账总成本。需要重点关注的有两点：一是采购时负担的增值税税额，对于增值税一般纳税人取得增值税专用发票上注明的税额，可以抵扣，不计入存货采购成本，否则，应当计入存货采购成本；二是合理损耗，运输途中的合理损耗应当计入存货采购成本，而运输途中的非合理损耗，不计入存货采购成本。

第二步：计算单位成本。原材料的单位成本应当根据实际入库数量确定，单位成本=外购存货总成本/实际入库的存货数量。

【典例研习·9-3】（2015年多项选择题）

下列各项中，不应计入存货成本的有（　　）。

A.以非货币性资产交换方式取得存货时支付的补价

B.生产过程中发生的季节性停工损失

C.为特定客户设计产品支付的设计费

D.原材料在投入使用前发生一般仓储费用

E.非正常消耗的直接人工和制造费用

💡**斯尔解析**　本题考查存货的初始计量。以非货币性资产交换方式取得存货时支付的补价，属于存货取得成本的一部分，应当计入存货的成本，选项A不当选；生产过程中发生的季节性损失，计入制造费用，最终计入存货的成本，选项B不当选；为特定客户设计产品支付的设计费，应当计入存货成本，选项C不当选；原材料在投入使用前发生一般仓储费用和非正常消耗的直接人工和制造费用应当在发生时确认为当期损益，不能计入存货成本，选项DE当选。

【典例研习·9-4】（2017年单项选择题）

甲企业系增值税一般纳税人，2017年8月购入丙材料100吨，开具增值税专用发票上注明的金额为500万元，增值税额65万元。从外地购入时发生的运输费用和装卸费10万元（不含税）。后验收入库，入库实际为97吨，其中1吨为合理损耗，2吨为非正常损失。则甲企业对丙材料的入账成本为（　　）万元。

A.494.8　　　　　　B.499.8　　　　　　C.448.8　　　　　　D.537.8

💡**斯尔解析**　本题考查存货的初始计量。增值税一般纳税人发生的可以抵扣的进项税额，不计入存货成本；运输途中发生的合理损耗，计入存货成本；运输途中的非正常损失，不计入存货成本，计入当期损益，则丙材料的入账成本=（500+10）×（1−2/100）=499.8（万元），选项B正确。

三、存货的后续计量（★★★）

存货的后续计量是指发出存货成本的确定。根据《企业会计准则第1号——存货》的规定，存货的发出计价方法有先进先出法、加权平均法、个别计价法等。加权平均法又分为月末一次加权平均法和移动加权平均法。

（一）一般核算方法

1.先进先出法

先进先出法是假定"先入库的存货先发出"，并根据这种假定的成本流转次序确定发出存货成本的一种方法。

【典例研习·9-5】（模拟单项选择题）

某企业采用先进先出法核算原材料，2021年3月1日库存甲材料500千克，实际成本为3 000元，3月5日购入甲材料1 200千克，实际成本为7 440元，3月8日购入甲材料300千克，实际成本为1 830元，3月10日发出甲材料900千克。则3月10日发出甲材料的成本为（　　）元。

A.494.8　　　　　　B.5 490　　　　　　C.5 480　　　　　　D.537.8

斯尔解析 本题考查存货的后续计量。计算过程如下表所示：

日期	摘要	数量（千克）	金额（元）
3月1日	期初余额	500	3 000
3月5日	购入	1 200	7 440
3月8日	购入	300	1 830
3月10日	发出	900	3 000+7 440÷1 200×400=5 480

2.月末一次加权平均法

月末一次加权平均法是在材料等存货按实际成本进行明细分类核算时，以本月各批进货数量和月初数量为权数计算材料等存货的平均单位成本的一种方法。

存货的加权平均单位成本＝（月初存货实际成本＋本月进货实际成本）÷（月初存货数量＋本月进货数量）

本月发出存货的成本＝本月发出存货的数量×存货的加权平均单位成本

本月月末库存存货的成本＝月末库存存货的数量×存货的加权平均单位成本

【典例研习·9-6】（模拟单项选择题）

某企业采用月末一次加权平均法核算发出材料成本。2021年6月1日结存乙材料200件，单位成本35元，6月10日购入乙材料400件，单位成本40元，6月20日购入乙材料400件，单位成本45元。当月发出乙材料600件。则本月发出乙材料的成本为（　　）元。

A.4 494.8　　　　　B.5 490　　　　　C.5 480　　　　　D.24 600

斯尔解析 本题考查存货的后续计量。加权平均单位成本＝（200×35+400×40+400×45）÷（200+400+400）=41（元/件），该企业6月发出乙材料的成本=41×600=24 600（元），选项D正确。

3.移动加权平均法

移动加权平均法是指在每次收货以后，立即根据库存存货数量和总成本，计算出新的平均单位成本的一种计算方法。

存货的移动平均单位成本＝（本次进货之前库存存货的实际成本＋本次进货的实际成本）÷（本次进货之前库存存货数量＋本次进货的数量）

发出存货的成本＝本次发出存货的数量×存货的移动平均单位成本

月末库存存货的成本＝月末库存存货的数量×月末存货的移动平均单位成本

【典例研习·9-7】（模拟单项选择题）

甲公司月初结存甲材料10吨，每吨单价8 200元，本月购入情况如下：5日购入5吨，单价8 500元；10日购入10吨，单价8 000元。本月领用情况如下：8日领用10吨。甲公司采用移动加权平均法计算发出存货成本。则8日领用材料后结存材料的成本为（　　）元。

A.41 500　　　　　B.83 000　　　　　C.5 480　　　　　D.24 600

斯尔解析 本题考查存货的后续计量。5日购入后的平均单价＝（10×8 200+5×8 500）÷（10+5）=8 300（元/吨），8日领用材料的成本=8 300×10=83 000（元），8日领用后结存材料成本=8 300×5=41 500（元），选项A正确。

【典例研习】答案：

9-6：D

9-7：A

4.个别计价法

个别计价法是指对库存和发出的每一特定存货或每一批特定存货的个别成本或每批成本加以认定的一种方法。采用个别计价法，一般需要具备两个条件：一是存货项目必须是可以辨别认定的；二是必须有详细的记录，据以了解每一个别存货或每批存货项目的具体情况。

在制造业，个别计价法主要适用于为某一特定的项目专门购入或制造并单独存放的存货。这种方法不能用于可替代使用的存货，如果用于可替代使用的存货，则可能导致企业任意选用较高或较低的单位成本进行计价，来调整当期的利润。

（二）其他核算方法

在实务中，为了管理的需要，企业通常还采用毛利率法、零售价法、计划成本法等来核算发出存货的成本。

1.毛利率法

毛利率法是根据本期销售净额乘以前期实际（或本月计划）毛利率匡算本期销售毛利，并计算发出存货成本的一种方法。本方法常见于商品流通企业。计算公式为：

销售净额=商品销售收入−销售退回与折让

销售毛利=销售净额×毛利率

销售成本=销售净额−销售毛利=销售净额×（1−毛利率）

期末存货成本=期初存货成本+本期购货成本−本期销售成本

【典例研习·9-8】（2019年单项选择题）

甲公司采用毛利率法核算乙商品的发出成本。乙商品期初成本48 000元，本期购货成本15 000元，本期销售收入总额35 000元，其中发生销售折让2 000元，根据以往经验估计，乙商品的销售毛利率为20%，则乙商品本期期末成本为（　　）元。

A.26 400 　　　　B.36 600 　　　　C.30 000 　　　　D.35 000

（斯尔解析）本题考查存货的后续计量。乙商品本期销售成本=（35 000−2 000）×（1−20%）=26 400（元），则乙商品本期期末成本=48 000+15 000−26 400=36 600（元），选项B正确。

2.零售价法

零售价法是指用成本占零售价的百分比计算期末存货成本的一种方法。该方法主要适用于商业零售企业。计算步骤和公式如下：

①期初存货和本期购货同时按成本和零售价记录；

②本期销货只按售价记录；

③计算存货成本占零售价的百分比，即成本率，公式为：

成本率=（期初存货成本+本期购货成本）÷（期初存货售价+本期购货售价）×100%

④计算期末存货成本：

期末存货成本=期末存货售价总额×成本率

⑤计算本期销售成本：

本期销售成本=期初存货成本+本期购货成本−期末存货成本

【典例研习·9-9】（模拟单项选择题）

某商品零售企业对存货采用零售价法核算。2022年6月月初，存货的成本为80

万元，零售价为100万元。本月采购商品成本总额为600万元，零售价为700万元。期末存货的售价总额为150万元。则本期销售成本为（　　　）万元。

A.552.5　　　　　　B.127.5　　　　　　C.500　　　　　　D.200

【斯尔解析】本题考查存货的后续计量。该企业6月份存货成本率＝（80＋600）/（100＋700）＝85%，期末存货成本＝150×85%＝127.5（万元），本期销售成本＝80＋600－127.5＝552.5（万元），选项A正确。

补充：售价金额计价法。

售价金额计价法，并不是一种单独的存货计价方法，而是零售价法的一种账务处理方式。平时商品存货的进、销、存均按售价记账，售价与进价的差额计入"商品进销差价"科目，期末通过计算进销差价率的办法，计算本期已销商品应分摊的进销差价，并据以调整本期销售成本。

进销差价率＝（期初存货进销差价＋本期增加存货进销差价）÷（期初存货售价＋本期增加存货售价）×100%＝1－销售成本率

本期销售存货的实际成本＝本期存货销售收入×（1－进销差价率）

【典例研习·9-10】（2020年单项选择题）

某商品零售企业对存货采用售价金额计价法核算。2020年6月30日分摊前"商品进销差价"科目余额300万元、"库存商品"科目余额380万元、"委托代销商品"科目余额50万元、"发出商品"科目余额120万元，本月"主营业务收入"科目贷方发生额650万元。则该企业6月份的商品进销差价率是（　　　）。

A.29%　　　　　　B.25%　　　　　　C.28%　　　　　　D.30%

【斯尔解析】本题考查存货的后续计量。进销差价率＝（期初存货进销差价＋本期增加存货进销差价）/（期初存货售价＋本期增加存货售价）×100%，其中，期初存货进销差价与本期增加存货进销差价之和，即为月末分摊前"商品进销差价"科目余额300万元，期初存货售价＋本期增加存货售价＝本期销售存货售价＋期末存货售价＝380＋50＋120＋650＝1 200（万元），该企业6月份商品的进销差价率＝300/1 200×100%＝25%，选项B正确。

四、存货的期末计量（★★）

企业的存货应当在期末按照成本与可变现净值孰低计量。其中，成本是指期末存货的实际成本。可变现净值是指在日常活动中，存货的估计售价减去至完工时估计将要发生的成本、估计的销售费用以及估计的相关税费后的金额。

（一）存货计提存货跌价准备的判断

企业应当定期或者至少于每年年度终了对存货进行全面清查，如由于存货遭受毁损、全部或部分陈旧过时或销售价格低于成本等原因，是存货成本高于可变现净值的，应按可变现净值低于成本的差额，计提存货跌价准备。在资产负债表中，存货项目按照减去存货跌价准备的净额反映。

1.存货可变现净值低于成本的情形

（1）该存货的市价持续下跌，并且在可预见的未来无回升的希望；

（2）因企业所提供的商品或劳务过时或消费者偏好改变而使市场的需求发生变化，导致市场价格逐渐下跌；

（3）企业使用该项原材料生产的产品的成本大于产品的销售价格；

· 173 ·

【典例研习】答案：

9-9：A

9-10：B

（4）企业因产品更新换代，原有库存原材料已不适用新产品的需要，而该原材料的市场价格又低于其账面成本；

（5）其他足以证明该项存货实质上已经发生减值的情形。

【典例研习·9-11】（2015年多项选择题）

下列项目中，表明存货发生减值的情况有（　　　）。

A.企业因为产品更新换代，原有库存原材料已不适用新产品的需要，而该原材料的市场价格高于其账面成本

B.企业使用该项原材料生产的产品的成本大于产品的销售价格

C.因企业所提供的商品或劳务过时，导致市场价格逐渐下跌

D.该存货市价持续下跌，并且在可预见的未来无回升的希望

E.原材料的计划成本小于实际成本

斯尔解析　本题考查存货的期末计量。选项A，原材料的市场价格高于其账面价值，此时原材料可以在市场上销售，并没有发生减值，不当选；选项E，计划成本是企业预先制定，其比实际成本小并不表明发生了减值，不当选。

2.存货可变现净值为零的情形

（1）已霉烂变质的存货；

（2）已过期且无转让价值的存货；

（3）生产中已不再需要，并且已无使用价值和转让价值的存货；

（4）其他足以证明已无使用价值和转让价值的存货。

（二）成本与可变现净值孰低法的三种计算方法

存货跌价准备通常应当按单个存货项目计提。在某些情况下，比如：

（1）与在同一地区生产和销售的产品系列相关、具有相同或类似最终用途或目的，且难以与其他项目分开计量的存货，可以合并计提存货跌价准备；

（2）对于数量繁多、单价较低的存货，可以按存货类别计提存货跌价准备。具体有三种方法可供选择：

方法	定义
单项比较法	也称逐项比较法或个别比较法，指对库存的每一种存货的成本与可变现净值逐项进行比较，每项存货均取较低数确定期末的存货成本
分类比较法	也称类比法，指按存货类别的成本与可变现净值进行比较，每类存货取其较低数确定存货的期末成本
综合比较法	也称总额比较法，指按全部存货的总成本与可变现净值总额相比较，以较低数作为期末全部存货的成本

【典例研习·9-12】（教材例题）

某企业有甲、乙两大类A、B、C、D四种存货，各种存货分别按三种计算方式确定期末存货的成本，如表所示：

项目	成本	可变现净值	单项比较法	分类比较法	总额比较法
甲类存货	10 000	9 600		9 600	
A存货	4 000	3 200	3 200		
B存货	6 000	6 400	6 000		
乙类存货	20 000	20 800		20 000	
C存货	8 000	9 200	8 000		
D存货	12 000	11 600	11 600		
总计	30 000	30 400	28 800	29 600	30 000

由上表可知，单项比较法确定的期末存货成本最低，为28 800元；分类比较法次之，为29 600元；总额比较法最高，为30 000元。相应地，计提的存货跌价准备分别为1 200元、400元、0。

（三）可变现净值的确定

企业持有的、目的不同的存货可变现净值的确定方法有所不同。

1.产成品、商品和用于出售的材料等直接用于出售的商品存货

情形	确定方法
存在合同价格	估计售价（合同价）−估计的销售费用和相关税费
不存在合同价格	估计售价（市场价）−估计的销售费用和相关税费

提示：资产负债表日，同一项存货中一部分有合同价格约定、其他部分不存在合同价格的，企业应分别确定其可变现净值，并与其相对应的成本进行比较，分别确定存货跌价准备的计提或转回的金额，即持有存货的数量多于销售合同订购数量的，超出部分的存货的可变现净值应当以一般销售价格为计算基础。

2.需要经过加工的材料存货

应当以所生产的产成品的估计售价减去至完工时估计将要发生的成本、估计的销售费用和相关税费后的金额，确定其可变现净值。

可变现净值=所生产的产成品的估计售价（市场价/合同价）−至完工时估计将要发生的成本−估计的销售费用和相关税费

提示：为生产而持有的材料等，用其生产的产成品的可变现净值高于成本的，该材料仍然应当按照成本计量；材料价格的下降表明产成品的可变现净值低于成本的，该材料应当按照可变现净值计量。

命题角度：根据经济业务确定期末存货的账面价值。

期末存货的账面价值，应当按照存货实际成本与可变现净值孰低确定。可以按照以下思路进行判断：

【典例研习·9-13】（教材例题）

假定甲公司2021年12月31日库存W型机器12台，成本（不含增值税）为360万元，单位成本为30万元。该批W型机器全部销售给乙公司。与乙公司签订的销售合同约定，2022年1月20日，甲公司应按每台30万元的价格（不含增值税）向乙公司提供W型机器12台。

甲公司销售部门提供的资料表明，向长期客户——乙公司销售的W型机器的平均运杂费等销售费用为0.12万元/台；向其他客户销售W型机器的平均运杂费等销售费用为0.1万元/台。

2021年12月31日，W型机器的市场销售价格为32万元/台。

在该例中，能够证明W型机器的可变现净值的确凿证据是甲公司与乙公司签订的有关W型机器的销售合同、市场销售价格资料、账簿记录和甲公司销售部门提供的有关销售费用的资料等。根据该销售合同规定，库存的12台W型机器的销售价格全部由销售合同约定。

在这种情况下，W型机器的可变现净值应以销售合同约定的价格30万元/台为基础确定。据此，W型机器的可变现净值=30×12-0.12×12=358.56（万元），低于W型机器的成本（360万元），应按其差额1.44万元计提存货跌价准备（假定以前未对W型机器计提存货跌价准备）。如果W型机器的成本为350万元，则无须计提存货跌价准备。

【典例研习·9-14】（2012年单项选择题）

甲公司期末存货采用成本与可变现净值孰低法计量。2011年11月18日，甲公司与华山公司签订销售合同，约定于2012年2月1日向华山公司销售某类机器1 000台，每台售价1.5万元（不含增值税）。2011年12月31日，公司库存该类机器1 300台，每台成本1.4万元。2011年资产负债表日该机器的市场销售价格为每台1.3万元

（不含增值税），向其他客户预计销售税费为每台0.05万元。则2011年12月31日甲公司该批机器在资产负债表"存货"中应列示的金额为（　　　）万元。

　　A.1 625　　　　　　B.1 775　　　　　　C.1 820　　　　　　D.1 885

　　【斯尔解析】本题考查存货的期末计量。根据解题步骤列示如下：

　　步骤一，该存货是直接用于出售；

　　步骤二，对于直接用于出售的存货需要区分有合同和没有合同的情况：

　　有合同部分：存货的成本=1 000×1.4=1 400（万元），可变现净值=1 000×1.5=1 500（万元），未减值；无合同部分：存货的成本=300×1.4=420（万元），可变现净值=300×1.3−300×0.05=375（万元），存货计提资产减值损失=420−375=45（万元）；

　　步骤三，2011年12月31日甲公司该批机器在资产负债表"存货"中列示的金额=1 400+375=1 775（万元），选项B正确。

【典例研习 · 9-15】（2019年单项选择题）

　　长江公司期末存货采用成本与可变现净值孰低法计量。2018年12月31日，库存甲材料的账面价值（成本）为90万元，市场销售价格为85万元。甲材料可用于生产2台乙产品，每台市场销售价格为75万元，单位成本为70万元，预计销售费用每台为2万元。假设不考虑相关税费，甲材料之前未计提过减值准备，则长江公司2018年年末甲材料应计提存货跌价准备（　　　）万元。

　　A.5　　　　　　　　B.10　　　　　　　　C.6　　　　　　　　D.0

　　【斯尔解析】本题考查存货的期末计量。根据解题步骤列示如下：

　　步骤一，该甲材料是需要经过加工的存货；

　　步骤二，先判断甲材料生产出来的乙产品是否需要计提存货跌价准备，乙产品的估计售价−预计销售费用=75−2=73（万元），大于产品成本70万元，乙产品未发生减值。因此，甲材料未发生减值，不需要计提存货跌价准备，选项D正确。

【典例研习 · 9-16】（2015年单项选择题）

　　乙公司期末存货采用成本与可变现净值孰低法计量。期末原材料的账面余额为1 200万元，数量为120吨，该原材料专门用于生产与丙公司所签合同约定的Y产品。该合同约定：乙公司为丙公司提供Y产品240台，每台售价10.5万元（不含增值税，下同）。将该原材料加工成240台Y产品尚需加工成本总额1 100万元，估计销售每台Y产品尚需发生相关税费1万元。期末该原材料市场上每吨售价为9万元，估计销售每吨原材料尚需发生相关税费0.1万元。期末该原材料的账面价值为（　　　）万元。

　　A.1 068　　　　　　B.1 180　　　　　　C.1 080　　　　　　D.1 200

　　【斯尔解析】本题考查存货的期末计量。根据解题步骤列示如下：

　　步骤一，该原材料是需要经过加工的存货；

　　步骤二，先判断原材料生产出来的产成品是否需要计提存货跌价准备，Y产品可变现净值=240×（10.5−1）=2 280（万元），Y产品成本=1 200+1 100=2 300（万元），Y产品成本大于可变现净值，所以Y产品发生减值，其次判断原材料是否减值，期末原材料可变现净值=2 280−1 100=1 180（万元），期末原材料成本=1 200（万元），计提存货减值损失=1 200−1 180=20（万元）；

　　步骤三，期末该原材料的账面价值为1 180万元，选项B正确。

【典例研习】答案：

9-14：B

9-15：D

9-16：B

（四）存货跌价准备的核算

存货成本高于其可变现净值的，应当计提存货跌价准备，计入当期损益。以前减记存货价值的影响因素已经消失的，减记的金额应当予以恢复，并在原已计提的存货跌价准备金额内转回，转回的金额计入当期损益。

1.科目设置

企业应当设置"存货跌价准备"科目核算存货跌价准备的计提、转回和转销情况，跌价准备记入"资产减值损失"科目。"存货跌价准备"科目属于资产的备抵科目，增加记入贷方，减少记入借方，期末余额在贷方。

存货跌价准备

（2）转回多提的金额 （3）转回销售的金额	（1）当期计提的金额
	余额：已计提的金额

2.账务处理

（1）存货跌价准备的计提。

期末，比较成本与可变现净值计算出应计提的跌价准备，然后与"存货跌价准备"科目的余额进行比较，若应提数大于已提数，应予补提。

借：资产减值损失

　　贷：存货跌价准备

（2）存货跌价准备的转回。

已计提跌价准备的存货价值以后得以恢复的，应在原已计提的存货跌价准备金额内予以转回。

借：存货跌价准备

　　贷：资产减值损失

（3）存货跌价准备的结转对于已经计提减值的存货对外出售、用于债务重组或非货币性资产交换，需要结转其相应的跌价准备金额。

借：存货跌价准备

　　贷：主营业务成本

【典例研习·9-17】（教材例题）

华丰公司自2015年起采用"成本与可变现净值孰低法"对期末某类存货进行计价，并运用分类比较法计提存货跌价准备。假设公司2015～2018年年末该类存货的账面成本均为200 000元。

情形	账务处理
①假设2015年年末该类存货的预计可变现净值为180 000元	借：资产减值损失　　20 000 　　贷：存货跌价准备　　　20 000
②假设2016年年末该类存货的预计可变现净值为170 000元，则应补提的存货跌价准备为10 000元	借：资产减值损失　　10 000 　　贷：存货跌价准备　　　10 000

续表

情形	账务处理
③假设2017年11月30日，因存货用于对外销售而转出已提跌价准备5 000元	借：存货跌价准备　　5 000 　　贷：主营业务成本　　　5 000
④假设2017年年末该类存货的可变现净值有所恢复，预计可变现净值为194 000元，则应有存货跌价准备6 000元，已计提的存货跌价准备为：30 000-5 000=25 000（元），应提准备=6 000-25 000=-19 000（元）	借：存货跌价准备　　19 000 　　贷：资产减值损失　　　19 000
⑤假设2018年年末该类存货的可变现净值进一步恢复，预计可变现净值为205 000元，则应冲减已计提的存货跌价准备6 000元（以已经计提的跌价准备为限）	借：存货跌价准备　　6 000 　　贷：资产减值损失　　　6 000

第二节　原材料的核算

使用斯尔教育APP
扫码观看本节好课

一、原材料的核算内容及其方法

原材料，指企业在生产过程中，经加工改变其形态或性质并构成产品主要实体的各种原料及主要材料、辅助材料、外购半成品（外购件）、修理用备件（备品备件）、包装材料、燃料等。

以下项目不通过"原材料"科目核算：

（1）企业对外进行来料加工装配业务而收到的原材料、零件等，应单独设置备查簿进行登记；

（2）委托外单位加工的材料、商品的加工成本，直接在"委托加工物资"科目核算；

（3）企业购入的在建工程所需要的材料、机器设备等，在"工程物资"科目核算。

企业原材料的日常核算，可以采用计划成本，也可以采用实际成本，由企业根据具体情况自行决定。原材料品种繁多、收发频繁的企业可以采用计划成本核算。

二、按实际成本计价的原材料核算（★）

基本原则："原材料"科目核算的是原材料收、发、结存的实际成本。

（一）原材料的取得

1.发票账单与原材料同时到达

借：原材料

　　应交税费——应交增值税（进项税额）

　　贷：银行存款/应付票据/应付账款等

2.发票账单已到达、但原材料尚未到达

（1）发票账单到达时：

借：在途物资

应交税费——应交增值税（进项税额）

贷：银行存款等

其中，"在途物资"科目，核算企业购入的，货款已付但尚未到达或尚未验收入库的各种原材料的采购成本。

（2）原材料验收入库时：

借：原材料

贷：在途物资

3.原材料已验收入库，但尚未收到发票账单

（1）月末按暂估价入账。

借：原材料

贷：应付账款——暂估应付账款

（2）下月初做相反的会计分录，予以冲回，以便下月付款后按正常程序处理。

4.采购过程中的短缺和毁损

（1）定额内合理的途中损耗，计入材料的采购成本。

（2）能确定由供应单位、运输单位、保险公司或其他过失人赔偿的，应向有关单位或责任人索赔。

借：其他应收款

贷：在途物资

（3）凡尚待查明原因和需要报经批准才能转销处理的损失，应将其损失从"在途物资"科目转入"待处理财产损溢"科目，查明原因后再分别处理：

①属于应由供货单位、运输单位、保险公司或其他过失人负责赔偿的，将其损失从"待处理财产损溢"科目转入"应付账款"科目或"其他应收款"科目；

②属于自然灾害造成的损失，应按扣除残料价值和保险公司赔偿后的净损失，从"待处理财产损溢"科目转入"营业外支出——非常损失"科目；

③属于无法收回的其他损失，报经批准后，将其从"待处理财产损溢"科目转入"管理费用"科目。

（二）原材料的领用

按原材料的实际成本。

借：生产成本（生产车间生产产品领用）

制造费用（生产车间管理部门一般耗用）

销售费用（销售部门消耗）

管理费用（行政管理部门消耗）

在建工程（工程项目消耗）

研发支出（研发环节消耗）

委托加工物资（发出委托外单位加工领用）

贷：原材料

（三）原材料的出售

借：银行存款／应收账款

　　贷：其他业务收入

　　　　应交税费——应交增值税（销项税额）

借：其他业务成本

　　存货跌价准备

　　贷：原材料

三、按计划成本计价的原材料核算（★★）

（一）科目设置

核算科目	核算内容
材料采购	企业采用计划成本进行材料日常核算而购入材料的采购成本（实际成本）。采用计划成本核算的原材料采购业务，不管结算方式如何，一律通过"材料采购"科目核算
原材料	收发原材料的计划成本
材料成本差异	企业材料的实际成本与计划成本之间的差异

　　原材料采用计划成本核算，其本质上还是实际成本，只是将实际成本分为计划成本和材料成本差异。

　　材料成本差异必须根据规定的方法计算出分配率，按月进行分配，不得任意多摊、少摊或不摊，即将计划成本调整为实际成本。

（二）原材料收发的核算

情形		会计处理
（1）外购原材料		借：材料采购（实际成本） 　　应交税费——应交增值税（进项税额） 　　贷：银行存款等
（2）验收入库	实际成本＞计划成本	借：原材料（计划成本） 　　材料成本差异（超支差） 　　贷：材料采购（实际成本）
	实际成本＜计划成本	借：原材料（计划成本） 　　贷：材料采购（实际成本） 　　　　材料成本差异（节约差）
（3）生产领用		借：生产成本等 　　贷：原材料（计划成本）
（4）月末结转差异	超支差	借：生产成本等 　　贷：材料成本差异（结转超支差）
	节约差	借：材料成本差异（结转节约差） 　　贷：生产成本等

（三）材料成本差异的计算

发出存货应负担的成本差异，必须按月分摊，不得在季末或年末一次计算。发出存货应负担的成本差异，除委托外部加工发出存货可以按月初成本差异率计算外，都应使用当月的实际成本差异率；如果月初的成本差异率与本月成本差异率相差不大，也可按照月初的成本差异率计算。

$$本月材料成本差异率=\frac{月初结存材料成本差异+本月收入材料成本差异总额}{月初结存材料计划成本+本月收入材料计划成本总额}\times100\%$$

本月发出材料的实际成本＝发出材料的计划成本×（1＋本月材料成本差异率）

本月发出材料应负担成本差异额＝发出材料的计划成本×本月材料成本差异率

提示：

①本月收入存货的计划成本中，不包括暂估入账的存货的计划成本。

②企业应按照存货的类别或品种，如原材料、包装物、低值易耗品等，对材料成本差异进行明细核算，不能使用一个综合差异率来分摊发出存货和库存存货应负担的材料成本差异。

【典例研习·9-18】（2019年单项选择题）

甲公司原材料按计划成本法核算。2019年6月期初"原材料"借方余额为40 000元、"材料成本差异"科目贷方余额为300元，期初的"原材料"科目余额中含有5月末暂估入账的原材料计划成本10 000元。2019年6月份入库原材料的计划成本为50 000元，实际成本为49 500元。2019年6月份发出原材料的计划成本为45 000元。假设6月末暂估入账原材料为零，不考虑相关税费，则甲公司6月末库存原材料的实际成本为（　　）元。

A.44 550　　　　　B.45 450　　　　　C.25 250　　　　　D.34 650

斯尔解析 本题考查按计划成本计价的原材料核算。采用计划成本法计算材料成本差异率时，计划成本中，不包括暂估入账的存货的计划成本。材料成本差异的借方余额表示超支，差异为正，贷方余额表示节约，差异为负。材料成本差异率＝[−300＋（49 500−50 000）]／[（40 000−10 000）＋50 000]＝−1%，月末原材料的实际成本＝[（40 000−10 000）＋50 000−45 000]×（1−1%）＝34 650（元），选项D正确。

（四）材料计划成本的调整

入库材料的计划成本应当尽可能接近实际成本。除特殊情况外，计划成本在年度内不得随意变更。

（1）调整减少计划成本时：

借：材料成本差异

　　贷：原材料

（2）调增增加计划成本时：

借：原材料

　　贷：材料成本差异

解题高手

命题角度1：考查"材料成本差异"科目借方或贷方的核算内容。

方向	入库环节	月末结转环节	月末留存	调整计划成本
借方	超支差	节约差	超支差	调整减少额
贷方	节约差	超支差	节约差	调整增加额

命题角度2：计算发出或结存原材料的实际成本。

　　无论是计算发出原材料的实际成本，还是计算结存原材料的实际成本，按以下步骤进行。

　　第一步，计算发出或结存原材料的计划成本；

　　第二步，计算材料成本差异率，超支时材料成本差异为正，节约时材料成本差异为负；

　　第三步，用第一步计算的原材料计划成本×（1+材料成本差异率），即为当期发出或结存原材料的实际成本。

【典例研习·9-19】（2020年多项选择题）

原材料按计划成本计价时，"材料成本差异"账户的借方核算的内容有（　　）。

A.调整库存材料计划成本时调整减少的计划成本

B.入库材料的实际成本大于计划成本的差异

C.结转的材料的实际成本大于计划成本的差异

D.结转的材料的实际成本小于计划成本的差异

E.入库材料的实际成本小于计划成本的差异

斯尔解析　本题考查按计划成本计价的原材料核算。入库环节的超支差在借方核算，节约差在贷方核算，选项B正确，选项E错误；结转环节的超支差在贷方核算，节约差在借方核算，选项D正确，选项C错误；调整库存材料计划成本时，调整减少的计划成本在借方核算，调整增加的计划成本在贷方核算，选项A正确。

【典例研习】答案：

9-19：ABD

使用斯尔教育APP
扫码观看本节好课

第三节　其他存货的核算

一、委托加工物资的核算（★）

事项		会计处理
发给外单位加工的物资		借：委托加工物资（实际成本） 　贷：原材料
支付加工费、运杂费		借：委托加工物资 　　　应交税费——应交增值税 　　（进项税额） 　贷：银行存款等
支付由受托方代收代缴的消费税	以不高于受托方的计税价格出售、用于非消费税项目	借：委托加工物资 　贷：银行存款等
	以高于受托方的计税价格出售、用于连续生产应税消费品	借：应交税费——应交消费税 　贷：银行存款等
加工完成验收入库		借：原材料（剩余物资） 　　　库存商品 　贷：委托加工物资

【典例研习·9-20】（教材例题改编）

甲公司委托乙公司加工汽车外胎20个，发出材料的实际总成本为4 000元，加工费为800元，乙公司同类外胎的单位销售价格为400元。2022年11月20日甲公司将外胎取回后当即投入整胎生产（加工费及乙公司代缴的消费税均未结算），生产出的整胎于12月15日全部售出，总售价为40 000元。轮胎的消费税税率为10%。

甲公司委托加工外胎和销售整胎的消费税及相应的会计处理如下：

委托加工外胎的消费税=400×20×10%=800（元）

销售整胎的消费税=40 000×10%=4 000（元）

（1）发出材料、支付加工费用、计提消费税：

借：委托加工物资　　　　　　　　　　　　　　4 000
　　贷：原材料　　　　　　　　　　　　　　　　　　　　4 000
借：委托加工物资　　　　　　　　　　　　　　800
　　贷：应付账款　　　　　　　　　　　　　　　　　　　　800
借：应交税费——应交消费税　　　　　　　　　800
　　贷：应付账款　　　　　　　　　　　　　　　　　　　　800

（2）委托加工的外胎提回时：

借：原材料　　　　　　　　　　　　　　　　　4 800
　　贷：委托加工物资　　　　　　　　　　　　　　　　　　4 800

（3）整胎销售时：

借：税金及附加 4 000

　　贷：应交税费——应交消费税 4 000

（4）实际缴纳消费税时：

实际缴纳消费税税额＝4 000－800＝3 200（元）

借：应交税费——应交消费税 3 200

　　贷：银行存款 3 200

二、周转材料的核算（★）

周转材料主要包括包装物和低值易耗品等，以及建筑企业的钢模板、木模板、脚手架和其他周转使用的材料等。

为了核算企业的周转材料，应设置"周转材料"科目，该科目应按周转材料的种类，分别在"在库""在用""摊销"明细科目进行明细核算。

（1）周转材料应当按照使用次数分次计入成本费用。

事项		会计处理
领用时		借：周转材料——在用（账面价值） 　　贷：周转材料——在库
摊销时		按应摊销金额： 借：生产成本等 　　贷：周转材料——摊销
报废	补提摊销额	借：生产成本等 　　贷：周转材料——摊销
	报废残料价值	借：原材料等 　　贷：生产成本等
转销全部已提摊销		借：周转材料——摊销 　　贷：周转材料——在用

（2）周转材料金额较小时，可在领用时一次计入成本费用。为加强实物管理，应当在备查账簿上登记。

三、发出商品的核算

（1）对外销售已发出商品、但不满足《企业会计准则第14号——收入》规定的确认条件的情况，因而不能结转商品销售成本。

借：发出商品

　　贷：库存商品

（2）企业委托其他单位代销的商品，也在"发出商品"科目核算，对采用支付手续费方式委托其他单位代销的商品，企业也可以另设"委托代销商品"科目。

借：发出商品/委托代销商品

　　贷：库存商品

（3）发出商品如发生退回。

借：库存商品

　　贷：发出商品

使用斯尔教育 APP
扫码观看本节好课

第四节　存货清查的核算

一、存货数量的确定方法

实地盘存制（定期盘存制）	
含义	企业平时只在账簿中登记存货的增加数，不记减少数，期末根据清点所得的实存数，计算本期存货的减少数
特点	核算工作比较简便，但不能随时反映各种物资的收发结存情况，不能随时结转成本，并把物资的自然和人为短缺数隐含在发出数量之内
	同时由于缺乏经常性资料，不便于对存货进行计划和控制，所以实地盘存制的实用性较差
适用性	仅适用于一些单位价值较低、自然损耗大、数量不稳定、进出频繁的特定货物

永续盘存制（账面盘存制）	
含义	企业设置各种数量金额的存货明细账，根据有关凭证，逐日逐笔登记材料、产品、商品等的收发领退数量和金额，随时结出账面结存数量和金额
特点	可以随时掌握各种存货的收发、结存情况，有利于存货管理
盘点	为了核对存货账面记录，永续盘存制亦要求进行存货的实物盘点。会计年度终了，应进行一次全面的盘点清查，并编制盘点表，保证账物相符，如有不符应查明原因并及时处理

提示：我国企业会计实务中，存货的数量核算一般采用永续盘存制。但不论采用何种方法，前后各期都应保持一致。

二、存货清查的账务处理（★★）

企业存货应当定期盘点，盘点结果如果与账面记录不符，应于期末前查明原因，并根据企业的管理权限，经股东大会或董事会，或经理（厂长）会议或类似机构批准后，在期末结账前处理完毕。

（一）盘盈

盘盈或盘亏的存货，如在期末结账前尚未经批准，应在对外提供财务报告时先按上述规定进行处理，并在财务报表附注中作出说明，如果期后批准处理的金额与已处理的金额不一致，应按其差额调整会计报表相关项目的年初数。

盘盈的存货应通过"待处理财产损溢"科目进行会计处理。按管理权限报经批准后冲减当期管理费用。

时点	账务处理
盘盈时	借：原材料、库存商品等 　贷：待处理财产损溢
报经批准后	借：待处理财产损溢 　贷：管理费用

（二）盘亏或毁损

存货发生的盘亏或毁损，应通过"待处理财产损溢"科目进行核算。按管理权限报经批准后，分情况处理：

时点	账务处理
盘亏时	借：待处理财产损溢 　贷：原材料、库存商品等 　　　应交税费——应交增值税（进项税额转出） 提示：自然灾害导致的存货盘亏进项税额无须转出
批准后	借：库存现金（残料处置收入） 　　原材料（残料价值） 　　其他应收款（保险赔偿或过失人赔偿） 　　管理费用（管理原因造成的净损失） 　　营业外支出（自然灾害等非正常损失） 　贷：待处理财产损溢

【典例研习·9-21】（2014年多选选择题）

下列关于存货清查的会计处理中，正确的有（　　　）。

A.盘盈或盘亏的存货如在期末结账前尚未经批准，应在对外提供的财务报表中先按规定进行处理

B.盘盈的存货经批准后应计入营业外收入

C.因管理不善原因造成盘亏的存货扣除可以收回的保险和过失人赔偿后的净额计入管理费用

D.因自然灾害造成非正常损失的存货应计入管理费用

E.盘亏的存货应将其相应的增值税进项税额转出

【斯尔解析】本题考查存货的清查。盘盈盘亏的存货，应当在期末结账前处理完毕，如在期末结账前尚未经批准，应当在对外提供财务报告时先按规定进行处理，并在财务报表附注中作出说明，如果期后批准处理的金额与已处理的金额不一致，应按其差额调整会计报表相关项目的年初数，选项A正确。盘盈的存货经批准后应计入管理费用，而非营业外收入，选项B错误；因管理不善导致存货盘亏净损失计入管理费用，选项C正确；因自然灾害造成非正常损失的存货应计入营业外支出，选项D错误；企业盘亏的存货，如果是因为自然灾害等非正常原因造成的，其进项税额不需要转出，选项E错误。

【典例研习】答案：
9-21：AC

【典例研习·9-22】（2018年单项选择题）

长江公司系增值税一般纳税人，2017年年末盘亏一批原材料，该批原材料购入成本为120万元，购入时确认进项税额为20.4万元。经查，盘亏系管理不善被盗所致，确认由相关责任人赔偿20万元。假定不考虑其他因素，确认的盘亏净损失对2017年度利润总额的影响金额为（　　　）万元。

A.160.4　　　　　　B.140.4　　　　　　C.100.8　　　　　　D.120.4

斯尔解析 本题考查存货的清查。因管理不善原因导致的存货盘亏，进项税额应作转出处理，确认的盘亏净损失对2017年度利润总额的影响金额=120+20.4-20=120.4（万元），选项D正确。

冲关地图

🏁 ： 要听懂
❗❗❗ ： 你得背
√+-×÷ ： 你得算
👓 ： 有空看

第九章 流动资产（二）

存货的确认和计量
- 存货的概念和确认 —— 🏁 存货的概念和确认
- 存货的初始计量 —— √+-×÷ 存货的初始计量
- 存货的后续计量
  - √+-×÷ 先进先出法
  - √+-×÷ 月末一次加权平均法
  - √+-×÷ 移动加权平均法
  - √+-×÷ 个别计价法
  - √+-×÷ 毛利率法
  - √+-×÷ 零售价法
- 存货的期末计量 —— √+-×÷ 存货的期末计量

原材料的核算
- 🏁 原材料的核算内容及其方法
- 🏁 按实际成本计价的原材料核算
- √+-×÷ 按计划成本计价的原材料核算

其他存货的核算
- 🏁 委托加工物资的核算
- 🏁 周转材料的核算
- 🏁 发出商品的核算

存货清查的核算
- 🏁 存货数量的确定方法
- √+-×÷ 存货清查的账务处理

第十章　非流动资产（一）

学习提要

考几分？

　　本章属于重点章节，近三年平均分值在11分左右。

怎么考？

　　本章考查题型非常全面，各种题型均有涉及，经常与其他章节结合出题。

怎么学？

　　本章的知识并不难，但考查非常全面，需要重点关注基础性、细节性内容，对知识的掌握要精准，不可似是而非。为方便学习，本章与非货币性资产交换有关的内容，将统一在第十一章介绍；并将教材第十一章与投资性房地产有关的内容移至本章讲解。

考点精讲

使用斯尔教育APP
扫码观看本节好课

第一节　固定资产的核算

一、固定资产的概念与确认

（一）固定资产的概念

固定资产是指同时具有下列特征的有形资产：

①为生产商品、提供劳务、出租或经营管理而持有的。

②使用年限超过一个会计年度。

提示：出租不包括作为投资性房地产核算的以租赁方式租出的建筑物。

（二）固定资产的确认

固定资产在同时满足以下两个条件时，才能加以确认：

①该固定资产包含的经济利益很可能流入企业。

②该固定资产的成本能够可靠地计量。

提示：

①对于企业的环保设备和安全设备等资产，虽然不能直接为企业带来经济利益，却有助于企业从相关资产获得经济利益，也应当确认为固定资产，但这类资产与相关资产的账面价值之和不能超过这两类资产可收回金额总额。

②对于固定资产的各个组成部分，各自具有不同的使用寿命或者以不同方式为企业提供经济利益，从而适用不同的折旧率或折旧方法的，应当单独确认为固定资产。

③企业购置计算机硬件所附带的、无法单独计价的软件，与所购置的计算机硬件一并作为固定资产。

④建筑企业为保证施工和管理正常进行而购建的各种临时设施，也在固定资产科目下核算。

二、固定资产的初始计量（★★）

固定资产应当按照成本进行初始计量，已入账的固定资产成本也被称为固定资产原值。固定资产的成本，是指企业购建某项固定资产达到预定可使用状态前所发生的一切合理、必要的支出。由于企业取得固定资产的途径和方式不同，其成本的确定也有所差异。

（一）外购取得的固定资产

（1）购入不需要安装的固定资产的成本，包括购买价款、相关税费、使固定资产达到预定可使用状态前所发生的可归属于该项资产的运输费、装卸费和专业人员服务费等。

借：固定资产

　　贷：银行存款等

（2）外购需要安装的固定资产，企业计入"在建工程"科目，达到预定可使用状态时，再转入"固定资产"科目。

①购入及安装时。

借：在建工程

　　贷：银行存款/应付职工薪酬等

②达到预定可使用状态时。

借：固定资产

　　贷：在建工程

（3）购入固定资产超过正常信用条件延期支付价款（如分期付款购买固定资产），实质上具有融资性质的，则应：

借：固定资产（在建工程）（按所购固定资产应付购买价款的现值）

　　未确认融资费用（差额）

　　贷：长期应付款（按应支付的金额）

（4）企业以一笔款项购入多项没有单独标价的固定资产，应当按照各项固定资产公允价值比例对总成本进行分配，分别确认各项固定资产的成本。

（二）自行建造的固定资产

企业自行建造固定资产的核算，主要是通过设置"在建工程"、"工程物资"等科目进行。

1.自营方式建造固定资产

企业通过自营方式建造的固定资产，其入账价值应当按照该项资产达到预定可使用状态前所发生的必要支出确定，包括工程物资成本、人工成本、交纳的相关税费、应予资本化的借款费用以及应分摊的间接费用等。主要包括：

（1）在建工程发生的管理费、征地费、可行性研究费、临时设施费、公证费、监理费等，应计入在建工程成本。

（2）辅助生产部门为工程提供的水、电、设备安装、修理、运输等劳务计入在建工程成本。

（3）建设期间发生的工程物资盘亏、报废及毁损，减去残料价值以及保险公司、责任人等赔款后的净损失，计入所建工程项目的成本；盘盈的工程物资或处置净收益，冲减所建工程项目的成本。

（4）在建工程进行负荷联合试车发生的费用，计入所建工程项目的成本；试车形成的产品转为库存商品的，冲减所建工程项目的成本。

提示：固定资产达到预定可使用状态前产出的产品或副产品，首先分别确认为存货或其他相关资产；然后在对外销售时，相关的收入和成本分别进行会计处理，计入当期损益，不应将试运行销售相关收入抵销相关成本后的净额冲减固定资产成本。

（5）由于自然灾害等原因造成的在建工程报废或毁损，减去残料价值和过失人或保险公司等赔款后的净损失计入营业外支出。

（6）工程完工后发生的工程物资盘盈、盘亏、报废、毁损，计入当期损益。

2.出包工程建造固定资产

企业以发包方式建造固定资产，其成本由建造该项固定资产达到预定可使用状态前所发生的必要支出构成。

自行建造的固定资产，如果已达到预定可使用状态但尚未办理竣工决算手续的，可先按估计价值入账，待确定实际成本后再进行调整。

（三）投资者投入的固定资产

企业接受投资者投入的固定资产，按投资合同或协议约定的价值入账（合同或协议约定价值不公允的除外）。

借：固定资产

　　贷：实收资本/股本

（四）存在弃置义务的固定资产

对存在弃置义务（报废清理费用不属于弃置费用）的固定资产。

情形	账务处理
取得固定资产时按预计弃置费用的现值	借：固定资产 　　贷：预计负债
在该项固定资产的使用寿命内，按弃置费用计算确定各期应负担的利息费用	借：财务费用 　　贷：预计负债

提示：固定资产装修发生的装修费用满足固定资产确认条件的，也应借记"固定资产"等科目，贷记"银行存款"等科目。

解题高手 +7

命题角度1：考查影响固定资产成本的项目。

需要重点关注以下项目：

影响固定资产成本的项目	常见的干扰项目
弃置费用	报废清理费用
工程建设期间发生的工程物资盘亏、报废、毁损净损失	自然灾害导致的毁损净损失
	工程完工后工程物资的盘亏净损失
	工程物资的减值准备
满足资本化条件的借款费用	达到预定可使用状态后的借款费用

命题角度2：自行建造固定资产过程中，需通过"在建工程——待摊支出"核算的内容。

主要包括：在建工程发生的管理费、征地费、可行性研究费、临时设施费、公证费、监理费、应负担的税费、满足资本化条件的借款费用、建设期间发生的工程物资盘亏净损失与盘盈净收益、在建工程进行负荷联合试车发生的费用与形成的产品。

【典例研习·10-1】（2015年多项选择题）

下列各项中，通过"在建工程——待摊支出"核算的有（　　　）。

A.建设期间发生工程物资盘盈净收益

B.进行负荷联合试车领用原材料费用

C.工程管理费

D.符合资本化条件的外币借款的汇兑差额

E.由于自然灾害造成的工程报废净损失

斯尔解析 本题考查固定资产的初始计量。通过"在建工程——待摊支出"核算的项目包括：在建工程发生的管理费、征地费、可行性研究费、临时设施费、公证费、监理费、应负担的税费、满足资本化条件的借款费用、建设期间发生的工程物资盘亏净损失与盘盈净收益、在建工程进行负荷联合试车发生的费用与形成的产品，选项ABCD正确；由于自然灾害等原因造成的在建工程报废或毁损，减去残料价值和过失人或保险公司等赔偿款后的净损失，计入营业外支出，选项E错误。

【典例研习·10-2】（2020年单项选择题）

甲公司2020年3月1日开始自营建造一生产线，购进工程物资总额60万元，领用工程物资50万元、库存商品10万元，工程负担职工薪酬15万元，建设期间发生工程物资盘亏2万元，发生负荷联合试车费用5万元，试车形成的库存商品0.5万元。不考虑增值税等影响，该生产线的总成本是（　　）万元。

A.78.5　　　　　　B.72.5　　　　　　C.73.5　　　　　　D.81.5

斯尔解析 本题考查固定资产的初始计量。该生产线的总成本=50+10+15+2+5-0.5=81.5（万元），选项D正确。

三、固定资产的后续计量（★★）

（一）固定资产的折旧

1.固定资产折旧的性质

固定资产折旧是指在固定资产使用寿命内，按照确定的方法对应计折旧额进行的系统分摊。

其中：

应计折旧额=固定资产的原价-预计净残值

已计提减值准备的固定资产，还应当扣除已计提的固定资产减值准备累计金额。

2.影响固定资产折旧的基本因素

影响因素	含义
原值	企业计提固定资产折旧时的基数，即固定资产取得时的入账价值或原价
预计净残值	假定固定资产预计使用寿命已满并处于使用寿命终了时的预期状态，企业目前从该项资产处置中获得的扣除预计处置费用后的金额
使用寿命	企业使用固定资产的预计期间，或者该固定资产所能生产产品或提供劳务的数量

企业应当根据固定资产的性质和使用情况，合理确定固定资产的使用寿命和预计净残值。固定资产的使用寿命、预计净残值一经确定，不得随意变更。除非当企业按规定定期对固定资产的使用寿命进行复核时，发现固定资产的使用寿命的预期数与原先的估计数有重大差异，则应当调整固定资产折旧年限。

【典例研习】答案：

10-2：D

【典例研习·10-3】（2020年多项选择题）

下列属于影响固定资产折旧的基本因素有（   ）。

A.固定资产的使用寿命

B.固定资产原值

C.固定资产预计净残值

D.固定资产减值准备金额

E.固定资产折旧计提的方法

🔍 斯尔解析　本题考查固定资产的折旧。影响固定资产折旧的基本因素主要包括：固定资产的原值、固定资产的预计净残值和固定资产的使用寿命，选项ABC正确。

3.固定资产折旧的范围

（1）空间范围。

除下列情况外，企业应对所有固定资产计提折旧：

①按规定单独估价作为固定资产入账的土地；

②已提足折旧仍继续使用的固定资产；

③提前报废的固定资产不补提折旧；

④持有待售的非流动资产。

提示：

①对已达到预定可使用状态的固定资产，无论是否交付使用，尚未办理竣工决算的，应当按照暂估价值确认为固定资产，并计提折旧；待办理了竣工决算手续后，再按实际成本调整原来的暂估价值，但不需要调整原已计提的折旧额。

②对符合固定资产确认条件的固定资产装修费用，应当在两次装修期间与固定资产剩余使用寿命两者中较短的期间内计提折旧。

③处于更新改造过程而停止使用的固定资产，符合固定资产确认条件的，应当转入在建工程，停止计提折旧；不符合固定资产确认条件的，不应转入在建工程，照提折旧。

④因大修理而停用、未使用的固定资产，照提折旧。

（2）时间范围。

固定资产应当按月计提折旧。

对当月增加的固定资产，当月不提折旧，从下月起计提折旧；

对当月减少的固定资产，当月照提折旧，从下月起不提折旧。

【典例研习·10-4】（2019年单项选择题）

下列固定资产中，应计提折旧的是（   ）。

A.持有待售的固定资产

B.按规定单独估价作为固定资产入账的土地

C.未交付使用但已达到预定可使用状态的固定资产

D.未提足折旧提前报废的设备

🔍 斯尔解析　本题考查固定资产的折旧。持有待售的固定资产不再计提折旧，选项A错误；按规定单独估价作为固定资产入账的土地不计提折旧，选项B错误；未提足折旧提前报废的设备不再补提折旧，选项D错误；固定资产即使尚未交付使用，只要达到预定可使用状态就应计提折旧，选项C正确。

4.固定资产折旧的方法

企业可选用的折旧方法包括年限平均法、工作量法、双倍余额递减法和年数总和法等。

企业应当根据固定资产所含经济利益预期实现方式选择上述折旧方法，折旧方法一经确定，不得随意变更。

除非与固定资产有关的经济利益预期实现方式有重大改变的，应当改变固定资产折旧方法。折旧方法变更，应当在会计报表附注中予以说明。

（1）年限平均法。

年限平均法，又称直线法，是指将固定资产的应计折旧额均匀地分摊到固定资产预计使用寿命内的一种方法。

年折旧额=（原价−预计净残值）/预计使用年限

　　　　=原价×（1−预计净残值率）/预计使用年限

　　　　=原价×年折旧率

月折旧额=年折旧额/12

【典例研习·10-5】（模拟单项选择题）

甲公司有一台生产用机器设备，原价为608万元，预计使用10年，预计净残值为8万元，采用年限平均法计提折旧。不考虑其他因素，则该机器设备每月应计提的折旧金额为（　　）万元。

A.60　　　　　　B.40　　　　　　C.20　　　　　　D.5

斯尔解析　本题考查固定资产的折旧。应计折旧额=原值−预计净残值=608−8=600（万元），年折旧额=应计折旧额/预计使用年限=600/10=60（万元），月折旧额=60/12=5（万元），选项D正确。

（2）工作量法。

工作量法，是根据固定资产在使用期间完成的总的工作量平均计算折旧的一种方法。计算公式为：

单位工作量折旧额=（固定资产原价−预计净残值）/预计总工作量

月折旧额=当月实际完成工作量×单位工作量折旧额

【典例研习·10-6】（模拟单项选择题）

甲公司的一台机器设备采用工作量法计提折旧，原价为800 000元，预计生产产品的产量为4 000 000个，预计净残值率为5%，本月生产产品40 000个。不考虑其他因素，则该机器设备本月应计提的折旧金额为（　　）元。

A.7 600　　　　　B.7 800　　　　　C.8 000　　　　　D.8 400

斯尔解析　本题考查固定资产的折旧。该台机器设备的本月折旧额计算如下：单个产品折旧额=800 000×（1−5%）/4 000 000=0.19（元/个），本月折旧额=40 000×0.19=7 600（元），选项A正确。

（3）双倍余额递减法。

双倍余额递减法是加速折旧法的一种，是按直线法折旧率的两倍，乘以固定资产在每个会计期间的期初账面净值计算折旧的方法。

按双倍余额递减法计算折旧时，通常不考虑固定资产残值。但是在固定资产预计使用年限到期前两年转换为直线法。

【典例研习】答案：

10-5：D

10-6：A

阶段	含义
前期	按直线法折旧率的两倍，乘以固定资产在每个会计期间的期初账面净值计算折旧的方法
	在计算折旧率时通常不考虑固定资产残值
	直线折旧率=（1/预计使用年限）×100%
	双倍直线折旧率=（2/预计使用年限）×100%
最后2年	将固定资产净值扣除预计净残值后的余额平均分摊

【典例研习·10-7】（教材例题改编）

甲公司对机械设备采用双倍余额递减法计提折旧，甲公司的某项设备原值为100万元，预计净残值率为5%，预计可使用年限为5年，不考虑其他因素。

双倍直线折旧率=（2/5）×100%=40%

预计净残值=100×5%=5（万元）

各年应计提折旧额计算如下表：

年次		年初账面净值	折旧率	折旧额	期末账面净值
前期	1	100	40%	40	60
	2	60	40%	24	36
	3	36	40%	14.4	21.6
最后2年	4	21.6	–	8.3	13.3
	5	13.3	–	8.3	5

（4）年数总和法。

年数总和法是以固定资产的原值减去预计净残值后的净额为基数，以一个逐年递减的分数为折旧率，计算各年固定资产折旧额的一种方法。

年折旧率=尚可使用年限/预计使用年限的年数总和×100%

（各年折旧率计算的过程中，分母是不变的，只有分子变化）

年折旧额=（固定资产原值−预计净残值）×年折旧率

【典例研习·10-8】（教材例题改编）

甲公司购置设备一台，原值为100万元，预计净残值为10万元，预计可使用年限为3年，采用年数总和法计提折旧，不考虑其他因素。

预计使用年限的逐年数字总和=3+2+1=6（年）

各年折旧率：第1年3/6；第2年2/6；第3年1/6。

各年折旧额：

第1年：（100−10）×3/6=45（万元）

第2年：（100−10）×2/6=30（万元）

第3年：（100−10）×1/6=15（万元）

（5）固定资产使用寿命、预计净残值和折旧方法的复核。

企业至少应当于每年年度终了，对固定资产的使用寿命、预计净残值和折旧方法进行复核。使用寿命预计数与原先估计数有差异的，应当调整固定资产使用寿命。预计净残值预计数与原先估计数有差异的，应当调整预计净残值。与固定资产有关的经济利益预期实现方式有重大改变的，应当改变固定资产折旧方法。

固定资产使用寿命、预计净残值和折旧方法的改变按照会计估计变更的有关规定进行处理。

5.固定资产折旧的账务处理

固定资产折旧通过"累计折旧"科目核算，并根据用途计入相关资产的成本或者当期损益。

借：制造费用（用于生产车间）

　　管理费用（用于行政管理部门）

　　销售费用（用于销售部门）

　　在建工程（用于工程建设）

　　研发支出（用于项目研发）

　　其他业务成本（用于经营租出）

　贷：累计折旧

【典例研习·10-9】（2015年单项选择题）

丁公司自行建造某项生产用设备，建造过程中发生外购材料和设备成本183万元（不考虑增值税），人工费用30万元，资本化的借款费用48万元，安装费用28.5万元。为达到正常运转发生的测试费18万元，外聘专业人员服务费9万元，试车形成的库存商品3万元。该设备预计使用年限为10年，预计净残值为零，采用年限平均法计提折旧。则设备每年应计提折旧额为（　　　）万元。

A.30.45　　　　　　B.31.65　　　　　　C.31.35　　　　　　D.31.45

斯尔解析 本题考查固定资产的折旧。该生产设备的入账价值=183+30+48+28.5+18+9-3=313.5（万元），每年应计提折旧额=313.5/10=31.35（万元）。

（二）固定资产的后续支出

固定资产使用期间发生的日常修理费、大修理费用、更新改造支出、房屋的装修费用等，这些支出统称为固定资产的后续支出，在会计处理上应区分为资本化的后续支出和费用化的后续支出两种情况：

（1）符合固定资产确认条件的，应当计入固定资产成本，同时将被替换部分的账面价值扣除；

（2）不符合固定资产确认条件的，应当在发生时计入当期损益。

固定资产日常修理费用，通常不符合固定资产确认条件，应当在发生时计入当期损益。

【典例研习·10-10】（2016年单项选择题）

下列关于固定资产后续支出的表述中，正确的是（　　　）。

A.发生的更新改造支出应当资本化

B.发生的装修费用支出应当费用化

C.发生的日常修理费用通常应当费用化

D.发生的大修理支出应当费用化

【典例研习】答案：

10-9：C

10-10：C

🔍斯尔解析 本题考查固定资产的后续支出。固定资产发生的更新改造和大修理支出，如果满足资本化条件，则应予以资本化，如果不满足资本化条件，则应予以费用化，选项AD错误；固定资产装修发生的装修费用满足固定资产确认条件的，应予以资本化，选项B错误；固定资产日常修理费用，通常不符合固定资产确认条件，应当在发生时计入当期管理费用或销售费用，选项C正确。

【典例研习·10-11】（2019年单项选择题）

甲公司某项固定资产原值为500万元，预计使用年限为10年，已计提折旧200万元。现对该固定资产的某一主要部件进行更换，发生支出合计55万元，符合会计准则规定的固定资产确认条件，被更换部分的原值为80万元，则该固定资产更换部件后的入账价值是（　　）万元。

A.320　　　　　　　B.310　　　　　　　C.317　　　　　　　D.307

🔍斯尔解析 本题考查固定资产的后续支出。被更换部分的账面价值=80-80×200/500=48（万元）；更换后的入账价值=500-200+55-48=307（万元），选项D正确。

四、固定资产的处置（★★）

固定资产的处置包括固定资产的出售、报废和毁损、对外投资、非货币性资产交换、债务重组等。

（一）固定资产终止确认的条件

固定资产满足下列条件之一的，应当予以终止确认：

（1）该固定资产处于处置状态。

（2）该固定资产预期通过使用或处置不能产生经济利益。

（二）固定资产处置的账务处理

企业处置固定资产，应通过"固定资产清理"科目核算。企业出售、转让、报废固定资产或发生固定资产毁损，应当将处置收入扣除账面价值和相关税费后的金额计入当期损益。

固定资产的账面价值是固定资产成本扣减累计折旧和累计减值准备后的金额。

其具体会计处理一般经过如下步骤：

步骤	账务处理
固定资产转入清理	借：固定资产清理 　　累计折旧 　　固定资产减值准备 　贷：固定资产
发生清理费用	借：固定资产清理 　贷：银行存款 　　　应交税费
出售收入和残料的处理	借：银行存款 　　原材料 　贷：固定资产清理 　　　应交税费

续表

步骤	账务处理
保险赔偿的处理	借：银行存款 　　其他应收款 　贷：固定资产清理
清理完成后的净损失	借：资产处置损益（正常出售、转让损失） 　　营业外支出（因丧失使用功能、自然灾害发生毁损等原因而报废清理产生的损失） 　贷：固定资产清理
清理完成后的净收益	借：固定资产清理 　贷：资产处置损益 　　营业外收入

命题角度：根据经济业务计算固定资产处置净损益及账务处理。

关于固定资产处置的净损益的计算可以按以下"三步"处理：

第一步：找"收入"。将固定资产出售收入、材料收入和保险公司赔偿等视作"收入"，记入"固定资产清理"科目的贷方。

第二步：找"支出"。将固定资产账面价值、清理费用等，视作"支出"，记入"固定资产清理"科目的借方。

第三步：算差额。用"收入"－"支出"即得到固定资产处置净损益。如果是正常出售转让产生的净损益计入资产处置损益，如果是因丧失使用功能、自然灾害毁损等原因产生的净损益计入营业外收支。

五、固定资产的清查（★）

情况	账务处理	
	清查时	报批后
盘盈	按前期差错处理： 借：固定资产（重置成本） 　贷：以前年度损益调整	借：以前年度损益调整 　贷：盈余公积 　　利润分配——未分配利润
盘亏	借：待处理财产损溢 　　累计折旧 　　固定资产减值准备 　贷：固定资产	借：营业外支出 　贷：待处理财产损溢

【典例研习·10-12】（2019年多项选择题）

在固定资产清理过程中，下列各项影响固定资产清理净损益的有（　　　）。

A.毁损固定资产取得的赔款

B.固定资产的弃置费用

C.盘盈的固定资产的重置成本

D.报废固定资产的原值和已计提的累计折旧

E.转让厂房应交纳的土地增值税

斯尔解析 本题考查固定资产的处置。企业出售、转让、报废固定资产或发生固定资产毁损，应当将处置收入扣除账面价值和相关税费后的金额计入当期损益。毁损固定资产取得的赔款影响处置收入，选项A正确；固定资产的弃置费用和报废固定资产的原值和已计提的累计折旧影响处置时固定资产的账面价值，选项BD正确转让厂房应交纳的土地增值税属于处置时的相关税费，选项E正确；盘盈固定资产，应按照其重置成本，借记"固定资产"，贷记"以前年度损益调整"，不影响"固定资产清理"科目，选项C错误。

使用斯尔教育APP
扫码观看本节好课

第二节　无形资产的核算

一、无形资产的概念（★）

无形资产是指企业拥有或者控制的没有实物形态的可辨认非货币性资产。

无形资产包括专利权、非专利技术、商标权、著作权、土地使用权、特许权等。

满足下列条件之一时，才符合无形资产定义中的可辨认标准：

①能够从企业中分离或者划分出来，并能单独或者与相关合同、资产或负债一起，用于出售、转移、授权许可、租赁或者交换。

②源自于合同性权利或其他法定权利，无论这些权利是否可以从企业或者其他权利和义务中转移或者分离。

提示：

①企业自创商誉以及内部产生的品牌、报刊名，其成本难以计量，不应确认为无形资产。

②企业合并形成的商誉，其存在无法与企业自身分离，不具有可辨认性，不应确认为无形资产。

③客户基础、市场份额、客户关系和客户信赖等项目，企业无法对其控制，通常不确认为无形资产。

二、无形资产的初始计量（★★）

无形资产应当按照实际成本进行初始计量。应按照取得无形资产的不同来源分别计量，确定入账价值。

（一）外购取得的无形资产

外购无形资产的成本，包括购买价款、相关税费，以及直接归属于使该项资产达到预定用途所发生的其他支出，如使无形资产达到预定用途所发生的专业服务费、测试无形资产是否正常发挥作用的费用等。

如果购买无形资产的价款超过正常信用条件延期支付，实质上具有融资性质的，应按所取得无形资产购买价款的现值入账。

（二）自行研发的无形资产

企业自行进行的无形资产研究开发项目，区分为研究阶段与开发阶段。

情形			处理
无法区分研究阶段支出和开发阶段支出			计入管理费用
能够区分	研究阶段		
	开发阶段	不符合资本化条件	
		符合资本化条件	确认为无形资产

具体会计处理：

情形	会计处理
企业自行开发无形资产发生的研发支出	借：研发支出——费用化支出（不满足资本化条件） 　　　　——资本化支出（满足资本化条件） 　贷：原材料 　　　银行存款 　　　应付职工薪酬等
形成无形资产的	借：无形资产 　贷：研发支出——资本化支出
期末不符合资本化条件的支出	借：管理费用 　贷：研发支出——费用化支出

提示："研发支出——资本化支出"的期末余额在资产负债表上列入"开发支出"项目。

（三）投资者投入方式取得的无形资产

按投资合同或协议价约定的价值确定，但合同或协议约定价值不公允的除外。

（四）接受政府补助取得的无形资产

企业接受政府补助取得的无形资产，应按照公允价值计量，公允价值不能可靠取得的，按照名义金额计量。

借：无形资产

　贷：递延收益

【典例研习·10-13】（2018年单项选择题）

下列关于内部研发无形资产的会计处理的表述中，错误的是（　　　）。

A.研究阶段发生的符合资本化条件的支出可以计入无形资产成本

B.开发阶段发生的符合资本化条件的支出应计入无形资产成本

C.研究阶段发生的支出应全部费用化

D.开发阶段发生的未满足资本化条件的支出应计入当期损益

【典例研习】答案：

10-13：A

斯尔解析 本题考查无形资产的初始计量。研究阶段的支出应当费用化，计入当期损益，不会出现符合资本化条件的情形。选项A当选，选项C不当选；开发阶段的支出符合资本化条件的支出，计入无形资产成本，未满足资本化条件的支出计入当期损益，选项BD不当选。

三、无形资产的摊销（★★）

（一）使用寿命不确定的无形资产

（1）不应摊销，但是至少每年进行一次减值测试。

（2）每个会计期间对其使用寿命进行复核，如果有证据表明其使用寿命是有限的，应按照使用寿命有限的无形资产进行处理。

（二）使用寿命有限的无形资产

使用寿命有限的无形资产，其应摊销金额应当在使用寿命内系统合理摊销。

（1）应摊销金额=成本-预计残值-减值准备。

通常使用寿命有限的无形资产残值应视为零，但下列情况除外：

①有第三方承诺在其使用寿命结束时购买该无形资产；

②可以根据活跃市场得到预计残值信息，并且该市场在无形资产使用寿命结束时可能存在。

（2）无形资产按月计提摊销，摊销期自可供使用时起，至不再作为无形资产确认时为止；当月增加的无形资产，当月开始摊销；当月减少的无形资产，当月不再摊销。

①来源于合同性权利或其他法定权利的无形资产，其使用寿命不应超过合同性权利或其他法定权利的期限（孰短原则）。

②到期时因续约等延续，且有证据表明企业续约不需要付出大额成本，续约期应当计入使用寿命。

（3）摊销方法应当反映与其有关的经济利益的预期实现方式。无法可靠确定预期实现方式的，采用直线法摊销。

（4）至少应当于每年年度终了对其使用寿命和摊销方法进行复核，无形资产的使用寿命及摊销方法与以前估计不同的，应当改变摊销期限和摊销方法。

（5）持有待售的无形资产不进行摊销。

（6）无形资产的摊销金额一般应确认为当期损益，计入管理费用。某项无形资产包含的经济利益通过所生产的产品或其他方式实现的，无形资产的摊销金额可以计入产品或其他资产成本。

借：管理费用

　　制造费用

　　其他业务成本

　贷：累计摊销

【典例研习·10-14】（2017年单项选择题）

甲公司自2016年年初自行研发一项非专利技术，2017年7月该项目达到预定用途形成无形资产并交付管理部门使用。2016年在研发过程中发生材料费220万元、人工工资60万元以及其他费用20万元，其中符合资本化条件的支出为240万元。2017年发生材料费110万元、人工工资40万元以及其他费用30万元，其中符合资本化条件的支出为120万元。该项无形资产的摊销期限为5年，预计净残值为零，按直线法摊销。该事项对甲公司2017年度损益的影响金额为（　　　）万元。

A.156　　　　　　　B.132　　　　　　　C.192　　　　　　　D.96

斯尔解析 本题考查无形资产的摊销。2017年研发支出当中费用化金额=110+40+30-120=60（万元）；无形资产的入账价值=240+120=360（万元）；2017年该无形资产的摊销金额=360/5×6/12=36（万元）；该事项对甲公司2017年度损益的影响金额=36+60=96（万元），选项D正确。

四、无形资产的处置（★★★）

（一）出售

企业出售无形资产时，应将所取得的价款与该无形资产账面价值的差额作为资产处置利得或损失（资产处置损益），与固定资产处置性质相同，计入当期损益。

【典例研习·10-15】（教材例题改编）

（1）2022年3月20日，甲公司（系增值税一般纳税人）购入一项专利权，取得的增值税专用发票上注明的专利权价款为120 000元，进项税额为7 200元，作为无形资产入账。

借：无形资产　　　　　　　　　　　　　　　　120 000
　　应交税费——应交增值税（进项税额）　　　　7 200
　　贷：银行存款　　　　　　　　　　　　　　　　　　127 200

（2）甲公司确定的摊销期限为10年，假定这项专利权的净残值为0，并按直线法摊销。

月摊销额=120 000/10/12=1 000（元）

借：管理费用　　　　　　　　　　　　　　　　1 000
　　贷：累计摊销　　　　　　　　　　　　　　　　　　1 000

（3）甲公司在购入该项专利权使用18个月后又将其所有权出售给其他单位，取得出售收入106 000元（其中，增值税额6 000元），该项专利权未计提减值准备。

出售时已摊销额=1 000×18=18 000（元）

借：银行存款　　　　　　　　　　　　　　　　106 000
　　资产处置损益　　　　　　　　　　　　　　　2 000
　　累计摊销　　　　　　　　　　　　　　　　　18 000
　　贷：无形资产　　　　　　　　　　　　　　　　　120 000
　　　　应交税费——应交增值税（销项税额）　　　　 6 000

（二）报废

无形资产预期不能为企业带来经济利益的，应当将该无形资产的账面价值予以报废。

借：累计摊销（原已计提的累计摊销）
　　无形资产减值准备（原已计提的减值准备）
　　营业外支出（差额）
　　贷：无形资产（账面余额）

【典例研习·10-16】（2019年多项选择题）

下列关于无形资产摊销的表述中，正确的有（　　）。

A.不能为企业带来经济利益的无形资产应将其账面价值全部摊销计入管理费用

B.企业无形资产摊销应当自无形资产可供使用时起，至不再作为无形资产确认时止

C.使用寿命不确定的无形资产不应摊销

D.企业内部研究开发项目研究阶段的支出应当资本化，并在使用寿命内摊销

E.只要能为企业带来经济利益的无形资产就应当摊销

斯尔解析 本题考查无形资产的摊销。不能为企业带来经济利益的无形资产应作报废处理，应当将其账面价值全部计入营业外支出，选项A错误；企业内部研究开发项目研究阶段的支出应当全部费用化，不应当资本化，选项D错误；使用寿命不确定的无形资产不进行摊销，选项E错误。

使用斯尔教育APP
扫码观看本节好课

第三节　固定资产、无形资产减值的核算

一、固定资产、无形资产等资产发生减值的判断（★）

存在下列迹象的，表明固定资产、无形资产等资产可能发生了减值：

（1）资产的市价当期大幅度下跌，其跌幅明显高于因时间的推移或者正常使用而预计的下跌。

（2）企业经营所处的经济、技术或者法律等环境，以及资产所处的市场在当期或者将在近期发生重大变化，从而对企业产生不利影响。

（3）市场利率或者其他市场投资报酬率在当期已经提高，从而影响企业计算资产预计未来现金流量现值的折现率，导致资产可收回金额大幅度降低。

（4）有证据表明资产已经陈旧过时或者其实体已经损坏。

（5）资产已经或者将被闲置、终止使用，或者计划提前处置。

（6）企业内部报告的证据表明资产的经济绩效已经低于或者将低于预期，如资产所创造的净现金流量或者实现的营业利润（或者亏损）远远低于（或者高于）预计金额等。

提示：因企业合并所形成的商誉和使用寿命不确定的无形资产，无论是否存在减值迹象，至少每年都应当进行减值测试。

【典例研习·10-17】（2011年单项选择题）

下列各项资产中，无论是否存在减值迹象，每年年末均应进行资产减值测试的是（　　）。

A.长期股权投资　　　　　　　　　B.固定资产

C.使用寿命确定的无形资产　　　　D.使用寿命不确定的无形资产

斯尔解析 本题考查资产减值的迹象。因企业合并所形成的商誉和使用寿命不确定的无形资产，无论是否存在减值迹象，至少每年都应当进行减值测试，选项D正确。

二、资产可收回金额的计量（★★）

固定资产、无形资产等资产存在减值迹象的，应当估计其可收回金额。

资产可收回金额低于账面价值的，应当计提减值准备，确认减值损失。

资产的可收回金额应当根据资产的公允价值减去处置费用后的净额与资产预计未来现金流量的现值两者之间较高者确定。

提示：

在估计资产可收回金额时，应当遵循重要性原则，即：

以前报告期间的计算结果表明，资产可收回金额显著高于其账面价值，之后又没有消除这一差异的交易或者事项，资产负债表日可以不重新估计该资产的可收回金额。

以前报告期间的计算与分析表明，资产可收回金额相对于某种减值迹象反应不敏感，在本报告期间又发生了该减值迹象的，可以不因该减值迹象的出现而重新估计该资产的可收回金额。

（一）资产的公允价值减去处置费用后净额的确定

处置费用包括与资产处置有关的法律费用、相关税费、搬运费，以及为使资产达到可销售状态所发生的直接费用等。

情形	确定方法
对于存在资产销售协议的	应当根据公平交易中销售协议价格减去可直接归属于该资产处置费用的金额确定
对于不存在销售协议但存在资产活跃市场的	应当按照该资产的市场价格减去处置费用后的金额确定。资产的市场价格通常应当根据资产的买方出价确定
在销售协议和资产活跃市场均不存在的情况下	应当以可获取的最佳信息为基础，估计资产的公允价值减去处置费用后的净额，该净额可以参考同行业类似资产的最近交易价格或者结果进行估计

（二）资产预计未来现金流量现值的确定

资产预计未来现金流量的现值，应当按照资产在持续使用过程中和最终处置时所产生的预计未来现金流量，选择恰当的折现率对其进行折现后的金额加以确定。预计资产未来现金流量的现值，应当综合考虑资产的预计未来现金流量、使用寿命和折现率等因素。

1.预计未来现金流量

（1）企业预计资产未来现金流量的基础。

①企业管理层应当在合理和有依据的基础上对资产剩余使用寿命内整个经济状况进行最佳估计。

②建立在预算或者预测基础上的预计现金流量最多涵盖5年，企业管理层如能证明更长的期间是合理的，可以涵盖更长的期间。

③在对预算或者预测期之后年份的现金流量进行预计时，所使用的增长率除了企业能够证明更高的增长率是合理的之外，不应当超过企业经营的产品、市场、所处的行业或者所在国家或者地区的长期平均增长率，或者该资产所处市场的长期平均增长率。

（2）预计资产的未来现金流量，应当以资产的当前状况为基础。

①包括：

a.资产持续使用过程中预计产生的现金流入。

b.为实现资产持续使用过程中产生的现金流入所必需的预计现金流出（包括为使资产达到预定可使用状态所发生的现金流出）。该现金流出应当是可直接归属于或者可通过合理和一致的基础分配到资产中的现金流出。

c.资产使用寿命结束时，处置资产所收到或者支付的净现金流量。

②不包括：

a.与将来可能会发生的、尚未作出承诺的重组事项。

b.与资产改良有关的预计未来现金流量。

c.筹资活动产生的现金流入或者流出以及与所得税收付有关的现金流量。

提示：企业已经承诺重组的，在确定资产的未来现金流量的现值时，预计的未来现金流入和流出数，应当反映重组所能节约的费用和由重组所带来的其他利益，以及因重组所导致的估计未来现金流出数。

（3）预计资产未来现金流量的方法。

通常应当根据资产未来每期最有可能产生的现金流量进行预测。采用期望现金流量法更为合理的，应当采用期望现金流量法预计资产未来现金流量。

2.折现率

折现率是反映当前市场货币时间价值和资产特定风险的税前利率，是企业在购置或者投资资产时所要求的必要报酬率。

（1）估计资产未来现金流量现值，通常应当使用单一的折现率。但是如果资产未来现金流量的现值对未来不同期间的风险差异或者利率的期间结构反应敏感的，企业应当在未来各不同期间采用不同的折现率。

（2）折现率的确定通常应当以该资产的市场利率为依据。

（3）预计资产的未来现金流量涉及外币的，应当以该资产所产生的未来现金流量的结算货币为基础，按照该货币适用的折现率计算资产的现值；然后将该外币现值按照计算资产未来现金流量现值当日的即期汇率进行折算。（先折现，再换算）

三、资产减值损失的账务处理（★★★）

（1）资产的可收回金额低于其账面价值的，企业应当将资产的账面价值减记至可收回金额，减记的金额确认为资产减值损失，计入当期损益，同时计提相应的资产减值准备。

借：资产减值损失

  贷：固定资产（无形资产）减值准备

（2）资产减值损失确认后，减值资产的折旧或者摊销费用应当在未来期间作相应调整。

（3）资产减值损失一经确认，在以后会计期间不得转回。

（4）处置资产时，应同时结转已计提的资产减值准备。

【典例研习·10-18】（教材例题改编）

2015年1月1日，甲公司以银行存款120万元外购取得B特许权这一无形资产。根据相关约定，甲公司取得的B特许权预计可使用年限为6年，预计净残值为0，B特许权成本按直线法在6年内摊销。2016年12月31日，由于与B特许权相关的经济因素发生不利变化，致使B特许权发生价值减损，甲公司据此估计其可收回金额为35万元。假设不考虑所得税及其他相关税费的影响，无形资产的预计使用年限保持不变。

根据上述资料，B特许权取得后，在整个使用年限的会计分录如下（以万元为单位）：

摘要	账务处理
2015年、2016年摊销无形资产账面价值	借：管理费用　　　　　　20 　　贷：累计摊销　　　　　　　　20
2016年计提无形资产减值准备	减值准备=120-20-20-35=45（万元） 借：资产减值损失　　　　45 　　贷：无形资产减值准备　　　　45
2017～2020年各年摊销无形资产账面价值	借：管理费用　　　　　　8.75 　　贷：累计摊销　　　　　　　　8.75
2020年12月31日转销"无形资产——B特许权"科目和"无形资产减值准备——B特许权减值准备"科目的余额	借：无形资产减值准备　　45 　　累计摊销　　　　　　75 　　贷：无形资产　　　　　　　120

提示：

①有迹象表明一项资产可能发生减值的，企业应当以单项资产为基础估计其可收回金额。

②企业难以对单项资产的可收回金额进行估计的，应当以该资产所属的资产组为基础确定资产组的可收回金额。资产组是指企业可以认定的最小资产组合，其产生的现金流入应当基本上独立于其他资产或资产组产生的现金流入。

【典例研习·10-19】（2019年单项选择题）

下列关于资产的可收回金额的表述中正确的是（　　　）。

A.资产的可收回金额应当根据资产的公允价值减去处置费用后的净额与资产预计未来现金流量的现值两者之间较高者确定

B.资产的可收回金额估计时无须遵循重要性原则

C.当资产的可收回金额大于该项资产的账面价值时，原计提的资产减值准备应当转回

D.对资产未来现金流量的预计应以经企业管理层批准的最近财务预算或者预测数据为基础，涵盖期间至少5年

斯尔解析　本题考查资产减值损失的账务处理。在估计资产可收回金额时，应当遵循重要性原则，选项B错误；固定资产、无形资产的资产减值损失一经确认，

【典例研习】答案：
10-19：A

在以后会计期间不得转回，选项C错误；建立在预算或者预测基础上的预计现金流量最多涵盖5年，企业管理层如能证明更长的期间是合理的，可以涵盖更长的期间，选项D错误。

【典例研习·10-20】（2020年单项选择题）

2019年12月31日，甲公司对一项账面价值70万元、已计提减值准备10万元的固定资产进行减值测试，确定其公允价值为60万元、处置费用3万元；预计其未来现金流量的现值为55万元，则2019年12月31日，甲公司对该固定资产应计提资产减值准备为（　　）万元。

A.13　　　　　B.15　　　　　C.3　　　　　D.5

斯尔解析 本题考查资产减值损失的账务处理。固定资产的可收回金额为公允价值减去处置费用后的净额57万元（60-3）与预计未来现金流量现值55万元中较高者57万元。故2019年12月31日该项固定资产应计提的资产减值准备=70-57=13（万元），选项A正确。

使用斯尔教育APP
扫码观看本节好课

第四节　投资性房地产的核算

一、投资性房地产范围（★）

投资性房地产是指为赚取租金或资本增值，或者两者兼有而持有的房地产，主要包括：已出租的建筑物、已出租的土地使用权、持有并准备增值后转让的土地使用权。

项目		具体细节
建筑物		（1）指企业拥有产权并以经营租赁方式出租的建筑物，包括自行建造或开发活动完成后用于出租的建筑物以及正在建造或开发过程中将来用于出租的建筑物； （2）对企业持有以备经营出租的空置建筑物，如董事会或类似机构做出书面决议，明确表明将其用于经营出租且持有意图短期内不再发生变化的，即使尚未签订租赁协议，也应视为投资性房地产
土地使用权	已出租	指企业通过出让或转让方式取得的、以经营租赁方式出租的土地使用权
	资本增值	指企业取得的、准备增值后转让的土地使用权

命题角度1：考核投资性房地产的核算范围。

除上述表格内容外，重点关注以下情形：

（1）一项房地产，部分用于赚取租金或资本增值，部分用于生产商品、提供劳务或经营管理或者作为存货出售，用于赚取租金或资本增值的部分能够单独计量和出售的，可以确认为投资性房地产。

（2）企业将建筑物出租，按租赁协议向承租人提供的相关辅助服务在整个协议中不重大的，应当将该建筑物确认为投资性房地产。例如，企业将办公大楼出租并向承租人提供保安、维修等辅助服务。

（3）自用房地产、作为存货的房地产、按国家有关规定认定的闲置土地、经营租赁方式租入再转租的建筑物、出租给本企业职工居住的自建宿舍楼等、不能单独计量和出售的、用于赚取租金或资本增值的部分不属于投资性房地产。

命题角度2：考查土地使用权的处理。

处理方法	具体情况
确认为无形资产	企业取得的土地使用权通常应按取得价款和相关税费确认为无形资产
	用于自行开发建造厂房等地上建筑物时，土地使用权与地上建筑物分别进行摊销和提取折旧
计入房屋建筑物成本	房地产开发企业取得的土地使用权用于建造对外出售的房屋建筑物，相关的土地使用权应当计入所建造的房屋建筑物成本
确认为固定资产	企业外购房屋建筑物所支付的价款应当按照合理的方法在地上建筑物与土地使用权之间进行分配；难以合理分配的，应当全部作为固定资产处理
确认为投资性房地产	企业改变土地使用权的用途，停止自用土地使用权用于赚取租金或资本增值

【典例研习·10-21】（2014年多项选择题）

下列各项资产可划分为投资性房地产核算的有（　　　　）。

A.已出租的生产厂房

B.按国家有关规定认定的闲置土地

C.出租和自用共存的办公楼，能够单独计量的出租部分

D.持有并准备增值后转让的土地使用权

E.作为存货管理的商品房

【典例研习】答案：
10-21：ACD

斯尔解析 本题考查投资性房地产的核算范围。已经出租的生产厂房属于投资性房地产的核算范围，选项A正确；按照国家有关规定认定的闲置土地，不属于持有并准备增值后转让的土地使用权，不作为投资性房地产核算，选项B错误；出租和自用共存的办公楼，能够单独计量的出租部分，可以按照投资性房地产核算，选项C正确；持有并准备增值后转让的土地使用权，选项D正确；作为存货管理的商品房属于企业的存货，不作为投资性房地产核算，选项E错误。

二、投资性房地产的初始计量

投资性房地产应当按照成本进行计量。

取得方式	解读
外购	包括购买价款、相关税费和可直接归属于该资产的其他支出
自行建造	由建造该项资产达到预定可使用状态前所发生的必要支出构成
其他方式	按照相关《企业会计准则》的规定确定

三、投资性房地产的后续计量（★★）

投资性房地产的后续计量模式分为成本模式和公允价值模式。

计量模式	相关事项
成本模式	参照固定资产、无形资产，计提折旧或摊销，存在减值的计提减值准备，已计提的减值不得转回
公允价值模式	有确凿证据表明投资性房地产的公允价值能够持续可靠取得的，可以对投资性房地产采用公允价值模式进行后续计量

提示：

（1）采用公允价值模式进行后续计量的投资性房地产，应当同时满足下列条件：

①投资性房地产所在地有活跃的房地产交易市场；

②企业能够从活跃的房地产交易市场上取得同类或类似房地产的市场价格及其他相关信息，从而对投资性房地产的公允价值作出合理的估计。

（2）企业选择公允价值模式计量投资性房地产，应当对其所有投资性房地产采用公允价值模式进行后续计量，不得对一部分投资性房地产采用成本模式进行后续计量，对另一部分投资性房地产采用公允价值模式进行后续计量。

（3）企业对投资性房地产的计量模式一经确定，不得随意变更。成本模式转为公允价值模式的，应当作为会计政策变更处理。已采用公允价值模式计量的投资性房地产，不得从公允价值模式转为成本模式。

（一）成本模式后续计量

1.与固定资产、无形资产对比

情形	固定资产	无形资产	成本模式
折旧摊销	累计折旧	累计摊销	投资性房地产累计折旧（摊销）
减值	固定资产减值准备	无形资产减值准备	投资性房地产减值准备
收取租金	其他业务收入	其他业务收入	其他业务收入

2.具体账务处理

情形	账务处理
企业外购、自行建造取得投资性房地产	借：投资性房地产 　　贷：银行存款/在建工程等
计提折旧或进行摊销时	借：其他业务成本 　　贷：投资性房地产累计折旧（摊销）
计提减值准备时	借：资产减值损失 　　贷：投资性房地产减值准备
取得租金时	借：银行存款 　　贷：其他业务收入 　　　　应交税费——应交增值税（销项税额）

【典例研习·10-22】（教材例题）

2020年1月2日，甲公司购入一幢建筑物用于出租，取得时实际支付的价款为150万元。假定该建筑物的预计净残值率为4%，预计使用年限为50年，采用平均年限法计提折旧。不考虑相关税收问题。

（1）购入建筑物时，作如下会计分录：

借：投资性房地产——建筑物　　　　　　　　　　　150

　　贷：银行存款　　　　　　　　　　　　　　　　　　　150

（2）2020年2月底应计提折旧额=150×（1-4%）/50/12=0.24（万元），作如下会计分录：

借：其他业务成本　　　　　　　　　　　　　　　0.24

　　贷：投资性房地产累计折旧　　　　　　　　　　　　0.24

（3）假设2020年年底，该建筑物的可收回金额为135万元，账面净额为147.36万元（150-0.24×11），应计提12.36万元的减值准备，作会计分录如下：

借：资产减值损失　　　　　　　　　　　　　　　12.36

　　贷：投资性房地产减值准备——建筑物　　　　　　　12.36

（二）公允价值模式后续计量

1.与成本模式对比

情形	成本模式	公允价值模式
收取租金	其他业务收入	其他业务收入
折旧摊销	投资性房地产累计折旧（摊销）	不涉及
减值	投资性房地产减值准备	不涉及
公允价值变动	不涉及	公允价值变动损益

2.具体账务处理

情形	账务处理
企业外购、自行建造取得投资性房地产	借：投资性房地产——成本 　　贷：银行存款/在建工程等
公允价值上升	借：投资性房地产——公允价值变动 　　贷：公允价值变动损益
公允价值下降	借：公允价值变动损益 　　贷：投资性房地产——公允价值变动
取得租金时	借：银行存款 　　贷：其他业务收入 　　　　应交税费——应交增值税（销项税额）

【**典例研习·10-23**】（2019年单项选择题）

下列关于投资性房地产后续计量的表述中，错误的是（　　）。

A.采用公允价值模式进行后续计量的投资性房地产，不应计提折旧或摊销

B.已经计提减值准备的投资性房地产的价值又得以恢复的，应当在原计提范围内转回

C.已采用公允价值模式进行后续计量的投资性房地产不允许再转为成本模式计量

D.采用成本模式进行后续计量的投资性房地产，应当按月计提折旧或摊销

〔**斯尔解析**〕本题考查投资性房地产的后续计量。采用成本模式进行后续计量的投资性房地产，需要按月计提折旧或摊销，但以公允价值模式进行后续计量的投资性房地产，不应计提折旧或摊销，选项AD不当选；以成本模式计量的投资性房地产计提的减值不可以转回，选项B当选；采用成本模式进行后续计量的投资性房地产，满足条件可以转为公允价值模式进行后续计量，但是已采用公允价值模式进行后续计量的投资性房地产，不得再转换为成本模式计量，选项C不当选。

【典例研习 · 10-24】（2017年多项选择题）

下列关于投资性房地产后续计量的表述中，错误的有（　　　）。

A.采用公允价值模式进行后续计量的投资性房地产，期末公允价值低于其账面余额的差额应计入投资收益

B.采用成本模式进行后续计量的投资性房地产按月计提的折旧额或摊销额，应计入管理费用

C.采用公允价值模式进行后续计量的投资性房地产，应当计提减值准备

D.采用公允价值模式进行后续计量的投资性房地产，不计提折旧或进行摊销

E.采用公允价值模式进行后续计量的投资性房地产，当期取得的租金收入应计入其他业务收入

斯尔解析 本题考查投资性房地产的后续计量。采用公允价值模式进行后续计量的投资性房地产，期末公允价值低于其账面余额的差额应计入公允价值变动损益，选项A当选；采用成本模式进行后续计量的投资性房地产按月计提的折旧额或摊销额，应计入其他业务成本，选项B当选；采用公允价值模式进行后续计量的投资性房地产不计提减值准备，选项C当选。

四、投资性房地产的转换（★★）

（一）投资性房地产转换的条件

企业有确凿证据表明房地产用途发生改变，满足下列条件之一的，应当将投资性房地产转换为其他资产或者将其他资产转换为投资性房地产：

（1）投资性房地产开始自用。

（2）作为存货的房地产，改为出租。

（3）自用土地使用权停止自用，用于赚取租金或资本增值。

（4）自用建筑物停止自用，改为出租。

（5）投资性房地产转换为存货。

（二）转换日的确定

情形	确定原则
投资性房地产开始自用	转换日是指房地产达到自用状态
作为存货的房地产改为出租	转换日应当为租赁期开始日
自用建筑物或土地使用权停止自用改为出租	
自用土地使用权停止自用，改为用于资本增值	转换日是指停止自用，且该土地使用权能够单独计量和转让的日期
房地产开发企业将用于经营租出的房地产重新开发用于对外销售的，从投资性房地产转换为存货	转换日为租赁期届满、企业董事会或类似机构作出书面决议明确表明将其重新开发用于对外销售的日期

【典例研习】答案：

10-24：ABC

（三）成本模式下转换的账务处理

基本原则：按账面价值结转，不确认损益。

1. "非投资性房地产"之固定资产、无形资产与"成本模式进行后续计量的投资性房地产"之间的转换（一一对应）

固定资产、无形资产→投资性房地产	投资性房地产→固定资产、无形资产
借：投资性房地产 　　累计折旧/累计摊销 　　固定资产/无形资产减值准备 　贷：固定资产/无形资产 　　　投资性房地产累计折旧（摊销） 　　　投资性房地产减值准备	借：固定资产/无形资产 　　投资性房地产累计折旧（摊销） 　　投资性房地产减值准备 　贷：投资性房地产 　　　累计折旧/累计摊销 　　　固定资产/无形资产减值准备

2. "非投资性房地产"之存货与"成本模式进行后续计量的投资性房地产"之间的转换（账面结转）

存货→投资性房地产	投资性房地产→存货
借：投资性房地产 　　存货跌价准备 　贷：开发产品	借：开发产品 　　投资性房地产累计折旧（摊销） 　　投资性房地产减值准备 　贷：投资性房地产

（四）公允价值模式下转换的账务处理

基本原则：按公允价值转换，借贷有差额，处理不相同。

非投资性房地产→投资性房地产	投资性房地产→非投资性房地产
借：投资性房地产——成本（公允价值） 　　对应折旧、摊销、减值准备和存货跌价准备 　　公允价值变动损益（借方差额） 　贷：固定资产/无形资产/开发产品 　　　其他综合收益（贷方差额）	借：固定资产/无形资产/开发产品（公允价值） 　　公允价值变动损益（借方差额） 　贷：投资性房地产——成本 　　　　　　——公允价值变动（或借方） 　　　公允价值变动损益（贷方差额）

【典例研习·10-25】（2020年多项选择题）

将作为存货的房产转换为采用公允价值模式计量的投资性房地产，该项房产在转换日的公允价值与其账面价值的差额应计入的会计科目可能有（　　）。

A.公允价值变动损益　　　　　　　　B.其他综合收益

C.资本公积　　　　　　　　　　　　D.投资收益

E.其他业务成本

🔍**斯尔解析** 本题考查投资性房地产的转换。将非投资性房地产（存货）转换为公允价值模式计量的投资性房地产，转换日，投资性房地产按公允价值计量，公允价值与账面价值的贷方差额记入"其他综合收益"科目，借方差额记入"公允价值变动损益"科目。

五、投资性房地产的处置（★）

情形	成本模式	公允价值模式
收到价款	借：银行存款 　　贷：其他业务收入 　　　　应交税费——应交增值税（销项税额）	
结转成本	借：其他业务成本 　　投资性房地产累计折旧（摊销） 　　投资性房地产减值准备 　　贷：投资性房地产	借：其他业务成本 　　贷：投资性房地产——成本 　　　　　　　　——公允价值变动（或借方）
结转公允价值变动损益及其他综合收益	不涉及	（1）结转公允价值变动损益： 借：公允价值变动损益 　　贷：其他业务收入 　　　　（或作相反分录） （2）结转其他综合收益： 借：其他综合收益 　　贷：其他业务收入（准则中为其他业务成本）

【典例研习·10-26】（教材例题）

2020年1月2日，某房地产开发企业将一自用建筑物转为投资性房地产，并打算采用公允价值的计量模式。该建筑物的原值为220万元，累计计提折旧余额为20万元，已计提减值准备5万元，在转换日公允价值为250万元。不考虑相关税收问题。

借：投资性房地产——成本　　　　　　　　　　250
　　累计折旧　　　　　　　　　　　　　　　　20
　　固定资产减值准备　　　　　　　　　　　　5
　　贷：固定资产　　　　　　　　　　　　　　　　220
　　　　其他综合收益　　　　　　　　　　　　　　55

（1）2020年12月31日该建筑物的公允价值为280万元。

借：投资性房地产——公允价值变动　　　　　　30
　　贷：公允价值变动损益　　　　　　　　　　　　30

（2）2021年2月公司将该建筑物出售，实得款项为300万元，不考虑相关税收问题。

借：银行存款　　　　　　　　　　　　　　　　300
　　贷：其他业务收入　　　　　　　　　　　　　　300
借：其他业务成本　　　　　　　　　　　　　　280
　　贷：投资性房地产——成本　　　　　　　　　　250
　　　　　　　　　——公允价值变动　　　　　　　30

同时，将该项投资性房地产的公允价值变动和在转换日计入其他综合收益的金额转为其他业务收入。

借：公允价值变动损益 30

其他综合收益 55

　　贷：其他业务收入 85

使用斯尔教育APP
扫码观看本节好课

第五节　持有待售的非流动资产、处置组和终止经营

一、相关概念

（一）处置组

处置组，是指在一项交易中作为整体通过出售或其他方式一并处置的一组资产，以及在该交易中转让的与这些资产直接相关的负债。处置组所属的资产组或资产组组合按照《企业会计准则第8号——资产减值》分摊了企业合并中取得的商誉的，该处置组应当包含分摊至处置组的商誉。

（二）终止经营

终止经营是指企业满足下列条件之一的、能够单独区分的组成部分，且该组成部分已经处置或划分为持有待售类别：

（1）该组成部分代表一项独立的主要业务或一个单独的主要经营地区；

（2）该组成部分是拟对一项独立的主要业务或一个单独的主要经营地区进行处置的一项相关联计划的一部分；

（3）该组成部分是专为转售而取得的子公司。

二、持有待售的非流动资产或处置组的分类（★）

企业主要通过出售而非持续使用一项非流动资产或处置组收回其账面价值的，应当将其划分为持有待售类别。企业不应当将拟结束使用而非出售的非流动资产或处置组划分为持有待售类别。

1.基本条件

非流动资产或处置组划分为持有待售类别，应当同时满足下列条件：

（1）根据类似交易中出售此类资产或处置组的惯例，在当前状况下即可立即出售。

（2）出售极可能发生，即企业已经就一项出售计划作出决议且获得确定的购买承诺，预计出售将在一年内完成。

2.特殊规定

（1）对于企业专为转售而取得的非流动资产或处置组，在取得日满足"预计出售将在一年内完成"的规定条件，且短期（通常为3个月）内很可能满足持有待售类别的其他划分条件的，企业应当在取得日将其划分为持有待售类别。

（2）因企业无法控制的下列原因之一，导致非关联方之间的交易未能在一年内完成，且有充分证据表明企业仍然承诺出售非流动资产或处置组的，企业应当继续将非流动资产或处置组划分为持有待售类别：

①买方或其他方意外设定导致出售延期的条件，企业针对这些条件已经及时采取行动，且预计能够自设定导致出售延期的条件起一年内顺利化解延期因素；

②因发生罕见情况，导致持有待售的非流动资产或处置组未能在一年内完成出售，企业在最初一年内已经针对这些新情况采取必要措施且重新满足了持有待售类别的划分条件。

3.转回方法

持有待售的非流动资产或处置组不再满足持有待售类别划分条件的，企业不应当继续将其划分为持有待售类别。

部分资产或负债从持有待售的处置组中移除后，处置组中剩余资产或负债新组成的处置组仍然满足持有待售类别划分条件的，企业应当将新组成的处置组划分为持有待售类别，否则应当将满足持有待售类别划分条件的非流动资产单独划分为持有待售类别。

【典例研习·10-27】（2018年多项选择题）

企业将非流动资产或处置组划分为持有待售时，应满足的条件有（　　）。

A.非流动资产或处置组拟结束使用

B.出售极可能发生，预计将在一年内完成

C.非流动资产或处置组已发生减值

D.出售该资产应具有商业实质

E.根据类似交易中出售此类资产或处置组的惯例，在当前状况下即可立即出售

斯尔解析　本题考查持有待售的非流动资产或处置组的划分条件。非流动资产或处置组划分为持有待售类别，应当同时满足下列条件：①根据类似交易中出售此类资产或处置组的惯例，在当前状况下即可立即出售；②出售极可能发生，即企业已经就一项出售计划作出决议且获得确定的购买承诺，预计出售将在一年内完成，选项BE正确。

三、持有待售的非流动资产或处置组的计量（★）

（一）划分为持有待售类别前

企业将非流动资产或处置组首次划分为持有待售类别前，应当按照相关会计准则规定计量非流动资产或处置组中各项资产和负债的账面价值。

（二）划分为持有待售类别时

（1）企业在将非流动资产或处置组划分为持有待售类别时，如果相关的非流动资产或处置组的账面价值高于公允价值减去出售费用后的净额的，应当按照差额确认资产减值损失，同时计提持有待售资产减值准备。

（2）对于持有待售的处置组确认的资产减值损失金额，应当先抵减处置组中商誉的账面价值，再根据处置组中适用准则计量规定的各项非流动资产账面价值所占比重，按比例抵减其账面价值。

（3）持有待售的非流动资产不应计提折旧或摊销，但持有待售的处置组中负债的利息和其他费用应当继续予以确认。

【典例研习】答案：

10-27：BE

（三）划分为持有待售类别后续资产负债表日

情形	计量方法
账面价值大于公允价值减去出售费用后的净额	确认资产减值损失，计提持有待售资产减值准备
已经计提减值准备，后续公允价值减去出售费用后的净额增加	（1）以前减记的金额应当予以恢复，并在划分为持有待售类别后确认的资产减值损失金额内转回； （2）已抵减的商誉账面价值，以及适用第42号准则计量规定的非流动资产在划分为持有待售类别前确认的资产减值损失不得转回； （3）持有待售的处置组确认的资产减值损失后续转回金额，应当根据处置组中除商誉外适用第42号准则计量规定的各项非流动资产账面价值所占比重，按比例增加其账面价值

（四）不再满足持有待售类别的划分条件时

非流动资产或处置组因不再满足持有待售类别划分条件而不再继续划分为持有待售类别或非流动资产从持有待售的处置组中移除时，应当按照以下两者孰低计量：

①划分为持有待售类别前的账面价值，按照假定不划分为持有待售类别情况下本应确认的折旧、摊销或减值等进行调整后的金额；

②可收回金额。

（五）终止确认时

企业终止确认持有待售的非流动资产或处置组时，应当将尚未确认的利得或损失计入当期损益。

【典例研习·10-28】（2020年单项选择题）

受新冠肺炎疫情影响，甲公司2020年1月31日决定将账面原值为70万元、已计提累计折旧20万元（采用年限平均法计提折旧、每月计提折旧额1万元）的乙设备对外出售，划分为持有待售的非流动资产。随着国内疫情形势好转，甲公司2020年5月31日决定不再出售该设备，此时该设备的可收回金额为50万元。假设该设备一直没有计提减值准备，则2020年5月31日该设备作为固定资产的入账价值是（　　）万元。

A.44　　　　B.50　　　　C.46　　　　D.48

斯尔解析 本题考查持有待售的非流动资产或处置组的计量。非流动资产或处置组因不再满足持有待售类别的划分条件而不再继续划分为持有待售类别或非流动资产从持有待售的处置组中移除时，应当按照以下两者孰低计量：

（1）划分为持有待售类别前的账面价值，按照假定不划分为持有待售类别情况下本应确认的折旧、摊销或减值等进行调整后的金额；

（2）可收回金额。甲公司对乙设备按照假定不划分为持有待售类别情况下本应确认的折旧、摊销或减值等进行调整后的金额为46万元（70-20-4），可收回金额为50万元，二者孰低为46万元，即作为固定资产的入账价值是46万元，选项C正确。

【典例研习】答案：
10-28：C

冲关地图

图 : 要听懂
!!! : 你得背
√+-×÷ : 你得算
∞ : 有空看

第十章 非流动资产（一）

固定资产的核算

- 固定资产的概念与确认 —— 图 固定资产的概念与确认
- 固定资产的初始计量
  - √+-×÷ 外购取得
  - √+-×÷ 自行建造
  - 图 投资者投入
  - √+-×÷ 弃置义务
- 固定资产的后续计量
  - √+-×÷ 折旧
  - √+-×÷ 后续支出
- 固定资产的处置 —— 图 固定资产的处置
- 固定资产的清查 —— 图 固定资产的清查

无形资产的核算

- 图 无形资产的概念
- √+-×÷ 无形资产的初始计量
- √+-×÷ 无形资产的摊销
- 图 无形资产的处置

固定资产、无形资产减值的核算

- 图 资产减值的判断
- √+-×÷ 资产可收回金额的计量
- √+-×÷ 资产减值损失的账务处理

投资性房地产的核算

- 投资性房地产的范围 —— 图 投资性房地产的范围
- 投资性房地产的初始计量 —— √+-×÷ 投资性房地产的初始计量
- 投资性房地产的后续计量
  - √+-×÷ 成本模式
  - √+-×÷ 公允价值模式
- 投资性房地产的转换 —— √+-×÷ 投资性房地产的转换
- 投资性房地产的处置 —— √+-×÷ 投资性房地产的处置

持有待售的非流动资产、处置组和终止经营

- 图 分类
- √+-×÷ 计量

第十一章　非流动资产（二）

学 习 提 要

考几分？

本章属于重点章节，近三年平均分值在15分左右。

怎么考？

本章考查题型非常全面，各种题型均有涉及，是综合分析题考查频率最高的一章。

怎么学？

本章主要包括金融资产、长期股权投资和非货币性资产交换，内容较多，难度较大，学习时建议按"先完成、再完善、最后完美"的顺序学习，不要因为个别知识点没理解透彻就停止学习的进度，如果遇到特别难的知识点，可以先放一放，等本章整体学完之后，再有针对性解决难点内容。另外，教材中本章的投资性房地产已在第十章介绍完毕，本章不再讲解。

考点精讲

230 11-1

使用斯尔教育APP
扫码观看本节好课

第一节　金融资产

一、金融资产的概念及分类（★）

（一）金融资产的概念

金融资产指企业持有的现金、其他方的权益工具以及符合下列条件之一的资产：

（1）从其他方收取现金或其他金融资产的合同权利（企业的应收账款、应收票据）；

（2）在潜在有利条件下，与其他方交换金融资产或金融负债的合同权利（看涨期权）；

（3）将来须用或可用企业自身权益工具进行结算的非衍生工具合同，且企业根据该合同将收到可变数量的自身权益工具；

（4）将来须用或可用企业自身权益工具进行结算的衍生工具合同，但以固定数量的自身权益工具交换固定金额的现金或其他金融资产的衍生工具合同除外。

（二）金融资产分类

1.分类标准

（1）合同现金流量特征。

金融资产的合同现金流量特征，是指金融工具合同约定的、反映相关金融资产经济特征的现金流量属性。根据合同现金流量特征，可以将金融资产分为两类：

①金融资产在特定日期产生的合同现金流量，仅为对本金和以未偿付本金金额为基础的利息的支付（以下简称"SPPI测试"）；

②不满足本金加利息的合同现金流量特征的金融资产。

（2）企业管理金融资产的业务模式。

企业管理金融资产的业务模式，是指企业如何管理其金融资产以产生现金流量。业务模式决定企业所管理金融资产现金流量的来源是收取合同现金流量、出售金融资产还是两者兼有。具体分为三类：

①以收取合同现金流量为目标的业务模式；

②以收取合同现金流量和出售金融资产为目标的业务模式；

③其他业务模式。

2.具体类型

（1）一般分类。

企业应当根据其管理金融资产的业务模式和金融资产的合同现金流量特征，对金融资产进行合理的分类，一般划分为以下三类：

分类	条件	核算科目举例
以摊余成本计量的金融资产	同时符合下列条件： ①企业管理该金融资产的业务模式是以收取合同现金流量为目标； ②该金融资产的合同条款规定，在特定日期产生的现金流量，仅为对本金和以未偿付本金金额为基础的利息的支付	应收账款 债权投资
以公允价值计量且其变动计入其他综合收益的金融资产	同时符合下列条件： ①企业管理该金融资产的业务模式既以收取合同现金流量为目标又以出售该金融资产为目标； ②该金融资产的合同条款规定，在特定日期产生的现金流量，仅为对本金和以未偿付本金金额为基础的利息的支付	其他债权投资
以公允价值计量且其变动计入当期损益的金融资产	除（1）和（2）以外的金融资产	交易性金融资产

（2）特殊规定。

关键词	具体规定
非交易性权益工具投资指定	权益性工具投资一般不符合本金加利息的合同现金流量特征，因此只能分类为以公允价值计量且其变动计入当期损益的金融资产。然而在初始确认时，企业可以将非交易性权益工具投资指定为以公允价值计量且其变动计入其他综合收益的金融资产，并按规定确认股利收入。该指定一经做出，不得撤销。核算科目"其他权益工具投资"
不能指定的情形	企业在非同一控制下的企业合并中确认的或有对价构成金融资产的，该金融资产应当分类为以公允价值计量且其变动计入当期损益的金融资产，不得指定为以公允价值计量且其变动计入其他综合收益的金融资产
会计错配	在初始确认时，如果能够消除或显著减少会计错配，企业可以将金融资产指定为以公允价值计量且其变动计入当期损益的金融资产。该指定一经做出，不得撤销

提示：

（1）企业在评估金融资产是否属于"以收取合同现金流量为目标"这一业务模式时，应当考虑此前出售此类资产的原因、时间、频率和出售的价值，以及对未来出售的预期。但是，此前出售资产的事实只是为企业提供相关依据，而不能决定业务模式。如果企业能够解释出售的原因并且证明出售并不反映业务模式的改变，出售频率或者出售价值在特定时间内增加不一定与以收取合同现金流量为目标的业务模式相矛盾。企业不能仅因存在出售情况或者出售超过一定比例而认为管理该金融资产的业务模式不是以收取合同现金流量为目标。

（2）对于可回售工具，例如某些开放式基金的可随时赎回的基金份额，以及发行方仅在清算时才有义务向另一方按比例交付其净资产的金融工具，例如属于有限寿命工具的封闭式基金、理财产品的份额、信托计划等寿命固定的结构化主体的份额，对于发行方而言不满足权益工具的定义，对于投资方而言也不属于权益工具投资，投资方不能将其指定为以公允价值计量且其变动计入其他综合收益的金融资产。

【典例研习·11-1】（2018年多项选择题）

企业根据金融资产的业务模式和合同现金流量的特征，可将金融资产划分为（　　　）。

A.以可变现净值计量的金融资产

B.以重置成本计量的金融资产

C.以摊余成本计量的金融资产

D.以公允价值计量且其变动计入其他综合收益的金融资产

E.以公允价值计量且其变动计入当期损益的金融资产

斯尔解析 本题考查金融资产的分类。企业根据其管理金融资产的业务模式和金融资产的合同现金流量特征，将金融资产分为以下三类：以摊余成本计量的金融资产；以公允价值计量且其变动计入其他综合收益的金融资产；以公允价值计量且其变动计入当期损益的金融资产，选项CDE正确。

二、以摊余成本计量的金融资产的核算（★★★）

（一）初始计量

（1）按公允价值（不包含已宣告但尚未发放的债券利息）和交易费用之和作为初始入账金额。

公允价值与交易价格存在差异的：

公允价值的确定方法	差额的处理方法
相同资产在活跃市场上的报价或者以仅使用可观察市场数据的估值技术确定的	确认为利得或损失
其他方法	递延至相应会计期间的利得或损失

（2）交易费用。

交易费用是指可直接归属于购买、发行或处置金融工具的增量费用。

包括	不包括
支付给代理机构、咨询公司、券商、证券交易所、政府有关部门等的手续费、佣金、相关税费以及其他必要支出	债券溢价、折价、融资费用、内部管理成本和持有成本等与交易不直接相关的费用

（3）支付价款中包含的已到付息期但尚未领取的债券利息，应当单独确认为应收项目进行处理。

借：债权投资——成本（面值）

　　　　——利息调整（或贷方）

　　应收利息

　贷：银行存款（实际支付的金额）

（二）后续计量

（1）企业应当采用实际利率法计算确认利息收入，计入投资收益。

①确认投资收益时。

借：应收利息/债权投资——应计利息（票面利息=面值×票面利率）

　贷：投资收益（摊余成本×实际利率）

　　　债权投资——利息调整（或借方，与购入时相反）

②收本、收息时。

借：银行存款

　贷：应收利息/债权投资——应计利息

借：银行存款

　贷：债权投资——成本

（2）资产负债表日以摊余成本进行后续计量。

摊余成本=金融资产的初始确认金额−初始确认金额与到期日金额之间的差额进行摊销形成的累计摊销额−累计的减值准备

（3）债权投资的减值。

①资产负债表日，企业应当按照准则的规定，以预期信用损失为基础，对以摊余成本计量的金融资产进行减值会计处理并确认减值准备，同时将减值损失或减值利得计入当期损益。

①发生减值时会计分录：

借：信用减值损失

　　贷：债权投资减值准备

②已计提减值准备的以摊余成本计量的金融资产价值以后又得以恢复的，应在原已计提的减值准备金额内，按恢复增加的金额转回。会计分录：

借：债权投资减值准备

　　贷：信用减值损失

（三）处置

应将所取得对价的公允价值与该投资账面价值之间的差额确认为投资收益。

借：银行存款（实际收到的金额）

　　债权投资减值准备

　　贷：债权投资——成本

　　　　　　　——利息调整（或借方）

　　　　　　　——应计利息

　　　　投资收益（或借方）

【典例研习·11-2】（教材例题改编）

甲公司2015年1月3日购入乙公司2015年1月1日发行的5年期固定利率债券，该债券每年付息一次，最后一年偿还本金并支付最后一次利息，票面年利率为12%，债券每张面值为1 000元，甲公司按每张1 050元（含交易费用）的溢价价格购入800张，票款以银行存款付讫。

（1）甲公司在2015年1月3日购入该债券时应编制如下会计分录：

借：债权投资——成本　　　　　　　　　　　　　　800 000

　　　　　　　——利息调整　　　　　　　　　　　 40 000

　　贷：银行存款　　　　　　　　　　　　　　　　　　　　840 000

（2）甲公司投资乙公司债券发生的溢价采用实际利率法摊销，实际利率为10.66%，并按年计算利息：

第1期期末，2015年12月31日，确认投资收益时：

借：应收利息　　　　　　　　　（800 000×12%）96 000

　　贷：债权投资——利息调整　　　　　　　　　　　　　　 6 456

　　　　投资收益　　　　　（840 000×10.66%）89 544

收到利息时：

借：银行存款　　　　　　　　　　　　　　　　　96 000

　　贷：应收利息　　　　　　　　　　　　　　　　　　　　 96 000

第1期期末摊余成本=840 000-6 456=833 544（元）

第2期期末，2016年12月31日，确认投资收益时：

借：应收利息　　　　　　　　　　（800 000×12%）96 000

　　贷：债权投资——利息调整　　　　　　　　　　　　　7 144.21

　　　　投资收益　　　　　　　　（833 544×10.66%）88 855.79

收到利息时：

借：银行存款　　　　　　　　　　　　　　　96 000

　　贷：应收利息　　　　　　　　　　　　　　　　　　　96 000

第2期末摊余成本=833 544-7 144.21=826 399.79（元）。

第3期期末，2017年12月31日，确认投资收益时：

借：应收利息　　　　　　　　　　　　　　　96 000

　　贷：债权投资——利息调整　　　　　　　　　　　　　7 905.78

　　　　投资收益　　　　　　　　（826 399.79×10.66%）88 094.22

收到利息时：

借：银行存款　　　　　　　　　　　　　　　96 000

　　贷：应收利息　　　　　　　　　　　　　　　　　　　96 000

第3期期末摊余成本=826 399.79-7 905.78=818 494.01（元）。

第4期期末，2018年12月31日，确认投资收益时：

借：应收利息　　　　　　　　　　　　　　　96 000

　　贷：债权投资——利息调整　　　　　　　　　　　　　8 748.54

　　　　投资收益　　　　　　　　（818 494.01×10.66%）87 251.46

收到利息时：

借：银行存款　　　　　　　　　　　　　　　96 000

　　贷：应收利息　　　　　　　　　　　　　　　　　　　96 000

第4期期末摊余成本=818 494.01-8 748.54=809 745.47（元）

第5期期末，2019年12月31日，确认投资收益时：

借：应收利息　　　　　　　　　　　　　　　96 000

　　贷：债权投资——利息调整　　　　　　　　　（先倒挤）9 745.47

　　　　投资收益　　　　　　　　　　　　　　（后倒挤）86 254.53

债券到期收回债券本金和最后一期利息时：

借：银行存款　　　　　　　　　　　　　　896 000

　　贷：债权投资——成本　　　　　　　　　　　　　　800 000

　　　　应收利息　　　　　　　　　　　　　　　　　　96 000

　　（3）如果甲公司持有的乙公司债券在第4年即2018年12月31日，未提损失准备前债权投资的账面价值为809 745.47元，经检查该批债券已发生减值，预计到期只能收回本息500 000元。

　　甲公司2018年12月31日（第4期），计算应收利息后，应作如下处理：

预计未来现金流量现值=500 000÷（1+10.66%）=451 834.45（元）

应计提损失准备=809 745.47-451 834.45=357 911.02（元）

计提损失准备的会计处理：

借：信用减值损失 357 911.02

　　贷：债权投资减值准备 357 911.02

第4期末摊余成本=809 745.47-357 911.02=451 834.45（元）

第5年年末

借：应收利息 96 000

　　贷：投资收益 （451 834.45×10.66%）48 165.55

　　　　债权投资——利息调整 47 834.45

实际收到本息500 000元时：

借：银行存款 500 000

　　债权投资减值准备 357 911.02

　　债权投资——利息调整 38 088.98

　　贷：债权投资——成本 800 000

　　　　应收利息 96 000

命题角度：根据经济业务，计算债权投资各期末的摊余成本和各期的投资收益。

上述两个指标可以参考下面公式计算：

（1）期末摊余成本=期初摊余成本×（1+实际利率）-当年的应收利息-当期偿还的本金-当期计提的减值准备。

（2）当期投资收益=期初摊余成本×实际利率。

【典例研习·11-3】（2019年单项选择题）

甲公司2018年1月1日以银行存款84万元购入乙公司当日发行的5年期固定利率债券，作为以摊余成本计量的金融资产核算。该债券面值80万元，每年付息一次、到期还本，票面年利率12%，实际年利率10.66%。采用实际利率法摊销，则甲公司2018年12月31日该金融资产"债权投资——利息调整"科目的余额为（　　）元。

A.32 536　　　　　　B.31 884　　　　　　C.46 456　　　　　　D.33 544

斯尔解析 本题考查债权投资的核算。2018年年末该金融资产的账面价值=84×（1+10.66%）-80×12%=83.3544（万元），因此"债权投资——利息调整"科目的余额=83.3544-80=3.3544（万元）。会计分录如下：

2018年1月1日：

借：债权投资——成本 80

　　　　　　——利息调整 4

　　贷：银行存款 84

2018年12月31日：

借：应收利息 （80×12%）9.6

　　贷：投资收益 （84×10.66%）8.9544

　　　　债权投资——利息调整 0.6456

年末，"债权投资——利息调整"的科目余额=4-0.6456=3.3544（万元），选项D正确。

三、分类以公允价值计量且其变动计入其他综合收益的金融资产核算（★★★）

（一）初始计量

（1）按公允价值（不包含已宣告但尚未发放的债券利息）和交易费用之和作为初始入账金额。

（2）支付价款中包含的已到付息期但尚未领取的债券利息，应当单独确认为应收项目进行处理。

借：其他债权投资——成本（面值）

　　应收利息

　　贷：银行存款

　　　　其他债权投资——利息调整（或借方）

（二）后续计量

（1）资产负债表日按公允价值计量，公允价值的变动计入其他综合收益。

（2）企业应当采用实际利率法计算确认利息收入，计入投资收益。

（3）具体账务处理。

①确认投资收益。

借：应收利息/其他债权投资——应计利息

　　其他债权投资——利息调整（或贷方，与购入时相反）

　　贷：投资收益

②收本、收息。

借：银行存款

　　贷：应收利息

借：银行存款

　　贷：其他债权投资——成本

（4）资产负债表日公允价值变动。

①资产负债表日公允价值大于原账面余额：

借：其他债权投资——公允价值变动

　　贷：其他综合收益

②资产负债表日公允价值小于原账面余额：

借：其他综合收益

　　贷：其他债权投资——公允价值变动

（5）确认减值损失。

资产负债表日，企业应当按照准则的规定，以预期信用损失为基础，对分类为以公允价值计量且其变动计入其他综合收益的金融资产进行减值会计处理，并在其他综合收益中确认减值准备，同时将减值损失或减值利得计入当期损益（信用减值损失），且不应减少该金融资产在资产负债表中列示的账面价值。

计提减值准备时：

借：信用减值损失

　　贷：其他综合收益——信用减值准备

减值损失在满足条件时，可以转回。

（三）处置

（1）应将所取得对价的公允价值与该投资账面价值之间的差额确认为投资收益。

（2）之前计入其他综合收益的累计利得或损失应当从其他综合收益中转出，计入当期损益（投资收益）。

借：银行存款

　　贷：其他债权投资——成本

　　　　　　　　　——利息调整（或借方）

　　　　　　　　　——应计利息

　　　　　　　　　——公允价值变动（或借方）

　　　　投资收益（或借方）

同时：

借：其他综合收益

　　贷：投资收益

或作相反分录。

【典例研习·11-4】（教材例题改编）

泰达公司2019年1月1日购入华发公司同日发行的3年期公司债券，票面金额为500万元，票面利率为4%，实际利率为3%，共支付价款514.122万元。利息每年支付，本金到期支付。初始确认时，泰达公司将该债券投资划分为其他债权投资。

有关会计处理如下：

（1）2019年1月1日购入时：

借：其他债权投资——成本　　　　　　　　　　　　　5 000 000

　　　　　　　　　——利息调整　　　　　　　　　　　141 220

　　贷：银行存款　　　　　　　　　　　　　　　　　　　　　5 141 220

（2）2019年12月31日，计算该债券的票面利息、实际利息收入以及利息调整金额，并作相应的账务处理：

票面应收利息：5 000 000×4%=200 000（元）

实际利息收入：5 141 220×3%=154 237（元）

利息调整金额：200 000−154 237=45 763（元）

借：应收利息　　　　　　　　　　　　　　　　　　　200 000

　　贷：投资收益　　　　　　　　　　　　　　　　　　　　　154 237

　　　　其他债权投资——利息调整　　　　　　　　　　　　　45 763

借：银行存款　　　　　　　　　　　　　　　　　　　200 000

　　贷：应收利息　　　　　　　　　　　　　　　　　　　　　200 000

（3）2019年12月31日，计算该债券的摊余成本、公允价值变动（债券市场价格为500.047万元）：

年末摊余成本：5 141 220−45 763=5 095 457（元）

公允价值变动：5 000 470−5 095 457=−94 987（元）

借：其他综合收益　　　　　　　　　　　　　　　　　94 987

　　贷：其他债权投资——公允价值变动　　　　　　　　　　　94 987

【典例研习·11-5】（2020年单项选择题）

资产负债表日，以预期信用损失为基础，对以公允价值计量且其变动计入其他综合收益的金融资产进行减值会计处理，确认的减值损失应计入的会计科目是（　　）。

A.营业外支出　　　　　　　　　B.其他综合收益

C.资产减值损失　　　　　　　　D.信用减值损失

斯尔解析 本题考查其他权益工具投资的核算。对分类为以公允价值计量且其变动计入其他综合收益的金融资产进行减值会计处理并在其他综合收益中确认减值准备，同时将减值损失或减值利得计入当期损益（信用减值损失），且不应减少该金融资产在资产负债表中列示的账面价值，选项D正确。

四、以公允价值计量且其变动计入当期损益的金融资产核算（★★★）

核算科目：交易性金融资产，包括权益工具投资和债务工具投资。

金融资产或金融负债满足下列条件之一的，表明企业持有该金融资产或承担该金融负债的目的是交易性的：

（1）取得相关金融资产或承担相关金融负债的目的，主要是为了近期出售或回购。

（2）相关金融资产或金融负债在初始确认时属于集中管理的可辨认金融工具组合的一部分，且有客观证据表明近期实际存在短期获利模式。

（3）相关金融资产或金融负债属于衍生工具。但符合财务担保合同定义的衍生工具以及被指定为有效套期工具的衍生工具除外。

（一）初始计量

（1）按公允价值作为初始确认金额，相关交易费用计入当期损益（投资收益）。

（2）已到付息期但尚未领取的利息或已宣告发放但尚未发放的现金股利单独确认为应收项目。

借：交易性金融资产——成本（不含应收项目的公允价值）

　　应收股利/应收利息

　　投资收益（交易费用）

　　贷：银行存款（实际支付的金额）

收到现金股利或利息时：

借：银行存款

　　贷：应收股利/应收利息

【典例研习·11-6】（教材例题）

甲公司于2021年3月5日以银行存款购入乙公司已宣告但尚未发放现金股利的股票10 000股，作为以公允价值计量且其变动计入当期损益的金融资产，每股成交价19.6元，其中，0.4元为已宣告但尚未发放的现金股利，股权登记日为2021年3月10日。另支付相关税费等交易费用800元。该企业应作如下会计分录：

（1）3月5日购入股票时：

借：交易性金融资产——成本	192 000	
应收股利	4 000	
投资收益	800	
贷：银行存款		196 800

（2）甲公司于2021年4月10日收到乙公司发放的现金股利。

借：银行存款 4 000

 贷：应收股利 4 000

（二）后续计量

（1）资产负债表日按公允价值计量，公允价值的变动计入当期损益（公允价值变动损益）。

①公允价值高于其账面余额：

借：交易性金融资产——公允价值变动

 贷：公允价值变动损益

②公允价值低于其账面余额：

借：公允价值变动损益

 贷：交易性金融资产——公允价值变动

（2）持有期间取得的现金股利和利息。

①被投资单位宣告发放现金股利或确认应收利息时：

借：应收股利/应收利息

 贷：投资收益

②收到现金股利或债券利息时：

借：银行存款

 贷：应收股利/应收利息

（三）处置

将处置时的该金融资产的公允价值与账面余额之间的差额确认为投资收益。

借：银行存款（实际收到的金额）

 贷：交易性金融资产——成本

      ——公允价值变动（或借方）

  投资收益（差额，或借方）

解题高手

命题角度：考查交易性金融资产业务对利润总额的影响。

阶段	项目	科目
初始取得	交易费用	投资收益
持有期间	被投资单位宣告发放现金股利或确认应收利息	投资收益
	资产负债表日公允价值变动	公允价值变动损益
处置	公允价值与账面余额之间的差额	投资收益

【典例研习·11-7】（2018年单项选择题）

黄河公司2017年12月1日购入甲股票，并划分为以公允价值计量且其变动计入当期损益的金融资产，购入价格为85 000元，另支付交易费用为100元。甲股票2017年12月31日的公允价值为92 000元。黄河公司2018年12月1日将上述甲股票全部出售，出售价格为104 500元。假设不考虑其他税费，黄河公司上述投资活动对其2018年度利润总额的影响为（　　　　）。

　　A.增加12 500元　　　　　　　　　　　B.增加16 500元

　　C.增加18 500元　　　　　　　　　　　D.减少2 000元

　　💡斯尔解析　本题考查交易性金融资产的核算。会计分录如下所示：

①2017年12月1日购入股票时：

借：交易性金融资产　　　　　　　　　　　　85 000

　　投资收益　　　　　　　　　　　　　　　　　100

　　贷：银行存款　　　　　　　　　　　　　　　　　　85 100

②2017年12月31日：

借：交易性金融资产　　　　　　　　　　　　　7 000

　　贷：公允价值变动损益　　　　　　　　　　　　　　7 000

③2018年12月1日：

借：银行存款　　　　　　　　　　　　　　　104 500

　　贷：交易性金融资产　　　　　　　　　　　　　　　92 000

　　　　投资收益　　　　　　　　　　　　　　　　　　12 500

影响2018年利润总额的，只有2018年12月1日股票出售确认的投资收益12 500元，选项A正确。

【典例研习·11-8】（2020年单项选择题）

2020年3月20日，甲公司从二级市场购入乙公司发行在外的普通股股票20万股，每股10元（包括已宣告但尚未发放的现金股利0.5元/股），另支付交易税费5万元，将其划分为以公允价值计量且其变动计入当期损益的金融资产，2020年6月30日该金融资产公允价值为218万元。2020年8月24日甲公司将持有的乙公司股票全部出售。取得价款226万元。则该交易性金融资产对甲公司2020年度利润总额的影响金额为（　　　　）万元。

　　A.23　　　　　　　B.36　　　　　　　C.31　　　　　　　D.28

　　💡斯尔解析　本题考查交易性金融资产的核算。会计分录如下：

①2020年3月20日：

借：交易性金融资产——成本　　　　　　　　　190

　　应收股利　　　　　　　　　　（0.5×20）10

　　投资收益　　　　　　　　　　　　　　　　　5

　　贷：银行存款　　　　　　　　　　　　　　　　　205

②2020年6月30日：

借：交易性金融资产——公允价值变动　　（218−190）28

　　贷：公允价值变动损益　　　　　　　　　　　　　28

③2020年8月24日：

借：银行存款　　　　　　　　　　　　　　　226

　　贷：交易性金融资产——成本　　　　　　　　　　190

　　　　　　　　　　　　——公允价值变动　　　　　　28

　　　　投资收益　　　　　　　　　　　　　　　　　　8

该交易性金融资产对甲公司2020年度利润总额的影响金额=−5+28+8=31（万元），选项C正确。

【典例研习】答案：

11-7：A

11-8：C

五、指定为以公允价值计量且其变动计入其他综合收益的金融资产核算（★★★）

（一）初始计量

（1）按公允价值和交易费用之和作为初始入账金额。

（2）已宣告发放但尚未领取的现金股利单独确认为应收项目（应收股利）。

借：其他权益工具投资——成本（公允价值与交易费用之和）

　　应收股利

　贷：银行存款等

收到现金股利时：

借：银行存款

　贷：应收股利

（二）后续计量

（1）资产负债表日按公允价值计量，公允价值的变动计入其他综合收益。

①公允价值高于其账面余额。

借：其他权益工具投资——公允价值变动

　　贷：其他综合收益

②公允价值低于其账面价值。

借：其他综合收益

　　贷：其他权益工具投资——公允价值变动

（2）持有期间取得的现金股利和利息。

①持有期间被投资单位宣告发放现金股利或确认应收利息时。

借：应收股利

　　贷：投资收益

②收到现金股利或债券利息时。

借：银行存款

　　贷：应收股利

（三）出售

（1）出售所得的价款与其账面价值的差额计入留存收益。

借：银行存款

　贷：其他权益工具投资——成本

　　　　　　　　　　——公允价值变动（或借方）

　　盈余公积（或借方）

　　利润分配——未分配利润（或借方）

（2）将原直接计入其他综合收益的公允价值变动的累计额转出，计入留存收益。

借：其他综合收益

　贷：盈余公积

　　　利润分配——未分配利润

或作相反分录。

提示：

（1）交易性金融资产和其他权益工具投资，不需要计提减值准备。

（2）持有期间，除了获得的股利收入（明确作为投资成本部分收回的股利收入除外）计入当期损益（投资收益）外，其他相关的利得和损失（包括汇总损益），如与套期会计无关的，均应计入其他综合收益，且后续不得转入当期损益。

【典例研习·11-9】（教材例题）

2019年5月6日，甲公司支付价款1 016万元（含交易费用1万元和已宣告发放现金股利15万元），购入乙公司发行的股票200万股，占乙公司有表决权股份的0.5%。甲公司将其指定为以公允价值计量且其他变动计入其他综合收益的非交易性权益工具投资。

假定不考虑其他因素，甲公司的账务处理如下：

（1）2019年5月6日，购入股票。

借：其他权益工具投资——成本　　　　　　　　　　1 001
　　应收股利　　　　　　　　　　　　　　　　　　　15
　　贷：银行存款　　　　　　　　　　　　　　　　　　　　　1 016

（2）2019年5月10日，甲公司收到乙公司发放的现金股利15万元。

借：银行存款　　　　　　　　　　　　　　　　　　　15
　　贷：应收股利　　　　　　　　　　　　　　　　　　　　　　15

（3）2019年6月30日，该股票市价为每股5.2元。

借：其他权益工具投资——公允价值变动　　　　　　　39
　　贷：其他综合收益　　　　　　　　　　　　　　　　　　　　39

（4）2019年12月31日，甲公司仍持有该股票，当日该股票市价为每股5元。

借：其他综合收益　　　　　　　　　　　　　　　　　40
　　贷：其他权益工具投资——公允价值变动　　　　　　　　　　40

（5）2020年5月9日，乙公司宣告发放股利4 000万元。

借：应收股利　　　　　　　　　　　　　　　　　　　20
　　贷：投资收益　　　　　　　　　　　　　　　　　　　　　　20

（6）2020年5月13日，甲公司收到乙公司发放的现金股利。

借：银行存款　　　　　　　　　　　　　　　　　　　20
　　贷：应收股利　　　　　　　　　　　　　　　　　　　　　　20

（7）2020年5月20日，甲公司由于某特殊原因，以每股4.9元的价格将股票全部转让。

借：银行存款　　　　　　　　　　　　　　　　　　980
　　其他权益工具投资——公允价值变动　　　　　　　　1
　　盈余公积——法定盈余公积　　　　　　　　　　　　2
　　利润分配——未分配利润　　　　　　　　　　　　 18
　　贷：其他权益工具投资——成本　　　　　　　　　　　　1 001
借：盈余公积——法定盈余公积　　　　　　　　　　 0.1
　　利润分配——未分配利润　　　　　　　　　　　　0.9
　　贷：其他综合收益　　　　　　　　　　　　　　　　　　　　1

【典例研习·11-10】（2019年单项选择题）

甲公司从二级市场购入乙公司发行在外的普通股股票15万股，指定为以公允价值计量且其变动计入其他综合收益的金融资产，支付的价款为235万元（其中包括已宣告但尚未发放的现金股利1元/股），另支付交易税费5万元。则甲公司该金融资产的入账价值为（　　　　）万元。

A.225　　　　　　　B.220　　　　　　　C.240　　　　　　　D.215

 斯尔解析 本题考查其他权益工具投资的核算。其他权益工具投资应当按照取得该金融资产的公允价值（不包含已宣告但尚未发放的现金股利）和相关交易费用之和作为初始确认金额。因此该金融资产的入账价值=235−1×15+5=225（万元），选项A正确，会计分录为：

借：其他权益工具投资——成本　　　　　　　　　　225

　　应收股利　　　　　　　　　　　　　　　　　　15

　贷：银行存款　　　　　　　　　　　　　　　　　　　　　240

六、金融资产的重分类（★★）

对于债务类工具投资，企业在改变其管理金融资产的业务模式时，应当按照规定对所有受影响的相关金融资产进行重分类。

（一）重分类为交易性金融资产

项目	第一类→第三类	第二类→第三类
基本原则	按照该资产在重分类日的公允价值进行计量	继续以公允价值计量
	原账面价值与公允价值之间的差额计入当期损益（公允价值变动损益）	之前计入其他综合收益的累计利得或损失转入当期损益（公允价值变动损益）

项目	账务处理
第一类→第三类	借：交易性金融资产（公允价值） 　　债权投资减值准备（终止确认原损失准备） 　贷：债权投资（原账面余额） 　　公允价值变动损益（倒挤，或借方）
第二类→第三类	借：交易性金融资产（公允价值） 　贷：其他债权投资（公允价值） 借：公允价值变动损益 　贷：其他综合收益——其他债权投资公允价值变动 或作相反分录
	存在减值准备的，应转回： 借：其他综合收益——信用减值准备 　贷：公允价值变动损益

（二）重分类为其他债权投资

项目	第一类→第二类	第三类→第二类
基本原则	按照该资产在重分类日的公允价值进行计量 原账面价值与公允价值之间的差额计入其他综合收益 该金融资产重分类不影响其实际利率和预期信用损失的计量	继续以公允价值计量，同时根据该金融资产在重分类日的公允价值确定其实际利率，并自重分类日起对该金融资产适用准则关于金融资产减值的相关规定

项目	账务处理
第一类→第二类	借：其他债权投资（公允价值） 　　债权投资减值准备（冲减原损失准备） 　贷：债权投资（原账面余额） 　　其他综合收益（倒挤，或借方）
第三类→第二类	借：其他债权投资（公允价值） 　贷：交易性金融资产（公允价值）

（三）重分类为债权投资

项目	第二类→第一类	第三类→第一类
基本原则	应当将之前计入其他综合收益的累计利得或损失转出，调整该金融资产在重分类日的公允价值，并以调整后的金额作为新的账面价值	以其在重分类日的公允价值作为新的账面余额
	即视同该金融资产一直以摊余成本计量	应当根据该金融资产在重分类日的公允价值确定其实际利率
	该金融资产重分类不影响其实际利率和预期信用损失的计量	将重分类日视为初始确认日

项目	账务处理
第二类→第一类	借：债权投资——成本/利息调整/应计利息（账面余额） 　　其他综合收益——其他债权投资公允价值变动（或贷方） 　贷：其他债权投资——成本/利息调整/应计利息（账面余额） 　　　　　　　　　——公允价值变动（或借方） 借：其他综合收益——信用减值准备 　贷：债权投资减值准备
第三类→第一类	借：债权投资（公允价值） 　贷：交易性金融资产（公允价值）

【典例研习·11-11】（2019年单项选择题）

下列关于金融资产重分类的表述中，错误的是（　　　）。

A.以摊余成本计量的金融资产可以重分类为以公允价值计量且其变动计入其他综合收益的金融资产

B.以摊余成本计量的金融资产可以重分类为以公允价值计量且其变动计入当期损益的金融资产

C.以公允价值计量且其变动计入其他综合收益的金融资产可以重分类为以摊余成本计量的金融资产

D.以公允价值计量且其变动计入当期损益的金融资产不可以重分类为以摊余成本计量的金融资产

斯尔解析 本题考查金融资产的重分类。以摊余成本计量的金融资产可以重分类为以公允价值计量且其变动计入当期损益的金融资产，或者重分类为以公允价值计量且其变动计入其他综合收益的金融资产，反之亦然，因此选项D的表述错误。

使用斯尔教育APP
扫码观看本节好课

第二节　长期股权投资

一、长期股权投资核算范围

企业长期股权投资的范围主要包括三个方面：对子公司投资、对合营企业投资、对联营企业投资。对此三种长期股权投资的确定应以对被投资单位的影响程度为基础进行判断。

（一）对子公司投资——控制

在判断投资方是否能够控制被投资方时，应具备以下三要素，才能表明投资方能够控制被投资方：

（1）投资方拥有对被投资方的权力；

（2）通过参与被投资单位的相关活动而享有可变回报；

（3）并有能力运用对被投资单位的权力影响其回报金额。

（二）对合营企业投资——共同控制

（1）对合营企业投资是指投资方与其他合营方一同对被投资单位实施共同控制且

对被投资单位净资产享有权利的权益性投资；

（2）共同控制，是指按照相关约定对某项安排所共有的控制，并且该安排的相关活动必须经过分享控制权的参与方一致同意后才能决策。

（三）对联营企业投资——重大影响

（1）对联营企业投资是指投资方对被投资单位具有重大影响的权益性投资。

（2）投资方通常可以通过以下一种或几种情形来判断是否对被投资单位具有重大影响：

①在被投资单位的董事会或类似权力机构中派有代表；

②参与被投资单位财务和经营政策制定过程；

③与被投资单位之间发生重要交易；

④向被投资单位派出管理人员；

⑤向被投资单位提供关键技术资料。

需说明的是，存在上述一种或多种情况并不意味着投资方一定对被投资方具有重大影响，投资方需要综合考虑所有事实和情况来作出恰当的判断。

二、以非企业合并方式取得的长期股权投资的核算（★★★）

企业无论以何种方式取得长期股权投资，实际支付的价款或对价中包含的已宣告但尚未领取的现金股利或利润，应作为应收项目单独核算，不作为取得的长期股权投资的成本（下文不再单独强调）。

（一）初始计量

基本原则：

初始投资成本=所支付对价的公允价值+相关税费等直接相关费用

（1）支付现金取得长期股权投资，应当按照实际支付的购买价款作为初始投资成本。初始投资成本包括与取得长期股权投资直接相关的费用、税金及其他必要支出。

【典例研习·11-12】（教材例题）

育新公司当年1月5日以每股1.4元的价格购入A公司每股面值为1元的股票400万股，占A公司总股本的40%，用银行存款实际支付价款565万元，其中包括已宣告发放尚未支取的现金股利5万元。会计分录为：

借：长期股权投资——投资成本（A公司）　　　560

　　应收股利　　　　　　　　　　　　　　　　　5

　贷：银行存款　　　　　　　　　　　　　　　　　　　565

（2）以发行权益性证券取得的长期股权投资，应当按照发行权益性证券的公允价值作为初始投资成本。

为发行权益性证券支付给有关证券承销机构等的手续费、佣金等与权益性证券发行直接相关的费用，不构成取得长期股权投资的成本。该部分费用应自权益性证券的溢价发行收入中扣除，溢价收入不足冲减的，应依次冲减盈余公积和未分配利润。

（3）投资者投入的长期股权投资，应当按照投资合同或协议约定的价值作为初始投资成本，但合同或协议约定价值不公允的除外（即不公允时，以公允价值作为初始投资成本）。

（4）对于认缴制下尚未出资的股权投资，投资方在未实际出资前是否应确认与所认缴出资相关的股权投资，应结合法律法规规定与具体合同协议确定。合同协议有具体约定的，按照合同约定进行会计处理；合同协议没有具体约定的，则应根据《中华人民共和国公司法》等法律法规的相关规定进行会计处理。对于投资的初始确认，若合同明确约定认缴出资的时间和金额，且投资方按认缴比例享有相应的股东权益，则投资方应确认一项金融负债及相应的资产；若合同没有明确约定，则属于一项未来的出资承诺，不确认金融负债及相应的资产。

【典例研习·11-13】（2015年综合分析题节选）

2014年1月1日，黄山公司以发行普通股和一项作为固定资产核算的厂房为对价，从非关联方取得甲公司25%股权，对甲公司具有重大影响。黄山公司向甲公司原股东定向增发2 000万股普通股，每股面值1元，每股公允价10元，同时支付承销商佣金、手续费等500万元，厂房账面价值为6 000万元，公允价值为10 000万元。

（1）2014年1月1日，黄山公司取得甲公司25%股权时，长期股权投资的初始投资成本为（　　）万元。

A.2 650　　　　　　B.30 000　　　　　　C.30 500　　　　　　D.26 000

斯尔解析 本题考查以非企业合并方式取得的长期股权投资的初始计量。初始投资成本＝支付对价的公允价值＋相关税费＝10 000＋2 000×10＝30 000（万元），选项B正确。会计分录：

借：固定资产清理	6 000	
贷：固定资产		6 000
借：长期股权投资	30 000	
贷：股本		2 000
资本公积——股本溢价		18 000
固定资产清理		6 000
资产处置损益		4 000

（2）2014年1月1日，黄山公司取得甲公司25%股权时，发行股票的承销佣金、手续费应计入（　　）。

A.管理费用　　　　　　　　　　　B.财务费用

C.长期股权投资　　　　　　　　　D.资本公积

斯尔解析 本题考查以发行权益性证券取得长期股权投资的核算。为发行权益性证券支付给有关证券承销机构等的手续费、佣金等与权益性证券发行直接相关的费用，不构成取得长期股权投资的成本。该部分费用应自权益性证券的溢价发行收入中扣除，溢价收入不足冲减的，应依次冲减盈余公积和未分配利润，选项D正确。会计分录：

借：资本公积——股本溢价	500	
贷：银行存款		500

（二）后续计量

方法：权益法。

含义：权益法是指投资最初以初始投资成本计量，在投资持有期间根据投资方享有被投资单位所有者权益的份额的变动对投资的账面价值进行调整的方法。

明细科目与处理步骤：

四大明细科目	八大处理步骤
①投资成本	①初始投资成本的调整
②损益调整	②投资损益的确认
③其他综合收益	③取得现金股利或利润的处理
④其他权益变动	④投资企业在被投资单位发生净亏损的处理
	⑤被投资单位其他综合收益变动的处理
	⑥被投资单位除净损益、其他综合收益和利润分配以外所有者权益其他变动的处理
	⑦股票股利的处理
	⑧被投资单位编制合并财务报表情况下的处理

1.初始投资成本的调整

指标1	关系	指标2	处理方法
初始投资成本	＞	投资时应享有的被投资方可辨认净资产公允价值的份额	不调整已确认的初始投资成本
	＜		调整初始投资成本，差额计入当期损益。 借：长期股权投资——投资成本 　贷：营业外收入

【典例研习·11-14】（教材例题）

华通公司于2019年6月1日以银行存款145万元投资华联公司普通股，占华联公司普通股的40%，华通公司按权益法核算对华联公司的投资。华联公司2019年5月31日经确认可辨认净资产的公允价值为335万元，则初始投资时，华通公司应享有华联公司可辨认净资产公允价值的份额为134万元（335×40%）。本例中，初始投资成本145万元大于应享有华联公司可辨认净资产公允价值的份额134万元，差额为11万元。

借：长期股权投资——投资成本　　　　　　　　　　　145

　　贷：银行存款　　　　　　　　　　　　　　　　　　　145

如果华联公司2019年5月31日的可辨认净资产公允价值为400万元，华通公司对华联公司的初始投资成本、持股比例均不变，则华通公司2019年6月1日长期股权投资入账时的会计分录为：

借：长期股权投资——投资成本　　　　　　　　　　　145

　　贷：银行存款　　　　　　　　　　　　　　　　　　　145

借：长期股权投资——投资成本　　　　　　　　　　　15

　　贷：营业外收入　　　　　　　　　　　　　　　　　　　　15

命题角度：考查以非合并方式取得长期股权投资的入账金额。

此类题目需认真审题，很多同学经常将初始投资成本和入账金额混为一谈，其实两者并不相同。

①初始投资成本，需要以所支付对价的公允价值和相关税费为基础确定，不需要考虑投资时应享有被投资单位可辨认净资产公允价值的份额。

②入账金额，需要在初始投资成本与投资时应享有被投资单位可辨认净资产公允价值的份额进行比较的基础上确定。

2.投资损益的确认

投资方取得长期股权投资后，应当按照应享有或应分担的被投资单位实现的净利润或发生净亏损的份额，确认为当期投资收益，同时通过"损益调整"明细科目，调整长期股权投资的账面价值。

资产负债表日，企业应按被投资单位实现的净利润中企业享有的份额（调整后的）：

借：长期股权投资——损益调整

　贷：投资收益

被投资单位发生净亏损作相反的会计分录，但以"长期股权投资"科目的账面价值减记至零为限。

投资方在确认应享有被投资单位净损益的份额时，在被投资单位账面净利润的基础上，应考虑以下因素的影响进行适当调整：

①被投资单位采用的会计政策及会计期间与投资方不一致的，应当按照投资方的会计政策及会计期间对被投资单位的财务报表进行调整，在此基础上确定被投资单位的损益。

②在评估投资方对被投资单位是否具有重大影响时，应当考虑潜在表决权的影响，但在确定应享有的被投资单位实现的净损益、其他综合收益和其他所有者权益变动的份额时，潜在表决权所对应的权益份额不应予以考虑。

③在确认应享有或应分担的被投资单位净利润（或亏损）额时，法规或章程规定不属于投资企业的净损益应当予以剔除后计算。

如果被投资单位发行了分类为权益的可累积优先股等类似的权益工具，无论被投资单位是否宣告分配优先股股利，投资方计算应享有被投资单位的净利润时，均应将归属于其他投资方的累积优先股股利予以扣除。

④取得投资时被投资单位有关资产、负债的公允价值与账面价值不同的调整。

被投资单位个别利润表中的净利润是以其持有的资产、负债账面价值和有关资产减值准备为基础持续计算的。

而在计算归属于投资方应享有的净损益时，应以投资时被投资单位有关资产、负债的公允价值为基础计算确定，从而产生了需要对被投资单位账面净利润进行调整的情况。

【典例研习·11-15】（教材例题）

甲公司于2019年1月1日取得对联营企业乙公司30%的股权，取得投资时被投资单位的固定资产公允价值为1 000万元，账面价值为600万元，固定资产的预计使用年限为10年，净残值为0，按照直线法计提折旧。乙公司2019年度利润表中净利润为500万元，其中乙公司当期利润表中已按其账面价值计算扣除的固定资产折旧费用为60万元。甲公司采用权益法核算该项长期股权投资。

根据直线法，按照取得投资时固定资产的公允价值计算确定的折旧费用为100万元，不考虑所得税影响，按该固定资产的公允价值计算的净利润为460万元（500－40），因此甲公司应确认的投资收益为138万元（460×30%）。

借：长期股权投资——损益调整　　　　　　　　　　　　138

　　贷：投资收益　　　　　　　　　　　　　　　　　　　　　　138

⑤未实现内部交易损益的调整。

类型	含义
顺流交易	投资方向其联营企业或合营企业出售资产
逆流交易	联营企业或合营企业向投资方出售资产

投资方（包括纳入投资方合并财务报表范围的子公司）与联营企业及合营企业之间发生的未实现内部交易损益，无论顺流还是逆流，按照应享有的比例计算归属于投资方的部分，应当予以抵销，在此基础上确认投资损益。

提示：交易构成业务的需要调整；转让资产的资产减值损失不应抵消，因为相关损失与转让交易无关。

a.逆流交易。

【典例研习·11-16】（教材例题改编）

甲公司于2018年1月取得乙公司20%有表决权股份，能够对乙公司施加重大影响。假定甲公司取得该项投资时，乙公司各项可辨认资产、负债的公允价值与其账面价值相同。

2018年8月，乙公司将其成本为300万元的某商品以700万元的价格出售给甲公司，甲公司将取得的商品作为存货。

至2018年年末资产负债表日，甲公司仍未对外出售该存货。乙公司2018年实现的净利润为3 000万元。假定不考虑所得税因素。

（1）2018年乙公司调整未实现内部损益后的净利润。

3 000－（700－300）=2 600（万元）

甲公司应确认的投资收益=2 600×20%=520（万元）

借：长期股权投资——损益调整　　　　　　　　　　　　520

　　贷：投资收益　　　　　　　　　　　　　　　　　　　　　　520

（2）2019年，假定甲公司将该商品以700万元的价格向外部独立第三方出售，乙公司2019年实现的净利润为3 000万元。

乙公司调整后的净利润=3 000+400=3 400（万元）

甲公司应确认的投资收益=3 400×20%=680（万元）

借：长期股权投资——损益调整　　　　　　　　　　680

　　贷：投资收益　　　　　　　　　　　　　　　　　　　680

【延伸】

（1）假设2018年，甲公司将上述存货向外部独立第三方出售60%，乙公司实现净利润3 000万元。

2018年未实现内部交易损益=（700-300）×40%=160（万元）

调整后的净利润=3 000-160=2 840（万元）

甲公司应确认的投资收益=2 840×20%=568（万元）

借：长期股权投资——损益调整　　　　　　　　　　568

　　贷：投资收益　　　　　　　　　　　　　　　　　　　568

（2）假设2019年，甲公司将剩余存货全部出售给外部第三方，乙公司实现净利润3 000万元。

乙公司调整后的净利润=3 000+160=3 160（万元）

甲公司应确认的投资收益=3 160×20%=632（万元）

借：长期股权投资——损益调整　　　　　　　　　　632

　　贷：投资收益　　　　　　　　　　　　　　　　　　　632

b.顺流交易。

【典例研习·11-17】（教材例题）

甲公司持有乙公司有表决权股份的30%，能够对乙公司生产经营施加重大影响。

2019年11月，甲公司将其账面价值为600万元的商品以900万元的价格出售给乙公司，乙公司将取得的商品作为管理用固定资产核算，预计其使用寿命为10年、净残值为0。假定甲公司取得该项投资时，乙公司各项可辨认资产、负债的公允价值与其账面价值相同，两者在以前期间未发生过内部交易。

乙公司2019年实现净利润为1 000万元。假定不考虑所得税影响。

甲公司在该项交易中实现利润300万元（900-600），其中的90万元（300×30%）是针对本公司持有的对联营企业乙公司的权益份额，在采用权益法计算确认投资损益时应予抵销。

同时应考虑相关固定资产折旧对损益的影响。

乙公司取得的该项固定资产在2019年度因计提折旧而对投资损益产生的影响为2.5万元（300÷10÷12×1）。

甲公司应确认的投资收益=（1 000-300+2.5）×30%=210.75（万元）

借：长期股权投资——损益调整　　　　　　　　　　210.75

　　贷：投资收益　　　　　　　　　　　　　　　　　　　210.75

命题角度：计算长期股权投资权益法下，投资单位因为被投资单位实现净损益而确认的投资收益。

投资单位确认的投资收益，应当以被投资单位调整后的净利润与持股比例为基础确定。常考的调整事项有两类：一是投资时被投资单位资产账面价值与公允价值不同；二是未实现内部交易损益。调整方法可参考下表：

事项	时间	调整内容
投资时被投资单位资产账面价值与公允价值不同	投资当年及以后年份	资产的出售、折旧、摊销部分
未实现内部交易损益	交易当年	资产未出售、未折旧、未摊销部分
	交易以后年份	资产的出售、折旧、摊销部分

3.取得现金股利或利润的处理

投资方按照被投资单位宣告分派的利润或现金股利计算应享有的部分，相应减少长期股权投资的账面价值。

借：应收股利
　　贷：长期股权投资——损益调整

【典例研习·11-18】（教材例题改编）

甲公司持有A公司有表决权股份的40%，采用权益法核算。若A公司上年实现净利润120万元，当年1月20日宣告发放现金股利80万元。不考虑其他因素。

（1）根据A公司上年度实现净利润，计算确定投资收益48万元（120×40%），并调整长期股权投资账户。

借：长期股权投资——损益调整　　　　　　　　　48
　　贷：投资收益　　　　　　　　　　　　　　　　　　48

（2）当年1月20日，当A公司宣告发放现金股利时，计算应收股利为32万元（80×40%）。

借：应收股利　　　　　　　　　　　　　　　　32
　　贷：长期股权投资——损益调整　　　　　　　　　　32

4.投资企业在被投资单位发生净亏损的处理

在确认应分担被投资单位发生的亏损时，应当按照以下顺序进行处理：

第一，冲减长期股权投资的账面价值。

第二，冲减长期应收项目的账面价值。

第三，在进行上述处理后，按照投资合同或协议约定企业仍承担额外义务的，应按预计承担的义务确认预计负债，计入当期投资损失。

第四，应在账外备查簿登记。

被投资单位以后实现净利润的，按与上述相反的顺序处理，恢复确认收益分享额。

5.被投资单位的其他综合收益变动的核算

当被投资单位其他综合收益发生变动时，投资企业应当按照归属于本企业的部分，相应调整长期股权投资的账面价值，同时增加或减少其他综合收益。

借：长期股权投资——其他综合收益

　　贷：其他综合收益

或作相反分录。

6.被投资单位除净损益、其他综合收益和利润分配以外所有者权益其他变动的处理

如被投资单位增资扩股等原因而增加资本溢价或股本溢价，投资单位按照持股比例计算应享有或应承担的份额，调整长期股权投资的账面价值，同时计入资本公积（其他资本公积），并在备查簿中登记。

借：长期股权投资——其他权益变动

　　贷：资本公积——其他资本公积

或作相反分录。

7.股票股利的处理

被投资单位分派的股票股利，投资企业不作账务处理。

但为了反映收到股票股利的情况，投资企业应于除权日在备查簿中登记所增加的股数，以表明每股投资成本的减少，部分处置该项收到股票股利的投资时，应按投资成本与全部股份计算的平均每股成本，结转处置部分的成本。

8.被投资单位编制合并财务报表情况下的处理

在持有投资期间，被投资单位编制合并财务报表的，应当以合并财务报表中净利润、其他综合收益和其他所有者权益变动中归属于被投资单位的金额为基础进行会计处理。

【典例研习·11-19】（教材例题）

华联公司2017年1月2日以土地使用权向运通公司投资，占运通公司有表决权股份的40%，其初始投资成本与应享有的运通公司可辨认净资产的公允价值份额相等。华联公司投资时，该项土地使用权的入账成本为130万元；账面价值和公允价值相等，均为110万元；已累计摊销20万元，未计提减值准备，假设不考虑相关税费。2017年运通公司全年实现净利润60万元；2018年2月宣告分派现金股利40万元；2018年运通公司全年净亏损300万元；2019年运通公司全年实现净利润80万元。投资合同约定，如果运通公司发生亏损，华联公司无须承担额外损失义务。

根据上述资料，华联公司对运通公司投资的有关会计处理如下：

2017年1月2日，投资时：

借：长期股权投资——投资成本　　　　　　　　　　　　　　110

　　累计摊销——土地使用权　　　　　　　　　　　　　　　20

　　　贷：无形资产——土地使用权　　　　　　　　　　　　　　　　130

2017年12月31日，根据运通公司实现的净利润，华联公司确认投资收益时：

借：长期股权投资——损益调整　　　　　　　　　　　　　　24

　　　贷：投资收益　　　　　　　　　　　　　　　　　　　　　　24

2×18年运通公司宣告分派现金股利时：

借：应收股利   16

  贷：长期股权投资——损益调整   16

宣告分派现金股利后，华联公司"长期股权投资"科目的账面余额为118万元。

2018年12月31日，运通公司全年净亏损300万元，华联公司按持股比例计算应承担的亏损额为120万元（300万×40%），但因对运通公司"长期股权投资"科目的账面余额为118万元，而长期股权投资的账面价值只能减记至零为限，未确认的亏损分担额为2万元（120−118），该部分未确认的亏损分担额，应在备查簿中进行登记。

借：投资收益   118

  贷：长期股权投资——损益调整   118

2019年12月31日，因运通公司实现净利润80万元，按持股比例计算华联公司可享有32万元，按规定可享有的投资收益首先应当减去以前未确认的亏损分担额2万元，差额部分30万元，才可恢复长期股权投资的账面价值。

借：长期股权投资——损益调整   30

  贷：投资收益   30

【典例研习·11-20】（2019年单项选择题）

甲公司持有乙公司30%的股权，采用权益法核算。2017年12月31日该项长期股权投资的账面价值为1 600万元。此外，甲公司还有一笔应收乙公司的长期债权500万元，该项债权没有明确的清收计划，且在可预见的未来期间不准备收回。乙公司2018年发生净亏损6 000万元。假设取得投资时被投资单位各项资产和负债的公允价值等于账面价值，双方采用的会计政策、会计期间相同，且投资双方未发生任何内部交易，乙公司无其他所有者权益变动的事项。则甲公司2018年年末因该项长期股权投资应确认投资损失（   ）万元。

A.1 600   B.1 800   C.2 100   D.2 040

斯尔解析 本题考查长期股权投资后续计量的权益法。甲公司应承担的投资损失额=6 000×30%=1 800（万元），小于长期股权投资和长期应收款的合计数2 100（即1 600+500）万元，因此可以确认投资损失1 800万元。

借：投资收益   1 800

  贷：长期股权投资——损益调整   1 600

      长期应收款   200

（三）减值的核算

投资方应当按照《企业会计准则第8号—资产减值》规定对长期股权投资进行减值测试，可收回金额低于长期股权投资账面价值的，应当计提减值准备。长期股权投资的减值准备在提取以后，不得转回。

借：资产减值损失

  贷：长期股权投资减值准备

（四）处置的核算

企业将所持有的对被投资单位的股权全部或部分对外出售时，应相应结转与所售股权相对应的长期股权投资的账面价值，出售所得价款与处置长期股权投资账面价值之间的差额，应确认为处置损益（投资收益）。

【典例研习】答案：

11-20：B

权益法核算下的相关其他综合收益转入投资收益或留存收益；资本公积——其他资本公积转入当期投资收益。会计分录：

借：银行存款
　　长期股权投资减值准备
　　贷：长期股权投资——投资成本
　　　　　　　　　　　——损益调整（或借）
　　　　　　　　　　　——其他综合收益（或借）
　　　　　　　　　　　——其他权益变动（或借）
　　　　　投资收益（差额，或借方）
借：资本公积——其他资本公积
　　其他综合收益
　　贷：投资收益

或作相反分录。

【典例研习·11-21】（教材例题）

甲公司拥有乙公司有表决权股份的30%，对乙公司有重大影响。当年12月30日，甲公司出售乙公司的全部股权，所得价款2 300万元存入银行。截至当年年底，该项长期股权投资的账面价值为2 000万元，其中投资成本为1 500万元（假定投资成本即计税基础），损益调整为400万元，其他综合收益为100万元（按比例享有的乙公司自用房地产转换为投资性房地产时确认的其他综合收益），其他权益变动为200万元，长期股权投资减值准备为200万元。假设不考虑相关税费，则甲公司应作如下会计处理：

借：银行存款　　　　　　　　　　　　　　　　　2 300
　　长期股权投资减值准备　　　　　　　　　　　　200
　　贷：长期股权投资——投资成本（乙公司）　　　　　　1 500
　　　　　　　　　　　——损益调整（乙公司）　　　　　　400
　　　　　　　　　　　——其他综合收益（乙公司）　　　　100
　　　　　　　　　　　——其他权益变动（乙公司）　　　　200
　　　　　投资收益　　　　　　　　　　　　　　　　　　300

同时将原记入"其他综合收益""资本公积——其他资本公积"科目的金额转入投资收益。

借：其他综合收益　　　　　　　　　　　　　　　100
　　资本公积——其他资本公积　　　　　　　　　　200
　　贷：投资收益　　　　　　　　　　　　　　　　　　　300

三、以企业合并方式取得的长期股权投资的核算（★★★）

类型	含义
同一控制下的企业合并	参与合并的企业在合并前后均受同一方或相同的多方最终控制且该控制并非暂时性
非同一控制下的企业合并	参与合并的各方在合并前后不受同一方或相同的多方最终控制

（一）初始计量

1.非同一控制下企业合并形成的长期股权投资

基本原则：初始投资成本=所支付对价的公允价值。本质上为市场化购买。

（1）非同一控制下的企业合并中，购买方应当按照确定的企业合并成本作为长期股权投资的初始投资成本。

企业合并成本包括购买方付出的资产、发生或承担的负债、发行的权益性工具或债务性工具的公允价值之和。

（2）购买方为进行企业合并而支付的审计费用、评估费用、法律服务费用等中介费用以及其他相关管理费用，应当于发生时计入当期损益（管理费用）。

提示：不管是同一控制下企业合并还是非同一控制下企业合并，审计、评估费用、法律服务等中介费用都计入当期损益，不计入初始投资成本。

（3）购买方作为合并对价发行的权益性工具或债务性工具的交易费用，应当计入权益性工具或债务性工具的初始确认金额。

（4）以固定资产、无形资产作为合并对价的，公允价值与账面价值差额计入资产处置损益。

（5）以存货作为合并对价的，一般应按公允价值确认主营业务收入，结转主营业务成本。

（6）以投资性房地产作为合并对价的，一般以其公允价值确认其他业务收入，结转其他业务成本。

【典例研习·11-22】（教材例题）

2021年7月1日，A公司定向向B公司原股东发行本公司股票200万股（每股面值1元，当前市价每股5.5元，不考虑股票发行费用）取得B公司90%的股权，取得该部分股权后能够控制B公司的生产经营决策。为核实B公司的资产价值，A公司聘请资产评估机构对B公司的资产进行评估，支付评估费用30万元。

若本例中A公司与B公司在合并前不存在任何关联方关系，应作为非同一控制下的企业合并处理。

A公司对于合并形成的对B公司的长期股权投资，应进行的账务处理为：

借：管理费用 30
　　贷：银行存款 30
借：长期股权投资 1 100
　　贷：股本 200
　　　　资本公积——股本溢价 900

2.同一控制下企业合并形成的长期股权投资

初始投资成本=被合并方所有者权益在最终控制方合并财务报表中的账面价值的份额+最终控制方在合并报表中确认的商誉

初始投资成本与支付的现金、转让的非现金资产以及所承担债务账面价值（含应缴纳的增值税）、发行股份的面值总额之间的差额，应当调整资本公积（资本溢价或股本溢价）；资本公积（资本溢价或股本溢价）的余额不足冲减的，调整留存收益。

【典例研习·11-23】（教材例题）

P、Q两公司同为S集团控制下的全资子公司，两公司在合并前采用相同的会计政策，假设2021年6月30日P公司通过定向发行1 000万股普通股（每股面值为1元、市价为11元）作为合并对价，交换Q公司发行在外的全部股份，从而取得Q公司100%的股权，合并后Q公司仍维持其独立法人资格继续经营。不考虑合并费用。合并日，Q公司所有者权益的总额（即在S集团合并财务报表中的账面价值）为11 000万元。因Q公司在合并后维持其独立法人资格继续经营，则P公司在合并日应确认对Q公司的长期股权投资。

其成本为合并日享有Q公司账面所有者权益的份额，账务处理为：

借：长期股权投资   11 000

  贷：股本   1 000

    资本公积——股本溢价   10 000

解题高手

命题角度：考查长期股权投资的初始计量。

同学们可以通过汇总内容，对比记忆：

类型		初始投资成本
联营、合营企业		初始投资成本＝所支付对价的公允价值＋相关税费
子公司	非同控	初始投资成本＝所支付对价的公允价值
	同控	初始投资成本＝被合并方所有者权益在最终控制方合并财务报表中的账面价值的份额＋原母公司在合并报表中确认的商誉

类型		审计、评估费用、法律服务等中介费用	发行证券的手续费、佣金	已宣告但尚未领取的现金股利
联营、合营企业		计入成本	权益工具：冲减"资本公积——股本溢价"，不足冲减的，冲减留存收益。 债务工具：计入"应付债券——利息调整"	单独作为应收项目
子公司	非同控	管理费用		
	同控			
金融资产	交易性金融资产	投资收益		
	其他	计入成本		

【典例研习·11-24】（2019年单项选择题）

非同一控制下的企业合并，购买方作为合并对价发行的权益工具发生的佣金、手续费等交易费用，应计入（　　）。

A.当期损益　　　　　　　　　　　B.长期股权投资初始确认成本

C.其他综合收益　　　　　　　　　D.权益工具的初始确认金额

斯尔解析 本题考查以企业合并方式取得的长期股权投资的初始计量。非同一控制下的企业合并，购买方作为合并对价发行的权益工具发生的佣金、手续费，应当冲减资本公积（资本溢价或股本溢价），资本公积不足冲减的，依次冲减盈余公积和未分配利润，即计入权益工具的初始确认金额，发行债务工具发生的佣金、手续费计入利息调整，也是计入债务工具的初始确认金额，选项D正确。

【典例研习·11-25】（2013年单项选择题）

甲公司和乙公司为非关联企业。2012年5月1日，甲公司按每股4.5元增发每股面值1元的普通股股票2 000万股，并以此为对价取得乙公司70%的股权；甲公司另以银行存款支付审计费、评估费等共计30万元。乙公司2012年5月1日可辨认净资产公允价值为12 000万元。甲公司取得乙公司70%股权时的初始投资成本为（　　）万元。

A.8 400　　　　　B.8 430　　　　　C.9 000　　　　　D.9 030

斯尔解析 本题考查以企业合并方式取得的长期股权投资的初始计量。本题属于非同一控制下企业合并，长期股权投资的初始投资成本=支付对价的公允价值=$4.5 \times 2\,000 = 9\,000$（万元），支付的审计、评估费用计入管理费用，不计入长期股权投资的成本，选项C正确。

【典例研习·11-26】（2015年多项选择题）

关于取得长期股权投资的会计处理，下列说法正确的有（　　）。

A.企业合并时，与发行债券相关的交易费用，计入债券初始金额

B.非同一控制下一次性交易实现的企业合并，长期股权投资初始投资成本以付出合并对价的公允价值为基础确定

C.同一控制下企业合并，合并方的评估咨询费计入管理费用

D.企业合并时与发行权益性证券相关的交易费用，在权益性证券发行溢价不足以抵减的，应冲减合并方资本公积

E.以发行权益性证券直接取得长期股权投资的，按发行的权益性证券公允价值作为初始投资成本

斯尔解析 本题考查以企业合并方式取得长期股权投资的初始计量。企业合并时，与发行权益工具和债务工具相关的交易费用，应计入权益工具或债务工具的初始确认金额，选项A正确；非同一控制下一次性交易实现的企业合并，长期股权投资初始投资成本以付出合并对价的公允价值为基础确定，选项B正确；对于同一控制下企业合并，合并方的评估咨询费应计入管理费用，选项C正确；发行溢价不足冲减的，应冲减留存收益，而非资本公积，选项D错误；若取得长期股权投资时形成的是同一控制下企业合并，则初始投资成本取决于被投资方所有者权益账面价值的份额，并不是发行的权益证券公允价值，选项E错误。

【典例研习】答案：

11-24：D

11-25：C

11-26：ABC

（二）后续计量

方法：成本法。

含义：成本法，是指投资按初始投资成本计价的方法。

具体账务处理：

（1）初始投资时，长期股权投资按照初始投资成本计量，除追加投资和收回投资外，不得调整长期股权投资的账面价值。

（2）持有期间，投资企业应当按照享有被投资单位宣告发放的现金股利或利润，确认为当期投资收益。

借：应收股利

　　贷：投资收益

（3）子公司将未分配利润或盈余公积转增股本（实收资本），且未向投资方提供等值现金股利或利润的选择权时，投资方并没有获得收取现金股利或利润的权力，该项交易通常属于子公司自身权益结构的重分类，投资方不应确认相应的投资收益。

【典例研习 · 11-27】（2013年单项选择题改编）

甲公司2012年12月30日出资8 000万元取得乙公司70%的股权，作为长期股权投资核算，并按准则规定采用成本法核算。2013年1月15日乙公司宣告发放现金股利500万元，则甲公司应将其应收的现金股利计入（　　　）科目。

A.长期股权投资——投资成本

B.营业外收入

C.长期股权投资——损益调整

D.投资收益

斯尔解析 本题考查长期股权投资后续计量的成本法。长期股权投资成本法下，对于应收取的现金股利应该确认为投资收益，选项D正确。

（三）减值的核算

投资方应当按照《企业会计准则第8号——资产减值》规定对长期股权投资进行减值测试，可收回金额低于长期股权投资账面价值的，应当计提减值准备。长期股权投资的减值准备在提取以后，不得转回。

借：资产减值损失

　　贷：长期股权投资减值准备

（四）处置的核算

企业将所持有的对被投资单位的股权全部或部分对外出售时，应相应结转与所售股权相对应的长期股权投资的账面价值，出售所得价款与处置长期股权投资账面价值之间的差额，应确认为处置损益（投资收益）。会计分录：

借：银行存款等

　　长期股权投资减值准备

　　贷：长期股权投资

　　　　投资收益（差额，或借方）

四、长期股权投资核算方法的转换（★★★）

持股比例上升	持股比例下降
（1）公允价值计量→长期股权投资权益法	（2）长期股权投资权益法→公允价值计量
（3）公允价值计量→长期股权投资成本法	（4）长期股权投资成本法→公允价值计量
（5）长期股权投资权益法→长期股权投资成本法	（6）长期股权投资成本法→长期股权投资权益法

（一）公允价值计量→长期股权投资权益法（相当于先卖后买）

1.计算初始投资成本（公允+公允）

原股权投资类型	账务处理
交易性金融资产	借：长期股权投资——投资成本 　贷：银行存款等 　　交易性金融资产 　　投资收益（或借方）
其他权益工具投资	借：长期股权投资——投资成本 　贷：银行存款等 　　其他权益工具投资 　　盈余公积（或借方） 　　利润分配——未分配利润（或借方）
	借：其他综合收益 　贷：盈余公积 　　利润分配——未分配利润 　　或相反分录

2.对初始投资成本的调整

指标1	关系	指标2	处理方法
初始投资成本	＞	追加投资时应享有的被投资方可辨认净资产公允价值的份额	不调整已确认的初始投资成本
	＜		调整初始投资成本，差额计入当期损益。 借：长期股权投资——投资成本 　贷：营业外收入

【典例研习·11-28】（教材例题）

2019年2月，A公司以600万元现金自非关联方处取得B公司10%的股权。A公司将其指定为以公允价值计量且其变动计入其他综合收益的金融资产。

2020年1月2日，A公司又以1 200万元的现金自另一非关联方处取得B公司12%的股权，相关手续于当日完成。当日，B公司可辨认净资产公允价值总额为8 000万元，A公司对B公司的以公允价值计量且其变动计入其他综合收益的金融资产的账面价值（等于公允价值）为1 000万元，计入其他综合收益的累计公允价值变动为400万元。

取得该部分股权后，按照B公司章程规定，A公司能够对B公司施加重大影响，对该项股权投资转为采用权益法核算。不考虑相关税费等其他因素影响。

本例中，2020年1月2日，A公司原持有10%股权的公允价值为1 000万元，为取得新增投资而支付对价的公允价值为1 200万元，因此，A公司对B公司22%股权的初始投资成本为2 200万元。

A公司对B公司新持股比例为22%，应享有B公司可辨认净资产公允价值的份额为1 760万元（8 000×22%）。由于初始投资成本（2 200万元）大于应享有B公司可辨认净资产公允价值的份额（1 760万元），因此，A公司无须调整长期股权投资的成本。

2020年1月2日，A公司确认对B公司的长期股权投资时，作如下会计处理：

借：长期股权投资——投资成本　　　　　　　　　　　　2 200
　　贷：其他权益工具投资　　　　　　　　　　　　　　　　　　1 000
　　　　银行存款　　　　　　　　　　　　　　　　　　　　　　1 200
借：其他综合收益　　　　　　　　　　　　　　　　　　400
　　贷：盈余公积　　　　　　　　　　　　　　　　（400×10%）40
　　　　利润分配——未分配利润　　　　　　　　　（400×90%）360

（二）长期股权投资权益法→公允价值计量（相当于先卖后买）

处理步骤	账务处理
处置部分	借：银行存款 　贷：长期股权投资（处置部分的账面价值） 　　　投资收益（或借方）
剩余部分	借：其他权益工具投资/交易性金融资产（公允价值） 　贷：长期股权投资（剩余部分的账面价值） 　　　投资收益（或借方）
原采用权益法核算的其他综合收益应当在终止采用权益法核算时，按其全额采用与被投资单位直接处置相关资产或负债相同的基础进行会计处理；"资本公积——其他资本公积"全部转投资收益	借：其他综合收益 　　资本公积——其他资本公积 　贷：投资收益 　　　盈余公积 　　　利润分配——未分配利润

【典例研习·11-29】（教材例题）

甲公司持有乙公司30%的有表决权股份，能够对乙公司施加重大影响，对该股权投资采用权益法核算。

当年10月，甲公司将该项投资中的50%出售给非关联方，取得价款1 800万元。相关手续于当日完成，甲公司无法再对乙公司施加重大影响，将剩余股权投资转为以公允价值计量且其变动计入其他综合收益的金融资产。

出售时，该项长期股权投资的账面价值为3 200万元，其中投资成本为2 600万元，损益调整为300万元，其他综合收益为200万元（可重分类进损益），除净损益、其他综合收益和利润分配外的其他所有者权益变动为100万元。

剩余股权的公允价值为1 800万元。不考虑相关税费等其他因素影响。则甲公司应作如下会计处理：

（1）确认有关股权投资的处置损益。

借：银行存款   1 800
　贷：长期股权投资   1 600
　　投资收益   200

（2）由于终止采用权益法核算，将原确认的相关其他综合收益全部转入当期损益。

借：其他综合收益   200
　贷：投资收益   200

（3）由于终止采用权益法核算，将原计入资本公积的其他所有者权益变动全部转入当期损益。

借：资本公积——其他资本公积   100
　贷：投资收益   100

（4）剩余股权投资转为其他权益工具投资，当天公允价值为1 800万元，账面价值为1 600万元，两者差异计入当期投资收益。

借：其他权益工具投资   1 800
　贷：长期股权投资   1 600
　　投资收益   200

（三）公允价值计量→长期股权投资成本法（非同控，相当于先卖后买）

1.计算初始投资成本（公允+公允）

原股权投资类型	账务处理
交易性金融资产	借：长期股权投资 　贷：银行存款等 　　交易性金融资产 　　投资收益（或借方）
其他权益工具投资	借：长期股权投资 　贷：银行存款等 　　其他权益工具投资 　　盈余公积（或借方） 　　利润分配——未分配利润（或借方）
	借：其他综合收益 　贷：盈余公积 　　利润分配——未分配利润 或作相反分录

（四）长期股权投资成本法→公允价值计量（相当于先卖后买）

项目	账务处理
处置部分	借：银行存款 　贷：长期股权投资（处置部分的账面价值） 　　　投资收益（或借方）
剩余部分	借：其他权益工具投资/交易性金融资产（公允价值） 　贷：长期股权投资（剩余部分的账面价值） 　　　投资收益（或借方）

【典例研习·11-30】（教材例题）

甲公司持有乙公司60%的有表决权股份，采用成本法核算。当年10月，甲公司将该项投资中的80%出售给非关联方，取得价款800万元。甲公司将剩余股权投资转为交易性金融资产。

出售时，该项长期股权投资的账面价值为800万元，剩余股权投资的公允价值为200万元。不考虑相关税费等其他因素影响。

（1）确认有关股权投资的处置损益。

借：银行存款　　　　　　　　　　　　　　　　　800
　贷：长期股权投资　　　　　　　　　　　　　　　　640
　　　投资收益　　　　　　　　　　　　　　　　　　160

（2）剩余股权投资转为交易性金融资产，两者差异应计入当期投资收益。

借：交易性金融资产　　　　　　　　　　　　　　200
　贷：长期股权投资　　　　　　　　　　　　　　　　160
　　　投资收益　　　　　　　　　　　　　　　　　　40

（五）长期股权投资权益法→长期股权投资成本法（非同控）

1.计算初始投资成本（原账面+新公允）

借：长期股权投资
　贷：长期股权投资——投资成本
　　　　　　　　　——损益调整
　　　　　　　　　——其他综合收益
　　　　　　　　　——其他权益变动
　　　银行存款等

2.按兵不动

（1）原持有的股权投资采用权益法核算，已经确认的其他综合收益暂不进行会计处理，待到处置该项投资时采用与被购买方直接处置相关资产或负债相同的基础进行会计处理；

（2）已经确认的被投资单位除净损益、其他综合收益和利润分配以外的所有者权益其他变动暂不进行处理，待处置该项投资时相应转入处置期间的当期损益。

【典例研习·11-31】（教材例题）

甲公司2019年1月1日对乙公司投资，占乙公司注册资本的20%。甲公司采用权益法对乙公司进行核算。至2019年12月31日，甲公司对乙公司投资的账面价值为300万元，其中，投资成本为200万元（假定投资成本即计税基础），其他综合收益为100万元。

2020年1月5日，甲公司又用银行存款对乙公司追加投资600万元，取得乙公司40%的股权。至此，甲公司持有乙公司60%的股份，改为成本法核算。2020年3月1日，乙公司宣布分派2019年度的现金股利80万元。

（1）将权益法下长期股权投资的账面价值，加上新增投资成本转为成本法下的初始投资成本。

借：长期股权投资　　　　　　　　　　　　　　　　　　　900
　　贷：长期股权投资——投资成本　　　　　　　　　　　　　　200
　　　　　　　　　　　——其他综合收益　　　　　　　　　　　100
　　　　银行存款　　　　　　　　　　　　　　　　　　　　　600

原确认的其他综合收益100万元，不作会计处理。

（2）乙公司宣布分派现金股利时：

借：应收股利　　　　　　　　　　　　　　（80×60%）48
　　贷：投资收益　　　　　　　　　　　　　　　　　　　　　　48

提示：通过多次交换交易，分步取得股权最终形成同一控制下控股合并，不属于一揽子交易。

①取得控制权日，应当以持股比例计算的合并日应享有被合并方所有者权益在最终控制方合并财务报表中的账面价值的份额作为该项投资的初始投资成本。

②初始投资成本与其合并前股权投资账面价值加上合并日进一步取得股份新支付对价的账面价值之和的差额，调整资本公积（资本溢价或股本溢价），资本公积（资本溢价或股本溢价）的余额不足冲减的，冲减留存收益。

③合并日之前持有的股权投资，因采用权益法核算或按《企业会计准则第22号——金融工具确认和计量》规定核算而确认的其他综合收益，暂不进行会计处理，直至处置该项投资时采用与被投资单位直接处置相关资产或负债相同的基础进行会计处理；因采用权益法核算而确认的被投资单位净资产中除净损益、利润分配和其他综合收益以外的所有者权益其他变动，暂不进行会计处理，直至处置该项投资时转入当期损益。

（六）长期股权投资成本法→长期股权投资权益法

项目	账务处理
处置部分	借：银行存款 　贷：长期股权投资（处置部分的账面价值） 　　　投资收益（或借方）
剩余部分	按照权益法追溯调整： （1）投资时点：初始投资成本的调整； （2）持有期间： ①被投资单位实现的净损益； ②被投资单位已宣告发放的现金股利和利润； ③被投资单位其他综合收益发生变动； ④被投资单位其他所有者权益变动

剩余部分追溯调整的处理方法：

①初始投资成本的调整。

成本法（原）	借：长期股权投资 　贷：银行存款等
权益法（果）	借：长期股权投资——投资成本 　贷：银行存款等 　　营业外收入（如有）
调整分录 （如需调整）	借：长期股权投资——投资成本 　贷：营业外收入（当年） 　　盈余公积（以前年度） 　　利润分配——未分配利润（以前年度）

②被投资单位实现的净损益。

成本法（原）	不作处理
权益法（果）	借：长期股权投资——损益调整 　贷：投资收益 亏损作相反分录
调整分录 （如需调整）	借：长期股权投资——损益调整 　贷：投资收益（当年） 　　盈余公积（以前年度） 　　利润分配——未分配利润（以前年度） 亏损作相反分录

③被投资单位已宣告发放的现金股利和利润。

成本法（原）	借：应收股利 　贷：投资收益
权益法（果）	借：应收股利 　贷：长期股权投资——损益调整
调整分录 （如需调整）	借：投资收益（当年） 　　盈余公积（以前年度） 　　利润分配——未分配利润（以前年度） 　贷：长期股权投资——损益调整

④被投资单位其他综合收益发生变动。

成本法（原）	不作处理
权益法（果）	借：长期股权投资——其他综合收益 　贷：其他综合收益 或作相反分录
调整分录 （如需调整）	借：长期股权投资——其他综合收益 　贷：其他综合收益 或作相反分录

⑤被投资单位其他所有者权益变动。

成本法（原）	不作处理
权益法（果）	借：长期股权投资——其他权益变动 　　贷：资本公积——其他资本公积 或作相反分录
调整分录 （如需调整）	借：长期股权投资——其他权益变动 　　贷：资本公积——其他资本公积 或作相反分录

【典例研习·11-32】（教材例题）

A公司原持有B公司60%的股权，能够对B公司实施控制。2019年11月6日，A公司对B公司的长期股权投资的账面价值为600万元，未计提减值准备，A公司将其持有的对B公司长期股权投资中的1/3出售给非关联方，取得价款360万元，当日被投资单位可辨认净资产公允价值总额为1 600万元。相关手续于当日完成，A公司不再对B公司实施控制，但具有重大影响。

A公司原取得B公司60%股权时，B公司可辨认净资产公允价值总额为900万元（假定公允价值与账面价值相同）。自A公司取得对B公司长期股权投资后至部分处置投资前，B公司实现净利润500万元。其中，自A公司取得投资日至2019年年初实现净利润400万元。

假定B公司一直未进行利润分配。除所实现净损益外，B公司未发生其他计入所有者权益的交易或事项。A公司按净利润的10%提取盈余公积。不考虑相关税费等其他因素影响。

（1）确认长期股权投资处置损益。

借：银行存款　　　　　　　　　　　　　　　360
　　贷：长期股权投资　　　　　　　　　　　　　　200
　　　　投资收益　　　　　　　　　　　　　　　　160

（2）调整长期股权投资账面价值。

剩余长期股权投资的账面价值为400万元；

原投资时应享有被投资单位可辨认净资产公允价值份额为360万元（900×40%）；两者之间的差额为商誉，该部分商誉的价值不需要对长期股权投资的成本进行调整。

（3）处置投资以后按照持股比例计算享有被投资单位自购买日至处置投资日期初之间实现的净损益为160万元（400×40%），应调整增加长期股权投资的账面价值，同时调整留存收益；

处置期初至处置日之间实现的净损益为40万元（100×40%），应调整增加长期股权投资的账面价值，同时计入当期投资收益。

借：长期股权投资——损益调整　　　　　　　200
　　贷：盈余公积　　　　　　　　　　　　　　　　16
　　　　利润分配——未分配利润　　　　　　　　144
　　　　投资收益　　　　　　　　　　　　　　　　40

【典例研习·11-33】 （2019年单项选择题）

甲公司持有乙公司70%有表决权股份，可以实施控制并采用成本法核算。2019年6月3日，甲公司出售该项投资的90%并取得价款6 000万元，相关手续已于当日办妥；甲公司将持有的剩余股份转为以公允价值计量且其变动计入当期损益的金融资产核算。出售时该项长期股权投资账面价值为3 000万元，剩余股权投资的公允价值为1 000万元。假设不考虑相关税费，甲公司当月应确认的投资收益为（　　）万元。

A.4 000　　　　B.3 300　　　　C.3 000　　　　D.6 000

斯尔解析 本题考查长期股权投资核算方法的转换。本题中，甲公司对乙公股权投资的核算方式，从长期股权投资成本法转为公允价值计量，相当于先卖后买，应确认的投资收益＝（6 000＋1 000）－3 000＝4 000（万元），选项A正确。会计分录如下：

借：银行存款　　　　　　　　　　　　　　　　6 000
　　交易性金融资产　　　　　　　　　　　　　　1 000
　　贷：长期股权投资　　　　　　　　　　　　　　　　3 000
　　　　投资收益　　　　　　　　　　　　　　　　　　4 000

使用斯尔教育APP
扫码观看本节好课

第三节　非货币性资产交换

一、概述（★）

（一）非货币性资产交换的概念

非货币性资产交换，是指企业主要以固定资产、无形资产、投资性房地产和长期股权投资等非货币性资产进行的交换。该交换不涉及或只涉及少量的货币性资产（即补价）。

货币性资产，是指企业持有的货币资金和收取固定或可确定金额的货币资金的权利。

非货币性资产，是指货币性资产以外的资产。

（二）非货币性资产交换计量基础的选择

非货币性资产交换同时满足下列条件的，应当以公允价值为基础计量：

（1）该项交换具有商业实质；

（2）换入资产或换出资产的公允价值能够可靠地计量。

不满足上述条件其中任何一个的，应当以账面价值为基础计量。

满足下列条件之一的非货币性资产交换具有商业实质：

①换入资产的未来现金流量在风险、时间分布或金额方面与换出资产显著不同。

②使用换入资产所产生的预计未来现金流量现值与继续使用换出资产不同，且其差额与换入资产和换出资产的公允价值相比是重大的。

二、以公允价值为基础计量的非货币性资产交换（★★）

基本原则：换入资产和换出资产的公允价值均能够可靠计量的，应当以换出资产的公允价值为基础计量，但有确凿证据表明换入资产的公允价值更加可靠的除外。

（一）单项资产的交换

计量基础	换入资产成本的确定	换出资产损益的确定
换出资产公允价值	换出资产公允价值＋支付价款－收到价款＋销项税－进项税＋应支付的相关税费	换出资产的公允价值与换出资产账面价值之间的差额计入当期损益
换入资产公允价值	换入资产公允价值＋应支付的相关税费	（换入资产的公允价值＋收到的补价－支付的补价）与换出资产账面价值之间的差额计入当期损益

（二）同时换入多项资产的

对于同时换入的多项资产，按照换入的金融资产以外的各项换入资产公允价值相对比例，将换出资产公允价值总额（涉及补价的，加上支付补价的公允价值或减去收到补价的公允价值）扣除换入金融资产公允价值后的净额进行分摊，以分摊至各项换入资产的金额，加上应支付的相关税费，作为各项换入资产的成本进行初始计量。

有确凿证据表明换入资产的公允价值更加可靠的，以各项换入资产的公允价值和应支付的相关税费作为各项换入资产的初始计量金额。

（三）同时换出多项资产的

对于同时换出的多项资产，将各项换出资产的公允价值与其账面价值之间的差额，在各项换出资产终止确认时计入当期损益。

有确凿证据表明换入资产的公允价值更加可靠的，按照各项换出资产的公允价值的相对比例，将换入资产的公允价值总额（涉及补价的，减去支付补价的公允价值或加上收到补价的公允价值）分摊至各项换出资产，分摊至各项换出资产的金额与各项换出资产账面价值之间的差额，在各项换出资产终止确认时计入当期损益。

【典例研习·11-34】（2015年单项选择题）

长江公司以其拥有的专利权与华山公司交换生产设备一台，该交换具有商业实质。专利权的账面价值为300万元（未计提减值准备），公允价值和计税价格均为420万元，适用的增值税税率6%。设备的账面原价为600万元，已计提折旧170万元，已计提减值准备30万元，公允价值和计税基础均为400万元，适用增值税税率13%。在资产交换过程中，华山公司收到长江公司支付的银行存款6.8万元。假设华山公司和长江公司分别向对方开具增值税专用发票。则华山公司换入的专利权入账价值为（　　）万元。

A.420　　　　　　　B.436　　　　　　　C.425　　　　　　　D.441

斯尔解析　本题考查非货币性资产交换。华山公司换入的专利权入账价值＝换出资产公允价值＋支付价款－收到价款＋销项－进项税＋应支付的相关税费＝400－6.8+400×13%－420×6%=420（万元）。

账务处理：

借：固定资产清理	400	
累计折旧	170	
固定资产减值准备	30	
贷：固定资产		600

【典例研习】答案：
11-34：A

借：无形资产　　　　　　　　　　　　　　　　　　　　420
　　应交税费——应交增值税（进项税额）　　　　　　　25.2
　　银行存款　　　　　　　　　　　　　　　　　　　　6.8
　　贷：固定资产清理　　　　　　　　　　　　　　　　　　　　400
　　　　应交税费——应交增值税（销项税额）　　　　　　　　　　52

长江公司换入设备的入账价值=420+420×6%+6.8-400×13%=400（万元）

借：固定资产　　　　　　　　　　　　　　　　　　　　400
　　应交税费——应交增值税（进项税额）　　　　　　　52
　　贷：无形资产　　　　　　　　　　　　　　　　　　　　300
　　　　资产处置损益　　　　　　　　　　　　　　　　　　　120
　　　　应交税费——应交增值税（销项税额）　　　　　　　25.2
　　　　银行存款　　　　　　　　　　　　　　　　　　　　6.8

【典例研习·11-35】（2020年单项选择题）

以公允价值为基础计量的非货币性资产交换中，涉及补价且没有确凿证据表明换入资产的公允价值更加可靠的情况下，下列会计处理错误的是（　　）。

A.收到补价的，换出资产的公允价值与其账面价值的差额计入当期损益

B.收到补价的，以换入资产的公允价值减去收到补价的公允价值，加上应支付的相关税费，作为换入资产的成本

C.支付补价的，换出资产的公允价值与其账面价值的差额计入当期损益

D.支付补价的，以换出资产的公允价值加上支付补价的公允价值和应支付的相关税费，作为换入资产的成本

斯尔解析 本题考查非货币性资产交换。收到补价的，以换出资产的公允价值为基础计量的，应当以换出资产的公允价值减去收到补价的公允价值，加上应支付的相关税费，作为换入资产的成本，换出资产的公允价值与其账面价值之间的差额计入当期损益，选项B当选。

三、以账面价值为基础计量的非货币性资产交换（★★）

基本原则：对于换出资产，终止确认时不确认损益。

（1）换入资产的初始计量金额=换出资产账面价值+支付补价的账面价值-收到补价的公允价值+相关税费。

（2）对于同时换入的多项资产，按照各项换入资产的公允价值的相对比例，将换出资产的账面价值总额（涉及补价的，加上支付补价的账面价值或减去收到补价的公允价值）分摊至各项换入资产，加上应支付的相关税费，作为各项换入资产的初始计量金额。

换入资产的公允价值不能够可靠计量的，可以按照各项换入资产的原账面价值的相对比例或其他合理的比例对换出资产的账面价值进行分摊。

【典例研习·11-36】（2017年单项选择题）

2017年5月，甲公司用一项账面余额为250万元、累计摊销为110万元、公允价值为200万元的无形资产，与乙公司交换一台设备，该生产设备账面原值为200万元、累计折旧为60万元、公允价值为160万元。甲公司发生设备运输费5万元，设备安装费10万元，收到乙公司支付的补价40万元。假定该项资产交换不具有商业实质，不考虑增值税及其他相关税费，则甲公司换入该设备的入账价值为（　　）万元。

A.115　　　　　　　B.135　　　　　　　C.165　　　　　　　D.175

斯尔解析 本题考查非货币性资产交换。因该项资产交换不具有商业实质，应当以账面价值为基础核算。甲公司换入该设备的入账价值=换出资产的账面价值（250-110）-收到的补价（40）+为换入资产发生的相关税费（15）=115（万元），选项A正确。

冲关地图

□✓ ： 要听懂
! ! ! ： 你得背
√+-×÷ ： 你得算
∞ ： 有空看

第十一章 非流动资产（二）

金融资产
- □✓ 金融资产的概念及分类
- √+-×÷ 债权投资的核算
- √+-×÷ 其他债权投资的核算
- √+-×÷ 交易性金融资产的核算
- √+-×÷ 其他权益工具投资的核算
- □✓ 金融资产的重分类

长期股权投资
- □✓ 长期股权投资核算范围
- √+-×÷ 以非企业合并方式取得的长期股权投资的核算
- √+-×÷ 以企业合并方式取得的长期股权投资的核算
- □✓ 长期股权投资核算方法的转换

非货币性资产交换
- □✓ 概念与计量基础的选择
- √+-×÷ 以公允价值为基础计量的非货币性资产交换
- √+-×÷ 以账面价值为基础计量的非货币性资产交换

第十二章 流动负债

学习提要

考几分？

本章属于次重点章节，近三年平均分值在6分左右。

怎么考？

本章主要以单项选择题和多项选择题的形式进行考查，但应付职工薪酬可能会以计算题的形式考查。

怎么学？

本章的内容较多，难度较大，但考核的重点主要集中在增值税和应付职工薪酬的核算，学习时建议对重点内容全面学习，对非重点内容掌握核心考点即可。

使用斯尔教育APP
扫码观看本节好课

第一节　应付账款和应付票据的核算

一、应付账款

应付账款是指因购买材料、商品或接受劳务、服务供应等而发生的债务。这是买卖双方在购销活动中，由于取得物资与支付货款在时间上不一致而产生的负债。

情形		处理方法
物资发票账单同时到达		仍未付款的，按发票账单登记入账
物资发票账单不同时到达	单到货未到	按发票账单： 借：在途物资 　　应交税费——应交增值税（进项税额） 　贷：应付账款
	货到单未到	月度终了，按照物资和应付债务（不暂估进项税额）估计入账，待下月初作相反的会计分录予以冲回

提示：

（1）应付账款一般按应付金额入账，而不按到期应付金额的现值入账。

（2）如果购入的资产在形成一笔应付账款时是带有现金折扣的，应付账款入账金额按发票上记载的应付金额的总值（即不扣除折扣）确定。现金折扣实际获得时，冲减财务费用。

（3）无法支付的应付款项直接转入营业外收入。

二、应付票据

应付票据是指企业购买材料、商品和接受劳务供应等而开出、承兑的商业汇票，包括商业承兑汇票和银行承兑汇票。

情形	处理方法
赊购形成应付票据	借：原材料等 　　应交税费——应交增值税（进项税额） 　贷：应付票据
商业承兑汇票到期无力偿还款项	借：应付票据 　贷：应付账款
银行承兑汇票到期无力偿还款项	借：应付票据 　贷：短期借款

使用斯尔教育 APP
扫码观看本节好课

第二节　应交税费的核算

　　企业作为商品生产和经营者，必须按照国家规定履行纳税义务，对其经营所得依法缴纳各种税费。这些应缴的税费应按照税法的规定进行确认、计提，在尚未缴纳之前暂时留在企业，形成一项负债。

　　"应交税费"科目核算的税费项目包括增值税、消费税、资源税、环境保护税、土地增值税、城市维护建设税、房产税、城镇土地使用税、车船税、教育费附加、企业所得税、个人所得税等。

　　印花税、耕地占用税、车辆购置税无须通过该科目核算。

一、增值税（★★）

（一）一般纳税人

1.科目设置

　　（1）"应交税费——应交增值税"明细科目。

借方专栏	贷方专栏
进项税额	销项税额
已交税金	进项税额转出
减免税款	出口退税
出口抵减内销产品应纳税额	转出多交增值税
销项税额抵减	
转出未交增值税	

　　①应交税费——应交增值税（进项税额）。

　　记录企业购入货物、加工修理修配劳务、服务、无形资产或不动产而支付或负担的、按规定准予从当期销项税额中抵扣的增值税额。企业购入货物、加工修理修配劳务、服务、无形资产或不动产支付的进项税额，用蓝字登记；因销售折让、中止或者退回而收回的增值税额（即应冲销的进项税额），用红字登记。

②应交税费——应交增值税（销项税额）。

记录企业销售货物、加工修理修配劳务、服务、无形资产或不动产应收取的增值税额。企业销售货物、加工修理修配劳务、服务、无形资产或不动产应收取的销项税额，用蓝字登记；退回销售货物应冲销的销项税额，用红字登记。

【典例研习·12-1】（教材例题改编）

甲公司（增值税一般纳税人）购入原材料一批，采用实际成本核算，已认证的增值税专用发票上注明的原材料价款600万元，增值税税额为78万元。货款已经支付，材料已到达并验收入库。甲公司当期销售产品不含税收入为1 200万元，货款尚未收到。假如该产品适用增值税税率为13%，不缴纳消费税。

甲公司应作如下会计分录：

借：原材料   600
　　应交税费——应交增值税（进项税额）   78
　　贷：银行存款   678

销项税额=1 200×13%=156（万元）

借：应收账款   1 356
　　贷：主营业务收入   1 200
　　　　应交税费——应交增值税（销项税额）   156

提示：

（1）一般纳税人接受投资、捐赠、抵偿债务以及非货币性交换的，按取得的符合规定的增值税扣税凭证上注明的增值税额，借记"应交税费——应交增值税（进项税额）"科目。

（2）一般纳税人发生会计上不作销售处理但税法上视同销售的行为的，应当在按企业会计准则相关规定进行相应会计处理时，按现行增值税制度规定计算销项税额。

（3）企业购入免税农产品可以按买价和规定的扣除率计算进项税额，并准予从销项税额中扣除。

按购进免税农产品使用的经主管税务机关批准的收购凭证上注明的金额（买价），扣除依规定的扣除率计算的进项税额，作为购进农产品的成本。

【典例研习·12-2】（教材例题）

甲公司（增值税一般纳税人）收购农产品一批，采用实际成本核算，适用的扣除率为10%，实际支付的价款为150万元，收购的农产品已入库。甲公司应作如下会计分录（该企业采用计划成本进行日常材料核算原材料入库分录略）：

进项税额=150×10%=15（万元）

借：原材料   135
　　应交税费——应交增值税（进项税额）   15
　　贷：银行存款   150

③应交税费——应交增值税（进项税额转出）。

记录企业已抵扣进项税额的购进货物、加工修理修配劳务、服务、无形资产或不动产，以及在产品、产成品、不动产在建工程所耗用的购进货物、加工修理修配劳务、服务，发生税法规定的非正常损失以及其他原因（如取得异常增值税扣税凭证）而不得从销项税额中抵扣、按规定应予转出的进项税额。

原不得抵扣且未抵扣进项税额的固定资产、无形资产等，因改变用途等用于允许抵扣进项税额的应税项目的，应按允许抵扣的进项税额调整。

借：应交税费——应交增值税（进项税额）

　　贷：固定资产等

固定资产、无形资产等经上述调整后，应按调整后的账面价值在剩余尚可使用寿命内计提折旧或摊销。

【典例研习·12-3】（教材例题）

甲公司（增值税一般纳税人）购入一批材料，增值税专用发票上注明的增值税税额为15.6万元，材料价款为120万元。材料已入库，货款已经支付（假设该企业材料采用实际成本进行核算）。材料入库后，该公司将该批材料的一半用于职工集体福利项目。

材料入库：

借：原材料　　　　　　　　　　　　　　　　　　　120

　　应交税费——应交增值税（进项税额）　　　　　　15.6

　　贷：银行存款　　　　　　　　　　　　　　　　　　　　135.6

职工福利领用材料：

借：应付职工薪酬——非货币性福利　　　　　　　　67.8

　　贷：应交税费——应交增值税（进项税额转出）　　　　　　7.8

　　　　原材料　　　　　　　　　　　　　　　　　　　　　　60

④应交税费——应交增值税（已交税金）。

记录一般纳税人当月已缴纳的应交增值税税额。

⑤应交税费——应交增值税（销项税额抵减）。

记录一般纳税人按照现行增值税纳税制度规定，因扣减销售额而减少的销项税额。

【典例研习·12-4】

甲旅行社为增值税一般纳税人，应交增值税采用差额征税方式核算。2021年1月份，该旅行社为乙公司提供职工境内旅游服务，向乙公司收取含税价款318 000元，其中增值税18 000元，全部款项已收妥入账。旅行社以银行存款支付其他接团旅游企业的旅游费用和其他单位相关费用共计254 400元，其中，因允许扣减销售额而减少的销项税额14 400元。

第一步：确认旅游服务收入：

借：银行存款　　　　　　　　　　　　　　　　　　318 000

　　贷：主营业务收入　　　　　　　　　　　　　　　　　　300 000

　　　　应交税费——应交增值税（销项税额）　　　　　　　18 000

第二步：支付旅游费用等：

借：主营业务成本　　　　　　　　　　　　　　　　254 400

　　贷：银行存款　　　　　　　　　　　　　　　　　　　　254 400

第三步：根据增值税扣税凭证抵减销项税额，并调整成本：

借：应交税费——应交增值税（销项税额抵减）　　　14 400

　　贷：主营业务成本　　　　　　　　　　　　　　　　　　14 400

⑥应交税费——应交增值税（减免税款）。

记录企业按现行增值税制度规定准予减免的增值税税额。

情形一：对于当期直接减免的增值税，借记"应交税费——应交增值税（减免税款）"，贷记"其他收益"科目。

情形二：企业初次购买增值税税控系统专用设备支付的费用以及缴纳的技术维护费允许在增值税应纳税额中全额抵减。

【典例研习·12-5】

甲公司为增值税一般纳税人，初次购买数台增值税税控系统专用设备作为固定资产核算，取得增值税专用发票上注明的价款为38 000元，增值税税额为4 940元，价款和税款以银行存款支付。

取得设备，支付价款和税款时：

借：固定资产　　　　　　　　　　　　　　　　42 940

　　贷：银行存款　　　　　　　　　　　　　　　　　　　42 940

按规定抵减增值税应纳税额时：

借：应交税费——应交增值税（减免税款）　　　42 940

　　贷：管理费用　　　　　　　　　　　　　　　　　　　42 940

⑦应交税费——应交增值税（出口退税）。

记录企业出口货物等按规定计算的应收出口退税额。

⑧应交税费——应交增值税（出口抵减内销产品应纳税额）。

记录企业实行"免、抵、退"办法规定的退税率计算的出口货物进项税抵减内销产品应纳税额的数额。

a.实行"免、抵、退"办法的一般纳税人出口货物劳务服务，在货物劳务服务出口销售后结转销售成本时。

按规定计算的当期不得免征和抵扣税额：

借：主营业务成本

　　贷：应交税费——应交增值税（进项税额转出）

根据按规定计算的当期免抵退税额与当期期末留抵税额的大小计算的当期应退税额：

借：应收出口退税款

　　贷：应交税费——应交增值税（出口退税）

对按规定计算的当期免抵税额（即按规定计算的当期抵减的内销产品应纳税额）：

借：应交税费——应交增值税（出口抵减内销产品应纳税额）

　　贷：应交税费——应交增值税（出口退税）

在实际收到退税款时：

借：银行存款

　　贷：应收出口退税款

b.未实行"免、抵、退"办法的一般纳税人出口货物劳务服务按规定退税的，按规定计算的应收出口退税额：

借：应收出口退税款

　　贷：应交税费——应交增值税（出口退税）

收到出口退税时：

借：银行存款

　　贷：应收出口退税款

退税额低于购进时取得的增值税专用发票上的增值税额的差额：

借：主营业务成本

　　贷：应交税费——应交增值税（进项税额转出）

⑨应交税费——应交增值税（转出未交增值税）。

记录企业月度终了转出当月应交未交的增值税税额。

借：应交税费——应交增值税（转出未交增值税）

　　贷：应交税费——未交增值税

⑩应交税费——应交增值税（转出多交增值税）。

记录一般纳税人月度终了转出当月多交的增值税税额。

借：应交税费——未交增值税

　　贷：应交税费——应交增值税（转出多交增值税）

（2）应交税费——未交增值税。

反映企业月终从"应交增值税"或"预交增值税"明细科目转入的多缴或预缴的增值税额和次月上缴的上月应缴未缴的增值税额；贷方发生额，反映企业月终转入的当月发生的应缴未缴的增值税额；期末借方余额反映多缴的增值税额，贷方余额反映未缴的增值税额。

①缴纳以前期间未缴增值税的账务处理。企业缴纳以前期间未缴的增值税，借记"应交税费——未交增值税"科目，贷记"银行存款"科目。

②符合规定可以用加计抵减额抵减应纳税额的，实际缴纳增值税时，借记"应交税费——未交增值税"或"应交税费——应交增值税（已交税金）"科目，贷记"银行存款""其他收益"科目。

（3）应交税费——预交增值税。

核算企业转让不动产、提供不动产经营租赁服务、提供建筑服务、采用预收款方式销售自行开发的房地产项目等，以及其他按规定应预交的增值税税额。

企业预缴增值税时：

借：应交税费——预交增值税

　　贷：银行存款

（4）应交税费——待抵扣进项税额。

核算企业已取得增值税扣税凭证，按规定准予以后期间从销项税额中抵扣的进项税额。如实行纳税辅导期管理的一般纳税人取得的尚未交叉稽核比对的增值税扣税凭证上注明或计算的进项税额。

①一般纳税人纳税辅导期内取得增值税扣税凭证后，借记"应交税费——待抵扣进项税额"科目，贷记相关科目。

②交叉稽核比对无误后：

借：应交税费——应交增值税（进项税额）

　　贷：应交税费——待抵扣进项税额

③经核实不得抵扣的进项税额，红字借记"应交税费——待抵扣进项税额"科目，红字贷记相关科目。

（5）应交税费——待认证进项税额。

核算企业由于未经税务机关认证而不得从当期销项税额中抵扣的进项税额。

包括：一般纳税人已取得增值税扣税凭证、按规定准予从销项税额中抵扣，但尚未经税务机关认证的进项税额；一般纳税人已申请稽核但尚未取得稽核相符结果的海关缴款书进项税额。

借：原材料等
　　应交税费——待认证进项税额
　贷：应付账款等

经认证后准予抵扣时：

借：应交税费——应交增值税（进项税额）
　贷：应交税费——待认证进项税额

（6）应交税费——待转销项税额。

核算企业销售货物、加工修理修配劳务、服务、无形资产或不动产，已确认相关收入（或利得）但尚未发生增值税纳税义务而需于以后期间确认为销项税额的增值税额。

（7）应交税费——增值税留抵税额。

核算兼有销售服务、无形资产或者不动产的原增值税一般纳税人，截至纳入营改增试点之日前的增值税期末留抵税额按规定不得从销售服务、无形资产或不动产的销项税额中抵扣的增值税留抵税额。

纳入营改增试点当月月初，原增值税一般纳税人应按不得从销售服务、无形资产或不动产的销项税额中抵扣的增值税留抵税额：

借：应交税费——增值税留抵税额
　贷：应交税费——应交增值税（进项税额转出）

待以后期间允许抵扣时，按允许抵扣的金额：

借：应交税费——应交增值税（进项税额）
　贷：应交税费——增值税留抵税额

（8）应交税费——简易计税。

核算企业采用简易计税方法发生的增值税计提、扣减、预缴、缴纳等业务。

（9）应交税费——转让金融商品应交增值税。

核算企业转让金融商品发生的增值税额。

金融商品转让按规定以盈亏相抵后的余额作为销售额的账务处理。金融商品实际转让月末。

①如产生转让收益：

借：投资收益
　贷：应交税费——转让金融商品应交增值税

②如产生转让损失，则按可结转下月抵扣税额：

借：应交税费——转让金融商品应交增值税
　贷：投资收益

③缴纳增值税时：

借：应交税费——转让金融商品应交增值税
　贷：银行存款

④年末，本科目如有借方余额：

借：投资收益

　　贷：应交税费——转让金融商品应交增值税

（10）应交税费——代扣代交增值税。

核算企业购进在境内未设经营机构的境外单位或个人在境内的应税行为代扣代缴的增值税。

按现行增值税制度规定，境外单位或个人在境内发生应税行为，在境内未设有经营机构的，以购买方为增值税扣缴义务人。

借：固定资产等

　　应交税费——应交增值税（进项税额）

　　贷：应付账款等

　　　　应交税费——代扣代交增值税

实际缴纳代扣代缴增值税时：

借：应交税费——代扣代交增值税

　　贷：银行存款

（二）小规模纳税人的账务处理

小规模纳税人只需在"应交税费"科目下设置"应交增值税"明细科目，不需要设置除"转让金融商品应交增值税""代扣代交增值税"外的明细科目，且在"应交增值税"明细科目中不需要设置任何专栏。

（1）小规模纳税人购买物资、服务、无形资产或不动产，取得的增值税专用发票上注明的增值税额应直接计入相关成本费用或资产，不通过"应交税费——应交增值税"科目核算。

（2）小规模纳税人的销售、视同销售等业务发生的应纳增值税额记入"应交税费——应交增值税"科目。

（3）小规模纳税人发生增值税代扣代交义务的账务处理、从事金融商品转让的账务处理，与一般纳税人的处理相同。

【典例研习 · 12-6】（教材例题）

甲公司为小规模纳税人，本期购入原材料，采用实际成本核算，按照增值税发票上记载的原材料成本为100万元，支付的增值税税额为13万元，甲公司开出商业承兑汇票，材料已验收入库；本期销售产品，含税价格为90万元，货款尚未收到。征收率为3%。根据上述经济业务，甲公司应作如下会计分录：

（1）购进货物：

借：原材料　　　　　　　　　　　　　　　　　　　113

　　贷：应付票据　　　　　　　　　　　　　　　　　　　113

（2）销售货物：

不含税价格=90÷（1+3%）=87.38（万元）

应交增值税=87.38×3%=2.62（万元）

借：应收账款　　　　　　　　　　　　　　　　　　90

　　贷：主营业务收入　　　　　　　　　　　　　　　　87.38

　　　　应交税费——应交增值税　　　　　　　　　　　2.62

（3）上缴本月应纳增值税2.62万元时：

借：应交税费——应交增值税 2.62

　　贷：银行存款 2.62

【典例研习·12-7】（2019年多项选择题）

一般纳税人核算的应缴增值税，应在"应交税费"的会计科目下设置的明细科目有（　　）。

A.简易计税　　　　　　　　　　B.出口退税

C.预交增值税　　　　　　　　　　D.待转销项税额

E.转出未交增值税

斯尔解析 本题考查增值税的核算。一般纳税人的应缴增值税，应在"应交税费"的会计科目下设置"应交增值税""未交增值税""预交增值税""待抵扣进项税额""待认证进项税额""待转销项税额""增值税留抵税额""简易计税""转让金融商品应交增值税""代扣代交增值税"10个明细科目进行核算，选项ACD正确；出口退税和转出未交增值税，属于"应交税费——应交增值税"科目下设置的专栏，选项BE错误。

【典例研习·12-8】（2020年多项选择题）

下列一般纳税人应通过"应交税费——应交增值税（减免税款）"科目核算的有（　　）。

A.当期收到的出口退税额

B.取得退还的增量增值税留抵税额

C.当期直接减免的增值税额

D.加计抵减额抵减的应纳增值税额

E.初次购买增值税税控发票专用设备支付的费用，按规定抵减的应纳增值税额

斯尔解析 本题考查增值税的核算。企业对于当期直接减免的增值税，借记"应交税费——应交增值税（减免税款）"科目，贷记"其他收益"科目，选项C正确；企业初次购买增值税税控系统专用设备支付的费用以及缴纳的技术维护费允许在增值税应纳税额中全额抵减的，按规定抵减的增值税应纳税额，借记"应交税费——应交增值税（减免税款）"科目，贷记"管理费用"等科目，选项E正确。

【典例研习·12-9】（2018年多项选择题）

下列关于增值税会计核算的表述中，正确的有（　　）。

A."应交税费——应交增值税（转出未交增值税）"记录企业月终转出当月应缴未缴的增值税额

B."应交税费——应交增值税（减免税款）"记录企业按照规定准予减免的增值税额

C."应交税费——应交增值税（已交税金）"记录企业当月已缴纳的增值税额

D."应交税费——预交增值税"核算企业转让不动产、提供不动产经营租赁服务、提供建筑服务、采用预收款方式销售自行开发的房地产项目等，以及其他按规定应缴纳的增值税额

E."应交税费——未交增值税"期末借方余额反映未缴的增值税额，贷方余额反映多缴的增值税额

【典例研习】答案：

12-7：ACD

12-8：CE

12-9：ABCD

斯尔解析 本题考查增值税的核算。"应交税费——未交增值税"期末借方余额为多缴增值税，贷方余额为未缴增值税，选项E错误。

二、消费税（★）

（一）产品销售的账务处理

企业销售产品按规定计算出应缴纳的消费税，借记"税金及附加"等科目，贷记"应交税费——应交消费税"科目。

【典例研习·12-10】（教材例题）

甲公司（增值税一般纳税人）当月销售摩托车10辆，每辆售价1.5万元（不含增值税），货款尚未收到，摩托车每辆成本0.5万元。适用的消费税税率为10%。

应向购买方收取的增值税税额=1.5×10×13%=1.95（万元）

应交消费税=1.5×10×10%=1.5（万元）

借：应收账款　　　　　　　　　　　　　　　　16.95

　　贷：主营业务收入　　　　　　　　　　　　　　　　15

　　　　应交税费——应交增值税（销项税额）　　　　1.95

借：主营业务成本　　　　　　　　　　　　　　　5

　　贷：库存商品　　　　　　　　　　　　　　　　　　5

借：税金及附加　　　　　　　　　　　　　　　1.5

　　贷：应交税费——应交消费税　　　　　　　　　　1.5

（二）将自产应税消费品用于非货币性资产交换等方面的账务处理

企业对按规定计算的应缴消费税：

借：固定资产、在建工程等

　　贷：应交税费——应交消费税

【典例研习·12-11】（教材例题）

某汽车制造企业（增值税一般纳税人）将自产的一辆汽车用于赞助活动，同类汽车销售价格为20万元，该汽车成本为14万元，适用的消费税税率为5%，增值税税率为13%。企业应作如下会计处理：

应交消费税=20×5%=1（万元）

应交增值税=20×13%=2.6（万元）

借：营业外支出　　　　　　　　　　　　　　　17.6

　　贷：库存商品　　　　　　　　　　　　　　　　　　14

　　　　应交税费——应交消费税　　　　　　　　　　　1

　　　　　　　——应交增值税（销项税额）　　　　　2.6

（三）包装物销售的会计处理

（1）企业随同产品出售但单独计价的包装物，按规定应缴纳的消费税。

借：税金及附加

　　贷：应交税费——应交消费税

（2）企业收取的除啤酒、黄酒以外酒类产品的包装物押金，按规定应缴纳的消费税。

借：其他应付款

　　贷：应交税费——应交消费税

（3）企业逾期未收回包装物不再退还的包装物押金和已收取1年以上的包装物押金，按规定应缴纳的消费税。

借：税金及附加等

　　贷：应交税费——应交消费税

（四）委托加工应税消费品的会计处理

情形		账务处理
收回后内部使用	用于连续生产应税消费品	借：应交税费——应交消费税 　　贷：银行存款
	用于非消费税项目	借：委托加工物资 　　贷：银行存款
收回后对外出售	以高于受托方的计税价格出售	借：应交税费——应交消费税 　　贷：银行存款
	以不高于受托方的计税价格出售	借：委托加工物资 　　贷：银行存款

【典例研习·12-12】（教材例题）

黄河公司委托外单位加工材料（非金银首饰）一批，原材料价款为40 000元，加工费用20 000元，收到普通发票一张，由受托方代收代缴的消费税为3 000元，材料已经加工完毕入库，加工费用已经支付。

①如果委托方黄河公司收回加工后的材料用于继续生产应税消费品：

借：委托加工物资　　　　　　　　　　　　　　40 000

　　贷：原材料　　　　　　　　　　　　　　　　　　40 000

借：委托加工物资　　　　　　　　　　　　　　20 000

　　应交税费——应交消费税　　　　　　　　　 3 000

　　　贷：银行存款　　　　　　　　　　　　　　　　23 000

借：原材料　　　　　　　　　　　　　　　　　60 000

　　贷：委托加工物资　　　　　　　　　　　　　　　60 000

②如果委托方黄河公司收回加工后的材料以不高于受托方的计税价格直接对外销售：

借：委托加工物资　　　　　　　　　　　　　　40 000

　　贷：原材料　　　　　　　　　　　　　　　　　　40 000

借：委托加工物资　　　　　　　　　　　　　　23 000

　　贷：银行存款　　　　　　　　　　　　　　　　　23 000

借：原材料　　　　　　　　　　　　　　　　　63 000

　　贷：委托加工物资　　　　　　　　　　　　　　　63 000

（五）外购应税消费品的账务处理

外购应税消费品用于生产应税消费品，按所含税额：

借：应交税费——应交消费税

　　贷：银行存款

用于其他方面或直接对外销售的，不得抵扣，计入其成本。

【典例研习·12-13】（2018年单项选择题）

委托方将委托加工应税消费品收回后用于非消费税项目，则委托方应将受托方代收代缴的消费税计入（　　　）。

A.其他业务成本　　　　　　　　B.应交税费——应交消费税

C.收回的委托加工物资的成本　　D.管理费用

斯尔解析　本题考查消费税的核算。委托加工物资收回后以不高于受托方的计税价格出售的，以及用于非消费税项目的，应将受托方代收代缴的消费税计入委托加工物资成本，选项C正确。

三、其他税费（★）

（一）资源税

情形	账务处理
正常销售	借：税金及附加 　贷：应交税费——应交资源税
自产自用	借：生产成本、制造费用等 　贷：应交税费——应交资源税
收购未缴税矿产品	借：材料采购等 　贷：银行存款等（按实际支付的收购款） 　　应交税费——应交资源税（按代扣代缴的资源税）

【典例研习·12-14】（教材例题）

甲公司将自己开采的煤炭4万吨用于产品加工，每吨应交资源税5元，甲公司应作如下会计处理：

借：生产成本　　　　　　　　　　　　　　　　　20

　贷：应交税费——应交资源税　　　　　　　　　　　　20

（二）土地增值税

（1）房地产开发企业销售房地产应缴纳的土地增值税。

借：税金及附加

　贷：应交税费——应交土地增值税

（2）企业转让的国有土地使用权连同地上建筑物及其附着物一并在"固定资产"或"在建工程"科目核算的，转让时应交的土地增值税。

借：固定资产清理、在建工程

　贷：应交税费——应交土地增值税

（3）土地使用权在"无形资产"科目核算的。

借：银行存款

　累计摊销

　无形资产减值准备

　贷：应交税费——应交土地增值税

　　无形资产

　　资产处置损益（倒挤差额，或借方）

（三）房产税、城镇土地使用税、环境保护税、车船税、城市维护建设税、教育费附加

借：税金及附加

　　贷：应交税费

（四）按规定计算应代扣代缴的职工个人所得税

借：应付职工薪酬

　　贷：应交税费——应交个人所得税

（五）缴纳的印花税

借：税金及附加

　　贷：银行存款

（六）按规定缴纳的耕地占用税

借：在建工程

　　贷：银行存款

（七）购置应税车辆，按规定缴纳的车辆购置税

借：固定资产

　　贷：银行存款

【典例研习·12-15】（2014年单项选择题）

下列各项税金中，应计入相关资产成本的是（　　　）。

A.自用厂房缴纳的房产税

B.取得交易性金融资产支付的印花税

C.企业购置车辆而缴纳的车辆购置税

D.受托方代收代缴的委托加工物资的消费税

斯尔解析 本题考查应交税费的核算。自用厂房缴纳的房产税计入税金及附加，选项A错误；取得交易性金融资产支付的印花税计入投资收益，选项B错误；企业委托加工应税消费品，委托方将收回的应税消费品直接对外销售（售价以不高于受托方的计税价格），或委托加工后连续生产非应税销售品的，委托方应将受托方代收代缴的消费税计入委托加工的应税消费品成本，用于连续生产应税消费品的，按规定准予抵扣的，委托方应按代收代缴的消费税款，借记"应交税费——应交消费税"，选项D错误。

使用斯尔教育APP
扫码观看本节好课

第三节　应付职工薪酬的核算

一、职工薪酬的内容（★）

职工薪酬，是指企业为获得职工提供的服务或解除劳动关系而给予的各种形式的报酬或补偿。职工薪酬包括短期薪酬、离职后福利、辞退福利和其他长期职工福利。企业提供给职工配偶、子女、受赡养人、已故员工遗属及其他受益人等的福利，也属于职工薪酬。

这里所指的"职工"主要包括：

①与企业订立劳动合同的所有人员，含全职、兼职和临时职工；

②虽未与企业订立劳动合同、但由企业正式任命的人员，如董事会成员、监事会成员等；

③在企业的计划和控制下，虽未与企业订立劳动合同或未由企业正式任命，但向企业所提供服务与职工所提供服务类似的人员，包括通过企业与劳务中介公司签订用工合同而向企业提供服务的人员。

（一）短期薪酬

短期薪酬，是指企业在职工提供相关服务的年度报告期间结束后12个月内需要全部予以支付的职工薪酬，因解除与职工的劳动关系给予的补偿除外（属于辞退福利）。

具体包括：职工工资、奖金、津贴和补贴，职工福利费（生活困难补助、防暑降温费等），医疗保险费，生育保险费，工伤保险，住房公积金，工会经费和职工教育经费，短期带薪缺勤，短期利润分享计划，非货币性福利以及其他短期薪酬。

（二）离职后福利

离职后福利是指企业为获得职工提供的服务而在职工退休或与企业解除劳动关系后，提供的各种形式的报酬和福利，短期薪酬和辞退福利除外。

企业应当按照承担的风险和义务情况，将离职后福利计划分类为设定提存计划和设定受益计划。设定提存计划，是指向独立的基金缴存固定费用（如企业缴纳的养老保险、失业保险等）后，企业不再承担进一步支付义务的离职后福利计划；设定受益计划，是指除设定提存计划以外的离职后福利计划。

（三）辞退福利

辞退福利是指企业在职工劳动合同到期之前解除与职工的劳动关系，或者为鼓励职工自愿接受裁减而给予职工的补偿。

辞退福利主要包括以下内容：

（1）在职工劳动合同尚未到期前，不论职工本人是否愿意，企业决定解除与职工的劳动关系而给予的补偿。

（2）在职工劳动合同尚未到期前，为鼓励职工自愿接受裁减而给予的补偿，职工有权利选择继续在职或接受补偿离职。

企业应当根据辞退福利的定义和包括的内容，区分辞退福利与正常退休的养老金。

辞退福利是在职工与企业签订的劳动合同到期前，企业承诺当其提前终止对职工的雇佣关系时支付的补偿，引发补偿的事项是辞退，因此，企业应当在辞退职工时进行辞退福利的确认和计量。

职工在正常退休时获得的养老金，是其与企业签订的劳动合同到期时，或者职工达到了国家规定的退休年龄时获得的退休后生活补偿金额，引发补偿的事项是职工在职时提供的服务，而不是退休本身，因此，企业应当在职工提供服务的会计期间进行养老金的确认和计量。

另外，职工虽然没有与企业解除劳动合同，但未来不再为企业提供服务，不能为企业带来经济利益，企业承诺提供实质上具有辞退福利性质的经济补偿的，如发生"内退"的情况，在其正式退休日期之前应当比照辞退福利处理，在其正式退休日期之后，应当按照离职后福利处理。

（四）其他长期职工福利

其他长期职工福利是指除短期薪酬、离职后福利、辞退福利之外所有的职工薪酬，包括长期带薪缺勤、长期残疾福利、长期利润分享计划等。

【典例研习·12-16】 （2019年单项选择题）

下列不属于职工薪酬核算范围的是（　　）。

A.支付给外聘大学教授因提供培训而发生的讲课费

B.支付给退休职工的养老金

C.支付给未与企业签订劳务合同的董事相应薪酬

D.支付给与劳务中介公司签订用工合同为企业提供劳务的人员相应福利

斯尔解析 本题考查职工薪酬的内容。支付给外聘大学教授因提供培训而发生的讲课费，属于企业发生的培训费用，通常直接计入当期损益，不属于职工薪酬核算范围。

二、职工薪酬的确认和计量（★★）

（一）短期薪酬

短期薪酬可分为货币性短期薪酬、非货币性短期薪酬、带薪缺勤、利润分享计划等。

1.货币性短期薪酬

借：生产成本（生产工人）

　　制造费用（车间管理人员）

　　管理费用（行政管理人员）

　　销售费用（销售人员）

　　在建工程（工程建设人员）

　　研发支出（研发人员）

　贷：应付职工薪酬

提示：

（1）企业代扣代缴的应由职工个人负担的医疗保险费、养老保险费、住房公积金通过"其他应付款"科目核算。

（2）对企业按国家规定需要缴纳的残疾人就业保障金，不通过"应付职工薪酬"科目核算，缴纳时直接计入"管理费用"科目。企业超比例安排残疾人就业或者为安排残疾人就业做出显著成绩，按规定收到的奖励，计入"其他收益"科目；企业未按规定缴纳残疾人就业保障金，按规定缴纳的滞纳金，计入"营业外支出"科目。

【典例研习·12-17】 （教材例题）

华丰公司某年4月应付工资总额为100 000元。其中：生产部门直接生产人员工资40 000元，生产部门管理人员工资15 000元；管理部门人员工资21 000元；销售部门人员工资10 000元；建造厂房人员工资6 000元；内部开发存货管理系统人员工资8 000元。

该公司发生职工福利费2 000元，其中：生产部门直接生产人员福利费800元，生产部门管理人员福利费300元；管理部门人员福利费420元；销售部门人员福利费200元；建造厂房人员福利费120元；内部开发存货管理系统人员福利费160元。

当年4月30日，华丰公司按照职工工资总额的10%分别计提医疗保险费和住房公积金，按工资总额的2%和2.5%计提工会经费和职工教育经费。另外，应由公司代扣代缴职工个人应负担的住房公积金为10 000元，个人所得税为1 500元。假定华丰公司的存货管理系统已经处于开发阶段，并符合资本化标准。当月发生的职工薪酬费用已在下月月初支付。

华丰公司当年4月确认应付职工薪酬时应作如下会计处理：

①工资分配进成本、费用时：

借：生产成本	40 000	
制造费用	15 000	
管理费用	21 000	
销售费用	10 000	
在建工程	6 000	
研发支出——资本化支出	8 000	
贷：应付职工薪酬——工资		100 000

②发生职工福利费时：

借：生产成本	800	
制造费用	300	
管理费用	420	
销售费用	200	
在建工程	120	
研发支出——资本化支出	160	
贷：应付职工薪酬——职工福利		2 000

③按工资总额10%分别计算应缴纳的医疗保险费和住房公积金时：

借：生产成本	8 000	
制造费用	3 000	
管理费用	4 200	
销售费用	2 000	
在建工程	1 200	
研发支出——资本化支出	1 600	
贷：应付职工薪酬——医疗保险费		10 000
——住房公积金		10 000

④按工资总额2%和2.5%分别计提工会经费和职工教育经费时：

借：生产成本	1 800	
制造费用	675	
管理费用	945	
销售费用	450	
在建工程	270	
研发支出——资本化支出	360	
贷：应付职工薪酬——工会经费		2 000
——职工教育经费		2 500

⑤代扣代缴职工个人应负担的住房公积金和个人所得税时：

借：应付职工薪酬——工资　　　　　　　　　　　　　　　11 500

　　贷：其他应付款——应付住房公积金　　　　　　　　　　　10 000

　　　　应交税费——应交个人所得税　　　　　　　　　　　　 1 500

2.非货币性短期薪酬

（1）以自产产品作为福利发放给职工。

基本原则：按照该产品的公允价值和相关税费，计入职工薪酬和相应的成本费用中，并确认主营业务收入，同时结转成本。

【典例研习·12-18】（教材例题）

豫丰公司是一家食品加工企业，有职工100名，其中生产工人70名，管理人员30名。该公司以其生产的大礼包食品作为福利发放给职工，每人1份。该大礼包的单位成本为240元，单位售价（公允价格）为300元，适用的增值税税率为13%。则该公司应作如下会计处理：

发放非货币性福利时：

借：应付职工薪酬——非货币性福利　　　　　　　　　　　 33 900

　　贷：主营业务收入　　　　　　　　　　　　　　　　　　 30 000

　　　　应交税费——应交增值税（销项税额）　　　　　　　　 3 900

借：主营业务成本　　　　　　　　　　　　　　　　　　　 24 000

　　贷：库存商品　　　　　　　　　　　　　　　　　　　　 24 000

分配非货币性福利时：

本月应提取的非货币性福利=300×100×（1+13%）=33 900（元）

其中：

生产工人非货币性福利=300×70×（1+13%）=23 730（元）

管理人员非货币性福利=300×30×（1+13%）=10 170（元）

借：生产成本　　　　　　　　　　　　　　　　　　　　　 23 730

　　管理费用　　　　　　　　　　　　　　　　　　　　　 10 170

　　贷：应付职工薪酬——非货币性福利　　　　　　　　　　 33 900

（2）以外购商品作为福利发放给职工。

基本原则：按照该商品的公允价值和相关税费，计量应计入成本费用的职工薪酬金额。

①外购商品时：

借：库存商品等

　　应交税费——应交增值税（进项税额）

　　贷：银行存款

②发放时：

借：应付职工薪酬——非货币性福利

　　贷：库存商品等

　　　　应交税费——应交增值税（进项税额转出）

③分配时：

借：生产成本、管理费用等

　　贷：应付职工薪酬——非货币性福利

（3）将拥有的资产无偿提供给职工使用。

基本原则：按照每期的折旧确认应付职工薪酬，并计入相关的成本费用。

（4）将租赁的资产无偿提供给职工使用。

基本原则：按照每期应支付的租金确认应付职工薪酬，并计入相关的成本费用。

提示：难以认定受益对象的非货币性福利，全部直接计入当期管理费用和应付职工薪酬。

【典例研习·12-19】（教材例题）

华丰公司有部门经理5人，公司为每人免费提供公司名下的轿车1辆；副总经理以上3人，公司为每人提供租赁的高级公寓1套。这些资产的所有权不转移，只提供使用权。假定每辆轿车每月计提折旧3 000元，每套公寓每月的租金是4 000元。

则华丰公司每月应作如下会计处理：

每月应提取非货币性职工薪酬=3 000×5+4 000×3=27 000（元）

借：管理费用　　　　　　　　　　　　　　　27 000

　　贷：应付职工薪酬——非货币性福利　　　　　　　　　27 000

借：应付职工薪酬——非货币性福利　　　　　　27 000

　　贷：累计折旧　　　　　　　　　　　　　　　　　15 000

　　　　其他应付款　　　　　　　　　　　　　　　　12 000

3.带薪缺勤

维度	累积带薪缺勤	非累积带薪缺勤
含义	带薪权利可以结转下期的带薪缺勤，本期尚未用完的带薪缺勤权可以在未来期间使用	带薪权利不能结转下期的带薪缺勤，本期尚未用完的带薪缺勤权利将予以取消，并且职工离开企业时也无权获得现金支付
处理原则	在职工提供服务从而增加了其未来享有的带薪缺勤权利时，以累积未行使权利而增加的预期支付金额，确认与累积带薪缺勤相关的职工薪酬	企业应当在职工实际发生缺勤的会计期间确认与非累积带薪缺勤相关的职工薪酬。通常情况下，与非累积带薪缺勤相关的职工薪酬已经包括在企业每期向职工发放的工资等薪酬中，因此，不必作额外的账务处理

【典例研习·12-20】（教材例题）

华新公司从某年1月1日起实行累积带薪缺勤制度。该制度规定：每名职工每年可享受12个工作日带薪休假，休假权利可以向后结转2个日历年度。在第2年年末，公司将对职工未使用的带薪休假权利支付现金。假定员工使用带薪休假按照先进先出法计算。假定该公司每名职工平均每月工资2 000元，每名职工每月工作日为20个，每个工作日平均工资为100元。以公司1名直接参与生产的职工为例。

①假定当年1月，该名职工没有休假。公司应当在职工为其提供服务的当月，累积相当于1个工作日工资的带薪休假义务，并作如下会计处理：

借：生产成本　　　　　　　　　　　　　　　2 100

　　贷：应付职工薪酬——工资　　　　　　　　　　　2 000

　　　　　　　　　　——累积带薪缺勤　　　　　　　　100

②假定当年2月，该名职工休了1天假。公司应当在职工为其提供服务的当月，累积相当于1个工作日工资的带薪休假义务，反映职工使用累积权利的情况，并作如下会计处理：

借：生产成本 2 100
　　贷：应付职工薪酬——工资 2 000
　　　　　　　　　　——累积带薪缺勤（计提本期休假） 100
借：应付职工薪酬——累积带薪缺勤 100
　　贷：生产成本（使用上期休假） 100

③假定第2年年末，该名职工有5个工作日未使用带薪休假，公司以现金支付了未使用的带薪休假。

借：应付职工薪酬——累积带薪缺勤 500
　　贷：库存现金 500

【典例研习·12-21】（教材例题）

黄河公司某年5月有2名销售人员放弃15天的婚假，假设平均每名职工每个工作日工资为200元，月工资为6 000元。该公司实行非累积带薪缺勤货币补偿制度，补偿金额为放弃带薪休假期间平均日工资的2倍，则黄河公司应作如下会计处理：

借：销售费用 24 000
　　贷：应付职工薪酬——工资 12 000
　　　　　　　　　　——非累积带薪缺勤 12 000

实际补偿时一般随工资同时支付：

借：应付职工薪酬——工资 12 000
　　　　　　　　——非累积带薪缺勤 12 000
　　贷：银行存款 24 000

4.短期利润分享计划

一般是按照企业净利润的一定比例确定享受的福利，但仍是由于职工提供服务而产生的，不是由企业与所有者之间的交易而产生的，因此企业应当将短期利润分享计划作为费用处理（按受益对象进行分担，或根据相关《企业会计准则》，作为资产成本的一部分），不能作为净利润的分配。

【典例研习·12-22】（教材例题）

利欣公司为了鼓励本公司高级管理人员为其提供服务，制订了短期利润分享计划。该计划规定，在实行短期利润分享计划的年度，管理人员只要在公司工作满一整年即可获得奖金。假定当年没有管理人员离开公司，公司应支付的奖金总额为当年净利润的4%，并于当年年末以银行存款支付。公司当年净利润为1 500万元。则利欣公司当年12月31日应作如下会计处理：

借：管理费用 60
　　贷：应付职工薪酬——利润分享计划 60
借：应付职工薪酬——利润分享计划 60
　　贷：银行存款 60

【典例研习·12-23】（2017年单项选择题）

长江公司2016年年初制定并实施一项短期利润分享计划，以激励公司管理层更好提供服务。该计划规定，长江公司全年净利润指标为3 000万元。如果在公司管理层努力下完成的净利润超过3 000万元，公司管理层可以分享超过3 000万元净利润部分的20%作为额外报酬。长江公司2016年度实现净利润3 500元。假定不考虑离职等其他情形。则长江公司2016年12月31日因该项短期利润分享计划应计入管理费用的金额是（　　）万元。

A.0　　　　　　B.100　　　　　　C.600　　　　　　D.700

斯尔解析　本题考查利润分享计划的核算。长江公司2016年12月31日因该项短期利润分享计划应计入管理费用的金额＝（3 500−3 000）×20%＝100（万元），选项B正确。

（二）离职后福利

维度	设定提存计划	设定受益计划
企业义务	企业向一个独立实体支付确定的金额，不再负担进一步的支付义务	企业向独立基金缴费金额要以满足未来养老金给付义务的顺利进行为限，负有进一步支付义务
风险承担	相关的风险完全由职工个人承担	相关的风险由企业承担
精算利得和损失	不存在	计入其他综合收益

（三）辞退福利

企业应当严格按照辞退计划条款的规定，根据拟解除劳动关系的职工数量、每一职位的辞退补偿标准等确认应付职工薪酬。

借：管理费用

　　贷：应付职工薪酬

三、以现金结算的股份支付（★★）

（一）基本概念

股份支付是指企业为获取职工和其他方提供服务而授予权益工具或者承担以权益工具为基础确定的负债的交易。股份支付分为以权益结算的股份支付和以现金结算的股份支付。

以现金结算的股份支付，是指企业为获取服务承担以股份或其他权益工具（仅指企业自身权益工具）为基础计算确定的交付现金或其他资产义务的交易。

（二）账务处理

【典例研习】答案：
12−23：B

第一步：授予日，除立即可行权外，不作任何账务处理。授予后立即可行权的以现金结算的股份支付，应当在授予日以企业承担负债的公允价值计入相关成本或费用，相应增加负债。

第二步：在等待期内的每个资产负债表日，应当以对可行权情况的最佳估计为基础，按照企业承担负债的公允价值金额，将当期取得的服务计入成本或费用和相应的负债。

当期确认的成本费用=截至当期累计成本费用-以前期间累计已确认的成本费用

累计成本费用=预计可行权权益工具数量×每个资产负债表日金融工具公允价值×已过等待期/全部等待期

第三步：可行权日，根据行权的支付的现金。

借：应付职工薪酬
　　贷：银行存款

第四步：可行权日后，不再确认由换入服务引起的成本费用增加，但应当在相关负债结算前的每个资产负债表日以及结算日，对负债的公允价值重新计量，其变动计入当期损益（公允价值变动损益）。

【典例研习·12-24】（教材例题）

2014年11月，B公司董事会批准了一项股份支付协议。协议规定，2015年1月1日，B公司为其200名中层以上管理人员每人授予100份现金股票增值权，这些管理人员必须在该公司连续服务3年，即可自2017年12月31日起根据股价的增长幅度行权获得现金。该股票增值权应在2019年12月31日之前行使完毕。

B公司估计，每份该股票增值权在负债结算之前每一个资产负债表日的公允价值，如下表所示（单位：元）：

年份	公允价值
2015	14
2016	15

（1）第1年有20名管理人员离开B公司，B公司估计3年中还将有15名管理人员离开。

第1年确认的管理费用=（200-35）×100×14×1/3=77 000（元）

借：管理费用　　　　　　　　　　　　　　77 000
　　贷：应付职工薪酬　　　　　　　　　　　　　　77 000

（2）第2年又有10名管理人员离开B公司，公司估计还将有10名管理人员离开。

第2年确认的管理费用=（200-40）×100×15×2/3-77 000=160 000-77 000=83 000（元）

借：管理费用　　　　　　　　　　　　　　83 000
　　贷：应付职工薪酬　　　　　　　　　　　　　　83 000

B公司估计，每份该股票增值权在结算日的公允价值和可行权后的每份股票增值权现金支出额，如下表所示（单位：元）：

年份	公允价值	支付现金
2017	18	16
2018	21	20
2019		25

（3）第3年又有15名管理人员离开B公司，本年有70人行使了股票增值权。

由于70人行使股票增值权，共支付现金=70×100×16=112 000（元）。

借：应付职工薪酬　　　　　　　　　　　　112 000

　　贷：银行存款　　　　　　　　　　　　　　　　112 000

第3年确认的管理费用=（200-45-70）×100×18+112 000-160 000=153 000+112 000-160 000=105 000（元）

借：管理费用　　　　　　　　　　　　　　105 000

　　贷：应付职工薪酬　　　（153 000-160 000+112 000）105 000

（4）第4年有50人行使了股票增值权。

由于50人行使股票增值权，共支付现金=50×100×20=100 000（元）。

借：应付职工薪酬　　　　　　　　　　　　100 000

　　贷：银行存款　　　　　　　　　　　　　　　　100 000

第4年末应付职工薪酬公允价值引起的变动=（200-45-120）×100×21+100 000-153 000=73 500+100 000-153 000=20 500（元）

借：公允价值变动损益　　　　　　　　　　20 500

　　贷：应付职工薪酬　　　（73 500-153 000+100 000）20 500

（5）第5年有35人行使了股票增值权。

由于35人行使股票增值权，共支付现金=35×100×25=87 500（元）。

借：应付职工薪酬　　　　　　　　　　　　87 500

　　贷：银行存款　　　　　　　　　　　　　　　　87 500

第5年末应付职工薪酬公允价值引起的变动=0+87 500-73 500=14 000（元）

借：公允价值变动损益　　　　　　　　　　14 000

　　贷：应付职工薪酬　　　（0-73 500+87 500）14 000

【典例研习·12-25】（2017年单项选择题）

以现金结算的股份支付在可行权日之后，相关负债的公允价值在资产负债表日的变动应计入（　　　）。

A.管理费用　　　　　　　　　　B.资本公积

C.公允价值变动损益　　　　　　D.其他综合收益

斯尔解析　本题考查以现金结算的股份支付。企业在可行权日之后不再确认由换入服务引起的成本费用增加，但应当在相关负债结算前的每个资产负债表日以及结算日，对负债的公允价值重新计量，其变动计入当期损益（公允价值变动损益），选项C正确。

【典例研习】答案：

12-25：C

使用斯尔教育APP
扫码观看本节好课

第四节　其他流动负债的核算

一、短期借款

短期借款是指企业向银行或其他金融机构等借入的期限在1年以下（含1年）的各种款项。短期借款应当按照借款本金和确定的利率按期计提利息，并计入当期损益。

二、受托代销商品款

代销商品款是指企业接受代销商品的价款（包括代销国外商品的价款）。

企业收到受托代销商品时：

借：受托代销商品

　　贷：受托代销商品款

三、以公允价值计量且其变动计入当期损益的金融负债（★）

（一）金融负债与非金融负债

金融负债是指企业符合下列条件之一的负债：

①向其他方交付现金或其他金融资产的合同义务。

②在潜在不利条件下，与其他方交换金融资产或金融负债的合同义务。

③将来须用或可用企业自身权益工具进行结算的非衍生工具合同，且企业根据该合同将交付可变数量的自身权益工具。

④将来须用或可用企业自身权益工具进行结算的衍生工具合同，但以固定数量的自身权益工具交换固定金额的现金或其他金融资产的衍生工具合同除外。

常见项目举例：

项目	举例
金融负债	短期借款、应付票据、应付账款、应付债券、长期借款
非金融负债	预收账款、预计负债、专项应付款、递延收益、递延所得税负债

金融负债满足下列条件之一的，表明企业承担该金融负债的目的是交易性的：

①承担相关金融负债的目的，主要是为了近期回购。

②金融负债在初始确认时属于集中管理的可辨认金融工具组合的一部分，且有客观证据表明近期实际存在短期获利模式。

③金融负债属于衍生工具。但符合财务担保合同定义的衍生工具以及被指定为有效套期工具的衍生工具除外。

提示：

（1）企业对所有金融负债均不得进行重分类。

（2）在非同一控制下的企业合并中，企业作为购买方确认的或有对价形成金融负债的，该金融负债应当按照以公允价值计量且其变动计入当期损益的金融负债进行会计处理。

（3）在初始确认时，为了提供更相关的会计信息，企业可以将金融负债指定为以公允价值计量且其变动计入当期损益的金融负债，但该指定应当满足下列条件之一：

①能够消除或显著减少会计错配。

②根据正式书面文件载明的企业风险管理或投资策略，以公允价值为基础对金融负债组合或金融资产和金融负债组合进行管理和业绩评价，并在企业内部以此为基础向关键管理人员报告。该指定一经做出，不得撤销。

（二）交易性金融负债的计量

1.企业承担交易性金融负债时

借：银行存款（按实际收到的金额）

投资收益（按发生的交易费用）

贷：交易性金融负债——本金（按公允价值）

2.资产负债表日按交易性金融负债票面利率计算的利息

借：投资收益

贷：应付利息

3.资产负债表日公允价值变动

交易性金融负债的公允价值高于其账面余额的差额：

借：公允价值变动损益/其他综合收益

贷：交易性金融负债

公允价值低于其账面余额的差额，作相反的会计分录。

4.处置交易性金融负债时

借：交易性金融负债（按账面余额）

贷：银行存款（按实际支付的金额）

投资收益（按差额，或借方）

同时，按该项交易性金融负债的公允价值变动，借记或贷记"公允价值变动损益"科目，贷记或借记"投资收益"科目。

之前计入其他综合收益的累计利得或损失应当从其他综合收益中转入留存收益。

【典例研习·12-26】（2018年单项选择题）

下列关于金融负债的表述正确的是（ ）。

A.预计负债、递延所得税负债均属于金融负债

B.将来以固定数量的自身权益工具交换固定金额的现金的合同应确认为金融负债

C.将来须用或可用企业自身权益工具进行结算的非衍生工具合同，且企业根据该合同将交付可变数量的自身权益工具的负债为金融负债

D.在满足特定条件时，企业可以对金融负债进行重分类

斯尔解析 本题考查金融负债的核算。预计负债、递延所得税负债均属于非金融负债，选项A错误；以固定数量的自身权益工具交换固定金额的现金的合同属于权益工具，选项B错误；企业对所有金融负债均不得进行重分类，选项D错误。

四、应付利息和应付股利

（一）应付利息

核算企业按照合同约定应支付的各类利息。

【典例研习】答案：
12-26：C

（二）应付股利

核算企业分配的现金股利或利润。

企业根据股东大会或类似机构审议批准的利润分配方案确定分配给投资者的现金股利或利润。借记"利润分配"，贷记"应付股利"。

企业董事会或类似机构通过的利润分配方案中拟分配的现金股利或利润，不作账务处理但应在附注中披露。

五、其他应付款（★）

（一）核算内容举例

其他应付款，是指除了应付票据、应付账款、应交税费、短期借款、预收账款、应付职工薪酬、交易性金融负债、应付利息、应付股利、长期应付款等以外的其他各项应付、暂收其他单位或个人的款项，主要包括：

（1）应付经营租入固定资产和包装物的租金（含预付的租金）；

（2）存入保证金（如收取的包装物押金等）；

（3）应付、暂收所属单位、个人的款项；

（4）应付的各种赔款、罚款。

【典例研习·12-27】（教材例题）

黄河公司出租包装物，收到押金5 000元，存入银行。出租期满，对方单位退回包装物，黄河公司退回押金。

（1）黄河公司收到押金时：

借：银行存款   5 000

    贷：其他应付款   5 000

（2）黄河公司退回押金时：

借：其他应付款   5 000

    贷：银行存款   5 000

【典例研习·12-28】（2018年单项选择题）

下列交易或事项，不通过"其他应付款"科目核算的是（　　　）。

A.企业收取的各种暂收款项   B.存出保证金

C.预付经营租入包装物租金   D.出租固定资产收取的押金

斯尔解析 本题考查其他应付款的核算。存出保证金应通过"其他应收款"科目核算，选项B当选。

冲关地图

⚑ ： 要听懂
!!! ： 你得背
√+-×÷ ： 你得算
👓 ： 有空看

第十二章　流动负债

- 应付账款和应付票据的核算 ── 👓 应付账款和应付票据的核算
- 应交税费的核算
  - ⚑ 增值税
  - ⚑ 消费税
  - 👓 其他税费
- 应付职工薪酬的核算
  - 职工薪酬的内容 ── ⚑ 职工薪酬的内容
  - 职工薪酬的确认和计量
    - ⚑ 短期薪酬
    - ⚑ 离职后福利
    - ⚑ 辞退福利
  - 以现金结算的股份支付 ── √+-×÷ 以现金结算的股份支付
- 其他流动负债的核算
  - 👓 短期借款
  - 👓 受托代销商品款
  - ⚑ 交易性金融负债
  - 👓 应付利息、应付股利
  - ⚑ 其他应付款

第十三章　非流动负债

学习提要

考几分？

　　本章属于重点章节，近三年平均分值在15分左右。

怎么考？

　　本章考查题型比较全面，各种题型均有涉及，考核的重点内容包括：借款费用、可转换公司债券、预计负债和债务重组。

怎么学？

　　本章的内容较多、难度较大，但是考核的重点主要集中在基础知识，学习时建议先掌握各个模块的基础内容，学有余力，再去研究难点内容。

考 点 精 讲

使用斯尔教育 APP
扫码观看本节好课

第一节　借款费用

一、借款费用的概念和内容

借款费用是指企业因借入资金所付出的代价。

包括	不包括
因借款发生的利息	折价或溢价本身
因借款而发生的折价或溢价的摊销	
因外币借款而发生的汇兑差额	发行权益性证券的佣金、手续费
因借款而发生的辅助费用，如借款过程中发生的手续费、佣金	

二、借款费用资本化的范围（★★）

（一）资产范围

符合资本化条件的资产，是指需要经过相当长时间的构建或者生产活动才能达到预定可使用或可销售状态的固定资产、投资性房地产和存货等资产。

其中相当长时间，是指为资产的构建或者生产所必需的时间，通常为1年以上（含1年）。需要注意的是，企业已经单独入账的土地使用权，在用于自行开发建造厂房等建筑物时，由于土地使用权在取得时通常已达到预定使用状态，因此该土地使用权不满足"符合资本化条件的资产"的定义。

（二）借款范围

应予资本化的借款范围包括专门借款和一般借款。其中专门借款，是指为购建或者生产符合资本化条件的资产而专门借入的款项，通常签订有标明该用途的借款合同；一般借款是指除专门借款之外的借款。

三、借款费用资本化的期间（★★）

（一）开始资本化的时点

借款费用必须同时满足以下三个条件（即三者孰晚），才能允许开始资本化。

条件	解读
资产支出已经发生	支付现金、转移非现金资产和承担带息债务
借款费用已经发生	借入专门借款或占用一般借款
为使资产达到预定可使用或者可销售状态所必要的购建或者生产活动已经开始	不包括仅仅持有资产但没有发生为改变资产形态而进行实质上的建造或者生产活动的情况

（二）借款费用暂停资本化

符合资本化条件的资产在购建或者生产过程中发生非正常中断且中断时间连续超过3个月的，应当暂停借款费用的资本化。非正常中断，通常是由于企业管理决策上的原因或者其他不可预见的原因等所导致的中断。

非正常中断与正常中断有显著不同，正常中断通常仅限于因构建或者生产的符合资本化条件的资产达到预定可使用或者可销售状态所必要的程序，或者事先可以预见的不可抗力因素导致的中断。

引起非正常中断的事项	引起正常中断的事项
（1）企业因与施工方发生了质量纠纷； （2）工程、生产用料没有及时供应； （3）资金周转发生了困难； （4）施工、生产发生了安全事故； （5）发生了劳动纠纷等	（1）必要的安全检查； （2）东北冰冻季节； （3）南方梅雨季节等

（三）借款费用资本化的停止

购建或者生产符合资本化条件的资产达到预定可使用或者可销售状态时，借款费用应当停止资本化。具体可从以下几个方面进行判断：

（1）符合资本化条件的资产的实体建造（包括安装）或者生产活动已经全部完成或者实质上已经完成。

（2）所购建或者生产的符合资本化条件的资产与设计要求、合同规定或者生产要求相符或者基本相符，即使有极个别与设计、合同或者生产要求不相符的地方，也不影响其正常使用或者销售。

（3）继续发生在所购建或生产的符合资本化条件的资产上的支出金额很少或者几乎不再发生。

提示：如果构建或者生产的符合资本化条件的资产各部分分别完工。

情形	处理原则
每部分在其他部分继续建造过程中可供使用或者可对外销售，且为使该部分资产达到预定可使用或可销售状态所必要的购建或者生产活动实质上已经完成的	停止与该部分资产相关的借款费用的资本化
必须等到整体完工后才可使用或者才可对外销售的	应当在该资产整体完工时停止借款费用的资本化

命题角度：考查借款费用资本化开始、暂停和停止的条件。

时点	注意事项
开始时点	三个条件同时满足："该花的花了""该借的借了""该建的建了"
暂停条件	第一、发生非正常中断，正常中断不需要暂停资本化；第二、非正常中断连续超过3个月，而非累计超过3个月
停止条件	资产达到预定可使用或者可销售状态

【典例研习·13-1】（2020年单项选择题）

下列关于借款费用暂停或停止的表述中，正确的是（   ）。

A.购建的固定资产各部分分别完工，虽该部分必须等到整体完工后才能使用，但这部分资产发生的借款费用应停止资本化

B.购建的固定资产部分已达到预定可使用状态，且该部分可独立提供使用，应待整体完工后方可停止借款费用资本化

C.购建固定资产过程中发生正常中断，且中断时间连续超过3个月，应当暂停借款费用资本化

D.购建固定资产过程中发生非正常中断，且中断时间连续超过3个月，应当暂停借款费用资本化

斯尔解析 本题考查借款费用资本化的期间。购建的固定资产的各部分分别完工，但必须等到整体完工后才可使用或者才可对外销售的，应当在该资产整体完工时停止借款费用的资本化，选项A错误；购建的固定资产部分已经达到预定可使用状态，且该部分可独立提供使用，应当停止与该部分资产相关的借款费用的资本化，选项B错误；购建或者生产过程中发生了正常中断，无须暂停资本化，选项C错误；购建或者生产过程中发生了非正常中断，且中断时间连续超过3个月的，应当暂停借款费用的资本化，选项D正确。

四、借款费用的账务处理（★★）

（一）处理原则

情形		处理原则
符合资本条件的		计入相关资产成本，如在建工程、制造费用、研发支出等
不符合资本化条件的	筹建期间	计入管理费用
	经营期间	计入财务费用

（二）特殊事项

项目		处理原则
汇兑差额	专门借款本金及利息产生的	资本化期间的，计入相关资产成本
		非资本化期间的，计入当期损益
	一般借款本金及利息产生的	全部计入当期损益
辅助费用	专门借款和一般借款发生的	达到预定可使用或可销售状态前发生的，计入相关资产成本
		达到预定可使用或可销售状态后发生的，计入当期损益
试生产或试运行产生的收入与支出的差额		计入或者冲减借款费用

（三）金额的计算

1.专门借款

专门借款利息费用资本化金额＝资本化期间专门借款的利息费用－尚未动用资金的存款利息收入或暂时性投资取得的投资收益

【典例研习·13-2】（教材例题）

ABC公司于2021年1月1日正式动工兴建一幢办公楼，工期预计为1年零6个月，工程采用出包方式，分别于2021年1月1日、2021年7月1日和2022年1月1日支付工程进度款。

ABC公司为建造办公楼于2021年1月1日专门借款2 000万元，借款期限为3年，年利率为6%。另外在2021年7月1日又专门借款4 000万元，借款期限为5年，年利率为7%。借款利息按年支付（如无特别说明，本章例题中名义利率与实际利率均相同）。

闲置借款资金均用于固定收益债券短期投资，该短期投资月收益率为0.5%。办公楼于2019年6月30日完工，达到预定可使用状态。ABC公司为建造该办公楼的支出金额如下表。

单位：万元

日期	每期资产支出金额	累计资产支出金额	闲置借款资金用于短期投资金额
2021年1月1日	1 500	1 500	500
2021年7月1日	2 500	4 000	2 000
2022年1月1日	1 500	5 500	500

（1）借款费用资本化期间为2021年1月1日～2022年6月30日。

（2）2021年专门借款发生的利息金额＝2 000×6%＋4 000×7%×6/12＝260（万元）

2021年闲置资金收益＝500×0.5%×6＋2 000×0.5%×6＝75（万元）

2021年的利息资本化金额＝260－75＝185（万元）

2021年12月31日：

借：在建工程　　　　　　　　　　　　　　　　　185

　　应收利息（或银行存款）　　　　　　　　　　75

　　贷：应付利息　　　　　　　　　　　　　　　　　　　260

（3）2022年1月1日～6月30日专门借款发生的利息金额＝2 000×6%×6/12＋4 000×7%×6/12＝200（万元）

2022年1月1日～6月30日闲置资金收益＝500×0.5%×6＝15（万元）

2022年的利息资本化金额＝200－15＝185（万元）

2022年6月30日：

借：在建工程　　　　　　　　　　　　　　　　　185

　　应收利息（或银行存款）　　　　　　　　　　15

　　贷：应付利息　　　　　　　　　　　　　　　　　　　200

2.一般借款

一般借款费用利息资本化金额=累计资产支出超过专门借款部分的资产支出加权平均数×所占用一般借款的资本化率

$$资产支出的加权平均数=\sum 每笔资金支出的金额×\frac{该笔支出在当期所占用的天数}{当期天数}$$

$$所占用一般借款的资本化率=\frac{所占用一般借款当期实际发生的利息之和}{所占用一般借款本金加权平均数}$$

所占用一般借款本金加权平均数

$$=\sum 所占用每一笔一般借款本金×\frac{该笔一般借款在当期所占用的天数}{当期天数}$$

【典例研习·13-3】（教材例题改编）

ABC公司于2021年1月1日正式动工兴建一幢办公楼，工期预计为1年零6个月，工程采用出包方式，分别于2021年1月1日、2021年7月1日和2022年1月1日支付工程进度款为1 500万元、2 500万元、1 500万元。假定ABC公司建造办公楼没有专门借款，占用的都是一般借款。

ABC公司为建造办公楼占用的一般借款有两笔，如下：

（1）向A银行长期贷款2 000万元，期限为2019年12月31日至2022年12月31日，年利率为6%，按年支付利息。

（2）发行公司债券1亿元，于2019年1月1日发行，期限为5年，年利率为8%，按年支付利息。

假定两笔一般借款除了用于办公楼建设外，没有用于其他符合资本化条件的资产购建或者生产活动。假定全年按360天计算。

（1）计算累计资产支出加权平均数：

2021年累计资产支出加权平均数=1 500+2 500×180÷360=2 750（万元）

2022年累计资产支出加权平均数=（4 000+1 500）×180÷360=2 750（万元）

（2）计算所占用一般借款资本化率：

一般借款资本化率（年）=（2 000×6%+10 000×8%）/（2 000+10 000）=7.67%

（3）计算每期利息资本化金额：

2021年为建造办公楼的利息资本化金额=2 750×7.67%=210.93（万元）

2022年为建造办公楼的利息资本化金额=2 750×7.67%=210.93（万元）

2021年实际发生的一般借款利息费用=2 000×6%+10 000×8%=920（万元）

2022年1月1日～6月30日实际发生的一般借款利息费用=2 000×6%×180÷360+10 000×8%×180÷360=460（万元）

（4）根据上述计算结果，账务处理如下：

2021年12月31日：

借：在建工程   210.93

     财务费用   709.07

  贷：应付利息   920

2022年6月30日：

借：在建工程 210.93

　　财务费用 249.07

　贷：应付利息 460

【典例研习·13-4】（2014年单项选择题）

2013年1月1日，甲公司开始建造厂房，工期预计两年，该工程没有专门借款，占用两笔一般借款，一笔是2012年1月1日发行的总额为5 000万元的一般公司债券，期限为5年，年利率为8%；另一笔是2012年10月20日取得的五年期长期借款1 000万元，年利率为6.5%，甲公司分别于2013年1月1日、9月1日支付工程款900万元和1 200万元，假定这两笔一般借款除用于厂房建设外，没有其他符合资本化条件的资产购建或生产活动，则甲公司2013年这两笔一般借款发生的利息应予以资本化的金额为（　　）万元。

A.85　　　　　　　B.93　　　　　　C.133　　　　　　D.100.75

斯尔解析　本题考查借款费用的计算。2013年所占用一般借款资本化率=（5 000×8%+1 000×6.5%）/（5 000+1 000）=7.75%，2013年所占用一般借款本金的加权平均数=900+1 200×4/12=1 300（万元），2013年一般借款费用的资本化金额=1 300×7.75%=100.75（万元），选项D正确。

第二节　应付债券

使用斯尔教育APP
扫码观看本节好课

一、普通债券

（一）债券的发行方式

公司债券的发行方式有三种，即面值发行、溢价发行和折价发行。溢价发行或折价发行是发行债券企业在债券存续期间内，对利息费用的一种调整。

发行方式	判断标准	解读
溢价发行	发行价格>面值	溢价是企业以后各期多付利息而事先得到的补偿
面值发行	发行价格=面值	
折价发行	发行价格<面值	折价是企业以后各期少付利息而预先给予投资者的补偿

（二）账务处理

1.发行债券

借：银行存款（按实际收到的款项）

　贷：应付债券——面值（按债券面值）

　　　　　　——利息调整（按差额，或借方）

债券的发行费用应计入应付债券的初始确认金额，反映在"应付债券——利息调整"明细账中。

【典例研习】答案：

13-4：D

2.期末按照实际利率法确认利息费用

借：财务费用等（按期初摊余成本×实际利率）

  贷：应付利息（分期付息债券利息）

    应付债券——应计利息（到期一次还本付息债券利息）（按面值×票面利率）

    应付债券——利息调整（按差额，或借方）

3.到期归还本金和利息

借：应付债券——面值

    ——应计利息（到期一次付息）

  应付利息（分期付息，最后一期的利息）

  贷：银行存款

【典例研习·13-5】（教材例题）

某公司于2016年1月1日折价发行了5年期面值为1 250万元的公司债券，发行价格为1 000万元，票面利率为4.72%，实际利率为10%，按年付息，到期一次还本（交易费用略）。假定公司发行债券募集的资金专门用于建造一条生产线，生产线从2016年1月1日开始建设，于2018年年底完工，达到预定可使用状态。根据上述经济业务，公司应作如下会计处理：

（1）2016年1月1日发行债券时：

借：银行存款   1 000

  应付债券——利息调整   250

  贷：应付债券——面值   1 250

（2）计算利息费用：

公司每年应支付的利息=1 250×4.72%=59（万元）

2016年12月31日：

借：在建工程   （期初摊余成本1 000×10%）100

  贷：应付利息   （面值1 250×4.72%）59

    应付债券——利息调整   41

2016年12月31日应付债券的摊余成本=1 000×（1+10%）−59=1 041（万元）

2017年12月31日：

借：在建工程   （期初摊余成本1 041×10%）104

  贷：应付利息   59

    应付债券——利息调整   45

2017年12月31日应付债券的摊余成本=1 041×（1+10%）−59=1 086（万元）

2018年12月31日：

借：在建工程   （期初摊余成本1 086×10%）109

  贷：应付利息   59

    应付债券——利息调整   50

2018年12月31日应付债券的摊余成本=1 086×（1+10%）−59=1 136（万元）

2019年12月31日：

借：财务费用   （期初摊余成本1 136×10%）114

  贷：应付利息   59

    应付债券——利息调整   55

2019年12月31日应付债券的摊余成本=1 136×（1+10%）−59=1 191（万元）

2020年12月31日：

借：财务费用　　　　　　　　　　　　　　　　（后倒挤）118

　　贷：应付利息　　　　　　　　　　　　　　　　　　　　　59

　　　　应付债券——利息调整　　　　　　　　　（先倒挤）59

（3）2020年12月31日到期偿还本金：

借：应付债券——面值　　　　　　　　　　　　　　1 250

　　贷：银行存款　　　　　　　　　　　　　　　　　　　　1 250

二、可转换公司债券（★★）

（一）发行时

（1）可转换公司债券，属于复合金融工具，对发行方而言，既有负债性质，又有权益性质，应在初始确认时将其包含的负债成分和权益成分进行分拆，将负债成分确认为应付债券，将权益成分确认为其他权益工具。

（2）在进行分拆时，应当先对负债成分的未来现金流量进行折现确定负债成分的初始入账价值，再按发行价格总额扣除负债成分初始确认金额后的金额确定权益成分的初始入账价值。

（3）发行可转换公司债券发生的交易费用，应当在负债成分和权益成分之间按照各自的相对公允价值进行分摊。

借：银行存款（按实际收到的金额）

　　贷：应付债券——可转换公司债券（面值）

　　　　　　　　——可转换公司债券（利息调整）（差额，或借方）

　　　　其他权益工具（按权益成分的公允价值）

（二）后续转股前

可转换公司债券在转换为股份前，其所包含的负债成分，应当比照一般长期债券处理：

借：财务费用等（按期初摊余成本×实际利率）

　　应付债券——可转换公司债券（利息调整）（差额，或贷方）

　　贷：应付利息

（三）转换股份时

借：应付债券——可转换公司债券（面值）

　　　　　　　——可转换公司债券（利息调整）

　　应付利息（如有）

　　其他权益工具（权益成分的公允价值）

　　贷：股本（面值）

　　　　资本公积——股本溢价（差额）

【典例研习·13-6】（教材例题）

甲公司经批准于2020年1月1日按面值发行5年期分期付息一次还本的可转换公司债券2亿元，款项已收存银行，债券票面年利率为6%。债券发行1年后可转换为普通股股票，初始转股价为每股10元，股票面值为每股1元。债券持有人若在当期付息前转换股票的，应按债券面值和应付利息之和除以转股价，计算转股的股份数。

假定2021年1月1日债券持有人在2020年利息支付前将持有的可转换公司债券全部转换为普通股股票，甲公司发行可转换公司债券时二级市场上与之类似的没有附带转换权的债券市场利率为9%。已知（P/A，9%，5）=3.8897，（P/F，9%，5）=0.6499。甲公司的账务处理如下：

（1）2020年1月1日按面值发行。

负债成分的初始入账价值=20 000×0.6499+20 000×6%×3.8897=17 665.64（万元）

权益成分的初始入账价值=20 000（发行价格总额）−17 665.64=2 334.36（万元）

借：银行存款　　　　　　　　　　　　　　　200 000 000
　　应付债券——可转换公司债券（利息调整）　23 343 600
　　贷：应付债券——可转换公司债券（面值）　　　　　200 000 000
　　　　其他权益工具　　　　　　　　　　　　　　　　23 343 600

（2）2020年12月31日确认利息费用。

借：财务费用　　　　　　　（176 656 400×9%）15 899 076
　　贷：应付利息　　　　　　　（面值×票面利率）12 000 000
　　　　应付债券——可转换公司债券（利息调整）　　3 899 076

（3）2021年1月1日债券持有人行使转换权。

转换的股份数=（200 000 000+12 000 000）÷10=21 200 000（股）

借：应付债券——可转换公司债券（面值）　　　200 000 000
　　应付利息　　　　　　　　　　　　　　　　12 000 000
　　其他权益工具　　　　　　　　　　　　　　23 343 600
　　贷：股本　　　　　　　　　　　　　　　　　　　21 200 000
　　　　应付债券——可转换公司债券（利息调整）
　　　　　　　　　　　　（23 343 600−3 899 076）19 444 524
　　　　资本公积——股本溢价　　　　　　　（倒挤）194 699 076

提示：企业发行附有赎回选择权的可转换公司债券，其在赎回日可能支付的利息补偿金，应当在债券发行日至债券约定赎回届满日期间计提，计提的应付利息，分别计入相关资产成本或财务费用。

【典例研习·13-7】（2016年多项选择题）

下列关于可转换债券的表述中，正确的有（　　　）。

A.负债和权益成分分拆时应采用未来现金流量折现法

B.发行时发生的交易费用应当在负债成分和权益成分之间按照各自的相应公允价值进行分摊

C.附赎回选择权的可转换公司债券在赎回日若需支付的利息补偿金，应在债券发行日至约定赎回届满期间计提

D.可转换公司债券属于混合金融工具，在初始确认时需将负债和权益成分进行分拆

E.企业应在"应付债券"科目下设"可转换债券（面值、利息调整、其他综合收益）"明细科目核算

斯尔解析 本题考查可转换公司债券的核算。企业应在"应付债券"科目下设"可转换债券（面值、利息调整）"明细科目核算，其他综合收益不属于可转换公司债券的明细科目，选项E错误。

【典例研习·13-8】（2014年单项选择题）

甲公司经批准于2014年1月1日按面值发行3年期、票面年利率6%、分期付息一次还本的可转换公司债券5 000万元，款项已收存银行，债券发行1年后可转换为普通股股票，初始转股价为每股10元，股票面值为每股1元，甲公司发行可转换公司债券时二级市场上与之类似的没有附带转换权的债券市场年利率为9%，则发行日该可转换公司债券权益成分的初始入账价值为（　　　　）万元。[已知：（P/F，9%，3）=0.7722，（P/A，9%，3）=2.5313，（P/F，6%，3）=0.8396，（P/A，6%，3）=2.6730]

A.379.61　　　　　B.853.78　　　　　C.4 146.22　　　　　D.4 620.39

斯尔解析 本题考查可转换价值的核算。可转换公司债券负债成分的公允价值=5 000×6%×2.5313+5 000×0.7722=4 620.39（万元）；权益成分公允价值=5 000−4 620.39=379.61（万元），选项A正确。

使用斯尔教育APP
扫码观看本节好课

第三节　长期借款

一、概念及账务处理

长期借款，是指企业从银行或其他金融机构借入的期限在1年以上（不含1年）的各项借款。

（一）借入时

借：银行存款
　　长期借款——利息调整（倒挤）
　贷：长期借款——本金

（二）资产负债表日

借：在建工程、研发支出、财务费用、制造费用等
　贷：应付利息
　　　长期借款——利息调整

（三）归还长期借款本金

借：长期借款——本金
　贷：银行存款

【典例研习】答案：

13-8：A

使用斯尔教育APP
扫码观看本节好课

第四节 长期应付款

一、概念及账务处理（★）

长期应付款是指除长期借款、应付债券和租赁负债以外的其他各种长期应付款项，包括以分期付款方式购入固定资产和无形资产发生的应付款项等。

（一）分期付款购买资产

借：固定资产等（按购买价款的现值）

　　未确认融资费用（按差额）

　　贷：长期应付款（按应支付的金额）

　　　　银行存款（购买时支付的金额）

（二）按期支付价款时

借：长期应付款

　　贷：银行存款

（三）当期利息费用的确认

借：在建工程、财务费用（期初摊余成本×实际利率）

　　贷：未确认融资费用

【典例研习·13-9】（教材例题）

某公司2018年1月1日以分期付款方式购入一台设备，总价款为150万元，购货合同约定购买之日首付60万元，以后每年年末支付30万元，分3年于2020年12月31日全部付清，假设银行同期贷款利率为10%。［（P/A，10%，3）=2.4869］

根据上述经济业务，公司应作会计处理如下：

（1）2018年1月1日购入时：

分期应付款的应付本金=每期分期付款30万元的年金现值=300 000×（P/A，10%，3）=300 000×2.4869=746 070（元）

总价款的现值=600 000+746 070=1 346 070（元）

未确认融资费用=1 500 000−1 346 070=153 930（元）

借：固定资产　　　　　　　　　　　　　　　　1 346 070

　　未确认融资费用　　　　　　　　　　　　　　153 930

　　贷：长期应付款　　　　　　　　　　　　　　　　　　900 000

　　　　银行存款　　　　　　　　　　　　　　　　　　　600 000

（2）按期支付价款、分摊未确认融资费用。

2018年12月31日，支付第一期应付款：

借：长期应付款　　　　　　　　　　　　　　　　300 000

　　贷：银行存款　　　　　　　　　　　　　　　　　　　300 000

借：财务费用　　　　　　　　　（746 070×10%）74 607

　　贷：未确认融资费用　　　　　　　　　　　　　　　　74 607

2018年年末摊余成本=746 070×（1+10%）−300 000=520 677（元）

2019年12月31日，支付第二期应付款：

借：长期应付款 300 000

　　贷：银行存款 300 000

借：财务费用 （520 677×10%）52 067.70

　　贷：未确认融资费用 52 067.70

2019年年末摊余成本=520 677×（1+10%）－300 000=272 744.70（元）

2020年12月31日，支付第三期应付款：

借：长期应付款 300 000

　　贷：银行存款 300 000

借：财务费用 （153 930－74 607－52 067.7）27 255.30

　　贷：未确认融资费用 27 255.30

【典例研习·13-10】（2015年多项选择题改编）

下列各项，不通过"长期应付款"核算的有（　　　）。

A.付款期限超过一年的辞退福利

B.以分期付款方式购入无形资产的应付款项

C.应支付的存入保证金

D.应支付的5年期银行借款

E.付款期限超过一年的材料采购款

斯尔解析 本题考查长期应付款的核算。辞退福利通过应付职工薪酬核算，选项A当选；应支付的存入保证金，通过其他应付款核算，选项C当选；应支付的5年期银行借款，通过长期借款核算，选项D当选；付款期限超过一年的材料采购款，在应付账款核算，选项E当选。

第五节　预计负债

使用斯尔教育APP
扫码观看本节好课

一、或有事项及其特征

或有事项，是指过去的交易或者事项形成的，其结果须由某些未来事项的发生或不发生才能决定的不确定事项。

（1）由过去交易或事项形成，是指或有事项的现存状况是过去交易或事项引起的客观存在。

未来可能发生的自然灾害、交通事故、经营亏损等，不属于或有事项。

（2）结果具有不确定性，是指或有事项的结果是否发生具有不确定性，或者或有事项的结果预计将会发生，但发生的具体时间或金额具有不确定性。

（3）由未来事项决定，是指或有事项的结果只能由未来不确定事项的发生或不发生才能决定。

常见的或有事项主要包括：未决诉讼或仲裁、债务担保、产品质量保证（含产品安全保证）、承诺、亏损合同、重组义务、环境污染整治、修改其他债务条件方式的债务重组等。

【典例研习】答案：

13-10：ACDE

二、预计负债的确认和计量（★★）

（一）预计负债的确认

与或有事项有关的义务同时满足以下三个条件的，应确认为预计负债：

（1）或有事项产生的义务是企业的现时义务（而非潜在义务）；

（2）履行该义务很可能（可能性超过50%）导致经济利益的流出；

（3）该义务的金额能够可靠地计量。

补充：或有负债和或有资产。

项目	含义	处理原则
或有负债	过去的交易或者事项形成的潜在义务，其存在须通过未来不确定事项的发生或不发生予以证实	不应当确认或有负债或者或有资产
	过去的交易或者事项形成的现时义务，履行该义务不是很可能导致经济利益流出企业或该义务的金额不能可靠计量	
或有资产	过去的交易或者事项形成的潜在资产，其存在须通过未来不确定事项的发生或不发生予以证实	

【典例研习·13-11】（2014年多项选择题）

根据或有事项准则的规定，或有事项确认为预计负债应同时满足的条件有（　　）。

A.该义务是企业承担的现时义务

B.履行该义务有可能导致经济利益流入企业

C.流出的经济利益预期很可能得到补偿

D.履行该义务很可能导致经济利益流出企业

E.该义务的金额能够可靠计量

斯尔解析 本题考查预计负债的确认条件。根据规定，与或有事项相关的义务同时满足下列三个条件的，应当确认为预计负债：

①该义务是企业承担的现时义务；

②履行该义务很可能导致经济利益流出企业；

③该义务的金额能够可靠地计量，选项ADE正确。

（二）预计负债的初始计量

预计负债应当按照履行相关现实义务，所需支出的最佳估计数进行初始计量。

所需支出的特征		计算方法
连续区间等概率		取该区间的中间值
非连续区间等概率	涉及单个项目的	取最可能发生的金额
	涉及多个项目的	按照各种可能结果及其概率加权计算

当企业清偿预计负债所需支出全部或部分预期由第三方补偿的，补偿金额只有在基本确定能够收到时才能作为资产单独确认，而且确认的补偿金额不应当超过预计负债的账面价值，并且不能作为预计负债的扣减进行处理。

（三）预计负债的后续计量

企业应当在资产负债表日对预计负债的账面价值进行复核。有确凿证据表明该账面价值不能真实反映当前最佳估计数的，应当按照当前最佳估计数对该账面价值进行调整，调整金额计入当期损益。但属于会计差错的，应当按差错更正进行处理。

【典例研习·13-12】（2020年单项选择题）

2019年12月1日，甲公司为乙公司提供债务担保，因乙公司违约，乙公司和甲公司共同被提起诉讼，要求偿还债务100万元，年末，法院尚未做出判决。甲公司预计该诉讼很可能败诉。需承担担保连带责任，估计代偿金额为80万元，甲公司若履行担保连带责任，确定可以从第三方获得补偿50万元，并取得了相关证明，则甲公司2019年末对该或有事项会计处理正确的是（　　　）。

A.确认预计负债80万元、确认资产0元

B.确认预计负债80万元、确认资产50万元

C.确认预计负债100万元、确认资产50万元

D.确认预计负债30万元、确认资产0元

斯尔解析 本题考查预计负债的计量。预计负债应当按照履行相关现实义务，所需支出的最佳估计数进行初始计量，因此该预计负债应当按照估计的代偿金额80万元，进行初始计量；同时，企业预期从第三方获得的补偿，在基本确定可以收到时，应作为资产单独确认，能作为预计负债的扣减进行处理，选项B正确。

三、预计负债的账务处理（★★）

（一）产品质量保证

（1）产品出售时：

借：销售费用——产品质量保证

　　贷：预计负债——产品质量保证

（2）实际发生保修费用时：

借：预计负债——产品质量保证

　　贷：银行存款

（3）产品保修期结束，应将"预计负债"余额冲销，不留余额。

【典例研习·13-13】（教材例题）

华宝公司是生产和销售空调器的企业。本年第1季度销售A型空调器5 000台，每台售价8 000元。华宝公司A型空调器的质量保证条款规定：产品在售出2年内如出现非意外事件造成的故障和质量问题，公司免费负责保修。根据以往经验，发生的保修费一般为销售额的1%～3%。第1季度应确认的产品质量保证负债金额为800 000元［（5 000×8 000）×（1%+3%）÷2］。

借：销售费用——产品质量保证　　　　　　　　　　800 000

　　贷：预计负债——产品质量保证　　　　　　　　　　　　　800 000

若华宝公司在第1季度实际以银行存款支付的A型空调器维修费为50 000元：

借：预计负债——产品质量保证　　　　　　　　　　50 000

　　贷：银行存款　　　　　　　　　　　　　　　　　　　　　50 000

（二）未决诉讼

如果这些未决诉讼引起的相关义务符合预计负债确认条件、预计败诉的可能性属于

【典例研习】答案：

13-12：B

"很可能"、要发生的诉讼等费用也能可靠预计，则企业应将预计要发生的支出确认为预计负债：

借：营业外支出、管理费用等

　　贷：预计负债——未决诉讼

因败诉实际支付诉讼等费用时：

借：预计负债——未决诉讼

　　贷：银行存款等

【典例研习·13-14】（教材例题）

2021年11月20日，华通公司从A银行取得一笔信用贷款5 000万元，期限为一年，年利率为7.2%。2021年11月20日，华通公司的贷款（本金和利息）到期。华通公司具有还款能力，但因与A银行之间存在其他经济纠纷，而未按时归还A银行的贷款。A银行遂与华通公司协商，但未达成协议，于2022年12月20日向法院提起诉讼。

截至2022年12月31日，法院尚未对A银行提起的诉讼进行审理。2022年12月31日，华通公司对此诉讼案件进行分析，认为如无特殊情况，本公司很可能败诉，为此不仅要偿还贷款本息，还需要支付罚息和承担诉讼费等费用。假设华通公司预计将要支付的罚息、诉讼费等费用估计为50万元至60万元之间，其中包括对方支付的诉讼费5万元，则华通公司在2022年12月31日应确认的负债为55万元〔（50+60）/2〕。

借：管理费用——诉讼费　　　　　　　　　　　　　　　　　　　　5

　　营业外支出——罚息支出　　　　　　　　　　　　　　　　　　50

　　贷：预计负债——预计未决诉讼损失　　　　　　　　　　　　　55

（三）对外担保事项

1.担保涉及诉讼的情况

诉讼情况	处理方法
法院尚未判决的	若败诉的可能性大于胜诉的可能性，且损失金额能够合理估计的，应在资产负债表日根据预计损失金额确认为预计负债，计入当期营业外支出
企业已被判决败诉的	应按照法院判决的应承担的损失金额，确认为负债，计入当期营业外支出
已判决败诉，企业正在上诉的	根据已有判决结果合理估计可能产生的损失金额，确认为预计负债，计入当期营业外支出

2.实际发生的诉讼损失与已计提的相关预计负债有差额的

前期资产负债表日	差额处理方法
无法合理确定损失，而未确认预计负债的	在该项损失实际发生的当期，直接计入当期营业外支出
根据当期情况，合理预计了预计负债的	直接计入当期营业外支出或营业外收入
应合理估计而未合理估计的	视为滥用会计估计，按照差错更正的方法进行处理

【典例研习·13-15】（2015年单项选择题）

企业因下列担保事项涉及诉讼情况的表述，正确的是（   ）。

A.法院尚未判决，而且企业败诉可能性大于胜诉可能性，但如果损失金额不能合理估计，则不应确认预计负债

B.企业已被判决败诉，但正在上诉的，不应确认预计负债

C.法院尚未判决，但企业估计败诉的可能性大于胜诉可能性，应将对外担保额确认为预计负债

D.因法院尚未判决，企业无必要确认负债

斯尔解析 本题考查对外担保事项的核算。法院尚未判决的诉讼，若败诉的可能性大于胜诉的可能性，且损失金额能够合理估计的，应在资产负债表日根据预计损失金额确认为预计负债，选项D错误；若损失金额不能合理估计，则不应确认预计负债，选项A正确，选项C错误；企业已被判决败诉，但正在上诉的，应根据已有判决结果合理估计可能产生的损失金额，确认为预计负债，选项B错误。

（四）待执行合同变为亏损合同事项

亏损合同是指履行合同义务，不可避免会发生的成本超过预期经济利益的合同。

企业在履行合同义务过程中，如发生的成本预期将超过与合同相关的未来流入的经济利益的，待执行合同即变成了亏损合同。

此时，如果与该合同相关的义务无须支付任何补偿即可撤销，通常不存在现时义务，不应确认预计负债。

如果与该合同相关的义务不可撤销，企业就存在了现时义务，同时满足该义务很可能导致经济利益流出企业和金额能够可靠地计量的通常应当确认预计负债。

预计负债的计量应当反映了退出该合同的最低净成本，即履行该合同的成本与未能履行该合同而发生的补偿或处罚两者之中的较低者。

情形	处理方法
亏损合同没有标的资产的	亏损合同相关义务满足规定条件时，损失金额应当全部确认为预计负债
亏损合同有标的资产的	应当先对标的资产进行减值测试并按规定确认减值损失，如预计亏损超过该减值损失，应将超过部分确认为预计负债

【典例研习·13-16】（2019年单项选择题）

2018年12月1日，甲公司与乙公司签订一份销售合同：2019年1月12日向乙公司提供产品100台，每台不含销售价格800元。2018年12月31日，由于原材料市场价格上涨，甲公司已生产出的100台产品，每台成本为810元。如果甲公司继续履约该合同，考虑销售费用和相关税费后预计亏损2 000元，则甲公司因该亏损合同应确认预计负债（   ）元。

A.1 000   B.2 000   C.3 000   D.0

斯尔解析 本题考查亏损合同的核算。继续履行该合同预计亏损2 000元，标的资产的成本＝810×100＝81 000（元），则对标的资产计提减值2 000元，不需要确认预计负债，选项D正确。

【典例研习】答案：

13-15：A

13-16：D

（五）重组事项

重组是指企业制定和控制的，将显著改变企业组织形式、经营范围或经营方式的计划实施行为。

1.重组事项的范围

（1）出售或终止企业的部分业务；

（2）对企业的组织结构进行较大调整；

（3）关闭企业的部分营业场所，或将营业活动由一个国家或地区迁移到其他国家或地区。

2.重组义务的条件

同时存在下列情况时，表明企业承担了重组义务：

（1）有详细、正式的重组计划，包括重组涉及的业务、主要地点、需要补偿的职工人数及其岗位性质、预计重组支出、计划实施时间等；

（2）该重组计划已对外公告，重组计划已开始实施，或已向受其影响的各方通告了该计划的主要内容，从而使各方形成了对该企业将实施重组的合理预期。

企业承担的重组义务满足预计负债确认条件的，应当确认为预计负债，并计入当期营业外支出。

3.重组义务的计量

企业应当按照与重组有关的直接支出确定预计负债金额，计入当期损益。

直接支出是企业重组必须承担的直接支出，比如员工的遣散费、不再使用的厂房的租赁撤销费，不包括留用职工岗前培训、市场推广、新系统和营销网络投入等支出。

企业在计量预计负债时不应当考虑预期处置相关资产的利得或损失，即使资产的出售构成重组的一部分也是如此。这些利得或损失应当单独确认。

【典例研习·13-17】（2018年多项选择题）

将企业承担的重组义务确认为预计负债的条件有（　　　）。

A.该重组义务是现时义务

B.履行该重组义务可能导致经济利益流出企业

C.履行该重组义务的金额能够可靠计量

D.有详细、正式的重组计划，包括重组涉及的业务、主要地点、需要补偿的职工人数等

E.重组计划已对外公告，尚未开始实施

斯尔解析 本题考查重组事项的核算。关于重组计划是否确认为预计负债，首先需要满足重组义务的条件，即：有详细、正式的重组计划，该重组计划已经对外公告，且已经开始实施，选项D正确，选项E错误；其次要满足预计负债的确认条件，即：该义务是企业承担的现时义务、履行该义务很可能导致经济利益流出企业、该义务的金额能够可靠计量，选项AC正确，选项B错误。

使用斯尔教育APP
扫码观看本节好课

第六节 租赁负债

一、基本概念

租赁是指在一定期间内，出租人将资产的使用权让与承租人以获取对价的合同。

（一）租赁期开始日

租赁期开始日是指出租人提供租赁资产使其可供承租人使用的起始日期。

（二）租赁期

租赁期是指承租人有权使用租赁资产且不可撤销的期间。确定租赁期，不仅应考虑不可撤销的租赁期间，如果承租人合理确定将行使续租选择权或终止租赁选择权，租赁期应包含不可撤销租赁期间、续租选择权涵盖期间和终止租赁选择权涵盖期间。

（三）会计科目

科目	核算内容
租赁负债	核算承租人尚未支付的租赁付款额的现值
使用权资产	核算承租人持有的使用权资产的原价
使用权资产累计折旧	核算使用权资产的累计折旧
使用权资产减值准备	核算使用权资产的减值准备

（四）租赁的处理原则

在租赁期开始日，承租人应当对租赁确认使用权资产和租赁负债。

对于在租赁期开始日，租赁期不超过12个月的短期租赁以及单项租赁资产为全新资产时价值较低的低价值资产租赁，承租人可以选择不确认使用权资产和租赁负债。作出该选择的，承租人应当将短期租赁和低价值资产租赁的租赁付款额，在租赁期内各个期间按照直线法或其他系统合理的方法计入相关资产成本或当期损益。

提示：包含购买选择权的租赁即使租赁期不超过12个月，也不属于短期租赁。

二、租赁负债与使用权资产的初始计量（★）

（一）租赁负债

租赁负债应当按照租赁期开始日尚未支付的租赁付款额的现值进行初始计量。

1.租赁付款额

租赁付款额，是指承租人向出租人支付的与在租赁期内使用租赁资产的权利相关的款项。主要包括：

（1）固定付款额及实质固定付款额，存在租赁激励的，扣除租赁激励相关金额；

（2）取决于指数或比率的可变租赁付款额；

（3）购买选择权的行权价格，前提是承租人合理确定将行使该选择权；

（4）行使终止租赁选择权需支付的款项，前提是租赁期反映出承租人将行使终止租赁选择权；

（5）根据承租人提供的担保余值预计应支付的款项。

其中，①实质固定付款额，是指在形式上可能包含变量但实质上无法避免的付款额；②租赁激励，是指出租人为达成租赁向承租人提供的优惠，包括出租人向承租人支付的与租赁有关的款项、出租人为承租人偿付或承担的成本等；③仅取决于指数或比率的可变租赁付款额，包括消费者价格指数挂钩的款项、与基准利率挂钩的款项和为反映市场租金率变化而变动的款项等，纳入租赁负债的初始计量中，除此之外的，其他可变租赁付款额，均不纳入租赁负债的初始计量中；④担保余值，是指与出租人无关的一方向出租人提供担保，保证在租赁结束时租赁资产的价值至少为某指定的金额。

2.折现率

在计算租赁付款额的现值时，承租人应当采用租赁内含利率作为折现率，无法确定租赁内含利率的，应当采用承租人增量借款利率作为折现率。

（1）租赁内含利率。

租赁内含利率，是指使出租人的租赁收款额的现值与未担保余值的现值之和等于租赁资产公允价值与出租人的初始直接费用之和的利率。

未担保余值，是指租赁资产余值中，出租人无法保证能够实现或仅由与出租人有关的一方予以担保的部分。

初始直接费用，是指为达成租赁所发生的增量成本。增量成本是指若企业不取得该租赁，则不会发生的成本，例如，佣金、印花税等。需要说明的是，无论是否实际取得租赁都会发生的支出，不属于初始直接费用，例如，为评估是否签订租赁而发生的差旅费、法律费用等，此类费用应当在发生时计入当期损益。

（2）承租人增量借款利率。

承租人增量借款利率，是指承租人在类似经济环境下为获得与使用权资产价值接近的资产，在类似期间以类似抵押条件借入资金须支付的利率。

（二）使用权资产

使用权资产应当按照成本进行初始计量，其成本包括：

（1）租赁负债的初始计量金额；

（2）在租赁期开始日或之前支付的租赁付款额，存在租赁激励的，扣除已享受的租赁激励相关金额；

（3）承租人发生的初始直接费用（手续费、佣金）；

（4）承租人为拆卸及移除租赁资产、复原租赁资产所在场地或将租赁资产恢复至租赁条款约定状态预计将发生的成本。

提示：

（1）在租赁期开始日或之前，承租人按租赁合同约定向出租人支付的租赁保证金属于合同履约保证金，承租人应单独作为应收款项核算。

（2）承租人发生的租赁资产改良支出不属于使用权资产，应当计入长期待摊费用，导致的预计复原支出计入使用权资产。

（3）承租人在租赁期开始前就发生了与标的资产相关的经济业务或事项，应适用于其他相关准则（如：固定资产准则）进行会计处理。

账务处理：

借：使用权资产（按成本）

　　租赁负债——未确认融资费用（按租赁付款额与其现值的差额）

　　贷：租赁负债——租赁付款额（按尚未支付的租赁付款额）

　　　　银行存款（发生的初始直接费用）

　　　　预付账款（租赁期开始日之前支付的租赁付款额）

　　　　预计负债（恢复场地等成本的现值）

【典例研习·13-18】（2020年多项选择题）

根据《企业会计准则第21号——租赁》规定，下列影响使用权资产的成本的有（　　）。

A.租赁负债的初始计量金额

B.承租资产的公允价值

C.承租人发生的初始直接费用

D.在租赁期开始日或之前支付的租赁付款额

E.租赁激励

斯尔解析 本题考查使用权资产成本的初始计量。使用权资产的成本包括：①租赁负债的初始计量金额；②在租赁期开始日或之前支付的租赁付款额，存在租赁激励的，应扣除已享受的租赁激励相关金额；③承租人发生的初始直接费用；④承租人为拆卸及移除租赁资产、复原租赁资产所在场地或将租赁资产恢复至租赁条款约定状态预计将发生的成本。

三、租赁负债与使用权资产的后续计量（★）

（一）租赁负债

（1）支付租赁付款额时：

借：租赁负债——租赁付款额

　　贷：银行存款

（2）按照固定的周期性利率计算租赁负债在租赁期内各期间的利息费用时：

借：财务费用——利息费用

　　贷：租赁负债——未确认融资费用

提示：未纳入租赁负债计量的可变租赁付款额，应当在实际发生时计入当期损益，但按照《企业会计准则第1号——存货》等其他准则规定应当计入相关资产成本的，从其规定。

（二）使用权资产

在租赁期开始日后，承租人应当采用成本模式对使用权资产进行后续计量；承租人应当参照固定资产，对使用权资产计提折旧。

1.计提折旧

（1）折旧期间。

情形	处理方法
承租人能够合理确定租赁期届满时取得租赁资产所有权的	应当在租赁资产剩余使用寿命内计提折旧
无法合理确定租赁期届满时能够取得租赁资产所有权的	应当在租赁期与租赁资产剩余使用寿命两者孰短的期间内计提折旧

【典例研习】答案：

13-18：ACDE

（2）账务处理。

借：管理费用等

　　贷：使用权资产累计折旧

2.计提减值

借：资产减值损失

　　贷：使用权资产减值准备

使用权资产减值准备一旦计提，不得转回。

承租人应当按照扣除减值损失之后的使用权资产的账面价值，进行后续折旧。

【典例研习·13-19】（教材例题）

承租人甲公司就某栋建筑物的某一层楼与出租人乙公司签订了为期10年的租赁协议，并拥有5年的续租选择权。有关资料如下：

①初始租赁期内的不含税租金为每年50 000元，续租期间为每年55 000元，所有款项应于每年年初支付；

②租赁期间若甲公司年销售额超过10 000 000元，当年应再支付按销售额的1‰计算的租金，于当年年底支付；

③为获得该项租赁，甲公司发生的初始直接费用为20 000元，其中，15 000元为向该楼层前任租户支付的款项，5 000元为向促成此租赁交易的房地产中介支付的佣金；

④作为对甲公司的激励，乙公司同意补偿甲公司5 000元的佣金；

⑤在租赁期开始日，甲公司评估后认为，不能合理确定将行使续租选择权，因此，将租赁期确定为10年；

⑥甲公司无法确定租赁内含利率，其增量借款利率为每年5%，该利率反映的是甲公司以类似抵押条件借入期限为10年、与使用权资产等值的相同币种的借款而必须支付的利率。为简化处理，假设不考虑相关税费影响。

承租人甲公司的处理如下：

第一步，计算租赁期开始日租赁付款额的现值，并确认租赁负债和使用权资产。

在租赁期开始日，由于可变租赁付款额与未来的销售额挂钩，而并非取决于指数或比率的，因此不应被纳入租赁负债的初始计量中。

在租赁期开始日，甲公司支付第1年的租金50 000元，并以剩余9年租金（每年50 000元）按5%的年利率折现后的现值计量租赁负债。

剩余9期租赁付款额=50 000×9=450 000（元）

租赁负债=剩余9期租赁付款额的现值=50 000×（P/A，5%，9）=355 391（元）

未确认融资费用=剩余9期租赁付款额−剩余9期租赁付款额的现值=450 000−355 391=94 609（元）。

在租赁期开始日，甲公司使用权资产的初始成本=355 391+50 000+20 000−5 000=420 391（元）

（1）确认使用权资产和租赁负债：

借：使用权资产	405 391	
租赁负债——未确认融资费用	94 609	
贷：租赁负债——租赁付款额		450 000
银行存款		50 000

（2）将初始直接费用计入使用权资产的初始成本：

借：使用权资产   20 000

    贷：银行存款   20 000

（3）将已收的租赁激励相关金额从使用权资产入账价值中扣除：

借：银行存款   5 000

    贷：使用权资产   5 000

第二步，计算租赁负债在租赁期内各期间的利息费用，按期支付租赁付款额 50 000元。

第1年的利息费用＝355 391×5%＝17 769.55（元）

第2年的利息费用＝（355 391−50 000＋17 769.55）×5%＝16 158.03（元）

依次类推。

第1年年末确认利息费用：

借：财务费用   17 769.55

    贷：租赁负债——未确认融资费用   17 769.55

第2年年初支付租金：

借：租赁负债——租赁付款额   50 000

    贷：银行存款   50 000

第2年年末确认利息费用：

借：财务费用   16 158.03

    贷：租赁负债——未确认融资费用   16 158.03

第3年年初支付租金：

借：租赁负债——租赁付款额   50 000

    贷：银行存款   50 000

第三步，确认是否发生可变租赁付款额。

若第3年公司的年销售额为12 000 000元，则当年年底应当支付的可变租赁付款额为12 000 000×1‰＝12 000（元）。

借：营业成本（或销售费用）   12 000

    贷：银行存款等   12 000

四、重新计量

在租赁期开始日后，当发生下列情形时，承租人应当按照变动后的租赁付款额的现值重新计量租赁负债，并相应调整使用权资产的账面价值。

（一）不需要修订折现率的变动

（1）实质固定付款额发生变动；

（2）担保余值预计的应付金额发生变动；

（3）用于确定租赁付款额的指数或比率（浮动利率除外）发生变动。

（二）需要修订折现率的变动

（1）发生承租人可控范围内的重大事件或变化，且影响承租人是否合理确定将行使续租选择权或终止租赁选择权的，承租人应当对其是否合理确定将行使相应选择权进行重新评估。

（2）发生承租人可控范围内的重大事件或变化，且影响承租人是否合理确定将行使购买选择权的，承租人应当对其是否合理确定将行使购买选择权进行重新评估。

上述两种情形下，评估结果发生变化的，承租人在计算变动后租赁付款额的现值时，应当采用剩余租赁期间的租赁内含利率作为折现率；无法确定剩余租赁期间的租赁内含利率的，应当采用重估的承租人增量借款利率作为折现率。

（3）在租赁期开始日后，因浮动利率的变动而导致未来租赁付款额发生变动的，承租人应当按照变动后的租赁付款额的现值重新计量租赁负债。在该情形下，承租人应采用反映利率变动的修订后的折现率折现。

五、租赁变更

租赁变更是指原合同条款之外的租赁范围、租赁对价、租赁期限的变更，包括增加或终止一项或多项租赁资产的使用权，延长或缩短合同规定的租赁期等。

（1）租赁发生变更且同时符合下列条件的，承租人应当将该租赁变更作为一项单独租赁进行会计处理：

①该租赁变更通过增加一项或多项租赁资产的使用权而扩大了租赁范围或延长了租赁期限；

②增加的对价与租赁范围扩大部分或租赁期限延长部分的单独价格按该合同情况调整后的金额相当。

（2）租赁合同变更导致租赁期缩短至1年以内的，不得改按短期租赁进行简化处理或追溯调整。

六、出租人的会计处理（★）

（一）出租人的租赁分类

在租赁开始日，出租人应当将租赁分为融资租赁和经营租赁。租赁开始日后，除非发生租赁变更，出租人无须对租赁的分类进行重新评估。

一项租赁属于融资租赁还是经营租赁取决于交易的实质，而不是合同的形式。

如果一项租赁实质上转移了与租赁资产所有权有关的几乎全部风险和报酬，出租人应当将该项租赁分类为融资租赁。

出租人应当将除融资租赁以外的其他租赁分类为经营租赁。

（二）融资租赁

1.租赁期开始日

出租人应当对融资租赁确认应收融资租赁款，并终止确认融资租赁资产。

出租人对应收融资租赁款进行初始计量时，应当以租赁投资净额作为应收融资租赁款的入账价值。

租赁投资净额为未担保余值和租赁期开始日尚未收到的租赁收款额按照租赁内含利率折现的现值之和。

借：应收融资租赁款——租赁收款额（按尚未收到的租赁收款额）

　　　　　　　　——未担保余值（按预计租赁期结束时的未担保余值）

　　银行存款（按已收取的租赁款）

贷：融资租赁资产（租出资产的账面价值）

　　资产处置损益（租出资产的公允价值与账面价值的差额，或借方）

　　银行存款（初始直接费用）

　　应收融资租赁款——未实现融资收益（按差额）

2.租赁开始日后

（1）按照固定的周期性利率计算并确认租赁期内各个期间的利息收入：

借：应收融资租赁款——未实现融资收益

　　贷：租赁收入——利息收入/其他业务收入等

（2）收取各期租金时：

借：银行存款

　　贷：应收融资租赁款——租赁收款额

（3）出租人确认未计入租赁收入款额的可变租赁付款额时：

借：银行存款等

　　贷：租赁收入——可变租赁付款额

（4）出租人根据规定确认应收融资租赁款（租赁收款额）发生减值的，应按应收融资租赁款（租赁收款额）的预期信用损失应当计提的金额：

借：信用减值损失

　　贷：应收融资租赁款减值准备

转回已计提的减值准备时：

借：应收融资租赁款减值准备

　　贷：信用减值损失

（三）经营租赁

1.租金的处理

在租赁期内各个期间，出租人应采用直线法或者其他系统合理的方法将经营租赁的租赁收款额确认为租金收入。如果其他系统合理的方法能够更好地反映因使用租赁资产所产生经济利益的消耗模式的，则出租人应采用该方法。

2.出租人对经营租赁提供激励措施

出租人提供免租期的，整个租赁期内，按直线法或其他合理的方法进行分配，免租期内应当确认租金收入。

出租人承担了承租人某些费用的，出租人应将该费用自租金收入总额中扣除，按扣除后的租金收入余额在租赁期内进行分配。

3.初始直接费用

出租人发生的与经营租赁有关的初始直接费用应当资本化至租赁标的资产的成本，在租赁期内按照与租金收入相同的确认基础分期计入当期损益。

4.折旧和减值

对于经营租赁资产中的固定资产，出租人应当采用类似资产的折旧政策计提折旧；对于其他经营租赁资产，应当根据该资产适用的企业会计准则，采用系统合理的方法进行摊销。

出租人应当按照规定，确定经营租赁资产是否发生减值，并对已识别的减值损失进行会计处理。

5.可变租赁付款额

出租人取得的与经营租赁有关的可变租赁付款额，如果是与指数或比率挂钩的，应在租赁期开始日计入租赁收款额；除此之外的，应当在实际发生时计入当期损益。

6.经营租赁的变更

经营租赁发生变更的，出租人应自变更生效日开始，将其作为一项新的租赁进行会计处理，与变更前租赁有关的预收或应收租赁收款额视为新租赁的收款额。

七、转租赁

转租情况下，原租赁合同和转租赁合同通常都是单独协商的，交易对手也是不同的企业，租赁准则要求转租出租人对原租赁合同和转租赁合同分别根据承租人和出租人会计处理要求，进行会计处理。

原租赁为短期租赁，且转租出租人作为承租人已按照租赁准则采用简化会计处理方法的，应将转租赁分类为经营租赁。

八、售后租回交易

若企业（卖方兼承租人）将资产转让给其他企业（买方兼出租人），并从买方兼出租人租回该项资产，则卖方兼承租人和买方兼出租人均应按照售后租回交易的规定进行会计处理。企业应当按照《企业会计准则第14号——收入》的规定，评估确定售后租回交易中的资产转让是否属于销售，并区别进行会计处理。

（一）售后租回交易中的资产转让属于销售

（1）卖方兼承租人应当按原资产账面价值中与租回获得的使用权有关的部分，计量售后租回所形成的使用权资产，并仅就转让至买方兼出租人的权利确认相关利得或损失。

（2）买方兼出租人根据其他适用的《企业会计准则》对资产购买进行会计处理，并根据租赁准则对资产出租进行会计处理。

如果销售对价的公允价值与资产的公允价值不同，或者出租人未按市场价格收取租金，企业应当进行以下调整：

（1）销售对价低于市场价格的款项作为预付租金进行会计处理；

（2）销售对价高于市场价格的款项作为买方兼出租人向卖方兼承租人提供的额外融资进行会计处理。

同时，承租人按照公允价值调整相关销售利得或损失，出租人按市场价格调整租金收入。

在进行上述调整时，企业应当按以下二者中较易确定者进行：

①销售对价的公允价值与资产的公允价值的差异；

②合同付款额的现值与按市场租金计算的付款额的现值的差异。

（二）售后租回交易中的资产转让不属于销售

（1）卖方兼承租人不终止确认所转让的资产，而应当将收到的现金作为金融负债，并按照《企业会计准则第22号——金融工具确认和计量》进行会计处理。

（2）买方兼出租人不确认被转让资产，而应当将支付的现金作为金融资产，并按照《企业会计准则第22号——金融工具确认和计量》进行会计处理。

使用斯尔教育 APP
扫码观看本节好课

第七节　债务重组

一、债务重组的概念和方式（★）

（一）债务重组的概念

债务重组是指在不改变交易对手方的情况下，经债权人和债务人协定或法院裁定，就清偿债务的时间、金额或方式等重新达成协议的交易。

原准则：强调债务人发生财务困难、债权人必须作出让步才可以。

新准则：无论何种原因导致债务人未按原定条件偿还债务，也无论债权人是否同意债务人以低于债务的金额偿还债务，只要债权人和债务人就债务条款重新达成了协议，就属于债务重组。例如，债权人在减免债务人部分债务本金的同时提高剩余债务的利息，或者债权人同意债务人用等值库存商品抵偿到期债务。

债务重组涉及的债权和债务是指《企业会计准则第22号——金融工具确认和计量》规范的金融工具。对合同资产、合同负债、预计负债等进行的交易安排，不属于债务重组准则规范的范围。

（二）债务重组方式

债务重组一般包括下列方式，或下列一种以上方式的组合：

（1）债务人以资产清偿债务；

（2）债务人将债务转为权益工具；

（3）修改其他条款（采用调整债务本金、改变债务利息、变更还款期限等方式修改债权和债务的其他条款，经修改其他条款后的债权和债务分别形成重组债权和重组债务）；

（4）组合方式，是采用三种方式中一种以上方式的组合清偿债务的债务重组方式。

（三）准则适用范围

（1）通过债务重组形成企业合并的，适用《企业会计准则第20号——企业合并》。债务人以股权投资清偿债务或者将债务转为权益工具，可能对应导致债权人取得被投资单位或债务人控制权，在债权人的个别财务报表层面和合并财务报表层面，债权人取得长期股权投资或者资产和负债的确认和计量适用《企业会计准则第20号——企业合并》的有关规定。但导致债权人将债权转为对联营企业或合营企业的权益性投资的，适用债务重组准则。

（2）债权人或债务人中的一方直接或间接对另一方持股且以股东身份进行债务重组的；或者债权人与债务人在债务重组前后均受同一方或相同的多方最终控制，且该债务重组的交易实质是债权人或债务人进行了权益性分配或接受了权益性投入的，债务重组构成权益性交易，适用权益性交易的有关会计处理规定。债务重组构成权益性交易的，债权人和债务人不确认构成权益性交易的债务重组相关损益。

（3）对债务人在破产清算期间进行的债务重组，因债务人已不按持续经营进行会计核算，不适用债务重组准则，应当按照企业破产清算有关会计处理规定处理。

二、债务重组的会计处理（★★）

（一）以资产清偿债务

1.以金融资产清偿债务

（1）债权人的账务处理。

金融资产初始确认时应当以其公允价值计量。金融资产确认金额与债权终止确认日账面价值之间的差额，记入当期损益"投资收益"科目。

借：银行存款/其他债权投资/其他权益工具投资/交易性金融资产等（公允价值）

　　投资收益（债权账面价值与金融资产公允价值的差额）

　　坏账准备

　　贷：应收账款等

提示：

①对于终止确认的分类为以公允价值计量且其变动计入其他综合收益的债权，之前计入其他综合收益的累计利得或损失应当从其他综合收益中转出，记入"投资收益"科目（下同）。

②交易性金融资产初始取得时发生的交易费用，也应计入投资收益。

（2）债务人的账务处理。

债务的账面价值与偿债金融资产账面价值的差额，计入当期损益"投资收益"科目。

借：应付账款等

　　贷：银行存款/其他债权投资/交易性金融资产等

　　　　投资收益

提示：

①债务人用于偿债的金融资产已计提减值准备，一并结转减值准备。

②偿债资产为其他债权投资的，持有期间确认的累计利得或损失转出至损益，记入"投资收益"科目。

③偿债资产为其他权益工具投资的，持有期间确认的累计利得或损失转出至留存收益，记入"盈余公积"和"利润分配——未分配利润"科目。

【典例研习·13-20】（教材例题）

2021年2月10日，光明公司销售一批材料给长江公司，含税价格为234 000元。3月20日，长江公司无法按合同规定偿还债务，经双方协议，光明公司同意减免长江公司40 000元债务，余额用银行存款立即偿清。光明公司已对该债权计提了1 000元坏账准备。

（1）光明公司（债权人）应作如下账务处理：

借：银行存款　　　　　　　　　　　　　194 000

　　投资收益　　　　　　　　　　　　　　39 000

　　坏账准备　　　　　　　　　　　　　　 1 000

　　贷：应收账款　　　　　　　　　　　　　　　　234 000

（2）长江公司（债务人）应作如下账务处理：

借：应付账款　　　　　　　　　　　　　234 000

　　贷：银行存款　　　　　　　　　　　　　　　　194 000

　　　　投资收益　　　　　　　　　　　　　　　　 40 000

2.以非金融资产偿还债务

（1）债权人的账务处理。

债权人初始确认受让的金融资产以外的资产时，应当按照成本计量。

存货、固定资产等非金融资产的成本＝放弃债权的公允价值＋相关税费＋预计弃置费用现值

放弃债权的公允价值与账面价值之间的差额，应当记入当期损益（投资收益）。如果债权人与债务人之间的债务重组是在公平交易的市场环境中达成的交易，放弃债权的公允价值通常与受让资产的公允价值相等，且通常不高于放弃债权的账面余额。

借：库存商品/固定资产/无形资产等

应交税费——应交增值税（进项税额）

投资收益

坏账准备

贷：应收账款等

（2）债务人的会计处理。

债务人以单项或多项非金融资产清偿债务，或者以包括金融资产和非金融资产在内的多项资产清偿债务的，不需要区分资产处置损益和债务重组损益，也不需要区分不同资产的处置损益，而应将所清偿债务账面价值与转让资产账面价值之间的差额，记入当期损益（其他收益）。偿债资产已计提减值准备的，应结转已计提的减值准备。

借：应付账款等（账面余额）

累计摊销

存货跌价准备/无形资产减值准备

贷：库存商品/无形资产等

应交税费——应交增值税（销项税额）

其他收益——债务重组收益

【典例研习·13-21】（教材例题）

2020年6月18日，甲公司（债权人）向乙公司（债务人）销售一批商品，应收乙公司款项的入账金额为95万元。甲公司将该应收款项分类为以摊余成本计量的金融资产，乙公司将该应付账款分类为以摊余成本计量的金融负债。2020年10月18日，双方签订债务重组合同，乙公司以一项作为无形资产核算的非专利技术偿还该欠款。

该无形资产的账面余额为100万元，累计摊销额为10万元，已计提减值准备2万元。10月22日，双方办理完成该无形资产转让手续，甲公司支付评估费用4万元，作为无形资产核算。当日，甲公司应收款项的公允价值为87万元，已计提坏账准备7万元，乙公司应付款项的账面价值仍为95万元。假设不考虑相关税费。

（1）甲公司（债权人）的会计处理。

2020年10月22日，甲公司取得该无形资产的成本为债权公允价值87万元与评估费用4万元，合计91万元。

借：无形资产　　　　　　　　　　　　91

　　坏账准备　　　　　　　　　　　　7

　　投资收益　　　　　　　　　　　　1

　　贷：应收账款　　　　　　　　　　　　　　　95

　　　　银行存款　　　　　　　　　　　　　　　4

（2）乙公司（债务人）的会计处理。

借：应付账款 95

累计摊销 10

无形资产减值准备 2

贷：无形资产 100

其他收益——债务重组收益 7

3.债权人受让多项资产

债权人受让多项非金融资产，或者包括金融资产、非金融资产在内的多项资产的，应当按照《企业会计准则第22号——金融工具确认和计量》的规定确认和计量受让的金融资产。

按照受让的金融资产以外的各项资产在债务重组合同生效日的公允价值比例，对放弃债权在合同生效日的公允价值扣除受让金融资产当日公允价值后的净额进行分配，并以此为基础分别确定各项资产的成本。

放弃债权的公允价值与账面价值之间的差额，应当记入当期损益"投资收益"科目。

【典例研习·13-22】（教材例题）

2019年11月5日，甲公司（债务人）向乙公司（债权人）赊购一批材料，含税价为234万元。2020年9月10日，甲公司因发生财务困难，无法按合同约定偿还债务，双方协商进行债务重组。

乙公司同意甲公司用其生产的商品、固定资产用的机器设备和一项债券投资抵偿欠款。当日，该债权的公允价值为210万元，甲公司用于抵债的商品市价（不含增值税）为90万元，用于抵债设备的公允价值为75万元，用于抵债的债券投资市价为23.55万元。

抵债资产于2020年9月20日转让完毕，甲公司（债务人）发生设备运输费用0.65万元，乙公司（债权人）发生该设备安装费用1.5万元。乙公司以摊余成本计量该项债权。2020年9月20日，乙公司对该债权已计提坏账准备19万元，债券投资市价为21万元。

乙公司将受让商品、设备和债券投资作为低值易耗品、固定资产和以公允价值计量且其变动计入当期损益的金融资产核算。

甲公司以摊余成本计量该项债务。2020年9月20日，甲公司（债务人）用于抵债的商品成本为70万元；抵债设备的账面原价为150万元，累计折旧为40万元，已计提减值准备18万元；甲公司以摊余成本计量用于抵债的债券投资，债券票面价值总额为15万元，票面利率与实际利率一致，按年计息，假定甲公司尚未对债券确认利息收入。当日，该项债务的账面价值仍为234万元。

甲、乙公司均为增值税一般纳税人，适用增值税率为13%，按规定，该项交易中商品和设备的计税价格分别为90万元和75万元，并开具相应的增值税专用发票。不考虑其他相关税费。

（1）乙公司（债权人）的会计处理。

低值易耗品可抵扣增值税＝90×13%＝11.7（万元）

设备可抵扣增值税＝75×13%＝9.75（万元）

债务重组合同生效日为9月10日，低值易耗品和固定资产的成本应当以其公允

价值比例（90：75）对放弃债权公允价值扣除受让金融资产公允价值后的净额进行
分配后的金额为基础确定。

低值易耗品的成本=90÷（90+75）×（210-23.55-11.7-9.75）=90（万元）

固定资产的成本=75÷（90+75）×（210-23.55-11.7-9.75）=75（万元）

2020年9月20日，乙公司的账务处理如下：

①处理债务重组事项。

借：交易性金融资产   21

  低值易耗品   90

  在建工程——在安装设备   75

  应交税费——应交增值税（进项税额） 21.45

  坏账准备   19

  投资收益   75.5

  贷：应收账款——甲公司   234

②支付安装费用。

借：在建工程——在安装设备   1.5

  贷：银行存款   1.5

③安装完毕达到可使用状态。

借：固定资产   76.5

  贷：在建工程——在安装设备   76.5

（2）甲公司（债务人）的会计处理。

甲公司9月20日的账务处理如下：

借：固定资产清理   92

  累计折旧   40

  固定资产减值准备   18

  贷：固定资产   150

借：固定资产清理   0.65

  贷：银行存款   0.65

借：应付账款   234

  贷：固定资产清理   92.65

    库存商品   70

    应交税费——应交增值税（销项税额） 21.45

    债权投资——成本   15

    其他收益——债务重组收益   34.9

（二）将债务转为权益工具

1.债权人

借：长期股权投资（放弃债权的公允价值+相关税费）

  交易性金融资产、其他权益工具投资等（公允价值）

  投资收益（差额）

  坏账准备

  贷：应收账款等

2.债务人

债务人初始确认权益工具时，应当按照权益工具的公允价值计量，权益工具的公允价值不能可靠计量的，应当按照所清偿债务的公允价值计量。所清偿债务账面价值与权益工具确认金额之间的差额，应当计入"投资收益"科目。债务人因发行权益工具而支出的相关税费等，应当依次冲减资本溢价、盈余公积、未分配利润等。

借：应付账款等（账面价值）

贷：股本/实收资本

资本公积——股本溢价/资本溢价（权益工具的公允价值与股本差额）

投资收益（差额）

【典例研习·13-23】（教材例题）

2020年2月10日，甲公司（债务人）从乙公司（债权人）买一批材料，约定6个月后甲公司应结清款项100万元（假定无重大融资成分）。乙公司将该应收款项分类为以公允价值计量且其变动计入当期损益的金融资产；甲公司将该应付款项分类为以摊余成本计量的金融负债。

2020年8月12日，甲公司因无法支付货款与乙公司协商进行债务重组，双方商定乙公司将该债权转为对甲公司的股权投资。

10月20日，乙公司办结了对甲公司的增资手续，甲公司和乙公司分别支付手续费等相关费用1.5万元和1.2万元。债转股后甲公司总股本为100万元，乙公司持有的抵债股权占甲公司总股本的25%，对甲公司具有重大影响，甲公司股权公允价值不能可靠计量。甲公司应付款项的账面价值仍为100万元。

2020年3月31日，应收款项和应付款项的公允价值均为100万元。

2020年6月30日，应收款项和应付款项的公允价值均为85万元。

2020年8月12日，应收款项和应付款项的公允价值均为76万元。

2020年10月20日，应收款项和应付款项的公允价值仍为76万元。

假定不考虑其他相关税费。

（1）乙公司（债权人）的会计处理。

①6月30日

借：公允价值变动损益   15

贷：交易性金融资产——公允价值变动   15

②8月12日

借：公允价值变动损益   9

贷：交易性金融资产——公允价值变动   9

③10月20日，乙公司对甲公司长期股权投资的成本为应收款项公允价值76万元与相关税费1.2万元的合计77.2万元。

借：长期股权投资——甲公司   77.2

交易性金融资产——公允价值变动 24

贷：交易性金融资产——成本   100

银行存款   1.2

（2）甲公司（债务人）的会计处理。

10月20日，由于甲公司股权的公允价值不能可靠计量，初始确认权益工具公允价值时应当按照所清偿债务的公允价值76万元计量，并扣除因发行权益工具支出的相关税费1.5万元。

甲公司的账务处理如下：

借：应付账款　　　　　　　　　　　　　　　　100

　贷：实收资本　　　　　　　　　　　　　　　　　　　　25

　　　资本公积——资本溢价　　　　　　　　　　　　　49.5

　　　银行存款　　　　　　　　　　　　　　　　　　　　1.5

　　　投资收益　　　　　　　　　　　　　　　　　　　　24

（三）修改其他条款

1.导致债权债务终止确认的

债权人	债务人
按照修改后的条款以公允价值初始计量重组债权	应当按照公允价值计量重组债务
重组债权的确认金额与债权终止确认日账面价值之间的差额，记入"投资收益"科目	终止确认的债务账面价值与重组债务确认金额之间的差额，记入"投资收益"科目
借：应收账款——重组债权 　　投资收益（差额、或贷方） 　　坏账准备 　贷：应收账款等	借：应付账款等 　贷：应付账款——重组债权 　　　投资收益（差额，或借方）

2.未导致债权债务终止确认

债权人	债务人
债权人应当根据其分类，继续以摊余成本、以公允价值计量且其变动计入其他综合收益，或者以公允价值计量且其变动计入当期损益进行后续计量	债务人应当根据其分类，继续以摊余成本、以公允价值计量且其变动计入当期损益或其他适当方法进行后续计量
对于以摊余成本计量的债权，债权人应当根据重新议定合同的现金流量变化情况，重新计算该重组债权的账面余额，并将相关利得或损失记入"投资收益"科目	对于以摊余成本计量的债务，债务人应当根据重新议定合同的现金流量变化情况，重新计算该重组债务的账面价值，并将相关利得或损失记入"投资收益"科目

【典例研习·13-24】（教材例题）

2020年12月31日海星公司（债务人）应付昌河公司（债权人）票据的账面余额为208 000元，其中，8 000元为累计未付的利息，票面年利率为8%。

由于海星公司连年亏损，资金困难，不能偿付应于2021年12月31日前支付的应付票据。经双方协商，于2021年1月1日进行债务重组。昌河公司同意将债务本金减至160 000元，免去债务人2020年12月31日前所欠的全部利息；将利率从8%降低到

5%，并将债务到期日延长至2022年12月31日，利息按年支付。

假设昌河公司已对该项债权计提坏账准备52 000元，现行类似债权资产市场折现率为5%。根据上述资料，债务重组后债务的公允价值为160 000元。

（1）昌河公司（债权人）应作如下账务处理：

债务重组日原债权应终止确认。

借：应收账款——海星公司（重组债权）　　　　　160 000
　　坏账准备　　　　　　　　　　　　　　　　　　52 000
　　贷：应收票据　　　　　　　　　　　　　　　　　　　　208 000
　　　　投资收益　　　　　　　　　　　　　　　　　　　　　4 000

（2）海星公司（债务人）应作如下账务处理：

债务重组日原债务应终止确认。

借：应付票据　　　　　　　　　　　　　　　　　208 000
　　贷：应付账款——昌河公司（重组债务）　　　　　　　160 000
　　　　投资收益　　　　　　　　　　　　　　　　　　　　48 000

（四）组合方式

1.债权人

（1）债权人应当按照修改后的条款，以公允价值确认和计量受让的金融资产和重组债权，按照受让的金融资产以外的各项资产在债务重组合同生效日的公允价值比例，对放弃债权在合同生效日的公允价值扣除受让金融资产和重组债权当日公允价值后的净额进行分配，并以此为基础分别确定各项资产的成本。

（2）放弃债权的公允价值与账面价值之间的差额，记入"投资收益"科目。

2.债务人

（1）以组合方式进行债务重组的，债务人应当按照前述的规定确认和计量权益工具和重组债务；

（2）所清偿债务的账面价值与转让资产的账面价值以及权益工具和重组债务的确认金额之和的差额，记入"其他收益——债务重组收益"或"投资收益"（仅涉及金融工具时）科目。

【典例研习·13-25】（教材例题）

A公司为上市公司，2017年1月1日，A公司取得B银行贷款5 000万元，约定贷款期限为4年（即2020年12月31日到期），年利率6%，按年付息，A公司已按时支付所有利息。

2020年12月31日，A公司出现严重资金周转问题，多项债务违约，信用风险增加，无法偿还贷款本金。2021年1月10日，B银行同意与A公司就该项贷款重新达成协议，新协议约定：

①A公司将一项作为固定资产核算的房产转让给B银行，用于抵偿债务本金1 000万元，该房产账面原值1 200万元，累计折旧400万元，未计提减值准备；

②A公司向B银行增发股票500万股，面值1元/股，占A公司股份总额的1%，用于抵偿债务本金2 000万元，A公司股票于2021年1月10日的收盘价为4元/股；

③在A公司履行上述偿债义务后，B银行免除A公司500万元债务本金，并将尚未偿还的债务本金1 500万元展期至2021年12月31日，年利率8%，假设针对该部分

合同条款的修改，构成实质性修改；如果A公司未能履行①②所述偿债义务，B银行有权终止债务重组协议，尚未履行的债权调整承诺随之失效。

B银行以摊余成本计量该贷款，已计提贷款损失准备300万元。该贷款于2021年1月10日的公允价值为4 600万元，予以展期的贷款的公允价值为1 500万元。

2021年3月2日，双方办理完成房产转让手续，B银行将该房产作为投资性房地产核算。2021年3月31日，B银行为该笔贷款补提了100万元的损失准备。2021年5月9日，双方办理完成股权转让手续，B银行将该股权投资分类为以公允价值计量且其变动计入当期损益的金融资产，A公司股票当日收盘价为4.02元/股。

A公司以摊余成本计量该贷款，截至2021年1月10日，该贷款的账面价值为5 000万元。不考虑相关税费。

A公司与B银行以组合方式进行债务重组，同时涉及以资产清偿债务将债务转为权益工具、包括债务豁免的修改其他条款等方式，可以认为对全部债权的合同条款作出了实质性修改，债权人在收取债权现金流量的合同权利终止时应当终止确认全部债权，即在2021年5月9日该债务重组协议的执行过程和结果不确定性消除时，可以确认债务重组相关损益，债权人按照修改后的条款确认新金融资产，债务人按照修改后的条款确认新金融负债。

（1）B银行的账务处理。

①3月2日，投资性房地产成本=放弃债权公允价值4 600-受让股权公允价值2 000-重组债权公允价值1 500=1 100（万元）。

借：投资性房地产 1 100
　　贷：贷款——本金 1 100

②3月31日

借：信用减值损失 100
　　贷：贷款损失准备 100

③5月9日，受让股权的公允价值=4.02×500=2 010（万元）。

借：交易性金融资产 2 010
　　贷款——本金（重组债权） 1 500
　　贷款损失准备 400
　　贷：贷款——本金 3 900
　　　投资收益 10

（2）A公司的账务处理。

该债务重组协议的执行过程和结果不确定性于2021年5月9日消除时，债务人清偿该部分债务的现时义务已经解除，可以确认债务重组相关损益，并按照修改后的条款确认新金融负债。

①3月2日

借：固定资产清理 800
　　累计折旧 400
　　贷：固定资产 1 200
借：长期借款——本金 800
　　贷：固定资产清理 800

②5月9日

由于针对剩余部分的合同条款的修改构成实质性修改，终止确认该部分负债，按公允价值1 500万元确认新的金融负债。

借：长期借款——本金　　　　　　　　　　　　　　4 200

　　贷：股本　　　　　　　　　　　　　　　　　　　　　　　500

　　　　资本公积　　　　　　　　　　　　　　　　　　　　1 510

　　　　短期借款　　　　　　　　　　　　　　　　　　　　1 500

　　　　其他收益——债务重组收益　　　　　　　　　　　　690

冲关地图

图例：
- 🏷✓ ：要听懂
- ！！！：你得背
- √+-×÷ ：你得算
- ○○ ：有空看

第十三章 非流动负债

借款费用
- 🏷✓ 借款费用的概念和内容
- 🏷✓ 借款费用资本化的范围
- 🏷✓ 借款费用资本化的期间
- √+-×÷ 借款费用的账务处理

应付债券
- 🏷✓ 普通债券
- √+-×÷ 可转换公司债券

长期借款
- ○○ 长期借款

长期应付款
- 🏷✓ 长期应付款

预计负债
- 或有事项及其特征 → 🏷✓ 或有事项及其特征
- 预计负债的确认和计量 → √+-×÷ 预计负债的确认和计量
- 预计负债的账务处理
  - 🏷✓ 产品质量保证
  - 🏷✓ 未决诉讼
  - 🏷✓ 对外担保事项
  - 🏷✓ 待执行合同变为亏损合同事项
  - 🏷✓ 重组事项

租赁负债
- √+-×÷ 租赁负债与使用权资产的初始计量
- √+-×÷ 租赁负债与使用权资产的后续计量
- ○○ 重新计量
- ○○ 租赁变更
- ○○ 转租赁
- 🏷✓ 售后租回交易

债务重组
- 债务重组的概念和方式 → 🏷✓ 债务重组的概念和方式
- 债务重组的会计处理
  - 🏷✓ 以资产清偿债务
  - 🏷✓ 将债务转为权益工具
  - 🏷✓ 修改其他条款
  - 🏷✓ 组合方式

第十四章 所有者权益

学 习 提 要

考几分?

本章属于非重点章,近三年平均分值在3分左右。

怎么考?

本章主要以单项选择题和多项选择题的形式进行考查。

怎么学?

本章的知识相对比较晦涩,学习时建议先逐个击破,而后再慢慢构建各个知识点之间的联系,最后做到融会贯通。

考点精讲

230 14-1
使用斯尔教育APP
扫码观看本节好课

第一节　金融负债和权益工具的区分

一、金融负债和权益工具的区分的总体要求（★）

（一）权益工具的概念

权益工具，是指能证明拥有某个企业在扣除所有负债后的资产中的剩余权益的合同。

在同时满足下列条件的情况下，企业应将发行的金融工具分类为权益工具：

（1）该金融工具应当不包括交付现金或其他金融资产给其他方，或在潜在不利条件下与其他方交换金融资产或金融负债的合同义务。

（2）将来须用或可用企业自身权益工具结算该金融工具。

如为非衍生工具，该金融工具应当不包括交付可变数量的自身权益工具进行结算的合同义务；

如为衍生工具，企业只能通过以固定数量的自身权益工具交换固定金额的现金或其他金融资产结算该金融工具。

（二）区分金融负债和权益工具需考虑的因素

1.合同所反映的经济实质

在判断一项金融工具是否应划分为金融负债或权益工具时，应当以相关合同条款及其所反映的经济实质而非仅以法律形式为依据。对金融工具合同所反映经济实质的评估应基于合同的具体条款，合同条款以外的因素一般不予考虑。

2.工具的特征

有些金融工具可能既有权益工具的特征，又有金融负债的特征。因此，企业应当全面细致地分析此类金融工具各组成部分的合同条款，以确定其显示的是金融负债还是权益工具的特征，并进行整体评估，以判定整个工具应划分为金融负债、权益工具，还是既包括金融负债成分又包括权益工具成分的复合金融工具。

二、金融负债和权益工具区分的基本原则（★）

（一）是否存在无条件地避免交付现金或其他金融资产的合同义务

（1）如果企业不能无条件地避免以交付现金或其他金融资产来履行一项合同义务，则该合同义务符合金融负债的定义。

（2）如果企业能够无条件地避免交付现金或其他金融资产，同时所发行的金融工具没有到期日且持有方没有回售权，或虽有固定期限但发行方有权无限期递延（即无支付本金的义务），则此类交付现金或其他金融资产的结算条款不构成金融负债。

如果发放股利由发行方根据相应的议事机制自主决定，则股利是累积股利还是非累积股利本身均不会影响该金融工具被分类为权益工具。

实务中，优先股等金融工具发行时还可能会附有与普通股股利支付相联结的合同条款。这些合同条款要求企业如果不宣派或支付优先股等金融工具的股利，则其也不能宣派或支付普通股股利。

如果优先股等金融工具所联结的是诸如普通股的股利，发行方根据相应的议事机制能够自主决定普通股股利的支付，则条款本身均不会导致相关金融工具被分类为一项金融负债。

【典例研习·14-1】（教材例题）

甲公司发行了一项年利率为8%、无固定还款期限、可自主决定是否支付利息的不可累积永续债，其他合同条款如下（假定没有其他条款导致该工具分类为金融负债）：①该永续债嵌入了一项看涨期权，允许甲公司在发行第5年及之后以面值回购该永续债；②如果甲公司在第5年年末没有回购该永续债，则之后的票息率增加至12%（通常称为"票息递增"特征）；③该永续债票息在甲公司向其普通股股东支付股利时必须支付（即"股利推动机制"）。

假设：甲公司根据相应的议事机制能够自主决定普通股股利的支付；该公司发行该永续债之前多年来均支付普通股股利。

本例中尽管甲公司多年来均支付普通股股利，但由于甲公司能够根据相应的议事机制自主决定普通股股利的支付，并进而影响永续债利息的支付，对甲公司而言，该永续债并未形成支付现金或其他金融资产的合同义务；尽管甲公司有可能在第5年年末行使其回购权，但是甲公司并没有回购的合同义务，因此，该永续债应整体被分类为权益工具。

（3）有些金融工具虽然没有明确地包含交付现金或其他金融资产义务的条款和条件，但有可能通过其他条款和条件间接地形成合同义务。

（4）判断一项金融工具是划分为权益工具还是金融负债，不受下列因素的影响：

①以前实施分配的情况；

②未来实施分配的意向；

③相关金融工具如果没有发放股利对发行方普通股的价格可能产生的负面影响；

④发行方各种储备（即未分配利润等可供分配的权益）的金额；

⑤发行方对一段期间内的损益的预期；

⑥发行方是否有能力影响其当期损益。

（二）是否通过交付固定数量的自身权益工具结算

如果一项金融工具须用或可用企业自身权益工具进行结算，企业需要考虑用于结算该工具的自身权益工具，是作为现金或其他金融资产的替代品，还是为了使该工具持有方享有在发行方扣除所有负债后的资产中的剩余权益。如果是前者，该工具是发行方的金融负债；如果是后者，该工具是发行方的权益工具。因此，对于以企业自身权益工具结算的金融工具，其分类需要考虑所交付的自身权益工具的数量是可变的还是固定的。

1.基于自身权益工具的非衍生工具

如果发行方未来有义务交付可变数量的自身权益工具进行结算，则该非衍生工具是金融负债。

否则，该非衍生工具是权益工具。

【典例研习·14-2】（教材例题）

甲公司与乙公司签订的合同约定，甲公司以100万元等值的自身权益工具偿还所欠乙公司债务。

本例中，甲公司需偿还的负债金额100万元是固定的，但甲公司需交付的自身权益工具的数量随着其权益工具市场价格的变动而变动。在这种情况下，甲公司发行的该金融工具应当划分为金融负债。

2.基于自身权益工具的衍生工具

如果发行方只能通过以固定数量的自身权益工具交换固定金额的现金或其他金融资产进行结算（即"固定换固定"原则），则该衍生工具是权益工具。

否则不应当确认为权益工具。

三、金融负债和权益工具区分的特殊问题分析

（一）以外币计价的配股权、期权或认股权证

如果企业的某项合同是通过固定金额的外币交换固定数量的自身权益工具进行结算，由于固定金额的外币代表的是以企业记账本位币计价的可变金额，因此不符合"固定换固定"原则。

但是，对以外币计价的配股权、期权或认股权证提供了一个例外情况：企业对全部现有同类别非衍生自身权益工具的持有方同比例发行配股权、期权或认股权证，使之有权按比例以固定金额的任何货币交换固定数量的该企业自身权益工具的，该类配股权、期权或认股权证应当分类为权益工具。

【典例研习·14-3】（教材例题）

一家在多地上市的企业，向其所有的现有普通股股东提供每持有2股股份可购买其1股普通股的权利（配股比例为2股配1股），配股价格为配股当日股价的70%。由于该企业在多地上市，收到各地区当地的法规限制，配股权行权价的币种需与当地货币一致。

本例中，由于企业对全部现有同类别非衍生自身权益工具的持有方同比例发行配股权、期权或认股权证，该配股权应当分类为权益工具。

（二）或有结算条款

附有或有结算条款的金融工具，指是否通过交付现金或其他金融资产进行结算，或者是否以其他导致该金融工具成为金融负债的方式进行结算，需要由发行方和持有方均不能控制的未来不确定事项（如股价指数、消费价格指数变动，利率或税法变动，发行方未来收入、净收益或债务权益比率等）的发生或不发生（或发行方和持有方均不能控制的未来不确定事项的结果）来确定的金融工具。

对于附有或有结算条款的金融工具，发行方不能无条件地避免交付现金、其他金融资产或以其他导致该工具成为金融负债的方式进行结算的，应当分类为金融负债。

但是，满足下列条件之一的，发行方应将其分为权益工具：①要求以现金、其他金融资产或以其他导致该工具成为金融负债的方式进行结算的或有结算条款几乎不具有可能性，即相关情形极端罕见、显著异常或几乎不可能发生；②只有在发行方清算时，才需以现金其他金融资产或以其他导致该工具成为金融负债的方式进行结算；③特殊金融工具中分类为权益工具的可回售工具。

（三）结算选择权

对于存在结算选择权的衍生工具（例如，合同规定发行方或持有方能选择以现金净额或以发行股份交换现金等方式进行结算的衍生工具），发行方应当将其确认为金融资产或金融负债，但所有可供选择的结算方式均表明该衍生工具应当确认为权益工具的除外。

（四）复合金融工具

企业所发行的非衍生工具可能同时包含金融负债成分和权益工具成分。对于复合金融工具，发行方应于初始确认时将各组成部分分别分类为金融负债或权益工具。

【典例研习·14-4】（2019年单项选择题）

判断一项金融工具是划分为权益工具还是金融负债，应考虑的基本原则是（　　）。

A.未来实施分配的意向

B.发行方对一段时期内的损益的预期

C.发行方未分配利润等可供分配的权益的金额

D.是否存在无条件地避免交付现金或其他金融资产的合同义务

斯尔解析　本题考查金融负债和权益工具的区分。金融负债和权益工具区分的基本原则：是否存在无条件地避免交付现金或其他金融资产的合同义务；是否通过交付固定数量的自身权益工具结算，选项D正确。

使用斯尔教育APP
扫码观看本节好课

第二节　实收资本

一、实收资本概述

实收资本是投资者投入资本形成法定资本的价值，所有者向企业投入的资本，在一般情况下无须偿还，可以长期周转使用。实收资本的构成比例，即投资者的出资比例或股东的股份比例，通常是确定所有者在企业所有者权益中所占的份额和参与企业财务经营决策的基础，也是企业进行利润分配或股利分配的依据，同时还是企业清算时确定所有者对净资产的要求权的依据。

二、实收资本增加的账务处理（★）

（一）企业增加资本的一般途径

途径	账务处理
所有者（包括原企业所有者和新投资者）投入	借：银行存款、固定资产、无形资产等 　　应交税费——应交增值税（进项税额） 　　贷：实收资本/股本 　　　　资本公积——资本溢价/股本溢价
资本公积转为实收资本（或股本）	借：资本公积——资本溢价/股本溢价 　　贷：实收资本/股本
盈余公积转为实收资本（或股本）	借：盈余公积 　　贷：实收资本/股本

提示：股份有限公司发行股票支付的手续费、佣金等发行费用，属于溢价发行的，应从发行股票的溢价中抵扣；股票发行没有溢价或溢价金额不足冲减的部分，应依次冲减盈余公积和未分配利润。

【典例研习】答案：
14-4：D

（二）企业增加资本的其他途径

途径	账务处理
股份有限公司发放股票股利	借：利润分配 　贷：股本
可转换公司债券持有人行使转换权利	借：应付债券 　　　其他权益工具 　贷：股本 　　　资本公积——股本溢价
企业将重组债务转为股本	借：应付账款 　贷：实收资本/股本 　　　资本公积——资本溢价/股本溢价 　　　投资收益
以权益结算的股份支付行权	借：资本公积——其他资本公积 　贷：股本 　　　资本公积——股本溢价

三、实收资本减少的账务处理（★）

（一）一般企业和有限责任公司

按法定程序报经批准减少注册资本的：

借：实收资本

　贷：库存现金/银行存款等

（二）股份有限公司

情形	账务处理	
第一步： 回购库存股	借：库存股（实际支付的金额） 　贷：银行存款	
第二步： 注销库存股	回购价等于回购 股份对应的股本时	借：股本 　贷：库存股
	回购价大于回购 股份对应的股本时	借：股本 　　　资本公积——股本溢价　　① 　　　盈余公积　　　　　　　　　② 　　　利润分配——未分配利润　　③ 　贷：库存股
	回购价小于回购 股份对应的股本时	借：股本 　贷：库存股 　　　资本公积——股本溢价

【典例研习·14-5】（2018年单项选择题）

长江股份有限公司于2017年1月1日以每股25元的价格发行1 000万股普通股股票，2018年5月31日，公司以每股20元的价格回购了其中的300万股并注销。假设2017年1月1日至2018年5月31日期间，公司没有发生任何其他权益性交易，则该回购并注销股份的事项对公司2018年年末所有者权益的影响是（　　）。

A.导致2018年年末其他综合收益增加

B.导致2018年年末盈余公积减少

C.导致2018年年末资本公积——股本溢价减少

D.导致2018年年末未分配利润增加

斯尔解析 本题考查实收资本减少的会计处理。相关会计处理如下：

①2017年1月1日，发行股票时：

借：银行存款　　　　　　　　　　　　　　　25 000

　　贷：股本　　　　　　　　　　　　　　　　　　　1 000

　　　　资本公积——股本溢价　　　　　　　　　　24 000

②回购库存股时：

借：库存股　　　　　　　　　　　　　　　　6 000

　　贷：银行存款　　　　　　　　　　　　　　　　　6 000

③注销库存股时：

借：股本　　　　　　　　　　　　　　　　　　300

　　资本公积——股本溢价　　　　　　　　　　5 700

　　贷：库存股　　　　　　　　　　　　　　　　　　6 000

第三节　其他权益工具

使用斯尔教育APP
扫码观看本节好课

一、科目设置

企业应在所有者权益类科目中设置"其他权益工具"科目，核算企业发行的除普通股以外的归类为权益工具的各种金融工具。

二、账务处理（★）

（一）发行方发行的金融工具归类为权益工具的

1.发行

借：银行存款（按实际收到的金额）

　　贷：其他权益工具——优先股/永续债等

企业发行金融工具，如分类为权益工具，其发生的手续费、佣金等交易费用，应当从权益（其他权益工具）中扣除。

2.分派股利或利息

对于归类为权益工具的金融工具，无论其名称中是否包含"债"，其利息支出或股利分配都应当作为发行企业的利润分配。

借：利润分配

　　贷：应付股利

【典例研习】答案：

14-5：C

（二）发行方发行的金融工具为复合金融工具的

借：银行存款（按实际收到的金额）

　　贷：应付债券（按负债成分的公允价值）

　　　　其他权益工具（按实际收到的金额扣除负债成分的公允价值后的金额）

发行复合金融工具发生的交易费用，应当在负债成分和权益成分之间按照各自占总发行价款的比例进行分摊。

（三）权益工具与金融负债的重分类

由于发行的金融工具原合同条款约定的条件或事项随着时间的推移或经济环境的改变而发生变化，导致原归类为权益工具的金融工具可能重分类为金融负债，原归类为金融负债的金融工具也可能重分类为权益工具。

1.权益工具重分类为金融负债

借：其他权益工具（账面价值）

　　贷：应付债券（公允价值）

　　　　资本公积——资本溢价/股本溢价（差额，或借方）

如果资本公积不够冲减的，依次冲减盈余公积和未分配利润。

发行方以重分类日的实际利率作为应付债券后续计量利息调整等的基础。

2.金融负债重分类为权益工具

借：应付债券（账面价值）

　　贷：其他权益工具（按金融负债的账面价值）

（四）发行方赎回其他权益工具的

第一步：赎回。

借：库存股——其他权益工具（按赎回价格）

　　贷：银行存款

第二步：注销。

借：其他权益工具（账面价值）

　　　资本公积——股本溢价（差额，或贷方）

　　贷：库存股——其他权益工具

如果资本公积不够冲减的，依次冲减盈余公积和未分配利润。

提示：如果发行方赎回金融负债的。

借：应付债券（账面价值）

　　贷：银行存款（赎回价格）

　　　　财务费用（差额、或借方）

使用斯尔教育APP
扫码观看本节好课

第四节　资本公积

一、资本（股本）溢价

资本（或股本）溢价是指企业收到投资者的超出其在企业注册资本（或股本）中所占份额的部分，形成资本（或股本）溢价的原因有溢价发行股票、投资者超额缴入资本等。

二、其他资本公积

其他资本公积，是指除资本溢价（或股本溢价）项目以外所形成的资本公积。

（一）以权益结算的股份支付

1.等待期

借：管理费用等

　　贷：资本公积——其他资本公积

2.行权日

借：银行存款

　　　资本公积——其他资本公积

　　贷：股本

　　　　资本公积——股本溢价

（二）采用权益法核算的长期股权投资

长期股权投资采用权益法核算的，被投资单位除净损益、其他综合收益和利润分配以外的所有者权益的其他变动。

借：长期股权投资——其他权益变动

　　贷：资本公积——其他资本公积

当处置采用权益法核算的长期股权投资时，应当将原计入资本公积（其他资本公积）的相关金额转入投资收益（除不能转入损益的项目外）。

借：资本公积——其他资本公积

　　贷：投资收益

或作相反分录。

提示：根据规定，资本公积的用途主要是用来转增资本（或股本）。但对于其他资本公积项目，在相关资产处置之前，不能用于转增资本或股本。

使用斯尔教育APP
扫码观看本节好课

第五节　其他综合收益

其他综合收益，是指企业根据《企业会计准则》规定未在当期损益中确认的各项利得和损失。包括以后会计期间不能重分类进损益的其他综合收益和以后会计期间满足规定条件时将重分类进损益的其他综合收益两类。

一、以后会计期间不能重分类进损益的其他综合收益项目（★★）

（1）重新计量设定受益计划净负债或净资产导致的变动。

（2）在初始确认时，企业可以将非交易性权益工具指定为以公允价值计量且其变动计入其他综合收益的金融资产，该指定后不得撤销，即当该类非交易性权益工具终止确认时原计入其他综合收益的公允价值变动损益不得重分类进损益。

（3）由于被投资方出现上述情况，投资方按照权益法调整长期股权投资账面价值确认的其他综合收益。

二、以后会计期间有满足规定条件时将重分类进损益的其他综合收益项目（★★）

（1）分类为以公允价值计量且其变动计入其他综合收益的金融资产（其他债权投资），持有期间的公允价值变动。

（2）分类为以公允价值计量且其变动计入其他综合收益的金融资产，计提的信用减值准备。

（3）按照金融工具准则规定，对金融资产重分类按规定可以将原计入其他综合收益的利得或损失转入当期损益的部分。

（4）权益法下因被投资方可以重分类进损益的其他综合收益变动而确认的金额。

（5）非投资性房地产转换为公允价值模式下的投资性房地产的贷方差额。

（6）现金流量套期工具产生的利得或损失中属于有效套期的部分。

（7）外币财务报表折算差额。

【典例研习·14-6】（2016年多项选择题）

下列选项中计入其他综合收益的有（　　　　）。

A.现金流量套期工具产生的利得或损失中属于有效套期的部分

B.外币财务报表折算差额

C.因长期股权投资采用成本法核算确认的被投资单位的其他综合收益

D.金融资产重分类按规定可以将原计入其他综合收益的利得或损失转入当期损益的部分

E.因债权投资重分类为其他债权投资确认的贷方差额

〔斯尔解析〕本题考查其他综合收益的核算。成本法核算的长期股权投资不需要根据被投资方所有者权益的变动而进行调整，选项C错误。

【典例研习·14-7】（2017年单项选择题）

下列各项中，属于以后期间满足条件时不能重分类进损益的其他综合收益的是（　　　　）。

A.因自用房产转换为以公允价值计量的投资性房地产确认的其他综合收益

B.因重新计量设定受益计划净负债或净资产形成的其他综合收益

C.因债权投资重分类为其他债权投资并以公允价值进行后续计量形成的其他综合收益

D.因外币财务报表折算差额形成的其他综合收益

斯尔解析 本题考查其他综合收益的核算。因重新计量设定受益计划净负债或净资产形成的其他综合收益在以后期间不得转入损益，选项B正确。

第六节　留存收益

使用斯尔教育APP
扫码观看本节好课

留存收益，是指企业从历年实现的利润中提取或形成的留存于企业的内部积累。

它是从企业经营所得的净利润中积累而形成的，也属于所有者权益，但不同于实收资本和资本公积，其区别在于，实收资本和资本公积来源于企业的资本投入，而留存收益则来源于企业资本增值。留存收益主要包括盈余公积和未分配利润。

一、盈余公积（★）

（一）盈余公积的组成部分

组成	解读
法定盈余公积	企业按照法律规定的比例从净利润中提取的盈余公积。按照规定，有限责任公司和股份有限公司应按照净利润的10%提取法定公积金，计提的法定盈余公积累计额达到注册资本的50%以上时，可以不再提取。如果存在未弥补亏损，在提取法定公积金之前，应当先用当年利润弥补亏损
任意盈余公积	企业经股东大会或类似机构批准按照规定的比例从净利润中提取的盈余公积任意盈余公积的提取比例由企业自行确定，国家有关法规不作强制规定

账务处理：

借：利润分配——提取法定盈余公积

　　　　　——提取任意盈余公积

　　贷：盈余公积——法定盈余公积

　　　　　——任意盈余公积

（二）盈余公积的用途

企业提取盈余公积可以用于弥补亏损、转增资本（股本）、扩大企业生产经营。

1.弥补亏损

企业发生经营亏损的弥补方式有三种：

（1）用以后年度税前利润弥补，按规定企业亏损在规定期限（现行制度规定为5年）内可由税前利润弥补；

（2）用以后年度税后利润弥补，即指超过税前利润弥补期的剩余亏损额应由税后利润弥补；

（3）用盈余公积弥补，用盈余公积弥补亏损应当由董事会提议，股东大会批准，或者由类似的机构批准。

账务处理：

借：盈余公积

　　贷：利润分配——盈余公积补亏

2.转增资本（股本）

经股东大会决议，可将盈余公积转增资本。按规定，用盈余公积转增资本时，转增后留存的盈余公积不得少于转增前公司注册资本的25%。

账务处理：

借：盈余公积

　　贷：股本

　　　　资本公积——股本溢价

【典例研习·14-8】（2020年多项选择题）

下列关于资本公积和盈余公积的表述中正确的有（　　）。

A.盈余公积转增资本（股本）时，转增后留存的盈余公积不得少于转增前注册资本的25%

B.资本公积可以用来弥补亏损

C.盈余公积可以用来派送新股

D."资本公积——资本（股本）溢价"可以直接用来转增资本（股本）

E.公司计提的法定盈余公积累计达到注册资本的50%以上时，可以不再提取

斯尔解析 本题考查资本公积和盈余公积的核算。企业弥补经营亏损的方式有三种：税前利润补亏、税后利润补亏和盈余公积补亏，资本公积不得用来弥补亏损，选项B错误；企业提取的盈余公积，可以用于弥补亏损、转增资本（股本）和扩大生产经营，不能用于派发新股，选项C错误。

二、未分配利润（★）

（一）分配股利或利润的会计处理

（1）经股东大会或类似机构决议，分配给股东或投资者的现金股利或利润：

借：利润分配——应付现金股利

　　贷：应付股利

（2）经股东大会或类似机构决议，分配给股东或投资者的股票股利，应在办理增资手续后：

借：利润分配——转作股本的股利

　　贷：股本

（二）期末结转的会计处理

（1）企业期末结转利润时，应将各损益类科目的余额转入"本年利润"科目，结平各损益类科目。

借：收入类科目

　　贷：本年利润

借：本年利润

　　贷：费用类科目

结转后"本年利润"的贷方余额为当期实现的净利润，借方余额为当期发生的净亏损。

（2）将本年实现的净利润或净亏损转入"未分配利润"明细科目。

借：本年利润

　　贷：利润分配——未分配利润

（净亏损作相反分录）

（3）同时，将"利润分配"科目所属的其他明细科目的余额，转入"未分配利润"明细科目。

借：利润分配——未分配利润

　　贷：利润分配——提取法定盈余公积

　　　　　　　　——提取任意盈余公积

借：利润分配——未分配利润

　　贷：利润分配——应付现金股利或利润

　　　　　　　　——转作股本的股利

结转后："未分配利润"明细科目的贷方余额，就是未分配利润的金额；如出现借方余额，则表示未弥补亏损的金额。

"利润分配"科目所属的除"未分配利润"以外的其他明细科目应无余额。

（三）弥补亏损的会计处理

由于未弥补亏损形成的时间长短不同等原因，以前年度未弥补亏损的，有的可以以当年实现的税前利润弥补，有的则需用税后利润弥补。

以当年实现的利润弥补以前年度结转的未弥补亏损，不需要进行专门的会计处理。

【典例研习·14-9】（2017年单项选择题）

下列各项中，能引起所有者权益总额发生增减变动的是（　　　　）。

A.盈余公积补亏　　　　　　　　　　B.可转换公司债券转股

C.发行股票股利　　　　　　　　　　D.发行5年期公司债券

斯尔解析 本题考查所有者权益的核算。盈余公积补亏和发行股票股利，会导致所有者权益内部项目一增一减，总额不变，选项AC错误；发行5年期公司债券，不会影响所有者权益，选项D错误；可转换公司债券转股，会导致所有者权益增加，选项B正确，账务处理为：

借：应付债券

　　其他权益工具

　　贷：股本

　　　　资本公积——股本溢价

冲关地图

- 📬 ：要听懂
- ❗❗❗ ：你得背
- √+−×÷ ：你得算
- ∞ ：有空看

第十四章 所有者权益

- 金融负债和权益工具的区分
  - 📬 总体要求
  - 📬 基本原则
  - 📬 问题分析
- 实收资本
  - 📬 实收资本增加的账务处理
  - 📬 实收资本减少的账务处理
- 其他权益工具 —— 📬 其他权益工具
- 资本公积 —— 📬 资本公积
- 其他综合收益 —— ❗❗❗ 其他综合收益
- 留存收益
  - 📬 盈余公积
  - 📬 未分配利润

第十五章　收入、费用、利润和产品成本

学习提要

考几分？

本章属于重点章节，近三年平均分值在15分左右。

怎么考？

本章考查题型非常全面，各种题型均有涉及。

怎么学？

　　本章共有四节，其中第一节难度较大，后三节难度较小。学习第一节时，建议先以"五步法"模型为基础，构建起整体的知识框架，然后再研究具体的知识点。对于比较晦涩的理论内容，可以结合书中案例辅助理解。

考点精讲

使用斯尔教育APP
扫码观看本节好课

第一节　收　入

本节不涉及企业对外出租资产收取的租金、进行债权投资收取的利息、进行股权投资取得的现金股利、保险合同取得的保费收入等。

企业以存货换取客户的存货、固定资产、无形资产以及长期股权投资等，按照本章进行会计处理；其他非货币性资产交换，按照非货币性资产交换的规定进行会计处理。

企业处置固定资产、无形资产等的，在确定处置时点以及计量处置损益时，按照本节的有关规定进行处理。

企业代第三方收取的款项，如增值税销项税款、代收利息等，应当作为负债处理，不应当确认为收入。

一、收入确认和计量的"五步法"模型（★★★）

其中，第一步、第二步和第五步主要与收入的确认有关，第三步和第四步主要与收入的计量有关。

（一）识别与客户订立的合同

合同是指双方或多方之间订立有法律约束力的权利义务的协议。合同有书面形式、口头形式以及其他形式。

合同的存在是企业确认客户合同收入的前提，企业与客户之间的合同一经签订，企业即享有从客户取得与转让商品或提供服务对价的权利，同时负有向客户转让商品或提供服务（以下简称转让商品）的履约义务。

1.收入确认的原则

企业应当在履行了合同中的履约义务，即在客户取得相关商品控制权时确认收入。

取得相关商品控制权，是指客户能够主导该商品的使用并从中获得几乎全部经济利益。

2.收入确认的前提条件

企业与客户之间的合同同时满足下列五项条件的，企业应当在客户取得相关商品控制权时确认收入：

（1）合同各方已批准该合同并承诺将履行各自义务；

（2）该合同明确了合同各方与所转让商品相关的权利和义务；

（3）该合同有明确的与所转让商品相关的支付条款；

（4）该合同具有商业实质，即履行该合同将改变企业未来现金流量的风险、时间分布或金额；

（5）企业因向客户转让商品而有权取得的对价很可能收回。

3.未满足标准的合同的会计处理

（1）对于不能同时满足上述收入确认的五个条件的合同，企业只有在不再负有向客户转让商品的剩余义务（如合同已经取消或完成），且已向客户收取的对价无须退回时，才能将已收取的对价确认为收入；否则，应当将已收取的对价作为负债（合同负债）进行会计处理。

其中，合同负债，是指企业已收或应收客户对价而应向客户转让商品的义务。如企业在转让承诺的商品前已收取的款项。

（2）没有商业实质的非货币性资产交换，不确认收入。

【典例研习·15-1】（教材例题）

某供电公司与客户签订2年的供电合同，合同约定：供电公司自2021年1月1日起每月向客户供电，并在月末收取电费，合同签订日向客户一次收取入网费10万元，合同期限为2年，并预期能够取得2年的全部电费收入。

客户从2021年7月起未支付电费，根据地方政府规定，不能立即停止供电，需要先履行催交程序。经催告后仍不缴费的，则可自首次欠费后的第5个月起停止供电。

本例中的合同在合同开始日满足合同成立的5个条件，直到2021年7月出现了新情况，即客户停止缴费。但是供电公司经评估后认为仍很有可能取得对价，故此时仍满足合同成立的条件，仍可继续确认供电收入，但同时需要考虑计提应收账款的坏账准备。

2021年9月，客户已持续2个月未缴费，供电公司经评估后认为不是很可能收回对价，此时已不满足合同成立的条件，不能继续确认供电收入。虽然供电公司收取的一次入网费未摊销部分无须退还，但根据地方政府规定，供电公司仍负有向客户转让商品的剩余履约义务（持续到12月），所以此时不能将未摊销的入网费确认为收入，而应继续作为负债处理。

2021年12月，供电公司已不再负有向客户转让商品的剩余履约义务，供电公司收取的一次入网费未摊销部分也无须退还，所以，此时可将未摊销的入网费确认为收入。

4.合同合并

企业与同一客户（或该客户的关联方）同时订立或在相近时间内先后订立的两份或多份合同，在满足下列条件之一时，应当合并为一份合同进行会计处理：

①该两份或多份合同基于同一商业目的而订立并构成一揽子交易；

②该两份或多份合同中的一份合同的对价金额取决于其他合同的定价或履行情况；

③该两份或多份合同中所承诺的商品（或每份合同中所承诺的部分商品）构成单项履约义务。

【典例研习·15-2】（教材例题）

A酒店与B公司于2020年3月3日签订了一份会议室租赁合同，每天5 000元共4天。3月4日又签订了一份增加会议室投影仪、音响、会议主持和会议服务等内容的合同，在原租赁合同的基础上，每天增加500元。

A酒店与B公司签订的两份合同的商业目的一样，都是服务于客户的会议；两份合同的价格构成了承办会议的总收入；两份合同的义务又必须同时履行，其形成了单项履约义务。

因此应将两份合同合并，成为一项办理会议服务的合同。

5.合同变更

合同变更，是指经合同各方批准对原合同范围或价格作出的变更。

（二）识别合同中的单项履约义务

合同开始日，企业应当对合同进行评估，识别该合同包含的各单项履约义务，并确定各单项履约义务是在某一时段内履行，还是在某一时点履行，然后，在履行了各单项履约义务时分别确认收入。

履约义务，是指合同中企业向客户转让可明确区分商品的承诺。

下列情况下，企业应当将向客户转让商品的承诺作为单项履约义务：一是企业向客户转让可明确区分商品（或者商品的组合）的承诺；二是企业向客户转让一系列实质相同且转让模式相同的、可明确区分商品的承诺。

企业为履行合同而开展的初始活动，通常不构成履约义务，除非该活动向客户转让了承诺的商品。

（1）企业向客户承诺的商品同时满足下列两项条件的，应当作为可明确区分的商品：

一是客户能够从该商品本身或从该商品与其他易于获得资源一起使用中受益，即该商品本身能够明确区分。

二是企业向客户转让该商品的承诺与合同中其他承诺可单独区分，即转让该商品的承诺在合同中是可明确区分的。

企业确定了商品本身能够明确区分后，还应当在合同层面继续评估转让该商品的承诺是否与合同中其他承诺彼此之间可明确区分。

下列情形通常表明企业向客户转让商品的承诺与合同中的其他承诺不可单独区分：

①企业需提供重大的服务以将该商品与合同中承诺的其他商品进行整合，形成合同约定的某个或某些组合产出转让给客户（如将建筑服务、钢筋、混凝土等组合产出写字楼）。

②该商品将对合同中承诺的其他商品予以重大修改或定制（如定制化的软件转让与重大修改承诺）。

③该商品与合同中承诺的其他商品具有高度关联性（如设计新产品与生产样品的不断修正和完善）。

在企业向客户销售商品的同时，约定企业需要将商品运送至客户指定的地点的情况下，企业需要根据相关商品的控制权转移时点判断该运输活动是否构成单项履约义务。通常情况下，控制权转移给客户之前发生的运输活动不构成单项履约义务，而只是企业为了履行合同而从事的活动，相关成本应当作为合同履约成本；相反，控制权转移给客户之后发生的运输活动则可能表明企业向客户提供了一项运输服务，企业应当考虑该项服务是否构成单项履约义务。

【典例研习·15-3】（教材例题）

甲公司与乙公司签订合同，向其销售一批产品，并负责将该批产品运送至乙公司指定的地点，甲公司承担相关的运输费用。假定销售该产品属于在某一时点履行的履约义务，且控制权在送达乙公司指定地点时转移给乙公司。

本例中，甲公司向乙公司销售产品，并负责运输。该批产品在送达乙公司指定地点时，控制权转移给乙公司。由于甲公司的运输活动是在产品的控制权转移给客户之前发生的，因此不构成单项履约义务，而是甲公司为履行合同发生的必要活动。

（2）企业应当将实质相同且转让模式相同的一系列商品作为单项履约义务。

其中，转让模式相同，是指每一项可明确区分商品均满足在某一时段内履行履约义务的条件，且采用相同方法确定其履约进度（如：每天为客户提供保洁服务的长期劳务合同）。

（三）确定交易价格

交易价格，是指企业因向客户转让商品而预期有权收取的对价金额。企业代第三方收取的款项（如增值税销项税额）以及企业预期将退还给客户的款项（如质量保证金），应当作为负债进行会计处理，不计入交易价格。

企业应当根据合同条款，并结合其以往的习惯做法确定交易价格。在确定交易价格时，企业应当考虑可变对价、合同中存在的重大融资成分、非现金对价、应付客户对价等因素的影响。

1.可变对价

如果合同中存在折扣、返利、货款抵扣、价格折让、绩效激励或类似条款的，均可能导致交易价格有所不同，使合同中存在可变对价。

合同中存在可变对价的，企业应当按照期望值或最可能发生金额确定可变对价的最佳估计数。其中，期望值是指各种可能的对价金额按概率加权平均数，最可能发生金额是指各种可能的对价金额中单一最有可能发生的金额。

包含可变对价的交易价格，应当不超过在相关不确定性消除时，累计已确认的收入极可能不会发生重大转回的金额。

在销售附有现金折扣条件下，交易价格实际上属于可变对价，如果最终产生现金折扣，应当冲减当期销售收入。

2.重大融资成分

合同中存在重大融资成分的，企业应当按照假定客户在取得商品控制权时，即以现金支付的应付金额确定交易价格。

交易价格与合同承诺的对价金额之间的差额，应当在合同期间内采用实际利率法摊销。

如果在合同开始日，企业预计客户取得商品控制权与客户支付价款间隔不超过一年的，可以不考虑合同中存在的重大融资成分。

企业采用分期收款方式销售商品时，如果延期收取的货款具有融资性质，其实是企业向购货方提供的一种信贷。在满足收入确认条件时，企业应当按照应收的合同或协议价款的公允价值确定收入的金额。应收的合同或协议价款的公允价值，通常应当按照其未来现金流量现值或商品现销价格计算确定。

应收的合同或协议价款与其公允价值之间的差额确认为未实现的融资收益，应当在合同或协议期间内，按照应收款项的摊余成本和实际利率计算确定的金额进行摊销，作为财务费用的抵减处理。

【典例研习·15-4】

2019年1月1日，甲公司采用分期收款方式向乙公司销售一套大型设备，合同约定的销售价格为2 000万元，分5次于每年12月31日等额收取。该大型设备的成本为1 560万元。在现销方式下，该大型设备的销售价格为1 600万元，实际利率为7.93%。假定甲公司发出商品时，其有关的增值税纳税义务尚未发生，在合同约定的收款日期，发生有关的增值税纳税义务增值税税率为13%。

根据本例的资料，甲公司应当确认的销售商品收入金额为1 600万元。

①2019年1月1日，销售实现时。

借：长期应收款	2 000	
贷：主营业务收入		1 600
未实现融资收益		400
借：主营业务成本	1 560	
贷：库存商品		1 560

②2019年12月31日，收取货款和增值税税额时。

借：银行存款	452	
贷：长期应收款		400
应交税费——应交增值税（销项税额）		52
借：未实现融资收益 （1 600×7.93%）	126.88	
贷：财务费用		126.88

【典例研习·15-5】（教材例题）

2022年1月1日，甲公司与乙公司签订合同，向其销售一批产品。合同约定，该批产品将于2年之后交货。合同中包含两种可供选择的付款方式，即乙公司可以在2年后交付产品时支付449.44万元，或者在合同签订时支付400万元。乙公司选择在合同签订时支付货款。该批产品的控制权在交货时转移。2022年1月1日，甲公司收到乙公司支付的货款。上述价格均不包含增值税，且假定不考虑相关税费影响。

本例中，按照上述付款方式计算的内含利率为6%，假定融资费用不符合借款费用资本化的要求。考虑到乙公司付款时间和产品交付时间之间的间隔以及现行市场利率水平，甲公司认为该合同包含重大融资成分，在确定交易价格时，应当对合同承诺的对价金额进行调整，以反映该重大融资成分的影响。甲公司的账务处理为：

（1）2022年1月1日收到货款：

借：银行存款　　　　　　　　　　　　　　　400
　　未确认融资费用　　　　　　　　　　　　49.44
　　　贷：合同负债　　　　　　　　　　　　　　　　　449.44

（2）2022年12月31日确认融资成分的影响：

借：财务费用——利息支出　　　（400×6%）24
　　　贷：未确认融资费用　　　　　　　　　　　　　　24

（3）2023年12月31日交付产品：

借：财务费用——利息支出　　　（424×6%）25.44
　　　贷：未确认融资费用　　　　　　　　　　　　　25.44

借：合同负债　　　　　　　　　　　　　　449.44
　　　贷：主营业务收入　　　　　　　　　　　　　　449.44

3.非现金对价

客户支付非现金对价的，企业应当按照非现金对价的公允价值确定交易价格。

非现金对价的公允价值不能合理估计的，企业应当参照其承诺向客户转让商品的单独售价间接确定交易价格。

4.应付客户对价

企业存在应付客户对价的，应当将该应付对价冲减交易价格，但应付客户对价是为了自客户取得其他可明确区分商品的除外。

企业应付客户对价是为了向客户取得其他可明确区分商品的，应当采用与本企业其他采购相一致的方式确认所购买的商品。

企业应付客户对价超过向客户取得可明确区分商品公允价值的，超过金额应当冲减交易价格。

向客户取得的可明确区分商品公允价值不能合理估计的，企业应当将应付客户对价全额冲减交易价格。

冲减时点：在确认相关收入与支付（或承诺支付）客户对价者孰晚的时点。

【典例研习·15-6】（教材例题）

甲公司签订一项合同，向大型连锁零售店乙公司销售商品，合同期限为1年。乙公司承诺，在合同期限内以约定价格购买至少价值1 500万元的产品。

合同约定，甲公司需在合同开始时向乙公司支付150万元的不可退回款项，用于乙公司更改货架以使其适合放置甲公司产品。

甲公司支付乙公司的款项并非为获取单独可区分商品，因为甲公司不享有改造货架的任何控制权，因此，甲公司支付的款项应作为后续商品销售收入的抵减项。

根据合同约定，乙公司承诺购货总价为1 500万元，因此，甲公司支付的150万元相当于给予了每项商品10%的折扣。甲公司在确认商品销售收入时，可按10%的折扣计量收入金额。

（四）将交易价格分摊至单项履约义务

合同中包含两项或多项履约义务的，企业应当在合同开始日，按照各单项履约义务所承诺商品的单独售价的相对比例，将交易价格分摊至各单项履约义务。

企业不得因合同开始日之后单独售价的变动而重新分摊交易价格。

1.分摊方法

单独售价无法直接观察的，可以采用以下方法估计单独售价。

方法	解读
市场调整法	企业根据某商品或类似商品的市场售价，考虑本企业的成本和毛利等进行适当调整后确定其单独售价的方法
成本加成法	企业根据某商品的预计成本加上其合理毛利后的价格，确定其单独售价的方法
余值法	企业根据合同交易价格减去合同中其他商品可观察的单独售价后的余值，确定某商品单独售价的方法

【典例研习·15-7】（教材例题）

2020年3月1日，甲公司与客户签订合同，向其销售A、B两项商品，A商品的单独售价为6 000元；B商品的单独售价为24 000元，合同价款为25 000元。合同约定，A商品于合同开始日交付，B商品在一个月之后交付，只有当两项商品全部交付之后，甲公司才有权收取25 000元的合同对价。假定A商品和B商品分别构成单项履约义务，其控制权在交付时转移给客户。上述价格均不包含增值税，且假定不考虑相关税费影响。

分摊至A商品的合同价款=6 000÷（6 000+24 000）×25 000=5 000（元）

分摊至B商品的合同价款=24 000÷（6 000+24 000）×25 000=20 000（元）

甲公司的账务处理如下：

（1）交付A商品时：

借：合同资产   5 000

  贷：主营业务收入   5 000

（2）交付B商品时：

借：应收账款   25 000

  贷：合同资产   5 000

    主营业务收入   20 000

问题：合同资产与应收账款的区别？

解答：

维度	合同资产	应收账款
含义	企业已向客户转让商品而有权收取对价的权利，且该权利取决于时间流逝之外的其他因素	企业无条件收取合同对价的权利
权利的决定因素	该权利取决于时间流逝之外的其他因素（有条件）	无条件，企业仅仅随着时间的流逝即可收款
风险承担	除信用风险之外，还可能承担其他风险，如履约风险等	仅承担信用风险
减值	减值的计量、列报和披露应当按照相关金融工具准则的要求进行会计处理	

2.合同折扣分摊

合同折扣，是指合同中各单项履约义务所承诺商品的单独售价之和高于合同交易价格的金额。

对于合同折扣，企业应当在各单项履约义务之间按比例分摊。

有确凿证据表明合同折扣仅与合同中一项或多项（而非全部）履约义务相关的，企业应当将该合同折扣分摊至相关一项或多项履约义务。

【典例研习·15-8】（教材例题）

某企业与客户签订一合同以出售A、B、C三种产品，给予折扣后的交易总价为100万元。A、B、C各产品的单独售价分别为40万元、55万元、45万元，合计140万元。假设该企业经常将B及C产品合并按60万元价格出售，经常将A产品按40万元出售，则合同中40万元的折扣应全部分摊给B及C产品：

B产品分配的交易价格=60×（55/100）=33（万元）

C产品分配的交易价格=60×（45/100）=27（万元）

A产品的交易价格=40（万元）

（五）履行每一单项履约义务时确认收入

履约义务的特征	收入确认的方法
在某一时段内履行	企业应当在该段时间内按照履约进度确认收入，履约进度不能合理确定的除外
在某一时点履行	企业应当在客户取得相关商品控制权时点确认收入

满足下列条件之一的，属于在某一时段内履行的履约义务，否则，属于在某一时点履行的履约义务：

①客户在企业履约的同时即取得并消耗企业履约所带来的经济利益（边履约边受益）；

②客户能够控制企业履约过程中在建的商品（边建造边转移）；

③企业履约过程中所产出的商品具有不可替代用途，且该企业在整个合同期间内有权就累计至今已完成的履约部分收取款项（不可替代用途+合格收款权）。

1.在某一时段内履行的履约义务

对于在某一时段内履行的履约义务，企业应当在该段时间内按照履约进度确认收入，履约进度不能合理确定的除外。企业应当考虑商品的性质，采用产出法或投入法确定恰当的履约进度。

资产负债表日，企业按照合同的交易价格总额乘以履约进度扣除以前会计期间累计已确认的收入后的金额，确认当期收入。

当履约进度不能合理确定时，企业已经发生的成本预计能够得到补偿的，应当按照已经发生的成本金额确认收入，直到履约进度能够合理确定为止。

2.在某一时点履行的履约义务

对于在某一时点履行的履约义务，企业应当在客户取得相关商品控制权时点确认收入。在判断客户是否已取得商品控制权时，企业应当考虑下列迹象：

（1）企业已将该商品的法定所有权转移给客户，即客户已拥有该商品的法定所有权。

（2）企业已将该商品实物转移给客户，即客户已实物占有该商品。

（3）企业已将该商品所有权上的主要风险和报酬转移给客户。

（4）客户已接受该商品。

（5）企业就该商品享有现时收款权利，即客户就该商品负有现时付款义务。

（6）其他表明客户已取得商品控制权的迹象。

【典例研习·15-9】（教材例题）

2020年10月，甲公司与客户签订合同，为客户装修一栋办公楼，包括安装一部电梯，合同总金额为100万元。甲公司预计的合同总成本为80万元，其中包括电梯的采购成本30万元。

2020年12月，甲公司将电梯运达施工现场并经过客户验收，客户已取得对电梯的控制权，但是根据装修进度，预计2021年2月才会安装该电梯。截至2020年12月，甲公司累计发生成本40万元，其中包括支付给电梯供应商的采购成本30万元以及因采购电梯发生的运输和人工相关成本10万元。

假定：该装修服务（包括安装电梯）构成单项履约义务，并属于在某一时段内履行的履约义务，甲公司是主要责任人，但不参与电梯的设计和制造；甲公司采用成本法确定履约进度；上述金额均不含增值税。

本例中，截至2020年12月，甲公司发生成本40万元（包括电梯采购成本30万元以及因采购电梯发生的运输和人工等相关成本10万元），甲公司认为其已发生的成本和履约进度不成比例，因此需要对履约进度的计算作出调整，将电梯的采购成本排除在已发生成本和预计总成本之外。

在该合同中，该电梯不构成单项履约义务，其成本相对于预计总成本而言是重大的，甲公司是主要责任人，但是未参与该电梯的设计和制造，客户先取得了电梯的控制权，随后才接受与之相关的安装服务，因此，甲公司在客户取得该电梯控制权时，按照该电梯采购成本的金额确认转让电梯产生的收入。

2020年12月：

该合同的履约进度=（40-30）÷（80-30）=20%

应确认的收入金额=（100-30）×20%+30=44（万元）

应确认的成本金额=（80-30）×20%+30=40（万元）

二、合同成本（★★）

（一）合同取得成本

（1）企业为取得合同发生的增量成本、预期能够收回的，应当作为合同取得成本确认为一项资产。

增量成本，是指企业不取得合同就不会发生的成本，例如销售佣金等。

该资产摊销期限不超过一年的，可以在发生时计入当期损益（简化处理）。

（2）企业为取得合同发生的、除预期能够收回的增量成本之外的其他支出。例如，无论是否取得合同均会发生的差旅费、投标费、为准备投标资料发生的相关费用等，应当在发生时计入当期损益，除非这些支出明确由客户承担。

（3）企业因现有合同续约或发生合同变更需要支付的额外佣金，也属于为取得合同发生的增量成本。

（二）合同履约成本

企业为履行合同发生的成本，不属于其他企业会计准则规范范围且同时满足下列条件的，应当作为合同履约成本确认为一项资产：

（1）该成本与一份当前或预期取得的合同直接相关，包括直接人工、直接材料、制造费用（或类似费用）、明确由客户承担的成本以及仅因该合同而发生的其他成本。

（2）该成本增加了企业未来用于履行履约义务的资源。

（3）该成本预期能够收回。

企业应当在下列支出发生时，将其计入当期损益：

（1）管理费用。

（2）非正常消耗的直接材料、直接人工和制造费用（或类似费用），这些支出为履行合同发生，但未反映在合同价格中。

（3）与履约义务中已履行部分相关的支出。

（4）无法在尚未履行的与已履行的履约义务之间区分的相关支出。

（三）与合同成本有关资产的后续计量

（1）与合同成本有关的资产，应当采用与该资产相关的商品收入确认相同的基础进行摊销，计入当期损益。

借：主营业务成本

　　贷：合同履约成本/合同取得成本

（2）与合同成本有关的资产，其账面价值高于下列两项的差额的，超出部分应当计提减值准备，并确认为资产减值损失：

①企业因转让与该资产相关的商品预期能够取得的剩余对价；

②为转让该相关商品估计将要发生的成本。

借：资产减值损失

　　贷：合同履约成本减值准备/合同取得成本减值准备

（3）以前期间减值的因素之后发生变化，使得差额高于该资产账面价值的，应当转回原已计提的资产减值准备，并计入当期损益，但转回后的资产账面价值不应超过假定不计提减值准备情况下该资产在转回日的账面价值。

【典例研习·15-10】（教材例题）

2019年1月1日，甲建筑公司与乙公司签订一项大型设备建造工程合同，根据双方合同，该工程的造价为6 300万元，工程期限为一年半，甲公司负责工程的施工及全面管理，乙公司按照第三方工程监理公司确认的工程完工量，每半年与甲公司结算一次；预计2020年6月30日竣工；预计可能发生的总成本为4 000万元。假定该建造工程整体构成单项履约义务，并属于在某一时段履行的履约义务，甲公司采用成本法确定履约进度，增值税税率为9%，不考虑其他相关因素。

2019年6月30日，工程累计实际发生成本1 500万元，甲公司与乙公司结算合同价款2 500万元，甲公司实际收到价款2 000万元；

2019年12月31日，工程累计实际发生成本3 000万元，甲公司与乙公司结算合同价款1 100万元，甲公司实际收到价款1 000万元；

2020年6月30日，工程累计实际发生成本4 100万元，乙公司与甲公司结算了合同竣工价款2 700万元，并支付剩余工程款3 300万元，上述价款均不含增值税额。

假定甲公司与乙公司结算时即发生增值税纳税义务，乙公司在实际支付工程价款的同时支付其对应的增值税款。

甲公司的账务处理：

（1）2019年1月1日至6月30日实际发生工程成本时：

借：合同履约成本　　　　　　　　　　　　　　　　　　　1 500
　　贷：原材料、应付职工薪酬等　　　　　　　　　　　　　　　　1 500

（2）2019年6月30日：

履约进度=1 500÷4 000=37.5%

合同收入=6 300×37.5%=2 362.5（万元）

借：合同结算——收入结转　　　　　　　　　　　　　　　2 362.5
　　贷：主营业务收入　　　　　　　　　　　　　　　　　　　　2 362.5

借：主营业务成本　　　　　　　　　　　　　　　　　　　1 500
　　贷：合同履约成本　　　　　　　　　　　　　　　　　　　　1 500

借：应收账款　　　　　　　　　　　　　　　　　　　　　2 725
　　贷：合同结算——价款结算　　　　　　　　　　　　　　　　2 500
　　　　应交税费——应交增值税（销项税额）　　　　　　　　　225

借：银行存款　　　　　　　　　　　　　　　　　　　　　2 180
　　贷：应收账款　　　　　　　　　　　　　［2 000×（1+9%）］2 180

当日，"合同结算"科目的余额为贷方137.5万元（2 500−2 362.5），表明甲公司已经与客户结算但尚未履行履约义务的金额为137.5万元，由于甲公司预计该部分履约义务将在2019年内完成，因此，应在资产负债表中作为合同负债列示。

（3）2019年7月1日至12月31日实际发生工程成本时：

借：合同履约成本　　　　　　　　　　　　　　　　　　　1 500
　　贷：原材料、应付职工薪酬等　　　　　　　　　　　　　　　　1 500

（4）2019年12月31日：

履约进度=3 000÷4 000=75%

合同收入=6 300×75%-2 362.5=2 362.5（万元）

借：合同结算——收入结转	2 362.5	
贷：主营业务收入		2 362.5
借：主营业务成本	1 500	
贷：合同履约成本		1 500
借：应收账款	1 199	
贷：合同结算——价款结算		1 100
应交税费——应交增值税（销项税额）		99
借：银行存款	1 090	
贷：应收账款 [1 000×（1+9%）]	1 090	

当日，"合同结算"科目的金额为借方1 125万元（2 362.5-1 100-137.5），表明甲公司已经履行履约义务但尚未与客户结算的金额为1 125万元，由于该部分金额将在2020年内结算，因此，应在资产负债表中作为合同资产列示。

（5）2020年1月1日至6月30日实际发生工程成本时：

借：合同履约成本	1 100	
贷：原材料、应付职工薪酬等		1 100

（6）2020年6月30日：合同当日已竣工结算，其履约进度100%。

合同收入=6 300-2 362.5-2 362.5=1 575（万元）

借：合同结算——收入结转	1 575	
贷：主营业务收入		1 575
借：主营业务成本	1 100	
贷：合同履约成本		1 100
借：应收账款	2 943	
贷：合同结算——价款结算		2 700
应交税费——应交增值税（销项税额）		243
借：银行存款	3 597	
贷：应收账款 [3 300×（1+9%）]	3 597	

当日，"合同结算"科目的金额为0（1 125+1 575-2 700）。

问题：如何理解合同结算？

解答：合同结算一般针对建筑施工企业，如果建筑公司根据结算进度多收取合同价款，则属于合同负债，相反，如果根据结算进度少收取合同价款，则属于合同资产（存在质保期，不能使用应收账款）。根据准则规定，同一合同下的合同资产和合同负债应当以净额列示，所以，建筑公司一般使用"合同结算"科目核算，借方余额代表"合同资产"，贷方余额代表"合同负债"。

三、特殊交易的会计处理（★★★）

（一）附有销售退回条款的销售业务处理

（1）企业应当在客户取得相关商品控制权时，按照因向客户转让商品而预期有权收取的对价金额（即，不包含预期因销售退回将退还的金额）确认收入，按照预期因销售退回将退还的金额确认负债。

借：应收账款、银行存款等
　　贷：主营业务收入
　　　　预计负债——应付退货款
　　　　应交税费——应交增值税（销项税额）

（2）按照预期将退回商品转让时的账面价值，扣除收回该商品预计发生的成本（包括退回商品的价值减损）后的余额，确认为一项资产，按照所转让商品转让时的账面价值，扣除上述资产成本的净额结转成本。

借：主营业务成本
　　应收退货成本
　　贷：库存商品

（3）每一资产负债表日，企业应当重新估计未来销售退回情况，如有变化，应当作为会计估计变更进行会计处理。

【典例研习·15-11】（教材例题）

零售商以每件200元的价格销售50件甲产品，收到10 000元的货款。按照销售合同，客户可以在30天内退回任何没有损坏的产品，并得到全额现金退款。每件甲产品的成本为150元。零售商预计会有3件（即6%）甲产品被退回，而且即使估算发生后续变化，也不会导致大量收入的转回。零售商预计收回产品的成本不会太大，并认为再次出售产品时还能获得利润。假设不考虑相关税费。

（1）将产品的控制权转移给客户时，应确认的收入=（50-3）×200=9 400（元）。

借：银行存款	10 000	
贷：主营业务收入		9 400
预计负债——应付退货款		600
借：主营业务成本	7 050	
应收退货成本	450	
贷：库存商品		7 500

（2）如果实际退回2件产品。

①同时冲减预计负债：

借：预计负债	600	
贷：主营业务收入		200
银行存款		400

②退回2件产品、未退回的1件产品：

借：库存商品	300	
主营业务成本	150	
贷：应收退货成本		450

提示：

（1）尚未确认收入的发出商品的退回。

借：库存商品

　　贷：发出商品/合同资产

（2）资产负债表日及之前售出的商品在资产负债表日至财务会计报告批准报出日之间发生退回的，应当作为资产负债表日后事项的调整事项处理。

（二）附有质量保证条款的销售业务处理

类型	解读
服务型质保	客户能够选择单独购买质量保证的，或在向客户保证所销售商品符合既定标准之外提供了一项单独的服务（额外服务），属于服务型质保，该质保构成单项履约义务，需要分配一部分交易价格，在提供质保服务的期间内确认已分配的收入
法定型质保	如果质保不向客户提供额外的商品或服务，不构成单项履约义务，该质保应当按照或有事项准则进行会计处理

【典例研习·15-12】（教材例题）

某企业是电脑制造商和销售商，与甲公司签订了销售一批电脑的合同，合同约定：电脑销售价款360万元，同时提供"延长保修"服务，即从法定质保90天到期之后的3年内该企业将对任何损坏的部件进行保修或更换。该批电脑和"延长保修"服务各自的单独售价分别为320万元和40万元。该批电脑的成本为144万元。而且基于其自身经验，该企业估计维修在法定型质保的90天保修期内出现损坏的部件将花费2万元。

假设企业在交付电脑时全额收取款项，不考虑相关税费。该销售合同存在销售电脑和"延长保修"服务两项履约义务，分摊的交易价格分别为：销售电脑320万元，"延长保修"服务40万元。

（1）交付电脑时：

借：银行存款　　　　　　　　　　　　　360

　　贷：主营业务收入　　　　　　　　　　　　　320

　　　　合同负债　　　　　　　　　　　　　　　40

借：主营业务成本　　　　　　　　　　　144

　　贷：库存商品　　　　　　　　　　　　　　　144

借：销售费用　　　　　　　　　　　　　2

　　贷：预计负债——产品质量保证　　　　　　　2

（2）"延长保修"分期确认收入时（可以用直线法）：

借：合同负债　　　　　　　　　　　　　40

　　贷：主营业务收入　　　　　　　　　　　　　40

（三）多方交易主要责任人或代理人的识别与处理

1.判断标准——在向客户转让商品前是否拥有对该商品的控制权

（1）所依据的事实和情况。

①企业承担向客户转让商品的主要责任；

②企业在转让商品之前或之后承担了该商品的存货风险；

③企业有权自主决定所交易商品的价格；

④其他相关事实和情况。

（2）企业向客户转让商品前能够控制该商品的情形。

①企业自第三方取得商品或其他资产控制权后，再转让给客户。

②企业能够主导第三方代表本企业向客户提供服务。

③企业自第三方取得商品控制权后，通过提供重大的服务将该商品与其他商品整合成某组合产出转让给客户。

2.判断结果

是否拥有控制权	结论	处理原则
拥有	主要责任人	应当按照已收或应收对价总额确认收入（总额法）
不拥有	代理人	应当按照预期有权收取的佣金或手续费的金额确认收入（净额法）

【典例研习·15-13】（教材例题）

甲旅行社与东方航空公司协商以折扣价格购买一定数量的机票，并且无论甲旅行社能否转售，都必须对这些机票进行支付。甲旅行社自主决定向哪个旅客出售机票，并自主决定向旅客出售机票时的价格。甲旅行社协助旅客解决针对东方航空公司所提供服务的投诉。但是，东方航空公司将自行负责履行与票务相关的义务，包括对客户不满意服务的补救措施。

本例中甲旅行社是主要责任人不是代理人，因为：

（1）甲旅行社向东方航空公司购买了机票后，即取得了乘坐特定航班的权利，然后才向客户销售该项权利。

（2）甲旅行社可以自主决定以何价格、向哪个旅客出售机票，或者自行使用（如用于提供员工福利）。

（3）甲旅行社承担了所购机票带来的存货风险。

3.常见实务处理

对在实务中常见的企业之间的委托代销和受托代销业务，账务处理如下：

（1）视同买断方式。

视同买断方式委托代销商品，是指由委托方和受托方签订协议，委托方按协议价收取所代销商品的货款，实际售价可由受托方自定，实际售价与协议价之间的差额归受托方所有的销售方式。在这种销售方式下，委托方在交付商品后，根据收入确认条件判断何时确认收入。

①如果委托方和受托方之间的协议明确标明，受托方在取得代销商品后，无论是否能够卖出、是否获利，均与委托方无关。在符合销售商品收入确认条件时委托方应确认相关销售商品收入；

②如果委托方和受托方之间的协议明确标明，将来受托方没有将商品售出时可以将商品退回给委托方，或受托方因代销商品出现亏损时可以要求委托方补偿，那么委托方在交付商品时不确认收入，受托方也不作购进商品处理；受托方将商品销售后，按实际

售价确认销售收入，并向委托方开具代销清单；委托方收到代销清单时，再确认本企业的销售收入。

（2）收取手续费方式。

收取手续费方式委托代销商品是指受托方根据所代销的商品数量向委托方收取手续费的销售方式。在这种代销方式下，委托方应在受托方将商品销售后，并收到受托方开具的代销清单时，确认收入，负担的代销手续费计入销售费用。

【典例研习·15-14】（教材例题）

2020年10月5日，A企业委托B企业销售甲商品100件，协议价为100元/件，该商品实际成本为60元/件，适用的增值税税率为13%。A企业收到B企业开来的代销清单时确认销售收入并开具增值税专用发票，发票上注明售价为10 000元，增值税税额为1 300元。B企业实际销售时开具的增值税专用发票上注明售价为12 000元，增值税税额为1 560元。

假设企业对代销商品采用进价核算。

（1）A企业应作如下会计分录。

①A企业将甲商品交付B企业时：

借：发出商品	6 000	
贷：库存商品		6 000

②A企业收到代销清单时：

借：应收账款——B企业	11 300	
贷：主营业务收入		10 000
应交税费——应交增值税（销项税额）		1 300
借：主营业务成本	6 000	
贷：发出商品		6 000

③收到B企业汇来的货款11 300元时：

借：银行存款	11 300	
贷：应收账款——B企业		11 300

（2）B企业应作如下会计分录。

①收到甲商品时：

借：受托代销商品	10 000	
贷：受托代销商品款		10 000

②实际销售时：

借：银行存款	13 560	
贷：主营业务收入		12 000
应交税费——应交增值税（销项税额）		1 560
借：主营业务成本	10 000	
贷：受托代销商品		10 000

③收到A企业开具的增值税专用发票时：

借：受托代销商品款	10 000	
应交税费——应交增值税（进项税额）	1 300	
贷：应付账款——A企业		11 300

④实际向企业付款时：

| 借：应付账款——A企业 | 11 300 | |
| 贷：银行存款 | | 11 300 |

（四）客户有额外选择权的销售业务处理

第一步：评估该选择权是否向客户提供了一项重大权利；客户虽然有额外购买商品选择权，但客户行使该选择权购买商品时的价格反映了这些商品的单独售价的，不应被视为企业向该客户提供了一项重大权利。

第二步：企业提供重大权利的，应当作为单项履约义务，将交易价格分摊至该履约义务。

第三步：在客户未来行使购买选择权取得相关商品控制权时，或者该选择权失效时，确认相应的收入。

【典例研习·15-15】（教材例题）

甲公司2018年起设有一项授予积分计划，客户每购买10元商品即被授予1个积分，每个积分可在未来购买企业商品时按1元的折扣兑现。2018年度，客户购买了100 000元的商品，获得可在未来购买时兑现的10 000个积分。客户已购买商品的单独售价为100 000元，每个积分的单独售价为0.95元。

2019年甲公司预计共有9 500个积分被兑现，至年末客户兑现积分4 500个；

2020年甲公司预计共有9 700个积分被兑现，至年末客户累计兑现积分8 500个。

2018年账务处理：

分摊交易价格：

商品销售=100 000×100 000/（100 000+9 500）=91 324（元）

积分价格=9 500×100 000/（100 000+9 500）=8 676（元）

借：银行存款	100 000	
贷：主营业务收入		91 324
合同负债		8 676

2019年账务处理：

积分兑现的收入=8 676×4 500÷9 500=4 110（元）

| 借：合同负债 | 4 110 | |
| 贷：主营业务收入 | | 4 110 |

2020年账务处理：

积分兑现的收入=8 676×8 500÷9 700-4 110=3 493（元）

| 借：合同负债 | 3 493 | |
| 贷：主营业务收入 | | 3 493 |

合同负债的余额=8 676-4 110-3 493=1 073（元）

（五）涉及知识产权许可的销售业务处理

第一步：评估知识产权许可是否构成单项履约义务。

如果不构成单项履约义务，将该知识产权许可和其他商品一起作为一项履约义务进行会计处理；如果构成单项履约义务，进一步确定其是在某一时段内履行，还是在某一时点履行。

第二步：企业向客户授予知识产权许可，同时满足下列条件时，应当作为在某一时段内履行的履约义务确认收入；否则，应当作为在某一时点履行的履约义务确认相关收入：

①合同要求或客户能够合理预期企业将从事对该项知识产权有重大影响的活动；

②该活动对客户将产生有利或不利影响；

③该活动不会导致向客户转让某项商品。

第三步：企业向客户授予知识产权许可，并约定按客户实际销售或使用情况收取特许权使用费的，应当在下列两项孰晚的时点确认收入：

①客户后续销售或使用行为实际发生；

②企业履行相关履约义务。

【典例研习·15-16】（教材例题）

甲俱乐部就其名称和队徽向客户授予许可证。客户为一家服装设计公司，有权在一年内在包括T恤、帽子、杯子和毛巾在内的各个项目上使用该俱乐部的名称和队徽。因提供许可证，俱乐部将收取固定对价120万元以及按使用队名和队徽的项目的售价5%收取特许权使用费。客户预期企业将继续参加比赛并保持队伍的竞争力。假设客户每月销售100万元，不考虑相关税费。

该授予合同只有一个履约义务，且在一年内履行。合同交易价格120万元，需要分12个月平均分摊确认；与销售量对应的5%特许权使用费，初始无法计量，不能计入交易价格。

（1）收到合同固定对价时：

借：银行存款　　　　　　　　　　　　　　　　120

　　贷：合同负债　　　　　　　　　　　　　　　　　　120

（2）月末，按实际发生的销售额计算确认的特许权使用费=100×5%=5（万元）。

借：合同负债　　　　　　　　　　　　　　　　10

　　应收账款　　　　　　　　　　　　　　　　 5

　　贷：主营业务收入　　　　　　　　　　　　　　　　15

（六）售后回购销售业务处理

售后回购，是指企业销售商品的同时承诺或有权选择日后再将该商品购回的销售方式。

1.企业因存在与客户的远期安排而负有回购义务或企业享有回购权利

表明客户在销售时点并未取得相关商品控制权，企业应当作为租赁交易或融资交易进行相应的会计处理。

情形	处理原则
回购价格低于原售价	视为租赁交易
回购价格不低于原售价	视为融资交易

企业到期未行使回购权利的，应当在该回购权利到期时终止确认金融负债，同时确认收入。

2.企业负有应客户要求回购商品义务

应当在合同开始日评估客户是否具有行使该要求权的重大经济动因。

评估结果	处理原则	
客户具有行使该要求权重大经济动因的	回购价格低于原售价	视为租赁交易
	回购价格不低于原售价	视为融资交易
客户不具有行使该要求权重大经济动因的	企业应当将其作为附有销售退回条款的销售交易进行会计处理	

3.售后回购方式融资

（1）发出商品等资产。

借：银行存款（实际收到的金额）

　　贷：应交税费——应交增值税（销项税额）

　　　　其他应付款（差额）

（2）回购价格与原销售价格之间的差额，应在售后回购期间内按期计提利息费用。

借：财务费用等

　　贷：其他应付款

（3）按照合同约定购回该项商品等时。

借：其他应付款（回购商品等的价款）

　　应交税费——应交增值税（进项税额）

　　贷：银行存款（实际支付的金额）

【典例研习·15-17】（教材例题）

甲公司为增值税一般纳税人，适用增值税税率为13%。2021年5月1日，甲公司与乙公司签订协议，向乙公司销售一批商品，成本为90万元，增值税专用发票上注明销售价格为110万元，增值税税额为14.3万元。

协议规定，甲公司应在2021年9月30日将所售商品购回，回购价为120万元，另需支付增值税税款15.6元。货款已实际收付，不考虑其他相关税费。

（1）甲公司的会计处理如下：

①发出商品时：

借：银行存款　　　　　　　　　　　　　　　　　　124.3

　　贷：其他应付款　　　　　　　　　　　　　　　　　　110

　　　　应交税费——应交增值税（销项税额）　　　　　14.3

借：合同资产　　　　　　　　　　　　　　　　　　　90

　　贷：库存商品　　　　　　　　　　　　　　　　　　　　90

②由于回购价大于原售价，因而应在销售与回购期间按期计提利息费用，计提的利息费用直接计入当期财务费用。

2021年5—9月，每月应计提的利息费用为=（120-110）÷5=2（万元）。

借：财务费用　　　　　　　　　　　　　　　　　　　2

　　贷：其他应付款　　　　　　　　　　　　　　　　　　　2

③2021年9月30日，甲公司购回5月1日销售的商品，增值税专用发票上注明的价款为120万元，增值税税额为15.6万元。

借：其他应付款　　　　　　　　　　　　　　　　　120
　　应交税费——应交增值税（进项税额）　　　　15.6
　　　贷：银行存款　　　　　　　　　　　　　　　　　　　135.6
借：库存商品　　　　　　　　　　　　　　　　　　90
　　　贷：合同资产　　　　　　　　　　　　　　　　　　　　90

（2）乙公司的会计处理如下：

①收到商品时：

借：其他应收款　　　　　　　　　　　　　　　　　110
　　应交税费——应交增值税（进项税额）　　　　14.3
　　　贷：银行存款　　　　　　　　　　　　　　　　　　　124.3
借：库存商品　　　　　　　　　　　　　　　　　　90
　　　贷：合同负债　　　　　　　　　　　　　　　　　　　　90

②由于回购价大于原售价，因而应在销售与回购期间按期确认利息收入。

2021年5-9月，每月应确认的利息收入=（120-110）÷5=2（万元）。

借：其他应收款　　　　　　　　　　　　　　　　　2
　　　贷：财务费用　　　　　　　　　　　　　　　　　　　　2

③2021年9月30日，甲公司购回5月1日销售的商品，增值税专用发票上注明的价款为120万元，增值税税额15.6万元。

借：银行存款　　　　　　　　　　　　　　　　　　135.6
　　　贷：其他应收款　　　　　　　　　　　　　　　　　　　120
　　　　应交税费——应交增值税（销项税额）　　　　　　15.6
借：合同负债　　　　　　　　　　　　　　　　　　90
　　　贷：库存商品　　　　　　　　　　　　　　　　　　　　90

【典例研习·15-18】（2015年单项选择题）

若企业采用售后回购的方式筹集的资金全部用于自建生产厂房，则其所售商品回购价与售价之间的差额，应在售后回购期间计入（　　　　）。

A.固定资产　　　　　B.在建工程　　　　　C.管理费用　　　　　D.财务费用

斯尔解析 本题考查售后回购方式融资。企业采用售后回购方式融资的，在发出商品等资产后，应按实际收到的金额，借记"银行存款"科目，按专用发票上注明的增值税税额，贷记"应交税费——应交增值税（销项税额）"科目，按其差额，贷记"其他应付款"科目。由于这里说明采用售后回购方式筹集的资金用于建造固定资产，回购价格与原销售价格之间的差额，应在售后回购期间内按期计提利息费用，应当资本化，借记"在建工程"科目，贷记"其他应付款"科目，选项B正确。

（七）客户有未行使合同权利的销售业务处理

企业向客户预收销售商品款项的，应当首先将该款项确认为负债，待履行了相关履约义务时再转为收入。

当企业预收款项无须退回，且客户可能会放弃其全部或部分合同权利时，企业预期将有权获得与客户所放弃的合同权利相关的金额的，应当按照客户行使合同权利的模式按比例将上述金额确认为收入；否则，企业只有在客户要求其履行剩余履约义务的可能性极低时，才能将上述负债的相关余额转为收入。

【典例研习】答案：
15-18：B

【典例研习·15-19】（教材例题）

某软件开发企业（适用增值税税率为13%）于2020年10月5日为客户定制一项软件，工期大约5个月，合同总收入452万元（含税），至2020年12月31日已发生成本220万元（不考虑进项税额），预收账款292.5万元。预计开发完整个软件还将发生成本80万元。2020年12月31日经专业测量师测量，软件的开发程度为60%。

2020年确认收入＝劳务总收入×劳务的完成程度−以前年度已确认的收入

＝400×60%−0＝240（万元）

2020年确认营业成本＝劳务总成本劳务的完成程度−以前年度已确认的营业成本

＝（220+80）×60%−0＝180（万元）

该企业应作如下会计分录：

（1）预收款项时：

借：银行存款　　　　　　　　　　　　　　　　292.5

　贷：合同负债　　　　　　　　　　　　　　　　　　292.5

（2）发生成本时：

借：合同履约成本　　　　　　　　　　　　　　220

　贷：银行存款　　　　　　　　　　　　　　　　　　220

（3）确认收入时：

借：合同负债　　　　　　　　　　　　　　　　271.2

　贷：主营业务收入　　　　　　　　　　　　　　　　240

　　　应交税费——应交增值税（销项税额）　　　　31.2

（4）结转成本时：

借：主营业务成本　　　　　　　　　　　　　　180

　贷：合同履约成本　　　　　　　　　　　　　　　　180

发生的成本为220万元，扣除已结转的成本180万元，余额40万元应并入年度资产负债表"存货"项目内反映。

（八）客户支付的不可退还的初始费处理

企业在合同开始（或接近合同开始）日向客户收取的无须退回的初始费（如俱乐部的入会费等）应当计入交易价格。

企业应当评估该初始费是否与向客户转让已承诺的商品相关：

情况一：该初始费与向客户转让已承诺的商品相关，并且该商品构成单项履约义务的，企业应当在转让该商品时，按照分摊至该商品的交易价格确认收入；

情况二：该初始费与向客户转让已承诺的商品相关，但该商品不构成单项履约义务的，企业应当在包含该商品的单项履约义务履行时，按照分摊至该单项履约义务的交易价格确认收入；

情况三：该初始费与向客户转让已承诺的商品不相关的，该初始费应当作为未来将转让商品的预收款，在未来转让该商品时确认为收入。

使用斯尔教育APP
扫码观看本节好课

第二节　费　用

一、管理费用（★）

管理费用是指企业为组织和管理企业生产经营所发生的费用，包括企业在筹建期间发生的开办费、董事会和行政管理部门在企业的经营管理中发生的或者应由企业统一负担的公司经费（包括行政管理部门职工薪酬、物料消耗、低值易耗品、办公费和差旅费、经营租赁费、折旧费等）、工会经费、董事会费、聘请中介机构费、咨询费（含顾问费）、诉讼费、业务招待费、技术转让费、无形资产摊销、矿产资源补偿费、研究费用、排污费、企业生产车间和行政管理部门等发生的不满足资本化确认条件的固定资产日常修理费用和大修理费用等。

二、销售费用（★）

销售费用是指企业在销售商品和材料、提供劳务的过程中发生的各种费用。

关键词	举例
销售商品过程	保险费、包装费、展览费和广告费、商品维修费、预计产品质量保证损失、运输费、装卸费
专设销售机构	职工薪酬、业务费、折旧费、固定资产修理费用

三、财务费用（★）

财务费用是指企业为筹集生产经营所需资金等而发生的筹资费用，包括利息支出（减利息收入），汇兑损益以及相关的手续费、未确认融资费用摊销、分期收款销售方式下"未实现融资收益"的摊销等。

【典例研习·15-20】（2014年单项选择题改编）

下列会计事项中，不应记入"管理费用"科目的有（　　　）。

A.筹建期间发生的开办费

B.生产车间使用的设备发生的不符合资本化条件的日常修理费

C.车间管理人员工资

D.同一控制下企业合并，发生的相关审计费、法律服务费

斯尔解析　本题考查管理费用的核算。车间管理人员工资，应计入制造费用，选项C正确。

230 15-3
使用斯尔教育APP
扫码观看本节好课

第三节　利　润

一、利润指标的计算（★）

利润是指企业在一定期间的经营成果。利润包括收入减去费用后的净额、直接计入当期利润的利得和损失等。

其中收入减去费用后的净额反映的是企业日常活动的经营业绩，直接计入当期利润的利得和损失反映的是企业非日常活动的业绩。

与利润相关的指标主要有三个：营业利润、利润总额和净利润。三者之间的关系如下：

	营业利润
＋	营业外收入
－	营业外支出
＝	利润总额
－	所得税费用
＝	净利润

（一）营业利润

	营业收入
－	营业成本、税金及附加、销售费用、管理费用、研发费用、财务费用
＋	其他收益、投资收益（－投资损失）、净敞口套期收益（－净敞口套期损失）、公允价值变动收益（－公允价值变动损失）、资产处置收益（－资产处置损失）
－	信用减值损失、资产减值损失
＝	营业利润

（二）营业外收支

营业外收入	营业外支出
①非流动资产毁损报废收益	①非流动资产毁损报废损失
②捐赠利得	②公益性捐赠支出
③盘盈利得（无法查明原因的现金溢余）	③盘亏损失（固定资产盘亏净损失）
④与企业日常活动无关的政府补助	④罚款支出
⑤无法支付的应付账款	⑤非常损失

二、政府补助（★★）

（一）政府补助的概念与特征

维度	解读
概念	企业从政府无偿取得货币性资产或非货币性资产，不包括政府作为企业所有者投入的资本
特征	来源于政府的经济资源（企业收到来源于其他方的补助，如果有确凿证据表明政府是补助的实际拨付者，其他方只是起到代收代付的作用，该项补助也属于来源于政府的经济资源）
	无偿性，不需要向政府交付商品或服务等对价
表现	政府向企业转移资产
形式	财政拨款、财政贴息、税收返还（不包括增值税出口退税和直接减征、免征、增加计税抵扣额、抵免部分税额等）、无偿划拨非货币性资产

（二）政府补助的处理方法

1.基本原则

与企业日常活动相关的政府补助，应当按照经济业务实质，计入其他收益或冲减相关成本费用。与企业日常活动无关的政府补助，应当计入营业外收支。

2.计量金额

企业取得的各种政府补助为货币性资产的，应当按照收到或应收的金额计量。

政府补助为非货币性资产的，应当按照公允价值计量；公允价值不能可靠取得的，按照名义金额计量。

3.政府补助的会计处理方法

政府补助有两种会计处理方法：总额法和净额法。

（1）总额法。

总额法是在确认政府补助时，将其全额一次或分次确认为收益，而不是作为相关资产账面价值或成本费用等的扣减。

（2）净额法。

净额法是将政府补助确认为对相关资产账面价值或者所补偿成本费用等的扣减。

企业应当根据经济业务的实质，判断某一类政府补助业务应当采用总额法还是净额法进行会计处理，通常情况下，对同类或类似政府补助业务只能选用一种方法，同时，企业对该业务应当一贯地运用该方法，不得随意变更。企业对某些补助只能采用一种方法，例如，对一般纳税人增值税即征即退只能采用总额法进行会计处理。

（三）政府补助的账务处理

政府补助分为与资产相关的政府补助和与收益相关的政府补助。

类型	含义
与资产相关的政府补助	企业取得的、用于购建或以其他方式形成长期资产的政府补助。其中"与资产相关"，是指与购建固定资产、无形资产等长期资产相关
与收益相关的政府补助	除与资产相关的政府补助之外的政府补助。此类政府补助不是以"购买、建造或以其他方式取得长期资产"作为政策条件或使用条件

1.与资产相关的政府补助

（1）总额法。

①将政府补助全额确认为递延收益，然后在相关资产使用寿命内按合理、系统的方法分期计入损益。

取得政府补助时：

借：银行存款等

　　贷：递延收益

摊销政府补助时：

借：递延收益

　　贷：其他收益（日常活动）

　　　　营业外收入（非日常活动）

②相关资产在使用寿命结束时或结束前被处置（出售、转让、报废等），尚未分摊的递延收益余额应当一次性转入资产处置当期损益，不再予以递延。会计分录为：

借：递延收益

　　贷：其他收益等

③如果企业先取得政府补助资金再购建长期资产，则应在开始对相关资产计提折旧或摊销时开始将递延收益分期计入损益。

④如果企业先购建长期资产再取得政府补助资金，则应在相关资产剩余使用寿命内按合理、系统的方法将递延收益分期计入损益。

⑤如果对应的长期资产在持有期间发生减值损失，递延收益的摊销仍保持不变，不受减值因素的影响。

⑥对相关资产划分为持有待售类别的，先将尚未分配的递延收益余额冲减相关资产的账面价值，再按照《企业会计准则第42号——持有待售的非流动资产、处置组和终止经营》的要求进行会计处理。

（2）净额法。

企业在取得政府补助时应当按照补助资金的金额冲减相关资产的账面价值。

①如果企业先取得与资产相关的政府补助，再确认所购建的长期资产，净额法下应当将取得的政府补助先确认为递延收益，在相关资产达到预定可使用状态或预定用途时将递延收益冲减资产账面价值。

②如果相关长期资产投入使用后企业再取得与资产相关的政府补助，净额法下应当在取得补助时冲减相关资产的账面价值，并按照冲减后的账面价值和相关资产的剩余使用寿命计提折旧或进行摊销。

提示：实务中存在政府无偿给予企业长期非货币性资产的情况，如无偿给予土地使用权、天然起源的天然林等。企业取得的政府补助为非货币性资产的，应当按照公允价值计量；公允价值不能可靠取得的，按照名义金额（1元）计量。企业在收到非货币性资产的政府补助时，应当借记有关资产科目，贷记"递延收益"科目；然后在相关资产使用寿命内按合理、系统的方法分期计入损益。但是，对以名义金额计量的政府补助，在取得时计入当期损益。

2.与收益相关的政府补助

对与收益相关的政府补助，企业同样可以选择采用总额法或净额法进行会计处理：选择总额法的，应当计入其他收益或营业外收入；选择净额法的，应当冲减相关成本费用或营业外支出。

（1）与收益相关的政府补助如果用于补偿企业以后期间的相关成本费用或损失，企业在取得时应当先判断企业能否满足政府补助所附条件。根据准则规定，只有满足政府补助确认条件的才能予以确认，而客观情况通常表明企业能够满足政府补助所附条件，企业应当将其确认为递延收益，并在确认相关成本费用或损失的期间，计入当期损益或冲减相关成本。

（2）与收益相关的政府补助如果用于补偿企业已发生的相关成本费用或损失的，直接计入当期损益或冲减相关成本。这类补助通常与企业已经发生的行为有关，是对企业已发生的成本费用或损失的补偿，或是对企业过去行为的奖励。

3.政府补助的退回

已确认的政府补助需要退回的，应当在需要退回的当期分情况按照以下规定进行会计处理：

（1）初始确认时冲减相关资产账面价值的，调整资产账面价值；

（2）存在相关递延收益的，冲减相关递延收益账面余额，超出部分计入当期损益；

（3）属于其他情况的，直接计入当期损益。

此外，对于属于前期差错的政府补助退回，应当作为前期差错更正进行追溯调整。

4.综合性项目政府补助

对于同时包含与资产相关部分和与收益相关部分的政府补助，企业应当将其进行分解，区分不同部分分别进行会计处理；难以区分的，企业应当将其整体归类为与收益相关的政府补助进行会计处理。

【典例研习·15-21】（2019年单项选择题）

下列关于政府补助的表述中，错误的是（　　　）。

A.政府作为所有者投入企业的资本不属于政府补助

B.有确凿证据表明政府是无偿补助的实际拨付者，其他企业只是代收代付作用，该补助应属于政府补助

C.与收益有关的政府补助，应当直接计入其他收益

D.与资产有关的政府补助，应当冲减相关资产的账面价值或确认为递延收益

【斯尔解析】本题考查政府补助的核算。与收益相关的政府补助，应当分情况按照以下规定进行会计处理：

①用于补偿企业以后期间的相关成本费用或损失的，确认为递延收益，并在确认相关成本费用或损失的期间，计入当期损益或冲减相关成本；

②用于补偿企业已发生的相关成本费用或损失的，直接计入当期损益或冲减相关成本，选项C的表述错误，当选。

三、利润分配的一般程序

企业年度净利润，除法律、行政法规另有规定外，按照以下顺序分配：

①弥补以前年度亏损。

②提取10%法定公积金。法定公积金累计额达到注册资本50%以后，可以不再提取。

③提取任意公积金。任意公积金提取比例由投资者决议。

④向投资者分配利润。企业以前年度未分配的利润，并入本年度利润，在充分考虑现金流量状况后，向投资者分配。

使用斯尔教育APP
扫码观看本节好课

第四节　产品成本

一、产品成本项目

成本项目	含义
直接材料	构成产品实体的原材料以及有助于产品形成的主要材料和辅助材料
燃料及动力	直接用于产品生产的燃料和动力
直接人工	直接从事产品生产的工人的职工薪酬
制造费用	企业为生产产品和提供劳务而发生的各项间接费用，包括企业生产部门（如生产车间）发生的水电费、固定资产折旧、无形资产摊销、管理人员的职工薪酬、劳动保护费、国家规定的有关环保费用、季节性和修理期间的停工损失、正常废品范围内的废品损失等

提示：如果企业不设置"燃料及动力"成本项目，则外购的动力计入直接材料项目中。

二、制造企业产品成本核算的一般程序

第一步：归集和分配要素费用；

第二步：归集和分配辅助生产成本；

第三步：归集和分配制造费用；

第四步：结转完工产品成本。

三、制造企业生产费用在完工产品和在产品之间的归集和分配（★）

基本关系式：

月初在产品成本+本月生产费用=本月完工产品成本+月末在产品成本

方法类型	含义	具体方法
倒挤法	先确定月末在产品的成本，再计算出完工产品的成本	不计算在产品成本、在产品成本按年初数固定计算、在产品成本按其所耗用的原材料费用计算、在产品按定额成本计算
分配法	将公式前两项之和按一定比例在后两项之间进行分配	约当产量比例法、定额比例法

（一）不计算在产品成本

在产品成本为零，本月发生的产品费用，全部由其完工产品成本负担。

一般在各月末的在产品数量很小，在产品成本计算与否对完工产品成本影响不大时，为简化核算工作，可以不计算在产品成本。

（二）在产品成本按年初数固定计算

在产品成本每月都按年初数固定不变，每月月初在产品成本与月末在产品成本相等，当月发生的费用，全部由当月完工产品成本负担。

只有在年终时，才根据实际盘点的在产品数量，重新计算在产品成本。这种方法一般是在各月末在产品数量比较稳定、相差不多的情况下应用。

（三）在产品成本按其所耗用的原材料费用计算

这种方法是在产品成本按其所耗用的原材料费用计算，其他费用全部由完工产品成本负担。

当原材料费用在生产成本中占的比重大，而且原材料是在生产开始时一次就全部投入时，为了简化核算工作，可以采用这种方法，月末在产品可以只计算原材料费用，其他费用全部由完工产品负担。

（四）在产品按定额成本计算

根据月末实际结存的在产品数量和各项费用的单位定额，计算出月末在产品定额成本。再将月初在产品费用加上本月生产费用，减去按定额成本计算的月末在产品成本，即为完工产品成本。

这种方法适合在各月在产品数量变动不大、各项消耗定额比较准确、稳定的情况下采用。

计算公式：

月末在产品直接材料定额成本＝月末在产品数量×单位在产品材料消耗定额×材料计划单价

月末在产品直接人工定额成本＝月末在产品数量×单位在产品工时定额×单位定额工时的人工费用

月末在产品制造费用定额成本＝月末在产品数量×单位在产品工时定额×单位定额工时的费用

月末在产品定额成本＝月末在产品直接材料定额成本＋月末在产品直接人工定额成本＋月末在产品制造费用定额成本

完工产品成本＝月初在产品成本＋本月生产费用－月末在产品定额成本

【典例研习·15-22】（教材例题）

某产品所耗直接材料在生产开始时一次投入，完工产品的直接材料费用定额就是在产品的直接材料费用定额为85元；月末在产品300件，定额工时共计1 650小时，单位定额工时的直接人工定额为4.35元，制造费用定额为3.48元；月初在产品和本月生产费用累计为：直接材料费用为63 450元，直接人工费用为15 460元，制造费用为12 580元。按定额成本计算法分配如下：

（1）月末在产品定额成本：

月末在产品直接材料定额成本＝300×85＝25 500（元）

月末在产品直接人工定额成本＝1 650×4.35＝7 177.5（元）

月末在产品制造费用定额成本＝1 650×3.48＝5 742（元）

月末在产品定额成本＝25 500＋7 177.5＋5 742＝38 419.5（元）

（2）完工产品成本：

完工产品直接材料成本＝63 450－25 500＝37 950（元）

完工产品直接人工成本=15 460−7 177.5=8 282.5（元）

完工产品制造费用=12 580−5 742=6 838（元）

完工产品成本=37 950+8 282.5+6 838=53 070.5（元）

（五）约当产量比例法

将实际结存的在产品数量按其完工程度折合为大约相当的完工产品产量，称为在产品的约当产量，然后按照在产品约当产量和完工产品产量的比例分配生产费用。

它适用于在产品数量较多，各月在产品数量变动也较大，同时产品成本中各项费用的比重又相差不多的企业。

计算公式：

在产品约当产量=在产品数量×完工百分比

某项费用分配率=某项费用总额÷（完工产品产量+在产品约当产量）

完工产品应负担费用=完工产品产量×费用分配率

在产品应负担费用=在产品约当产量×费用分配率

提示：

（1）产品完工率=（前工序累计工时定额+本工序工时定额×50%）÷（单位产品工时定额×100%）

根据各工序在产品完工程度和各工序在产品数量，就可以计算出各工序在产品的约当产量，各工序在产品约当产量的合计数即为某产品月末在产品约当产量。

（2）如果原材料是生产开工时一次投入，在产品无论完工程度如何，都应负担全部原材料费用，即按在产品实际数量与完工产品产量的比例直接分配材料费用；如果原材料是分次投入，则在产品的直接材料费用负担额应按完工程度确定，此时，在产品应按完工程度折合为约当产量与完工产品产量的比例进行分配。

【典例研习·15-23】（教材例题）

某企业基本生产车间生产甲产品，本月完工300件，月末在产品40件，甲产品月初在产品成本和本期生产费用总额为147 500元，其中直接材料为71 400元，直接人工为25 600元，制造费用为50 500元。原材料在开工时一次投入，月末在产品完工程度为50%。按约当产量比例法计算分配如下：

（1）在产品约当产品量的计算：

约当产量=40×50%=20（件）

（2）直接材料的分配：

直接材料分配率=71 400÷（300+40）=210

在产品应负担的直接材料费用=40×210=8 400（元）

完工产品应负担的直接材料费用=300×210=63 000（元）

（3）直接人工的分配：

直接人工分配率=25 600÷（300+20）=80

在产品应负担的直接人工费用=20×80=1 600（元）

完工产品应负担的直接人工费用=300×80=24 000（元）

（4）制造费用的分配：

制造费用分配率=50 500÷（300+20）=157.8125

在产品应负担的制造费用=20×157.8125=3 156.25（元）

完工产品应负担的制造费用=300×157.8125=47 343.75（元）

（5）完工产品成本和在产品成本的计算：

月末在产品总成本=8 400+1 600+3 156.25=13 156.25（元）

完工产品总成本=63 000+24 000+47 343.75=134 343.75（元）

【典例研习·15-24】（2016年单项选择题）

甲公司只生产乙产品，2015年12月月初在产品数量为零，12月份共投入原材料50 000元，直接人工和制造费用共计30 000元，乙产品需要经过两道加工工序，工时定额为20小时，其中第一道工序12小时，第二道工序8小时，原材料在产品生产时陆续投入。12月月末乙产品完工330件，在产品150件，其中第一道工序100件，第二道工序50件。甲公司完工产品和在产品生产费用采用约当产量法分配，各工序在产品完工百分比均为50%。则甲公司2015年12月份完工产品的单位产品成本是（　　）元/件。

　A.220　　　　　　B.230　　　　　　C.210　　　　　　D.200

斯尔解析 本题考查产品成本计算。乙产品的约当产量=［100×50%×12+50×（12+8×50%）］/20=70（件），则甲公司2015年12月份完工乙产品的单位成本=（50 000+30 000）/（330+70）=200（元/件），选项D正确。

（六）定额比例法

在各月在产品数量变动较大的情况下，如果各项消耗定额比较准确、稳定，完工产品和月末在产品成本可以按照定额消耗量或定额费用的比例进行分配。

采用该法分配时，直接材料一般按定额消耗量或定额费用比例分配，加工费用一般按定额工时比例分配。

计算公式：

定额比例（费用分配率）=（月初在产品实际费用+本月实际费用）÷［完工产品定额消耗量（定额费用）+月末在产品定额消耗量（定额费用）］

完工产品实际费用=完工产品定额消耗量（定额费用）×费用分配率

月末在产品实际费用=月末在产品定额消耗量（定额费用）×费用分配率

【典例研习·15-25】（教材例题）

某种产品的月初在产品直接材料费用为3 200元，直接人工费用为500元，制造费用为300元；本月内发生的直接材料费用为8 400元，直接人工费用为1 000元，制造费用为600元。本月完工产品400件，每件产品的材料定额消耗量为5千克，工时定额为10小时；月末在产品材料定额消耗量共计为500千克，月末在产品定额工时共计为1 000小时。按定额比例法计算分配如下：

（1）直接材料费用的分配：

直接材料费用分配率=（3 200+8 400）÷（400×5+500）=4.64

在产品应负担的直接材料费用=500×4.64=2 320（元）

完工产品应负担的直接材料费用=2 000×4.64=9 280（元）

（2）直接人工费用的分配：

直接人工费用分配率=（500+1 000）÷（400×10+1 000）=0.3

在产品应负担的直接人工费用=1 000×0.3=300（元）

完工产品应负担的直接人工费用=4 000×0.3=1 200（元）

（3）制造费用的分配：

制造费用分配率＝（300＋600）÷（400×10＋1 000）＝0.18

在产品应负担的制造费用＝1 000×0.18＝180（元）

完工产品应负担的制造费用＝4 000×0.18＝720（元）

（4）完工产品成本和月末在产品成本的计算：

在产品总成本＝2 320＋300＋180＝2 800（元）

完工产品总成本＝9 280＋1 200＋720＝11 200（元）

四、制造企业产品成本计算的基本方法

（一）品种法

品种法是以产品品种为成本计算对象计算产品成本的一种方法。这种方法，既不要求按产品批别计算成本，也不要求按生产步骤计算成本。

它适用于大量大批的单步骤生产，如发电、采掘等生产，或者管理上不要求分步计算产品成本的大量大批多步骤生产。

（二）分批法

分批法是按产品批别（或订单）计算产品成本的一种方法。由于每批或单件产品的品种、数量以及计划开工、完工时间一般都是按客户的订单确定，所以分批法又称订单法。

它适用于单件小批单步骤生产和管理上不要求分步计算成本的多步骤生产，如精密仪器和船舶制造、服装加工等生产。

（三）分步法

分步法是按产品的生产步骤计算产品成本的一种方法。它适用于大量大批多步骤生产，而且管理上要求分步计算产品成本的工业企业。如纺织、冶金、造纸及机械制造等生产。

分步法按其是否计算半成品成本又可分为逐步结转分步法和平行结转分步法。

1.逐步结转分步法

逐步结转分步法是按产品加工步骤的先后顺序，逐步计算并结转各步骤半成品成本，直至最后计算出产品成本的一种方法。它适用于各步骤半成品有独立的经济意义，管理上要求核算半成品成本的企业。

逐步结转分步法示意图：

2.平行结转分步法

平行结转分步法是指不计算各步骤的半成品成本，而只计算本步骤发出的费用和应由产成品负担的份额，将各步骤成本计算单中产成品应负担的份额平行汇总来计算产品成本的一种方法。

平行结转分步法示意图：

冲关地图

🏴‍☠️：要听懂
❗❗❗：你得背
√+-×÷：你得算
👓：有空看

第十五章 收入、费用、利润和产品成本

收入

收入确认和计量的"五步法"模型
- 🏴 识别与客户订立的合同
- 🏴 识别合同中的单项履约义务
- 🏴 确定交易价格
- 🏴 将交易价格分摊至单项履约义务
- 🏴 履行每一单项履约义务时确认收入

合同成本
- 🏴 合同取得成本
- 🏴 合同履约成本

特殊交易的会计处理
- 🏴 附有销售退回条款的销售业务处理
- 🏴 附有质量保证条款的销售业务处理
- 🏴 多方交易主要责任人或代理人的识别与处理
- 🏴 客户有额外选择权的销售业务处理
- 🏴 涉及知识产权许可的销售业务处理
- 🏴 售后回购销售业务处理
- 🏴 客户有未行使合同权利的销售业务处理
- 🏴 客户支付的不可退还的初始费处理

费用
- 🏴 管理费用
- 🏴 销售费用
- 🏴 财务费用

利润
- 🏴 利润指标的计算
- 🏴 政府补助
- 👓 利润分配的一般程序

产品成本
- 👓 产品成本项目
- 👓 制造企业产品成本核算的一般程序
- √+-×÷ 制造企业生产费用在完工产品和在产品之间的归集和分配
- 👓 制造企业产品成本计算的基本方法

第十六章　所得税

学 习 提 要

考几分？

本章属于重点章节，近三年平均分值在10分左右。

怎么考？

本章考查题型比较全面，各种题型均有涉及，主要与其他章节结合考查计算题和综合分析题。

怎么学？

本章的知识比较难，并且与前面章节结合紧密，是令很多同学"非常头疼"的一章。学习本章，一定要先梳理清楚所得税核算的基本原理，然后再"抽丝剥茧"，逐步深入。否则，很难灵活应对考题。

考 点 精 讲

使用斯尔教育APP
扫码观看本节好课

第一节　所得税核算的基本原理

一、税会差异

在我国，会计的确认、计量、报告应当遵循《企业会计准则》的规定，目的在于真实、完整地反映企业的财务状况、经营成果和现金流量等，为投资者、债权人以及其他会计信息使用者提供对其决策有用的信息。

税法中，企业的应纳税所得额的确定应当遵循国家有关税收法律、法规的规定，目的在于确定一定时期内纳税人应缴纳的税额。

企业的会计核算和税收处理分别遵循不同的原则，服务于不同的目的。

税会差异主要分为两类，一类是暂时性差异，一类是永久性差异（目前已经不提，仅为理解原理）。

（一）暂时性差异

【典例研习·16-1】

甲公司适用的企业所得税税率为25%，2020年，销售商品一批，实现的主营业务收入为100万元，款项尚未收到，确认的主营业务成本为60万元，年末该应收账款确认了10万元的信用减值损失，不考虑增值税等其他相关因素的影响。

甲公司的账务处理：

借：应收账款　　　　　　　　　　　　　　　　　100

　　贷：主营业务收入　　　　　　　　　　　　　　　　　100

借：主营业务成本　　　　　　　　　　　　　　　 60

　　贷：库存商品　　　　　　　　　　　　　　　　　　　 60

借：信用减值损失　　　　　　　　　　　　　　　 10

　　贷：坏账准备　　　　　　　　　　　　　　　　　　　 10

甲公司2020年会计口径的利润总额=100-60-10=30（万元）

甲公司2020年应纳税所得额=100-60=40（万元）

甲公司2020年应纳所得税额=40×25%=10（万元）

借：所得税费用　　　　　　　　　　　　　　　　 10

　　贷：应交税费——应交所得税　　　　　　　　　　　　 10

如果甲公司2021年的利润总额为40万元，实际发生坏账10万元，不考虑其他因素。

甲公司账务处理：

借：坏账准备　　　　　　　　　　　　　　　　　 10

　　贷：应收账款　　　　　　　　　　　　　　　　　　　 10

甲公司2021年应纳税所得额=40-10=30（万元）

甲公司2021年应纳所得税额=30×25%=7.5（万元）

借：所得税费用   7.5

  贷：应交税费——应交所得税   7.5

2020年年末，甲公司应收账款账面价值为90万元，计税基础为100万元。

可抵扣暂时性差异=100-90=10（万元）

2020年年末资产负债表上应确认递延所得税资产=10×25%=2.5（万元）

借：递延所得税资产   2.5

  贷：所得税费用   2.5

【典例研习·16-2】

甲公司适用的企业所得税税率为25%，2020年，实现的会计利润总额为100万元，其中11月份购买了一份交易性金融资产，初始计量金额为40万元，年末公允价值为60万元，不考虑增值税等其他相关因素的影响。

甲公司的账务处理：

借：交易性金融资产——成本   40

  贷：银行存款   40

借：交易性金融资产——公允价值变动   20

  贷：公允价值变动损益   20

甲公司2020年应纳税所得额=100-20=80（万元）

甲公司2020年应纳所得税额=80×25%=20（万元）

借：所得税费用   20

  贷：应交税费——应交所得税   20

如果甲公司2021年的利润总额为100万元，其中1月份将上述金融资产对外出售，售价为60万元，不考虑其他因素。

甲公司账务处理：

借：银行存款   60

  贷：交易性金融资产——成本   40

        ——公允价值变动 20

甲公司2021年应纳税所得额=100+20=120（万元）

甲公司2021年应纳所得税额=120×25%=30（万元）

借：所得税费用   30

  贷：应交税费——应交所得税   30

2020年年末，甲公司交易性金融资产账面价值为60万元，计税基础为40万元。

应纳税暂时性差异=60-40=20（万元）

2020年年末资产负债表上应确认递延所得税负债=20×25%=5（万元）

借：所得税费用   5

  贷：递延所得税负债   5

（二）永久性差异

【典例研习·16-3】

甲公司适用的企业所得税税率为25%，2020年，销售商品一批，实现的主营业务收入为100万元，款项尚未收到，确认的主营业务成本为60万元，当年发生税收滞纳金为10万元（税法规定，税收滞纳金不得在计算所得税时税前扣除），不考虑增值税等其他相关因素的影响。

甲公司2020年会计口径的利润总额=100−60−10=30（万元）

甲公司2020年应纳税所得额=100−60=40（万元）

甲公司2020年应纳所得税额=40×25%=10（万元）

借：所得税费用   10

    贷：应交税费——应交所得税   10

二、基本原理（★★★）

我国所得税会计采用了资产负债表债务法，要求企业从资产负债表出发，通过比较资产负债表上列示的资产、负债按照会计准则规定确定的账面价值与按照税法规定确定的计税基础，对于两者之间的差异分别应纳税暂时性差异与可抵扣暂时性差异，确认相关的递延所得税负债与递延所得税资产，并在此基础上，确定每一会计期间利润表中的所得税费用。所得税会计的一般程序见下图：

使用斯尔教育 APP
扫码观看本节好课

第二节　资产、负债的计税基础及暂时性差异

一、资产的计税基础（★★★）

资产的计税基础是指企业收回资产账面价值过程中，按照税收法律、法规的规定计算应纳税所得额时可以自应税经济利益中抵扣的金额，即某项资产在未来期间计税时按照税收法律、法规规定可以税前扣除的金额。

通常情况下，资产在取得时其入账价值与计税基础是相同的，后续计量过程中因企业会计准则规定与税法规定不同，可能造成账面价值与计税基础的差异。

（一）固定资产

账面价值=实际成本−会计累计折旧−固定资产减值准备

计税基础=实际成本−税法累计折旧

以各种方式取得的固定资产，初始确认时按照会计准则规定确认的入账价值基本上是被税法认可的，即取得时其账面价值一般等于计税基础。固定资产产生暂时性差异通常来自以下两个方面：

（1）折旧方法、折旧年限等不同产生的差异；

（2）因计提固定资产减值准备产生的差异。

【典例研习·16-4】（教材例题）

甲公司于2016年12月以1 200万元购入一项无须安装即可投入生产使用的设备，按照该项设备的预计使用情况，甲公司估计其可使用年限为10年，按照年限平均法计提折旧，预计净残值为0。假设税收法律、法规规定的折旧年限、折旧方法及净残值与会计规定相同。2018年12月31日甲公司估计该设备的可收回金额为900万元。

该设备在2018年12月31日的账面余额＝1 200－1 200÷10×2＝960（万元）

因估计该设备在2018年12月31日的可收回金额为900万元，故需计提减值准备60万元。

该设备在2018年12月31日的计税基础为960万元。该设备的账面价值900万元与其计税基础960万元之间产生了60万元差额，形成了暂时性差异。

（二）无形资产

1.初始计量（仅针对内部研发形成的无形资产）

项目	税法规定	差异
不满足资本化的支出，计入当期损益	按照研究开发费用的75%（或100%）加计扣除	永久性差异
满足资本化的支出，计入无形资产成本	按照无形资产成本的175%（或200%）摊销	暂时性差异，但是不确认该暂时性差异的所得税影响

【典例研习·16-5】（教材例题）

甲公司2018年为内部开发新技术发生研究开发支出共计1 000万元，其中研究阶段支出为200万元，开发阶段符合资本化条件前发生的支出为200万元，符合资本化条件后至达到预定用途前发生的支出为600万元。税收法律、法规规定，企业研究开发支出未形成无形资产计入当期损益的，按照研究开发费用的75%加计扣除；形成无形资产的，按照无形资产成本的175%摊销。假定该内部开发形成的无形资产在当期期末已达到预定用途（尚未开始摊销）。

甲公司2018年发生的该内部开发新技术发生的研究开发支出中，按照会计准则规定应予费用化的金额为400万元，期末所形成无形资产的账面价值为600万元。

甲公司2018年发生的该内部开发新技术发生的研究开发支出为1 000万元，按照税收法律、法规的规定可在当期税前扣除的金额为700万元（400＋400×75%）。所形成无形资产在未来期间可予税前扣除的金额为1 050万元，其计税基础为1 050万元，形成暂时性差异450万元。

但是不确认该暂时性差异的所得税影响，理由：无形资产的确认不是产生于合并交易、同时在确认时既不影响会计利润也不影响应纳税所得额，所以会计准则特别规定不确认该暂时性差异的所得税。

2.后续计量

无形资产在后续计量时，会计与税收的差异主要存在于无形资产是否需要摊销及无形资产减值准备的提取。

（1）使用寿命不确定的无形资产：

账面价值＝实际成本－无形资产减值准备

计税基础＝实际成本－税法累计摊销

（2）使用寿命确定的无形资产：

账面价值＝实际成本－会计累计摊销－无形资产减值准备

计税基础＝实际成本－税法累计摊销

（三）投资性房地产

1.成本模式后续计量

账面价值＝历史成本－会计累计折旧/累计摊销－投资性房地产减值准备

计税基础＝历史成本－税法累计折旧/累计摊销

2.公允价值模式后续计量

账面价值＝期末的公允价值

计税基础＝历史成本－税法累计折旧/累计摊销

【典例研习·16-6】（教材例题）

甲公司2018年1月1日将其所拥有自用的成本为2 000万元的办公楼对外出租。该办公楼预计可使用年限为20年，采用年限平均法计提折旧，预计净残值为0。假设税收法律、法规规定的折旧方法、折旧年限及净残值与会计规定相同；同时税收法律、法规规定资产在持有期间公允价值的变动不计入应纳税所得额，待处置时一并计入应纳税所得额。转为投资性房地产前已使用5年。

甲公司将其转为投资性房地产核算后，预计能够持续可靠取得公允价值，采用公允价值模式进行后续计量。2018年12月31日该办公楼的公允价值为1 500万元。

该投资性房地产在2018年12月31日的账面价值为1 500万元。

该投资性房地产在2018年12月31日的计税基础＝2 000－2 000÷20×6＝1 400（万元）

该投资性房地产的账面价值1 500万元与其计税基础1 400万元之间产生了100万元的暂时性差异。

（四）存货、长期股权投资、应收账款

账面价值＝账面余额－减值准备

计税基础＝取得成本

（五）金融资产

1.交易性金融资产

账面价值＝期末的公允价值

计税基础＝取得时的成本

2.其他权益工具投资

账面价值＝期末的公允价值

计税基础＝取得时的成本

3.债权投资

账面价值＝期末摊余成本＝期初摊余成本＋本期计提利息（期初摊余成本×实际利率）－本期收回本金和利息－本期计提的减值准备

计税基础＝不考虑减值的摊余成本

4.其他债权投资

账面价值＝期末的公允价值

计税基础＝不考虑减值的摊余成本

二、负债的计税基础（★★★）

负债的计税基础，是指负债的账面价值减去未来期间计算应纳税所得额时按照税法规定可予抵扣的金额。

负债的计税基础=负债的账面价值−未来期间按照税法规定可予税前扣除的金额

命题角度：确定企业负债形成的暂时性差异。

- -

传统确定负债形成的暂时性差异的方法是：先计算负债的账面价值，再计算负债的计税基础，最后比较得出。但负债计税基础的确定比较复杂，是很多同学理解的难点。为简化计算，在确定企业负债形成的暂时性差异时，可以不计算负债的计税基础，直接确定暂时性差异。

根据：负债的计税基础=负债的账面价值−未来期间按照税法规定可予税前扣除的金额。

可知：负债的账面价值−负债的计税基础=未来期间按照税法规定可予税前扣除的金额。

如果未来按照税法规定可予税前扣除的金额=0，则不存在暂时性差异；如果未来按照税法规定可予税前扣除的金额≠0，则存在暂时性差异。

（一）预计负债

情形一：会计规定在计提时，计入当期损益。税法规定，在实际发生时允许税前扣除（例如计提产品保修费用、附销售退回条款的销售估计退货部分等）。

负债的账面价值−负债的计税基础=负债的账面价值

此时，存在暂时性差异。

情形二：会计规定在计提时，计入当期损益。税法规定，无论是否实际发生均不允许税前扣除（例如债务担保等）。

负债的账面价值−负债的计税基础=0

此时，不存在暂时性差异。

【典例研习·16-7】（教材例题）

甲公司2×18年因销售产品承诺提供2年的保修服务，在当年度利润表中确认了100万元的销售费用，同时确认为预计负债，当年度尚未发生任何保修支出。假设按照税收法律、法规规定，与产品售后服务相关的费用在实际发生时允许税前扣除。

甲公司该项预计负债在2018年12月31日资产负债表中的账面价值为100万元，未来期间计算应纳税所得额时按照税法规定可予扣除的金额=100（万元）。

预计负债的账面价值−计税基础=100（万元），产生了暂时性差异100万元。

（二）合同负债

账面价值=合同负债账面余额

一般情况：企业在收到客户预付的款项时，因尚未符合收入确认条件，会计上未确认收入，与税法规定一致，不产生暂时性差异。

特殊情况：未满足收入确认条件的预收款项，税法规定需计入当期应纳税所得额，未来期间可全额税前扣除，产生暂时性差异。

账面价值－计税基础=账面价值

（三）应付职工薪酬

《企业会计准则第8号——职工薪酬》规定，企业为获得职工提供的服务给予的各种形式的报酬以及其他相关支出均应作为企业的成本费用，在未支付之前确认为负债。税收法律、法规规定中对于企业实际发生的真实、合理的职工薪酬允许税前扣除，但税收法律、法规规定中如果规定了税前扣除标准的，按照相关会计准则规定计入成本费用的金额超过规定标准部分，应进行纳税调整。因超过部分在发生当期不允许税前扣除，在以后期间也不允许税前扣除，即该部分差额对未来期间计税不产生影响，所产生应付职工薪酬负债的账面价值等于计税基础。

【典例研习·16-8】（教材例题）

甲公司2018年12月计入成本费用的职工工资总额为300万元，至2018年12月31日尚未支付，仍体现在资产负债表中的应付职工薪酬中。假定按照税收法律、法规的规定，当期计入成本费用的300万元工资支出中，可予税前扣除的金额为200万元。

未来期间计算应纳税所得额时按照税法规定可予抵扣的金额=0

账面价值－计税基础=0

（四）其他负债

企业的其他负债项目，如应交的罚款和滞纳金等，在尚未支付之前按照会计规定确认为费用，同时作为负债反映。但税收法律、法规规定，罚款和滞纳金不能税前扣除，即该部分费用无论是在发生当期还是在以后期间均不允许税前扣除。

未来期间按照税法规定可予税前扣除的金额=0

账面价值－计税基础=0，不会产生暂时性差异。

三、暂时性差异（★★★）

暂时性差异是指资产、负债的账面价值与其计税基础不同产生的差额。

由于资产、负债的账面价值与其计税基础不同，产生了在未来收回资产或清偿负债的期间内，应纳税所得额增加或减少并导致未来期间应交所得税增加或减少的情况，形成企业的资产和负债，在相关暂时性差异发生当期，在符合条件时，应当确认相关的递延所得税资产和递延所得税负债。

根据暂时性差异对未来期间应纳税所得额的影响，可分为应纳税暂时性差异和可抵扣暂时性差异。

类型	含义
应纳税暂时性差异	在确定未来收回资产或清偿负债期间的应纳税所得额时，将导致产生应纳税金额的暂时性差异
可抵扣暂时性差异	在确定未来收回资产或清偿负债期间的应纳税所得额时，将导致产生可抵扣金额的暂时性差异

资产账面价值＜资产计税基础→可抵扣暂时性差异

资产账面价值＞资产计税基础→应纳税暂时性差异

负债账面价值＞负债计税基础→可抵扣暂时性差异

负债账面价值＜负债计税基础→应纳税暂时性差异

命题角度：给出经济业务，判断能否产生暂时性差异。

除关注资产和负债的账面价值和计税基础的差异之外，还需关注下列事项：

（1）某些交易或事项发生后按照税收法律、法规规定能够确定计税基础，但因不符合会计资产、负债确认条件而未体现为资产负债表中的资产或负债，如企业发生的符合条件的广告费和业务宣传费、职工教育经费等，其为零的账面价值与计税基础之间的差异也构成暂时性差异。

（2）按照税收法律、法规规定允许用以后年度的应纳税所得额弥补的可弥补亏损及可结转以后年度的税款抵减，视同可抵扣暂时性差异处理。

【典例研习·16-9】（2018年多项选择题）

企业当年发生的下列交易或事项中，可能产生应纳税暂时性差异的有（　　　）。

A.购入使用寿命不确定的无形资产

B.应交的罚款和滞纳金

C.本期产生亏损，税法允许在以后5年内弥补

D.年初交付管理部门使用的设备，会计上按年限平均法计提折旧，税法上按双倍余额递减法计提折旧

E.期末以公允价值计量且其变动计入当期损益的金融负债公允价值小于其计税基础

斯尔解析 本题考查暂时性差异的核算。购入使用寿命不确定的无形资产，会计上不计提摊销，而税法上需要计提摊销，可能会导致无形资产的账面价值大于计税基础，形成应纳税暂时性差异，选项A正确；应交的罚款和滞纳金，属于永久性差异，选项B错误；本期产生亏损，视同可抵扣暂时性差异，选项C错误。年初交付的固定资产，会计上按照年限平均法计提折旧，比税法上按照双倍余额递减法计提的折旧少，会使得资产的账面价值比计税基础大，形成应纳税暂时性差异，选项D正确；负债的账面价值小于计税基础，形成应纳税暂时性差异，选项E正确。

使用斯尔教育APP
扫码观看本节好课

第三节　递延所得税资产及负债的确认和计量

一、递延所得税负债的确认和计量（★★★）

（一）递延所得税负债的确认

递延所得税负债产生于应纳税暂时性差异。因应纳税暂时性差异在转回期间将增加企业的应纳税所得额和应交所得税，导致企业经济利益的流出，在其发生当期，构成企业应支付税金的义务，应作为负债确认，并遵循以下原则：

（1）除所得税准则中明确规定可不确认递延所得税负债的情况以外，企业对于所有的应纳税暂时性差异均应确认相关的递延所得税负债。除直接计入所有者权益的交易或事项以及企业合并中取得资产、负债相关的以外，在确认递延所得税负债的同时，应增加利润表中的所得税费用。

交易或事项类型	计入科目
对税前会计利润或是应纳税所得额产生影响的	所得税费用
产生于直接计入所有者权益的交易或事项的	所有者权益
企业合并	商誉或合并当期损益

【典例研习·16-10】

甲公司适用的企业所得税税率为25%。其持有一项成本为100万元的其他债权投资，会计期末公允价值为140万元。假设甲公司期初递延所得税资产和递延所得税负债不存在余额，且除此之外，不存在其他会计与税法之间的差异。有关账务处理如下：

（1）会计期末确认40万元（140−100）的公允价值变动：

借：其他债权投资　　　　　　　　　　　　40

　　贷：其他综合收益　　　　　　　　　　　　　　40

（2）确认应纳税暂时性差异的所得税影响：

借：其他综合收益　　　　　　　　　　　　10

　　贷：递延所得税负债　　　　　　　　　　　　　10

（2）不确认递延所得税负债的特殊情形。

①商誉的初始确认。

会计规定：非同一控制下的企业合并中，企业合并成本大于合并中取得的被购买方可辨认净资产公允价值份额的差额，按照会计准则规定应确认为商誉。

商誉账面价值=合并成本−被购买方可辨认净资产公允价值份额

税法规定：计税时作为免税合并的情况下，商誉的计税基础为零。

其账面价值与计税基础形成应纳税暂时性差异（商誉作为资产账面价值大于计税基础），准则中规定不确认与其相关的递延所得税负债。

②除企业合并以外的其他交易或事项中，如果该项交易或事项发生时既不影响会计

利润，也不影响应纳税所得额，则所产生的资产、负债的初始确认金额与其计税基础不同，形成应纳税暂时性差异的，交易或事项发生时不确认相应的递延所得税负债。

③与子公司、联营企业、合营企业投资等相关的应纳税暂时性差异，一般应确认相应的递延所得税负债，但同时满足以下两个条件的除外：

一是投资企业能够控制暂时性差异转回的时间；

二是该暂时性差异在可预见的未来很可能不会转回。

（3）对于采用权益法核算的长期股权投资，其计税基础与账面价值产生的有关暂时性差异是否应确认相关的所得税影响，应当考虑该项投资的持有意图：

①在准备长期持有的情况下，对于采用权益法核算的长期股权投资账面价值与计税基础之间的差异，投资企业一般不确认相关的所得税影响；

②在持有意图由长期持有转变为拟近期出售的情况下，因长期股权投资的账面价值与计税基础不同产生的有关暂时性差异，均应确认相关的所得税影响。

（二）递延所得税负债的计量

（1）递延所得税负债应以相关应纳税暂时性差异转回期间适用的所得税税率计量。

计算公式：

递延所得税负债＝未来应交纳的应纳税暂时性差异×转回期间适用的所得税税率

（2）无论应纳税暂时性差异的转回期间如何，递延所得税负债的确认不要求折现。

二、递延所得税资产的确认和计量（★★★）

（一）递延所得税资产的确认

递延所得税资产产生于可抵扣暂时性差异。资产、负债的账面价值与其计税基础不同产生可抵扣暂时性差异的，在估计未来期间能够取得足够的应纳税所得额用以利用该可抵扣暂时性差异时，应当以很可能取得用来抵扣可抵扣暂时性差异的应纳税所得额为限，确认相关的递延所得税资产。

在可抵扣暂时性差异转回的未来期间内，企业无法产生足够的应纳税所得额用以利用可抵扣暂时性差异的影响，使得与可抵扣暂时性差异相关的经济利益无法实现的，则不应确认递延所得税资产；企业有明确的证据表明其于可抵扣暂时性差异转回的未来期间能够产生足够的应纳税所得额，进而利用可抵扣暂时性差异的，则应以很可能取得的应纳税所得额为限，确认相关的递延所得税资产。

在判断企业可抵扣暂时性差异转回的未来期间是否能够产生足够的应纳税所得额时，应考虑企业在未来期间通过正常的生产经营活动能够实现的应纳税所得额，以及以前期间产生的应纳税暂时性差异在未来期间转回时将增加的应纳税所得额。

1.计入科目

交易或事项类型	计入科目
对税前会计利润或是应纳税所得额产生影响的	所得税费用
产生于直接计入所有者权益的交易或事项的	所有者权益
企业合并	商誉或合并当期损益

2.对与子公司、联营企业、合营企业投资相关的可抵扣暂时性差异

同时满足下列条件的，应当确认相关的递延所得税资产：

一是暂时性差异在可预见的未来很可能转回；

二是未来很可能获得用来抵扣可抵扣暂时性差异的应纳税所得额。

3.确认递延所得税资产的特殊情况

对于按照税法规定可以结转以后年度的可弥补亏损和税款抵减，应视同可抵扣暂时性差异处理。在预计可利用可弥补亏损或税款抵减的未来期间内很可能取得足够的应纳税所得额时，应当以很可能取得的应纳税所得额为限，确认相应的递延所得税资产，同时减少确认当期的所得税费用。

4.不确认递延所得税资产的特殊情况

如果企业发生的某项交易或事项不是企业合并，并且交易发生时既不影响会计利润也不影响应纳税所得额，且该项交易中产生的资产、负债的初始确认金额与其计税基础不同，产生可抵扣暂时性差异的，准则中规定在交易或事项发生时不确认相应的递延所得税资产。

例如：内部研究开发形成无形资产的，按照无形资产成本的150%（或175%）摊销。

（二）递延所得税资产的计量

1.初始计量

企业在确认递延所得税资产时，应当以预期收回该资产期间的适用企业所得税税率为基础计算确定。无论相关的可抵扣暂时性差异转回期间如何，递延所得税资产均不要求折现。

计算公式：

递延所得税资产＝未来可转回的可抵扣暂时性差异×转回期间适用的所得税税率

2.后续计量

企业在确认了递延所得税资产以后，在资产负债表日，应当对递延所得税资产的账面价值进行复核。如果未来期间很可能无法取得足够的应纳税所得额用以利用可抵扣暂时性差异带来的经济利益时，应当减记递延所得税资产的账面价值。

减记的递延所得税资产，除原确认时计入所有者权益的递延所得税资产，其减记金额也应计入所有者权益外，其他的情况应增加所得税费用。

借：所得税费用等

　　贷：递延所得税资产

该减记金额可以在原已减记的范围内转回。

三、适用税率变化的影响（★★★）

因税收法规的变化，导致企业在某一会计期间适用的所得税税率发生变化的，企业应对已确认的递延所得税资产和递延所得税负债按照新的税率重新计量。

【典例研习·16-11】（2018年单项选择题）

2016年1月1日，甲公司购入股票作为以公允价值计量且其变动计入其他综合收益的金融资产核算，购买价款为1 000万元，另支付手续费及相关税费4万元，2016年12月31日该项股票公允价值为1 100万元，若甲公司适用的企业所得税税率为25%，则甲公司下列表述中正确的是（　　）。

A.金融资产计税基础为996万元

B.应确认递延所得税资产24万元

C.应确认递延所得税负债24万元

D.金融资产入账价值为1 000万元

【典例研习】答案：

16-11：C

斯尔解析 本题考查递延所得税资产及负债的确认和计量。金融资产的入账价值=1 000+4=1 004（万元），与计税基础相同，选项AD错误；年末，账面价值为1 100万元，计税基础为1 004万元，形成应纳税暂时性差异额=1 100−1 004=96（万元），确认递延所得税负债=96×25%=24（万元），选项B错误，选项C正确。

使用斯尔教育APP
扫码观看本节好课

第四节　所得税费用的确认和计量

所得税费用＝当期所得税＋递延所得税

其中：递延所得税是指按照规定应予确认的递延所得税资产和递延所得税负债金额，即递延所得税资产及递延所得税负债当期发生额的综合结果，但不包括计入所有者权益的交易或事项的所得税影响。

【典例研习·16-12】（教材例题改编）

甲公司适用的企业所得税税率为25%。2019年度利润表中利润总额为1 000万元，甲公司适用的企业所得税税率为25%。2019年度利润表中利润总额为1 000万元，递延所得税资产及递延所得税负债不存在期初余额。与企业所得税核算有关交易或事项如下：

（1）2019年期末对账面余额为240万元的存货计提存货跌价准备40万元。按税法规定，存货跌价准备不允许当期税前扣除。

（2）2019年期末持有的交易性金融资产市值600万元，其成本为400万元。按税法规定，以公允价值计量的金融资产持有期间市值变动无须计入应纳税所得额。

（3）2019年6月因未及时纳税申报，缴纳税收滞纳金10万元。

（4）2019年1月开始对一项2018年12月以600万元购入无须安装即可投入使用的固定资产采用双倍余额递减法计提折旧，使用年限为10年，净残值为0。按税法规定，应按年限平均法计提折旧。假设税法规定的该固定资产的使用年限及净残值与会计规定一致。

除上述交易或事项外，会计处理与税法规定一致。

（1）当期所得税。

2019年度应纳税所得额=1 000+40−200+10+60=910（万元）

2019年度应纳所得税=910×25%=227.5（万元）

借：所得税费用　　　　　　　　　　　　　　　　　227.5

　　贷：应交税费——应交所得税　　　　　　　　　　　　　227.5

（2）递延所得税。

①存货：

资产账面价值=200

计税基础=240

可抵扣暂时性差异=40

②交易性金融资产：

资产账面价值=600

计税基础=400

应纳税暂时性差异=200

③税收滞纳金：永久性差异

④固定资产：

账面价值=600−600×（2/10）=480

计税基础=600−600/10=540

可抵扣暂时性差异=60

2019年度递延所得税资产=（40+60）×25%=25（万元）

借：递延所得税资产　　　　　　　　　　　　　　　25

　　贷：所得税费用　　　　　　　　　　　　　　　　　　　25

2019年度递延所得税负债=200×25%=50（万元）

借：所得税费用　　　　　　　　　　　　　　　　　50

　　贷：递延所得税负债　　　　　　　　　　　　　　　　　50

2019年度递延所得税=（50−0）−（25−0）=25（万元）

（3）所得税费用=227.5+25=252.5（万元）

【典例研习·16-13】（2016年多项选择题改编）

下列关于递延所得税资产的表述中，正确的有（　　）。

A.递延所得税资产产生于可抵扣暂时性差异

B.当期递延所得税资产的确认应当考虑当期是否能够产生足够的应纳税所得额

C.按照税法规定可以结转以后年度的可弥补亏损应视为可抵扣暂时性差异，不确认递延所得税资产

D.所得税费用包括当期所得税费用和递延所得税费用

E.递延所得税资产的计量应以预期收回该资产期间的适用企业所得税税率确定

斯尔解析　本题考查所得税费用的确认和计量。当期递延所得税资产的确认应当考虑将来是否能够产生足够的应纳税所得额，选项B错误；可以结转到以后年度的可弥补亏损应视为可抵扣暂时性差异，并确认递延所得税资产，选项C错误。

冲关地图

⌯✓ : 要听懂
!!! : 你得背
√+-×÷ : 你得算
○○ : 有空看

第十六章 所得税

- 所得税核算的基本原理
  - ⌯✓ 税会差异
  - ⌯✓ 基本原理

- 资产、负债的计税基础及暂时性差异
  - ⌯✓ 资产的计税基础
  - ⌯✓ 负债的计税基础
  - ⌯✓ 暂时性差异

- 递延所得税资产及负债的确认和计量
  - ⌯✓ 递延所得税负责的确认和计量
  - ⌯✓ 递延所得税资产的确认和计量
  - ⌯✓ 适用税率变化的影响

- 所得税费用的确认和计量
  - √+-×÷ 所得税费用的确认和计量

第十七章　会计调整

学习提要

考几分？

　　本章属于次重点章，近三年平均分值在5分左右。

怎么考？

　　本章主要以单项选择题和多项选择题的形式，考查会计政策变更和会计估计的辨析与资产负债表日后事项的辨析，考点相对比较集中。

怎么学？

　　本章的内容相对较少，难度较低，考试题型主要以理论性辨析为主，难度不大，但是不推荐死记硬背，尽量要掌握背后的原理，做到独立分析。

考 点 精 讲

230 17-1

使用斯尔教育APP
扫码观看本节好课

第一节　会计政策变更与会计估计变更

一、会计政策变更与会计估计变更的识别（★★）

（一）会计政策的概念

会计政策，是指企业在会计确认、计量和报告中所采用的原则、基础和会计处理方法。

企业采用的会计计量基础也属于会计政策。

（二）会计估计的概念

会计估计是指企业对其结果不确定的交易或事项以最近可利用的信息为基础所作的判断。需要进行会计估计的项目通常有：坏账准备计提的比率；存货遭受毁损，全部或部分陈旧过时；固定资产折旧方法；固定资产的耐用年限与净残值；无形资产的受益年限；递延资产的分摊期间；收入确认中的估计，如或有损失和或有收益等。

（三）会计政策变更与会计估计变更

1.会计政策变更和会计估计变更的概念

项目	含义
会计政策变更	企业对相同的交易或事项由原来采用的会计政策改用另一会计政策的行为，即在不同的会计期间执行不同的会计政策
会计估计变更	由于资产和负债的当前状况及预期经济利益和义务发生了变化，从而对资产或负债的账面价值或者资产的定期消耗金额进行调整。会计估计变更的依据应当真实、可靠

2.会计政策变更的条件

满足下列条件之一的，可以变更会计政策：

第一：法律、行政法规或国家统一的会计制度等要求变更。

例如：收入、金融工具、租赁准则变化。

第二：会计政策的变更能够提供更可靠、更相关的会计信息。

例如：投资性房地产后续计量由成本模式转为公允价值模式。

3.会计估计变更的条件

通常，企业可能由于以下两个原因而发生会计估计变更：

第一，赖以进行估计的基础发生了变化。例如，企业某项无形资产的摊销年限原定为10年，后来发生的情况表明，该资产的收益年限已变为8年，相应调减摊销年限。

第二，取得了新的信息、积累了更多的经验。例如，企业根据当时能够得到的信息，对应收账款每年按其余额的5％计提坏账准备。现在掌握了新的信息，判定不能收回的应收账款比例已达15％，企业改按15％的比例计提坏账准备。

提示：

（1）会计政策变更或会计估计变更，并不意味着以前期间的会计政策或会计估计是错误的，只是由于情况发生了变化，或者掌握了新的信息、积累了更多的经验，使得变更会计政策或变更会计估计能够更好地反映企业的财务状况、经营成果和现金流量。

（2）如果以前期间会计政策或会计估计的运用是错误的，则属于前期差错，应按前期差错更正的会计处理方法进行会计处理。

（3）难以区分某项变更为会计政策变更还是会计估计变更的，应将其作为会计估计变更处理。

命题角度：根据经济业务判断是否属于会计政策变更，或会计估计变更。

（1）基本原则：

①企业应当以变更事项的会计确认、计量基础和列报项目是否发生变更为划分基础确定是会计政策变更还是会计估计变更。一般，对会计确认、计量基础的指定或选择是会计政策，其相应的变更是会计政策变更；会计确认、计量基础的变更一般会引起列报项目的变更，对列报项目的指定或选择是会计政策，其相应的变更是会计政策变更。

②根据会计确认、计量基础和列报项目所选择的、为取得与该项目有关的金额或数值所采用的处理方法，不是会计政策，而是会计估计，其相应的变更是会计估计变更。

（2）会计政策变更常见事项：

①发出存货计价方法的变更；

②投资性房地产后续计量由成本模式改为公允价值模式；

③执行新收入准则将原以风险报酬转移确认收入改为以控制权转移确认收入；

④执行新金融工具准则将原来金融资产四分类改为三分类；

⑤政府补助的核算由总额法改为净额法；

⑥非货币性资产交换原按照换出资产的账面价值确认换入资产的成本，现在改为满足条件时按照换出资产的公允价值确认换入资产的成本。

（3）会计估计变更常见事项：

①存货可变现净值的确定；

②固定资产的预计使用寿命、净残值和折旧方法；

③使用寿命有限的无形资产的预计使用寿命、净残值和摊销方法；

④可收回金额按照资产组的公允价值减去处置费用后的净额确定的，确定公允价值减去处置费用后的净额的方法；可收回金额按照资产组预计未来现金流量的现值确定的，预计未来现金流量的确定；

⑤建造合同履约进度的确定；

⑥公允价值的确定（如采用公允价值模式下的投资性房地产公允价值的确定）。

解题高手

（4）下列情形，既不是会计政策变更，也不是会计估计变更。

①本期发生的交易或者事项与以前相比具有本质差别而采用新的会计政策。如：

a.长期股权投资的核算因投资份额变动导致核算方法改变；

b.自用固定资产转为投资性房地产；

c.金融资产之间的重分类。

②对初次发生的或不重要的交易或者事项采用新的会计政策。

如：低值易耗品摊销方法的变更。

【典例研习·17-1】（2019年多项选择题）

下列会计事项中，属于会计政策变更的有（　　　）。

A.长期股权投资由权益法变更为成本法

B.固定资产折旧方法由工作量法变更为年数总和法

C.对不重要的交易或事项采用新的会计政策

D.存货由先进先出法变更为月末一次加权平均法

E.按新实施的《企业会计准则第14号——收入》准则确认产品销售收入

斯尔解析 本题考查会计政策变更与会计估计变更的识别。长期股权投资由权益法变更为成本法，属于本期发生的交易或者事项与以前相比具有本质差别而采用新的会计政策，不属于会计政策变更，选项A错误；固定资产折旧方法由工作量法变更为年数总和法属于会计估计变更，选项B错误；对初次发生或不重要的交易或事项采用新的会计政策，不属于会计政策变更，选项C错误。

二、会计政策变更与会计估计变更的账务处理（★）

事项	方法	解读
会计政策变更	追溯调整法	对某项交易或事项变更会计政策，视同该项交易或事项初次发生时即采用变更后的会计政策，并以此对财务报表相关项目进行调整的方法
	未来适用法	将变更后的会计政策应用于变更日及以后发生的交易或者事项的方法
会计估计变更	未来适用法	会计估计变更当年及以后期间，采用新的会计估计，不改变以前期间的会计估计，也不调整以前期间的报告结果

（一）会计政策变更的会计处理

第一：企业根据法律、行政法规或者国家统一的会计制度等要求变更会计政策的，应当按照国家相关会计规定执行。

第二：会计政策变更能够提供更可靠、更相关的会计信息的，在能切实可行地确定该项会计政策变更累积影响数时，应当采用追溯调整法处理，将会计政策变更累积影响数调整列报前期最早期初留存收益，其他相关项目的期初余额和列报前期披露的其他比较数据也应当一并调整。

第三：在不能切实可行地确定该项会计政策变更累积影响数时，应当从可追溯调整的最早期间期初开始应用变更后的会计政策。

第四：在当期期初确定会计政策变更对以前各期累积影响数不切实可行的，应当采用未来适用法处理。

1.追溯调整法

第一步：计算会计政策变更的累积影响数。

会计政策变更的累积影响数，是指按照变更后的会计政策对以前各期追溯计算的列报前期最早期初留存收益应有金额与现有金额之间的差额。

即下列两个金额之间的差额：

①在变更会计政策的当期，按变更后的会计政策对以前各期追溯计算，所得到的列报前期最早期初留存收益金额；

②在变更会计政策当期，列报前期最早期初的留存收益金额。

会计政策变更的追溯调整不会影响以前年度应交所得税的变动，即不会涉及应交所得税的调整，但是，追溯调整时如涉及暂时性差异，应考虑递延所得税的调整，这种情况应考虑前期所得税费用的调整。

具体计算：

①根据新的会计政策重新计算受影响的前期交易或事项；

②计算两种会计政策下的差异；

③计算差异的所得税影响金额；

④确定以前各期的税后差异；

⑤计算会计政策变更的累积影响数。

第二步：进行相关的账务处理。

涉及损益的调整：直接调整留存收益，通过"利润分配——未分配利润"科目核算；

其他项目：直接调整对应科目。

第三步：调整报表项目和金额。

资产负债表：期初余额；

利润表：上期金额；

所有者权益变动表：本年金额和上年金额栏。

第四步：披露信息。

①会计政策变更的性质、内容和原因；

②当期和各个列报前期财务报表中受影响的项目名称和调整金额；

③无法进行追溯调整的，说明该事实和原因以及开始应用变更后的会计政策的时点、具体应用情况。

【典例研习·17-2】（教材例题改编）

甲公司2016年、2017年分别以84万元和120万元的价格从股票市场购入A、B两种以交易为持有目的的股票（假设不考虑购入股票时发生的交易费用），购入后其市价一直高于购入成本，且采用成本与市价孰低法对购入的股票进行计量。

公司从2018年起对其持有以交易为目的的股票由成本与市价孰低法改为以公允价值计量，公司保存的会计资料比较齐备，可以通过会计资料追溯计算。

公司适用的所得税税率为25%，公司按净利润的10%提取法定盈余公积，按净利润的5%提取任意盈余公积。2017年公司发行在外的普通股加权平均为3 600万股，未发行任何稀释性潜在的普通股。A股票2016年、2017年年末公允价值均为98万元，B股票2017年年末公允价值为132万元。

A、B股票有关成本及公允价值

单位：元

股票	购入成本	2016年年末公允价值	2017年年末公允价值
A股票	84	98	98
B股票	120		132

第一步，计算改变以公允价值计量且其变动计入当期损益的金融资产计量方法后的累积影响数。如下表所示（单位：万元）：

时间	变更前	变更后	税前差异	所得税影响	税后差异
2016年年末	84	98	14	3.5	10.5
2017年年末	204	230	26	6.5	19.5

甲公司2018年12月31日的比较财务报表最早期初为2017年1月1日。

甲公司在2016年年末以公允价值计量且其变动计入当期损益的金融资产按公允价值计量的账面价值为98万元，按成本与市价孰低法计量的账面价值为84万元，两者的所得税影响合计为3.5万元，两者差异的税后净影响额为10.5万元，为该公司2017年期初以公允价值计量且其变动计入当期损益的金融资产由成本与市价孰低法改为公允价值计量的累积影响数。

甲公司在2017年年末以公允价值计量且其变动计入当期损益的金融资产按公允价值计量的账面价值为230万元，按成本与市价孰低法计量的账面价值为204万元，两者的所得税影响合计为6.5万元，两者差异的税后净影响额为19.5万元，其中，10.5万元是调整2017年累积影响数，9万元是调整2017年当期金额。

甲公司按照公允价值重新计量2017年年末B股票账面价值，其结果为公允价值变动收益少计12万元，所得税费用少计3万元，净利润少计9万元。

第二步，编制有关项目的调整分录。

（1）调整交易性金融资产：

借：交易性金融资产——公允价值变动　　　　　　26

　　贷：利润分配——未分配利润　　　　　　　　　　　26

（2）确认所得税影响：

借：利润分配——未分配利润　　　　　　　　　6.5

　　贷：递延所得税负债　　　　　　　　　　　　　　6.5

（3）提取盈余公积：

借：利润分配——未分配利润　　　　　　　　　2.925

　　贷：盈余公积　　　　　　　　　　　　（19.5×15%）2.925

第三步，财务报表调整和重述。

（1）资产负债表项目的调整：

调增交易性金融资产年初余额26万元；

调增递延所得税负债年初余额6.5万元；

调增盈余公积年初余额2.925万元；

调增未分配利润年初余额16.575万元。

（2）利润表项目的调整数：

调增公允价值变动收益上期金额12万元；

调增所得税费用上期金额3万元；

调增净利润上期金额9万元；

调增基本每股收益上期金额0.0025元。

（3）所有者权益变动表项目的调整：

调增会计政策变更项目中盈余公积上年年初金额1.575万元；未分配利润上年年初金额8.925万元，所有者权益合计上年年初金额10.5万元。

调增会计政策变更项目中盈余公积本年年初金额1.35万元；未分配利润本年年初金额7.65万元，所有者权益合计本年年初金额9万元。

第四步，附注说明（略）。

2.未来适用法

该方法既不计算会计政策变更的累积影响数，也不必调整变更当年年初的留存收益，只在变更当年采用新的会计政策，并计算确定会计政策变更对当期净利润的影响数。

【典例研习·17-3】（2018年单项选择题）

下列关于会计政策变更的表述中正确的是（　　　）。

A.确定累积影响数时，不需要考虑损益变化导致的递延所得税费用的变化

B.法律、行政法规或者国家统一会计制度等要求变更会计政策的，必须采用追溯调整法

C.采用追溯调整法计算出会计政策变更的累积影响数后，应当调整列报前期最早期初留存收益，以及会计报表其他相关项目的期初数和上年数

D.企业采用的会计计量基础不属于会计政策

【斯尔解析】本题考查会计政策变更的账务处理。确定累积影响数时，需要考虑递延所得税费用的变化，选项A错误。法律、行政法规或者国家统一的会计准则等要求变更的情况下，企业应当分为以下情况进行处理：

①法律、行政法规或者国家统一的会计准则要求改变会计政策的同时，也规定了会计政策变更会计处理办法，企业应当按照国家相关会计规定执行；

②法律、行政法规或者国家统一的会计准则要求改变会计政策的同时，没有规定会计政策变更会计处理方法的，企业应当采用追溯调整法进行会计处理，选项B错误；会计政策，是指企业在会计确认、计量和报告中所采用的原则、基础和会计处理方法，企业采用的会计计量基础也属于会计政策，选项D错误。

（二）会计估计变更的会计处理

基本方法：未来适用法。

（1）会计估计变更仅影响变更当期的，其影响数应当在变更当期予以确认。

例如，企业原按应收账款余额的5%提取坏账准备，由于企业估计不能收回的应收账款的比例已达10%，则企业改按应收账款余额的10%提取坏账准备，这类会计估计的变更，只影响变更当期。因此，应于变更当期确认。

（2）会计估计变更既影响变更当期又影响未来期间的，其影响数应当在变更当期和未来期间予以确认。

例如，可计提折旧固定资产，其有效使用年限或预计净残值的估计发生变更，常常影响变更当期及以后使用年限内各个期间的折旧费用。因此，这类会计估计的变更，应于变更当期及以后各期确认。

【典例研习·17-4】（教材例题）

A公司2014年12月30日购入的一台管理用设备，原始价值为84万元，原估计使用年限为8年，预计净残值为4万元，按年限平均法计提折旧。由于技术因素以及更新办公设施的原因，已不能继续按原定使用年限计提折旧，于2019年1月1日将该设备的折旧年限改为6年，预计残值为2万元。假设税法允许按变更后的折旧额在税前扣除。

A公司的管理用设备已计提折旧4年，累计折旧为40万元，固定资产净值为44万元。2019年1月1日起，改按新的使用年限计提折旧，每年折旧费用＝（44－2）/（6－4）＝21（万元）。

2019年12月31日，该公司编制会计分录如下：

借：管理费用　　　　　　　　　　　　　　　　　　　　　　　21

　　贷：累计折旧　　　　　　　　　　　　　　　　　　　　　　　　21

【典例研习·17-5】（2017年单项选择题）

甲公司2011年12月1日购入不需安装即可使用的管理用设备一台，原价为150万元，预计使用年限为10年，预计净残值为10万元，采用年限平均法计提折旧。2016年1月1日由于技术进步因素，甲公司将原先估计的使用年限变更为8年，预计净残值变更为6万元。则甲公司上述会计估计变更将减少2016年度利润总额为（　　　）万元。

A.7　　　　　　　　B.8　　　　　　　　C.6　　　　　　　　D.5

斯尔解析　本题考查会计估计变更的账务处理。2016年1月1日会计估计变更前该项固定资产的账面价值＝150－（150－10）/10×4＝94（万元），变更折旧年限后，2016年该项固定资产应计提折旧＝（94－6）/（8－4）＝22（万元），则甲公司上述会计估计变更将减少2016年度利润总额＝22－14＝8（万元），选项B正确。

使用斯尔教育APP
扫码观看本节好课

第二节　前期差错更正

一、前期差错概述

前期差错，是指由于没有运用或错误运用下列两种信息，而对前期财务报表造成省略或错报：

（1）编报前期财务报表时预期能够取得并加以考虑的可靠信息；

（2）前期财务报告批准报出时能够取得的可靠信息。

二、前期差错的会计处理（★★）

前期差错通常包括计算错误、应用会计政策错误、疏忽或曲解事实以及舞弊产生的影响等。

企业发现前期差错时，确定前期差错累积影响数切实可行的，应当采用追溯重述法更正重要的前期差错；确定前期差错累积影响数不切实可行的，可以从可追溯重述的最早期间开始调整留存收益的期初余额，财务报表其他相关项目的期初余额也应当一并调整，也可以采用未来适用法。

企业应当在重要的前期差错发现当期的财务报表中，调整前期比较数据。

（一）追溯重述法

追溯重述法，是指在发现前期差错时，视同该项前期差错从未发生过，从而对财务报表的相关项目进行更正的方法。

企业应设置"以前年度损益调整"科目核算企业本年度发现的重要前期差错更正涉及调整以前年度损益的事项，以及本年度发生的调整以前年度损益的事项。

（1）企业调整增加以前年度利润或减少以前年度亏损，借记有关科目，贷记"以前年度损益调整"科目；调整减少以前年度利润或增加以前年度亏损，借记"以前年度损益调整"科目，贷记有关科目。

（2）由于以前年度损益调整增加的所得税费用，借记"以前年度损益调整"科目，贷记"应交税费——应交所得税"科目或"递延所得税资产"科目或"递延所得税负债"科目；由于以前年度损益调整减少的所得税费用，借记"应交税费——应交所得税"科目或"递延所得税资产"科目或"递延所得税负债"科目，贷记"以前年度损益调整"科目。

（3）经上述调整后，应将"以前年度损益调整"科目的余额转入"利润分配——未分配利润"科目。

借：以前年度损益调整

　　贷：利润分配——未分配利润

或作相反分录。

【典例研习·17-6】（教材例题）

E公司于2019年12月发现，2018年漏记了一项管理用固定资产的折旧费用15万元，但在所得税申报表中扣除了该项折旧费用。此外，2018年适用所得税税率为25%，并对该项固定资产记录了3.75万元的递延所得税负债，无其他纳税调整事项。该公司按净利润的15%提取盈余公积金。

（1）前期差错的分析：

2018年少计提折旧费用15万元；多计递延所得税费用3.75万元（15×25%）；多计净利润11.25万元；多计递延所得税负债3.75万元；多计提盈余公积金1.6875万元。

（2）账务处理：

①补提折旧。

借：以前年度损益调整　　　　　　　　　　　　　　　　　15

　　贷：累计折旧　　　　　　　　　　　　　　　　　　　　　　　15

②转回递延所得税负债。

借：递延所得税负债　　　　　　　　　　　　　　　　　3.75

　　贷：以前年度损益调整　　　　　　　　　　　　　　　　　　3.75

③将"以前年度损益调整"科目余额转入利润分配。

借：利润分配——未分配利润　　　　　　　　　　　　11.25

　　贷：以前年度损益调整　　　　　　　　　　　　　　　　　11.25

④调整利润分配有关数字。

借：盈余公积　　　　　　　　　　　　　　　　　　1.6875

　　贷：利润分配——未分配利润　　　　　　　　　　　　　1.6875

【典例研习·17-7】（2016年单项选择题）

甲公司2015年12月31日发现2014年度多记管理费用100万元，并进行了企业所得税申报，甲公司适用企业所得税税率25%，并按净利润的10%提取法定盈余公积。假定甲公司2014年度企业所得税申报的应纳税所得额大于零，则下列甲公司对这项重要前期差错进行更正的会计处理中正确的是（　　　　）。

A.调减2015年度当期管理费用100万元

B.调增2015年当期未分配利润75万元

C.调减2015年年初未分配利润67.5万元

D.调增2015年年初未分配利润67.5万元

⑤斯尔解析　本题考查差错更正的账务处理。2014年多记管理费用，会少计算利润，因此差错更正的时候要调增2015年年初未分配利润，其金额=100×（1-25%）×（1-10%）=67.5（万元），选项D正确。

使用斯尔教育APP
扫码观看本节好课

第三节　资产负债表日后事项

一、资产负债表日后事项的概述（★★）

（一）含义

资产负债表日后事项，是指资产负债表日至财务报告批准报出日之间发生的有利或不利事项。

时点	注意事项
资产负债表日	包括年度末和中期期末
财务报告批准报出日	董事会或类似机构批准财务报告报出的日期。批准报出日期至实际对外公布的日期之间发生的事项，也属于资产负债表日后事项

（二）分类

维度	调整事项	非调整事项
概念	对资产负债表日已经存在的情况提供了新的或进一步证据的事项	资产负债表日后发生的情况的事项
特点	在资产负债表日或以前已经存在，在资产负债表日后得以证实	资产负债表日并未发生或存在，完全是资产负债表日后才发生
	对按资产负债表日存在状况编制的财务报表产生了重大影响	对报表使用者理解和分析财务报告有重大影响

　　命题角度：根据经济业务判断是否属于资产负债表日后调整事项，或非调整事项。

　　（1）常见的资产负债表日后调整事项：

　　①资产负债表日后诉讼案件结案，法院判决证实了企业在资产负债表日已经存在现时义务。

　　②资产负债表日后取得确凿证据，表明某项资产在资产负债表日发生了减值或者需要调整该项资产原先确认的减值金额。

　　③资产负债表日后进一步确定了资产负债表日前购入资产的成本或售出资产的收入。

　　④资产负债表日后发现了财务报表舞弊或差错。

　　（2）非调整事项典型案例：

　　①资产负债表日后发生重大诉讼、仲裁、承诺。

　　②资产负债表日后资产价格、税收政策、外汇汇率发生重大变化。

　　③资产负债表日后因自然灾害导致资产发生重大损失。

　　④资产负债表日后发行股票和债券以及其他巨额举债。

　　⑤资产负债表日后资本公积转增资本。

　　⑥资产负债表日后发生巨额亏损。

　　⑦资产负债表日后发生企业合并或处置子公司。

　　⑧资产负债表日后企业利润分配方案中拟分配的，以及经审议批准宣告发放的现金股利或利润。

【典例研习·17-8】（2016年多项选择题）

资产负债表日后事项中，属于调整事项的有（　　）。

A.发现财务报表存在舞弊

B.外汇汇率发生较大变动

C.计划对资产负债表日已经存在某项债务进行债务重组

D.有证据表明资产负债表日对在建工程计提的减值准备严重不足

E.资本公积转增资本

斯尔解析 本题考查资产负债表日后事项的辨析。发现财务报表存在舞弊，有证据表明资产负债表日对在建工程计提的减值准备严重不足，均属于在资产负债表日或以前已经存在，在资产负债表日后提供了新的或进一步证据的事项，属于资产负债表日后调整事项，选项AD正确；外汇汇率发生较大变动、计划对资产负债表日已经存在某项债务进行债务重组和资本公积转增资本，均属于完全在资产负债表日后才发生的事项，属于资产负债表日后非调整事项，选项BCE错误。

二、资产负债表日后事项的会计处理（★）

（一）基本原则

（1）企业发生的资产负债表日后调整事项，应当调整资产负债表日的财务报表。

（2）企业发生的资产负债表日后非调整事项，不应当调整资产负债表日的财务报表。

（3）资产负债表日后，企业利润分配方案中拟分配的，以及经审议批准宣告发放的股利或利润，不确认为资产负债表日的负债，但应当在附注中单独披露。

（二）调整事项的账务处理

类型	处理方法
涉及损益的事项	通过"以前年度损益调整"科目核算，调整完成后，将"以前年度损益调整"科目余额转入"利润分配——未分配利润"科目
涉及利润分配调整的事项	直接在"利润分配——未分配利润"科目核算
不涉及损益以及利润分配的事项	直接调整相关科目

通过上述账务处理后，还应同时调整财务报表相关项目的数字，主要包括以下三种：

（1）资产负债表日编制的财务报表相关项目的数字。

（2）当期编制的财务报表相关项目的年初数。

（3）经过上述调整后，如果涉及财务报表附注的，还应当调整财务报表附注相关项目的数字。

【典例研习·17-9】（教材例题）

E公司2019年4月销售给F企业一批产品，价款为46 800万元（含应向购货方收取的增值税税额），F企业2019年5月收到所购物资并验收入库。按合同规定，F企业应于收到所购货物后1个月内付款。由于F企业财务状况不佳，到2019年12月31日仍未付款。

E公司于2019年12月31日编制2019年度会计报表时，已为该项应收账款提取坏账准备2 340万元。2019年12月31日，"应收账款"科目的余额为80 000万元，"坏账准备"科目的金额为4 000万元。

E公司于2020年3月2日收到F企业通知，F企业已进行破产清算，无力偿还所欠部分货款，预计E公司可收回应收账款的40%。假定财务报告批准报出日为2020年4月30日；适用所得税税率为25%，资产负债表日计算的税前会计利润和按税法规定计算的应纳税所得额均大于0，经调整后不会发生亏损；盈余公积计提比例15%。

（1）补提坏账准备：46 800×60%−2 340＝25 740（万元）

借：以前年度损益调整——信用减值损失　　　　　25 740

　　贷：坏账准备　　　　　　　　　　　　　　　　　　25 740

（2）调整所得税费用：

借：递延所得税资产　　　　　　（25 740×25%）6 435

　　贷：以前年度损益调整——所得税费用　　　　　　6 435

（3）将"以前年度损益调整"科目的余额转入利润分配：

借：利润分配——未分配利润　　　　　　　　　19 305

　　贷：以前年度损益调整　　　　（25 740×75%）19 305

（4）调整盈余公积：

借：盈余公积　　　　　　　　　（19 305×15%）2 895.75

　　贷：利润分配——未分配利润　　　　　　　　　2 895.75

【典例研习·17-10】（2016年单项选择题）

甲公司2015年度财务报告拟于2016年4月10日对外公告。2016年2月15日，甲公司于2015年12月10日销售给乙公司的一批商品因质量问题被退货，所退商品已验收入库。该批商品售价为100万元（不含增值税），成本为80万元，年末货款尚未收到，且未计提坏账准备。甲公司所得税采用资产负债表债务法核算，适用企业所得税税率25%，假定不考虑其他影响因素，则该项业务应调整2015年净损益的金额是（　　）万元。

A.15.0　　　　　　B.13.5　　　　　　C.−15.0　　　　　　D.−13.5

斯尔解析 本题考查资产负债表日后事项的账务处理。应调整2015年净损益的金额＝−（100−80）×（1−25%）＝−15（万元），即调减净损益15万元，选项C正确。

冲关地图

📖 ：要听懂
！！！：你得背
√+-×÷：你得算
∞ ：有空看

第十七章 会计调整

会计政策变更与会计估计变更 ── 📖 会计政策变更与会计估计变更的识别
                          📖 会计政策变更与会计估计变更的账务处理

前期差错更正 ── ∞ 概述
              📖 前期差错的会计处理

资产负债表日后事项 ── 📖 资产负债表日后事项的概述
                    📖 资产负债表日后事项的会计处理

第十八章 财务报告

学习提要

考几分？

本章属于次重点章节，近三年平均分值在6分左右。

怎么考？

本章主要考查单项选择题和多项选择题。

怎么学？

本章的内容相对较多，考点比较分散，记忆性内容偏多，初次接触可能会感觉比较困难，学习时，建议按照由易到难的顺序，先将本章的框架和相对简单的内容梳理清楚之后，再去研究相对难度比较大的内容。

考点精讲

使用斯尔教育APP
扫码观看本节好课

第一节　资产负债表

一、资产负债表的格式和内容

资产负债表是反映企业在某一特定日期财务状况的会计报表。它是根据"资产=负债+所有者权益（股东权益）"这一会计基本等式，按照一定的分类标准和顺序，把企业在一定日期的资产、负债和所有者权益各项目予以适当排列编制而成的。

资产负债表的结构，一般有两种：一种是账户式的，即报表左右对称结构，左方列资产各项目反映全部资产的分布及存在形态，一般按资产流动性大小排列，右方列负债和所有者权益（股东权益）各项目反映全部负债和所有者权益的内容及构成情况，一般按要求清偿时间先后顺序排列；另一种是报告式的，即按上下顺序依次列资产、负债及所有者权益（股东权益）项目。我国采用账户式的资产负债表。

资产负债表中资产类项目金额合计与负债和所有者权益（股东权益）项目金额合计必须相等。各项资产与负债的金额一般不应相互抵销。

对于资产负债表中有关重要项目的明细资料，以及其他有助于理解和分析资产负债表的重要事项，应在报表附注中逐一列示和说明。

另外，资产负债表除了列示各项资产、负债和所有者权益（股东权益）项目的期末余额外，通常还列示这些项目的年初余额，通过对年初数与期末数的比较，可以看出各项资产、负债及所有者权益（股东权益）的变动。这种格式的资产负债表称为比较资产负债表。

资产负债表

会企01表

编制单位：　　　　　　　　年　　月　　日　　　　　　　　单位：元

资产	期末余额	上年年末余额	负债和所有者权益（或股东权益）	期末余额	上年年末余额
流动资产：			流动负债：		
货币资金			短期借款		
交易性金融资产			交易性金融负债		
衍生金融资产			衍生金融负债		
应收票据			应付票据		
应收账款			应付账款		
应收款项融资			预收款项		

续表

资产	期末余额	上年年末余额	负债和所有者权益（或股东权益）	期末余额	上年年末余额
预付款项			合同负债		
其他应收款			应付职工薪酬		
存货			应交税费		
合同资产			其他应付款		
持有待售资产			持有待售负债		
一年内到期的非流动资产			一年内到期的非流动负债		
其他流动资产			其他流动负债		
流动资产合计			流动负债合计		
非流动资产：			非流动负债：		
债权投资			长期借款		
其他债权投资			应付债券		
长期应收款			其中：优先股		
长期股权投资			永续股		
其他权益工具投资			租赁负债		
其他非流动金融资产			长期应付款		
投资性房地产			预计负债		
固定资产			递延收益		
在建工程			递延所得税负债		
生产性生物资产			其他非流动负债		
油气资产			非流动负债合计		
使用权资产			负债合计		
无形资产			所有者权益（或股东权益）：		
开发支出			实收资本（或股本）		
商誉			其他权益工具		
长期待摊费用			其中：优先股		
递延所得税资产			永续债		

续表

资产	期末余额	上年年末余额	负债和所有者权益（或股东权益）	期末余额	上年年末余额
其他非流动资产			资本公积		
非流动资产合计			减：库存股		
			其他综合收益		
			专项储备		
			盈余公积		
			未分配利润		
			所有者权益（或股东权益）合计		
资产合计			负债和所有者权益（或股东权益）总计		

二、资产负债表的编制方法（★★）

（一）资产负债表"期末余额"栏的填列方法

1.根据相关总账科目期末余额直接填列

"其他权益工具投资""递延所得税资产""长期待摊费用""短期借款""交易性金融负债""应付票据""持有待售负债""租赁负债""递延收益""递延所得税负债""实收资本（或股本）""其他权益工具""资本公积""库存股""其他综合收益""专项储备""盈余公积"等项目。

2.根据几个总账科目期末余额计算填列

"货币资金"项目，需根据"库存现金""银行存款""其他货币资金"三个总账科目的期末余额的合计数填列；

"其他应付款"项目，需根据"其他应付款""应付利息""应付股利"三个总账科目余额的合计数填列。

3.根据明细账科目余额计算填列

①应付账款＝"应付账款"明细科目贷方余额＋"预付账款"明细科目贷方余额

②预收款项＝"预收账款"明细科目贷方余额＋"应收账款"明细科目贷方余额

③"开发支出"项目，应根据"研发支出"科目中所属的"资本化支出"明细科目期末余额填列。

④"应收款项融资"项目，应根据"应收票据""应收账款"科目的明细科目期末余额分析填列。

⑤"交易性金融资产""其他债权投资""预计负债""应交税费""应付职工薪酬"应根据相应明细科目期末余额分析填列。

⑥"未分配利润"项目，应根据"利润分配"科目中所属的"未分配利润"明细科目期末余额填列。

⑦"一年内到期的非流动资产""一年内到期的非流动负债"项目，应根据有关非流动资产或负债项目的明细科目余额分析填列。折旧、摊销年限不足一年的固定资产、无形资产、长期待摊费用和递延收益均不转入一年内到期项目。

4.根据总账科目和明细账科目余额分析计算填列

①"长期借款""应付债券"项目，应根据"长期借款""应付债券"总账科目余额扣除"长期借款""应付债券"科目所属的明细科目中将在资产负债表日起1年内到期，且企业不能自主地将清偿义务展期的部分后的金额计算填列。

②"其他非流动负债"项目，应根据有关科目的期末余额减去将于1年内（含1年）到期偿还数后的金额填列。

5.根据有关科目余额减去其备抵科目余额后的净额填列

①"持有待售资产""长期股权投资""商誉"项目，应根据相关科目的期末余额填列，已计提减值准备的，还应扣减相应的减值准备。

②在建工程=在建工程期末余额–在建工程减值准备+工程物资–工程物资减值准备

③固定资产=固定资产期末余额–累计折旧–固定资产减值准备±固定资产清理（借方余额为加，贷方余额为减）

④无形资产=无形资产期末余额–累计摊销–无形资产减值准备

⑤投资性房地产=投资性房地产期末余额–投资性房地产累计折旧–投资性房地产减值准备（公允价值计量的，按期末余额填列）

⑥使用权资产=使用权资产期末余额–使用权资产累计折旧–使用权资产减值准备

⑦长期应收款=长期应收款期末余额–未实现融资收益–坏账准备

⑧长期应付款=长期应付款期末余额+专项应付款期末余额–未确认融资费用

6.综合运用上述填列方法分析填列

①应收票据=应收票据期末余额–坏账准备

②应收账款=应收账款期末余额–坏账准备

③其他应收款=其他应收款期末余额+应收利息期末余额+应收股利期末余额–坏账准备

④预付账款=预付账款借方余额+应付账款借方余额–坏账准备

⑤债权投资=债权投资期末余额（一年以上）–债权投资减值准备

⑥"合同资产"和"合同负债"项目，应根据"合同资产"科目和"合同负债"科目的明细科目期末余额分析填列，同一合同下的合同资产和合同负债应当以净额列示，其中净额为借方余额的，应当根据其流动性在"合同资产"或"其他非流动资产"项目中填列，已计提减值准备的，还应减去"合同资产减值准备"科目中相应的期末余额后的金额填列，其中净额为贷方余额的，应当根据其流动性在"合同负债"或"其他非流动负债"项目中填列。

⑦存货=材料采购+原材料+发出商品+库存商品+周转材料+委托加工物资+生产成本+合同履约成本（小于一年或一个营业周期）–存货跌价准备–合同履约成本减值准备±材料成本差异+受托代销商品–受托代销商品款

（二）"上年年末余额"栏的填列方法

资产负债表"上年年末余额"栏内各项数字，应根据上年年末资产负债表"期末余额"栏内所列数字填列。如果上年度资产负债表规定的各个项目的名称和内容同本年度不一致，应对上年年末资产负债表各项目的名称和数字按照本年度的规定进行调整，填入本表"上年年末余额"栏内。

【典例研习·18-1】（2014年多项选择题改编）

在编制资产负债表时，下列报表项目根据总账余额直接填列的有（　　　）。

A.交易性金融负债　　　　　　　　B.应收账款

C.长期待摊费用　　　　　　　　　D.债权投资

E.递延所得税资产

斯尔解析 本题考查资产负债表的填列方法。根据总账科目余额直接填列的报表项目包括："其他权益工具投资""递延所得税资产""长期待摊费用""短期借款""交易性金融负债""应付票据""持有待售负债""租赁负债""递延收益""递延所得税负债""实收资本（或股本）""其他权益工具""资本公积""库存股""其他综合收益""专项储备""盈余公积"等项目，选项ACE正确；"应收账款"和"债权投资"项目填列时，均须扣除相应的减值准备，因此不能根据总账科目余额直接填列，选项BD错误。

【典例研习·18-2】（2012年单项选择题）

某公司2011年年末有关科目余额如下："周转材料"科目余额为250万元，"生产成本"科目余额为335万元，"原材料"科目余额为300万元，"材料成本差异"科目的贷方余额为25万元，"存货跌价准备"科目余额为100万元，"委托代销商品"科目余额为1 200万元，"受托代销商品"科目余额为600万元，"受托代销商品款"科目余额为600万元。则该公司2011年12月31日资产负债表中"存货"项目的金额为（　　　）万元。

A.1 985　　　　　　B.1 960　　　　　　C.2 406　　　　　　D.2 485

斯尔解析 本题考查资产负债表的填列方法。该公司2011年年末资产负债表中"存货"项目的金额=250+335+300-25-100+1 200+600-600=1 960（万元），选项B正确。

使用斯尔教育APP
扫码观看本节好课

第二节　利润表

一、利润表的格式和内容

利润表是反映企业在一定会计期间的经营成果的会计报表。利润表的结构有单步式和多步式两种，我国一般采用多步式利润表。

为了使报表使用者通过比较不同期间利润的实现情况，判断企业经营成果的未来发展趋势，企业需要提供比较利润表，利润表还就各项目再分为"本期金额"和"上期金额"两栏分别填列。

利润表

会企02表

编制单位：　　　　　　　　年　　月　　日　　　　　　　单位：元

项目	本期金额	上期金额
一、营业收入		
减：营业成本		
税金及附加		
销售费用		
管理费用		
研发费用		
财务费用		
其中：利息费用		
利息收入		
加：其他收益		
投资收益（损失以"－"号填列）		
其中：对联营企业和合营企业的投资收益		
以摊余成本计量的金融资产终止确认收益（损失以"－"号填列）		
净敞口套期收益（损失以"－"号填列）		
公允价值变动收益（损失以"－"号填列）		
信用减值损失（损失以"－"号填列）		
资产减值损失（损失以"－"号填列）		
资产处置收益（损失以"－"号填列）		
二、营业利润（亏损以"－"号填列）		
加：营业外收入		
减：营业外支出		
三、利润总额（亏损总额以"－"号填列）		
减：所得税费用		
四、净利润（净亏损以"－"号填列）		
（一）持续经营净利润		
（二）终止经营净利润		

续表

项目	本期金额	上期金额
五、其他综合收益税后净额		
（一）不能重分类进损益的其他综合收益		
1.重新计量设定受益计划变动额		
2.权益法下不能转损益的其他综合收益		
3.其他权益工具投资公允价值变动		
4.企业自身信用风险公允价值变动		
……		
（二）将重分类进损益的其他综合收益		
1.权益法下可转损益的其他综合收益		
2.其他债权投资公允价值变动		
3.金融资产重分类转入其他综合收益的金额		
4.其他债权投资信用减值准备		
5.现金流量套期储备		
6.外币财务报表折算差额		
……		
六、综合收益总额		
七、每股收益		
（一）基本每股收益		
（二）稀释每股收益		

二、利润表的编制方法

（一）本期金额

一般应根据损益类科目和所有者权益类有关科目的发生额填列。需重点关注以下两个项目：

①"研发费用"项目，反映企业进行研究与开发过程中发生的费用化支出，以及计入管理费用的自行开发无形资产的摊销。该项目应根据"管理费用"科目下的"研发费用"明细科目的发生额以及"管理费用"科目下"无形资产摊销"明细科目的发生额分析填列。

需要说明的是，研发费用并不是会计科目，只是"管理费用"科目下设的一个二级明细科目。

②"其中：利息费用"和"利息收入"项目，应根据"财务费用"科目所属的相关明细科目的发生额分析填列，且这两个项目作为"财务费用"项目的其中项以正数填列。

（二）上期金额

利润表"上期金额"栏应根据上年同期利润表"本期金额"栏内所列数字填列。如果上年同期利润表规定的项目名称和内容与本期不一致，应对上年同期利润表各项目的名称和金额按照本期的规定进行调整，填入"上期金额"栏。

【典例研习·18-3】（2019年多项选择题）

下列各项中，影响企业当期营业利润的有（　　　）。

A.与企业日常活动无关的政府补助　　B.在建工程计提减值准备

C.固定资产报废净损失　　　　　　　D.出售原材料取得收入

E.资产处置收益

斯尔解析 本题考查利润表的填列方法。与企业日常活动无关的政府补助，计入营业外收入，固定资产报废净损失，计入营业外支出，不影响营业利润，选项AC错误；在建工程计提减值准备计入资产减值损失，出售原材料取得收入计入其他业务收入，资产处置收益计入资产处置损益，均影响营业利润，选项BDE正确。

【典例研习·18-4】（2014年单项选择题）

甲公司2013年度利润表各项目如下：主营业务收入1 800万元，其他业务收入360万元，主营业务成本1 500万元，其他业务成本200万元，期间费用共计120万元，资产减值损失65万元，公允价值变动收益-50万元，投资收益35万元，营业外收入160万元，营业外支出80万元，则甲公司2013年度的营业利润为（　　　）万元。

A.260　　　　　　B.340　　　　　　C.360　　　　　　D.440

斯尔解析 本题考查利润表的填列方法。上述项目中，营业外收入和营业外支出，不影响营业利润，因此营业利润＝（1 800+360）－（1 500+200）－120－65－50+35=260（万元），选项A正确。

第三节　现金流量表

使用斯尔教育APP
扫码观看本节好课

一、现金流量表的编制基础（★）

现金流量表是反映企业在一定会计期间的现金和现金等价物的流入和流出的会计报表，编制基础是收付实现制。

项目	解读
现金	企业库存现金以及可以随时用于支付的存款，主要包括库存现金、银行存款、其他货币资金。 不能随时用于支付的存款不属于现金，但提前通知金融企业便可支取的定期存款，应包括在现金范围内
现金等价物	企业持有的期限短、流动性强、易于转换为已知金额现金、价值变动风险很小的投资。"期限短"一般是指从购买日起3个月内到期。例如3个月内到期的短期债券投资等

提示：

（1）权益性投资变现的金额通常不确定，因而一般不属于现金等价物。

（2）企业应当根据具体情况，确定现金等价物的范围，一经确定不得随意变更，如改变划分标准，应视为会计政策的变更。企业确定现金等价物的原则及其变更，应在会计报表附注中披露。

二、现金流量的分类（★）

现金流量指企业现金和现金等价物的流入和流出。在现金流量表中，现金及现金等价物被视为一个整体，企业现金（含现金等价物，下同）形式的转换不会产生现金的流入和流出。例如，企业用现金购买3个月内到期的国库券，不属于现金流量。

根据企业业务活动的性质和现金流量的来源，企业一定期间产生的现金流量分为三类：经营活动现金流量、投资活动现金流量和筹资活动现金流量。

类型	解读
投资活动	企业长期资产的购建和不包括在现金等价物范围内的投资及其处置活动，既包括实物资产投资，也包括非实物资产投资
筹资活动	筹资活动是指导致企业资本及债务规模和构成发生变化的活动，包括向银行借款，偿还债务等
经营活动	企业投资活动和筹资活动以外的所有交易和事项，对于工商业企业而言，经营活动主要包括销售商品，接受劳务，支付税费等

解题高手

 命题角度：判断企业的经济业务属于哪种活动？

第一：根据经济业务判断是否属于投资活动或筹资活动，如不属于上述两种活动，则属于经营活动；在判断是否属于投资活动或筹资活动时，要建立起"闭环"思维，即长期资产的构建属于投资活动，长期资产的处置也属于投资活动，向银行借款属于筹资活动，归还银行借款也属于筹资活动。

第二：通常情况下，应付账款、应付票据等属于经营活动，不属于筹资活动。

第三：对于企业日常活动之外特殊的、不经常发生的特殊项目，如自然灾害损失、保险赔款、捐赠等，应当归并到相关类别中，并单独反映。比如：

①对于自然灾害损失和保险赔款，如果能够确定属于流动资产损失，应当列入经营活动产生的现金流量。

②属于固定资产损失，应当列入投资活动产生的现金流量。如果不能确定，则可以列入经营活动产生的现金流量。

③捐赠收入和支出，可以列入经营活动。

④如果特殊项目的现金流量金额不大，则可以列入现金流量类别下的"其他"项目，不单列项目。

三、现金流量表的编制方法（★）

编制现金流量表时，列报经营活动现金流量的方法有两种：一是直接法；二是间接法。这两种方法通常也称为编制现金流量表的方法。

我国《企业会计准则》规定企业应当采用直接法编报现金流量表，同时要求在附注中提供以净利润为基础调节到经营活动现金流量的信息。

类型	解读
直接法	按现金收入和现金支出的主要类别直接反映企业经营活动产生的现金流量。 在直接法下，一般是以利润表中的营业收入为起算点，调节与经营活动有关的项目的增减变动，然后计算出经营活动产生的现金流量
间接法	以净利润为起算点，调整不涉及现金的收入、费用、营业外收支等有关项目，别除投资活动、筹资活动对现金流量的影响，据此计算出经营活动产生的现金流量。实际上就是将按权责发生制原则确定的净利润调整为现金净流入，并别除投资活动和筹资活动对现金流量的影响

四、现金流量表的编制（★）

现金流量表的项目主要有：经营活动产生的现金流量、投资活动产生的现金流量、筹资活动产生的现金流量、汇率变动对现金及现金等价物的影响、现金及现金等价物净增加额、期末现金及现金等价物余额等。

（一）经营活动产生现金流量的编制

项目	反映内容
销售商品、提供劳务收到的现金	①企业本期销售商品、提供劳务收到的现金，以及前期销售商品、提供劳务本期收到的现金（包括销售收入和应向购买者收取的增值税销项税额）； ②本期预收的款项； ③减去本期销售本期退回的商品和前期销售本期退回的商品支付的现金； ④企业销售材料和代购代销业务收到的现金
收到的税费返还	企业收到返还的增值税、所得税、消费税、关税和教育费附加等各种税费返还款
收到其他与经营活动有关的现金	企业收到的罚款收入、经营租赁收到的租金等其他与经营活动有关的现金流入，金额较大的应当单独列示
购买商品、接受劳务支付的现金	企业本期购买商品、接受劳务实际支付的现金（包括增值税进项税额），以及本期支付前期购买商品、接受劳务的未付款项和本期预付款项，减去本期发生的购货退回收到的现金
支付给职工以及为职工支付的现金	企业本期实际支付给职工的工资、奖金、各种津贴和补贴等职工薪酬，但是应由在建工程、无形资产负担的职工薪酬以及支付的离退休人员的职工薪酬除外

续表

项目	反映内容
支付的各项税费	企业按规定支付的各项税费，包括本期发生并支付的税费，以及本期支付以前各期发生的税费和预缴的税金，如支付的增值税、消费税、所得税等，计入固定资产价值、实际支付的耕地占用税、本期退回的增值税、所得税等除外
支付其他与经营活动有关的现金	企业支付的罚款支出、差旅费、业务招待费、保险费等其他与经营活动有关的现金流出，金额较大的应当单独列示

（二）投资活动产生的现金流量的编制

项目	反映内容
收回投资收到的现金	企业出售、转让或到期收回除现金等价物以外的交易性金融资产、债权投资、其他债权投资、其他权益工具投资、长期股权投资等收到的现金，以及收回长期债权投资本金而收到的现金，但长期债权投资收回的利息除外
取得投资收益收到的现金	企业因股权性投资而分得的现金股利，从子公司、联营企业或合营企业分回利润而收到的现金，以及因债权性投资而取得的现金利息收入，但股票股利除外
处置固定资产、无形资产和其他长期资产收回的现金净额	企业出售、报废固定资产、无形资产和其他长期资产所取得的现金（包括因资产毁损而收到的保险赔偿收入），减去为处置这些资产而支付的有关费用后的净额，但现金净额为负数的除外
处置子公司及其他营业单位收到的现金净额	企业处置子公司及其他营业单位所取得的现金减去子公司或其他营业单位持有的现金和现金等价物以及相关处置费用后的净额
购建固定资产、无形资产和其他长期资产支付的现金	企业购买、建造固定资产、取得无形资产和其他长期资产所支付的现金及增值税款、支付的应由在建工程和无形资产负担的职工薪酬现金支出，但为购建固定资产而发生的借款利息资本化部分除外
投资支付的现金	企业取得的除现金等价物以外的权益性投资和债权性投资所支付的现金，以及支付的佣金、手续费等附加费用
取得子公司及其他营业单位支付的现金净额	企业购买子公司及其他营业单位购买出价中以现金支付的部分，减去子公司或其他营业单位持有的现金和现金等价物后的净额
收到其他与投资活动有关的现金 支付其他与投资活动有关的现金	反映企业除上述各项目外，收到或支付的其他与投资活动有关的现金流入或流出，金额较大的应当单独列示

（三）筹资活动产生的现金流量的编制

项目	反映内容
吸收投资收到的现金	企业以发行股票等方式筹集资金实际收到的款项，减去直接支付给金融企业的佣金、手续费、宣传费、咨询费、印刷费等发行费用后的净额
取得借款收到的现金	企业举借各种短期、长期借款而收到的现金以及发行债券实际收到的款项净额（发行收入减去直接支付的佣金等发行费用后的净额）
偿还债务支付的现金	企业以现金偿还债务的本金
分配股利、利润或偿付利息支付的现金	企业实际支付的现金股利、支付给其他投资单位的利润或用现金支付的借款利息、债券利息
收到其他与筹资活动有关的现金	反映企业除上述各项目外，收到或支付的其他与筹资活动有关的现金流入或流出，包括以发行股票、债券等方式筹集资金而由企业直接支付的审计、咨询等费用，以分期付款方式购建固定资产、无形资产以后各期支付的现金等
支付其他与筹资活动有关的现金	

　　提示：对于企业日常活动之外特殊的、不经常发生的特殊项目，如自然灾害损失、保险赔款、捐赠等，应当归并到相关类别中，并单独反映。比如：

　　①对于自然灾害损失和保险赔款，如果能够确定属于流动资产损失，应当列入经营活动产生的现金流量。

　　②属于固定资产损失，应当列入投资活动产生的现金流量。如果不能确定，则可以列入经营活动产生的现金流量。

　　③捐赠收入和支出，可以列入经营活动。

　　④如果特殊项目的现金流量金额不大，则可以列入现金流量类别下的"其他"项目，不单列项目。

（四）汇率变动对现金及现金等价物的影响

　　"汇率变动对现金及现金等价物的影响"项目，反映下列项目之间的差额：

　　①企业外币现金流量及境外子公司的现金流量折算为记账本位币时，所采用的现金流量发生日的即期汇率或按照系统合理的方法确定的，与现金流量发生日即期汇率近似的汇率折算的金额。

　　②"现金及现金等价物净增加额"中外币现金净增加额按期末汇率折算的金额。

五、现金流量表补充资料的编制（★★）

　　企业应当采用间接法在现金流量表附注中披露将净利润调节为经营活动现金流量的信息。

　　现金流量表补充资料包括将净利润调节为经营活动现金流量、不涉及现金收支的重大投资和筹资活动、现金及现金等价物净变动情况等项目。

（一）将净利润调节为经营活动现金流量的编制

项目	调整方向
资产减值准备、信用损失准备	调增
固定资产折旧、无形资产摊销等各种折旧、折耗和摊销	调增
处置固定资产等长期资产的损失	调增（收益调减）
净敞口套期损失、公允价值变动损失、财务费用、投资损失	调增（收益调减）
递延所得税资产减少、存货的减少、经营性应收项目的减少	调增（增加时调减）
递延所得税负债增加、经营性应付项目的增加	调增（减少时调减）

解题高手

命题角度：考查现金流量表补充资料中，各项目的调整方向。

第一步：判断是否需要调整。

需要调整的项目包括：

（1）影响净利润但不属于经营活动现金流量的事项项目。

（2）影响经营活动现金流量但不影响净利润的事项。

第二步：判断调整方向。

可以参考以下调整思路快速判断：

资产类项目：增加资产就调减，减少资产就调增；

负债类项目：增加负债就调增，减少负债就调减；

损益类项目：增加利润的调减，减少利润的调增。

【典例研习·18-5】（2018年单项选择题）

下列项目中，应作为现金流量表补充资料中"将净利润调节为经营活动现金流量"调增项目的是（　　　）。

A.当期发生的存货增加

B.当期经营性应收项目的增加

C.当期递延所得税资产减少

D.当期确认的金融资产公允价值变动收益

斯尔解析 本题考查现金流量表的编制。当期递延所得税资产减少，对应所得税费用增加，减少净利润，但不影响经营活动现金流量，应作为调增项目处理，选项C正确。

【典例研习·18-6】（2017年单项选择题）

黄河公司当期净利润800万元，财务费用50万元，存货减少5万元，应收账款增加75万元，应收票据减少20万元，应付职工薪酬减少25万元，预收账款增加30万元，计提固定资产减值准备40万元，无形资产摊销额10万元，处置长期股权投资取得投资收益100万元。假设没有其他影响经营活动现金流量的项目，黄河公司当期经营活动产生的现金流量净额是（　　　）万元。

A.715　　　　B.755　　　　C.645　　　　D.845

斯尔解析 本题考查现金流量表的编制。黄河公司当期经营活动产生的现金流量净额=800+50+5-75+20-25+30+40+10-100=755（万元），选项B正确。

使用斯尔教育APP
扫码观看本节好课

第四节　所有者权益变动表

（1）所有者权益变动表，是指反映构成所有者权益各组成部分当期增减变动情况的报表。

（2）所有者权益变动表应当全面反映一定时期所有者权益变动的情况，不仅包括所有者权益总量的增减变动，还包括所有者权益增减变动的重要结构性信息，特别是要反映直接计入所有者权益的利得和损失，让报表使用者准确理解所有者权益增减变动的根源。

（3）为了清楚地表明构成所有者权益的各组成部分当期的增减变动情况，所有者权益变动表应当以矩阵的形式列示。一方面列示导致所有者权益变动的交易或事项；另一方面按照所有者权益各组成部分及其总额列示交易或事项对所有者权益的影响。

（4）在所有者权益变动表上，企业至少应当单独列示的项目包括：

①综合收益总额；

②会计政策变更和差错更正的累积影响金额；

③所有者投入资本和向所有者分配利润等；

④提取的盈余公积；

⑤实收资本、其他权益工具、资本公积、其他综合收益、专项储备、盈余公积、未分配利润的期初和期末余额及其调节情况。

（5）企业还需提供比较所有者权益变动表，所有者权益变动表还就各项目再分为"本年金额"和"上年金额"两栏分别填列。

【典例研习·18-7】（2018年多项选择题）

在所有者权益变动表中，企业至少应当单独列示反映的项目有（　　　　）。

A.会计政策变更的累积影响金额

B.直接计入当期损益的利得和损失项目及其总额

C.提取的盈余公积

D.实收资本或股本

E.利润总额

🔍 斯尔解析 本题考查所有者权益变动表的编制。在所有者权益变动表上，企业至少应当单独列示反映下列信息的项目：

①综合收益总额（选项E错误）；

②会计政策变更和前期差错更正的累积影响金额（选项A正确）；

③所有者投入资本和向所有者分配利润等；

④提取的盈余公积（选项C正确）；

⑤实收资本、其他权益工具、资本公积、盈余公积、未分配利润等的期初和期末余额及其调节情形（选项D正确，选项B错误）。

【典例研习】答案：

18-7：ACD

使用斯尔教育APP
扫码观看本节好课

第五节　附　注

一、概述

附注是对资产负债表、利润表、现金流量表和所有者权益变动表等报表中列示项目的文字描述或明细资料，以及对未能在这些报表中列示项目的说明等。

财务报表至少应当包括下列组成部分：①资产负债表；②利润表；③现金流量表；④所有者权益变动表；⑤附注。

财务报表附注是财务报表不可或缺的组成部分，附注相对于报表而言，同样具有重要性。

二、附注披露的内容（★）

附注中至少披露下列内容，但是，非重要项目除外。

1.企业的基本情况

如：企业注册地、组织形式、业务性质、财务报告批准报出日等。

2.财务报表的编制基础

如：会计年度、记账本位币、计量基础、现金及现金等价物的构成。

3.遵循《企业会计准则》的声明

4.重要会计政策和会计估计

5.会计政策和会计估计变更以及差错更正的说明

企业应当披露采用的重要会计政策和会计估计，不重要的会计政策和会计估计可以不披露。

6.重要报表项目的说明

7.或有事项和承诺事项的说明

如：预计负债的种类、形成原因、经济利益流出不确定性的说明等。

8.资产负债表日后事项的说明

9.关联方关系及其交易的说明

（1）母公司和子公司的名称。

（2）母公司和子公司的业务性质、注册地、注册资本（或实收资本、股本）及其当期发生的变化。

（3）母公司对该企业或者该企业对子公司的持股比例和表决权比例。

（4）企业与关联方发生关联方交易的，该关联方关系的性质、交易类型及交易要素。

交易要素至少应当包括以下四项内容：

①交易的金额。

②未结算项目的金额、条款和条件，以及有关提供或取得担保的信息。

③未结算应收项目的坏账准备金额。

④定价政策。

（5）企业应当分别通过关联方以及交易类型披露关联方交易。

10.此外还应披露的信息

如：与持有待售、终止经营相关的信息等。

【典例研习·18-8】（2019年多项选择题）

企业与关联方发生关联交易的，在财务报表中披露的交易要素至少应包括（　　）。

A.未结算项目的金额、条款和条件，以及有关提供或取得担保的信息

B.已结算应收项目的坏账准备金额

C.交易的累积影响数

D.交易的金额

E.定价政策

斯尔解析　本题考查附注的编制。交易要素至少应当包括以下四项内容：

（1）交易的金额；

（2）未结算项目的金额、条款和条件，以及有关提供或取得担保的信息；

（3）未结算应收项目的坏账准备金额；

（4）定价政策，选项ADE正确。

【典例研习】答案：

18-8：ADE

冲关地图

📖 ：要听懂
!!! ：你得背
√+-×÷ ：你得算
∞ ：有空看

第十八章　财务报告

资产负债表
　∞ 资产负债表的格式和内容
　📖 资产负债表的编制方法

利润表
　∞ 利润表的格式和内容
　📖 利润表的编制方法

现金流量表
　📖 现金流量表的编制基础
　📖 现金流量的分类
　📖 现金流量表的编制方法
　📖 现金流量表的编制
　📖 现金流量表补充资料的编制

所有者权益变动表
　📖 所有者权益变动表

附注
　📖 附注

第十九章　企业破产清算会计

学 习 提 要

考几分？

　　本章属于非重点章节，近三年平均分值在2分左右。

怎么考？

　　本章主要以单项选择题和多项选择题的形式进行考查，考点比较分散。

怎么学？

　　本章属于2022年新增加的一个章节，将原第七章和第十八章中关于破产清算会计的内容整合为一独立章节，考核的重要性预计会有所提升。本章的知识比较难，学习时，建议先掌握破产清算会计处理的基本原则，再按照由易到难的顺序逐个击破。

考点精讲

使用斯尔教育APP
扫码观看本节好课

第一节 企业破产清算会计概述

一、破产清算业务

破产清算业务是指人民法院依照《破产法》的规定，宣告债务人破产后，由破产管理人对破产企业的资产、负债进行清理、登记，并通过资产处置、债务清偿、清缴税款、分配破产财产，了结其债权债务关系，最终由人民法院裁定破产终结，向破产企业的原登记机关申请注销原注册登记，终结其民事行为能力的法律活动。

二、破产清算的适用范围

该规定适用于经法院宣告破产处于破产清算期间的企业法人，即破产企业。

在该规定施行之后经法院宣告破产的企业，应当按照该规定进行会计处理。换言之，在该规定施行之前已经法院宣告破产的企业仍应按此前的相关规定执行。

三、企业破产清算的会计基础（★）

破产企业会计确认、计量和报告以非持续经营为前提。原因有三：

第一，传统财务会计的基本假设对破产清算会计不再适用。

假设	传统财务会计	破产清算会计
会计主体假设	会计主体是企业自身	破产管理人进入以前，企业是一个会计主体； 破产管理人进入以后，破产管理人作为一个新的会计主体出现
持续经营假设	持续经营假设成立	持续经营假设不成立
会计分期假设	会计分期假设存在	会计分期假设消失

第二，破产清算会计超越了传统的财务会计一些基本原则和要求规范。

原则和要求	传统财务会计	破产清算会计
历史成本	计量资产成本的基本要求	资产的价值更注重以破产资产清算净值来计量
配比性	企业的营业收入与其对应的成本、费用相互配合，以利于正确计算和考核企业的经营成果	会计核算的目的等不再是要求正确核算企业的经营成果，而是侧重于资产的变现和债务的偿还，无须强调配比性
合理划分收益性支出与资本性支出	传统财务会计中是十分重要	不必对支出做类似的划分

第三，会计报告的目标、种类、格式、基本内容以及报告的需要者发生较大的变化。

项目	传统财务会计	破产清算会计
会计报告的目标	着眼于企业的收益以及净资产的变化过程及结果	反映破产财产的处理情况以及债务的清偿情况
会计报告的种类	资产负债表、利润表、现金流量表、股东权益变动表等	清算资产负债表、清算损益表、清算现金流量表、债务清偿表等
会计报告的需要者	主要是企业的投资者、债权人和政府有关部门	主要是受理破产案件的人民法院、债权人以及国有资产管理部门等

四、企业破产清算的计量属性（★）

要素	计量属性	含义
资产	破产资产清算净值	在破产清算的特定环境下和规定时限内，最可能的变现价值扣除相关的处置税费后的净额。最可能的变现价值应当为公开拍卖的变现价值，另有规定的按相关规定处理
负债	破产债务清偿价值	在不考虑破产企业的实际清偿能力和折现等因素的情况下，破产企业按照相关法律规定或合同约定应当偿付的金额

五、企业破产清算的科目设置及核算内容（★）

破产企业的会计档案等财务资料经法院裁定由破产管理人接管的，应当在企业被法院宣告破产后，比照原有资产、负债类会计科目，根据实际情况设置相关科目，并增设相关负债类、清算净值类和清算损益类等会计科目。

1.负债类科目设置

科目设置	核算内容
应付破产费用	核算破产企业在破产清算期间发生的《破产法》规定的各类破产费用
应付共益债务	核算破产企业在破产清算期间发生的《破产法》规定的各类共益债务

共益债务，是指在人民法院受理破产申请后，为全体债权人的共同利益而管理、变卖和分配破产资产而负担的债务，主要包括因管理人或者债务人请求对方当事人履行双方均未履行完毕的合同所产生的债务、债务人财产受无因管理所产生的债务、因债务人不当得利所产生的债务、为债务人继续营业而应当支付的劳动报酬和社会保险费用以及由此产生的其他债务、管理人或者相关人员执行职务致人损害所产生的债务以及债务人财产致人损害所产生的债务。

2.清算净值类科目设置

"清算净值"科目，核算破产企业在破产报表日结转的清算净损益科目余额。破产企业资产与负债的差额，也在此科目核算。

3.清算损益类科目设置

科目设置	核算内容
资产处置净损益	核算破产企业在破产清算期间处置破产资产产生的、扣除相关处置费用后的净损益
债务清偿净损益	核算破产企业在破产清算期间清偿债务产生的净损益
破产资产和负债净值变动净损益	核算破产企业在破产清算期间按照破产资产清算净值调整资产账面价值，以及按照破产债务清偿价值调整负债账面价值产生的净损益
其他收益	核算除资产处置、债务清偿以外，在破产清算期间发生的其他收益
破产费用	核算破产企业破产清算期间发生的《破产法》规定的各项破产费用，主要包括破产案件的诉讼费用，管理、变价和分配债务人资产的费用，管理人执行职务的费用、报酬和聘用工作人员的费用
共益债务支出	核算破产企业破产清算期间发生的《破产法》规定的共益债务相关的各项支出
其他费用	核算破产企业破产清算期间发生的除破产费用和共益债务支出之外的各项其他费用
所得税费用	核算破产企业破产清算期间发生的企业所得税费用
清算净损益	核算破产企业破产清算期间结转的上述各类清算损益科目余额

六、企业破产清算的确认、计量和账务处理（★★）

（一）企业破产清算资产的确认和计量

具体情形		相关处置
破产宣告日	资产	按照破产资产清算净值对破产宣告日的资产进行初始确认计量
	负债	按照破产债务清偿价值对破产宣告日的负债进行初始确认计量
	差额	相关差额直接计入清算净值
清算期间	资产	按照破产资产清算净值进行后续计量
	负债	负债按照破产债务清偿价值进行后续计量
	差额	破产企业应当按照破产报表日的破产资产清算净值和破产债务清偿价值，对资产和负债的账面价值分别进行调整，差额计入清算损益
发生资产处置		破产企业应当终止确认相关被处置资产，并将处置所得金额与被处置资产的账面价值的差额扣除直接相关的处置费用后，计入清算损益
发生债务清偿		破产企业应当按照偿付金额，终止确认相应部分的负债。在偿付义务完全解除时，破产企业应当终止确认该负债的剩余账面价值，同时确认清算损益

（二）破产清算期间税费的会计核算

（1）破产清算期间发生各项费用、取得各项收益应当直接计入清算损益。

（2）在破产清算期间，破产企业按照税法规定需缴纳企业所得税的，应当计算所得税费用，并将其计入清算损益。所得税费用应当仅反映破产企业当期应缴的所得税。

（3）破产企业因盘盈、追回等方式在破产清算期间取得的资产，应当按照取得时的破产资产清算净值进行初始确认计量，初始确认计量的账面价值与取得该资产的成本之间存在差额的，该差额应当计入清算损益。

（4）破产企业在破产清算期间新承担的债务，应当按照破产债务清偿价值进行初始确认计量，并计入清算损益。

（三）具体的账务处理

1.破产宣告日账务处理

具体情形	相关处置
余额结转	原"商誉""长期待摊费用""递延所得税资产""递延所得税负债""递延收益""股本""资本公积""盈余公积""其他综合收益""未分配利润"等科目的余额，转入"清算净值"科目
余额调整	按照破产资产清算净值对资产进行初始确认计量； 按照破产债务清偿价值对负债进行初始确认计量； 相关差额直接计入清算净值

2.破产清算期间账务处理

项目	具体情形	相关会计科目
处置破产资产	①破产企业收回应收票据、应收款项类债权、应收款项类投资； ②破产企业出售各类投资； ③破产企业出售存货、投资性房地产、固定资产及在建工程等实物资产； ④破产企业出售无形资产	资产处置净损益
	①破产企业的划拨土地使用权被国家收回，国家给予的补偿； ②通过清查、盘点等方式取得的未入账的资产； ③破产管理人依法追回的相关破产资产； ④收到的利息、股利、租金等孳息； ⑤剩余破产债务不再清偿，按其账面价值确认	其他收益
清偿债务	支付各项破产费用，主要包括破产案件的诉讼费用，管理人执行职务的费用、报酬和聘用工作人员的费用等	破产费用
	支付各类共益债务，主要包括债务人财产受无因管理所产生的债务，为债务人继续营业而应当支付的劳动报酬和社会保险费用等	共益债务

续表

项目	具体情形	相关会计科目
清偿债务	①破产企业按照经批准的职工安置方案，支付给职工的工资、社保、补偿金等； ②支付所欠税款； ③清偿破产债务（应付账款、短期借款、长期借款、非货币资产清偿债务、债权人依法行使抵消权等）	债务清偿 净损益
	①通过债权人申报发现的未入账债务； ②未履行完毕的合同	其他费用

3.破产期间编制财务报表时账务处理

项目	处理方法	涉及的会计科目
破产资产和 破产负债重新计量	所有资产项目按其于破产报表日的破产资产清算净值重新计量；所有负债项目按其于破产报表日的破产债务清偿价值重新计量	破产资产和 负债净值变动净损益
破产期间相关所得税	在编制破产清算期间的财务报表时，有已实现的应纳税所得额的，考虑可以抵扣的金额后，应当据此提存应交所得税	所得税费用
清算损益结转	将"资产处置净损益""债务清偿净损益""破产资产和负债净值变动净损益""其他收益""破产费用""共益债务支出""其他费用""所得税费用"结转至"清算净损益"，并将其转入"清算净值"	清算净值

【典例研习·19-1】（2018年单项选择题）

破产企业按照法律、行政法规规定支付职工补偿金时，可能涉及的会计科目是（　　）。

A.破产费用　　　　　　　　　　B.其他费用

C.清算净值　　　　　　　　　　D.债务清偿净损益

斯尔解析　本题考查企业破产清算的账务处理。破产企业按照经批准的职工安置方案，支付的所欠职工的工资和医疗、伤残补助、抚恤费用，应当划入职工个人账户的基本养老保险、基本医疗保险费用和其他社会保险费用，以及法律、行政法规规定应当支付给职工的补偿金，按照相关账面价值借记"应付职工薪酬"等科目，按照实际支付的金额，贷记"现金""银行存款"等科目，按其差额，借记或贷记"债务清偿净损益"科目，选项D正确。

使用斯尔教育 APP
扫码观看本节好课

第二节　企业破产清算财务报表的列报

一、企业破产清算财务报表的组成（★）

企业经法院宣告破产的，应当按照法院或债权人会议要求的时点（包括破产宣告日、债权人会议确定的编报日、破产终结申请日等）编制清算财务报表，并由破产管理人签章。

破产企业应当按照规定编制清算财务报表，向法院、债权人会议等报表使用者反映破产企业在破产清算过程中的财务状况、清算损益、现金流量变动和债务偿付状况。破产企业的财务报表包括清算资产负债表、清算损益表、清算现金流量表、债务清偿表及相关附注。

法院宣告企业破产的，破产企业应当以破产宣告日为破产报表日编制清算资产负债表及相关附注。法院或债权人会议等要求提供清算财务报表的，破产企业应当根据其要求提供清算财务报表的时点确定破产报表日，编制清算资产负债表、清算损益表、清算现金流量表、债务清偿表及相关附注。

向法院申请裁定破产终结的，破产企业应当编制清算损益表、债务清偿表及相关附注。

二、企业破产清算财务报表的格式、内容及编制方法（★）

（一）清算资产负债表

清算资产负债表反映破产企业在破产报表日资产的破产资产清算净值，以及负债的破产债务清偿价值。资产项目和负债项目的差额在清算资产负债表中作为清算净值列示。

1.清算资产负债表的格式和内容

清算资产负债表

会清01表

编制单位：　　　　　　　年　月　日　　　　　　单位：元

资产	行次	期末数	负债及清算净值	行次	期末数
货币资金			负债：		
应收票据			借款		
应收账款			应付票据		
其他应收款			应付账款		
预付款项			预收款项		
存货			其他应付款		
金融资产投资			应付债券		
长期股权投资			应付破产费用		

续表

资产	行次	期末数	负债及清算净值	行次	期末数
投资性房地产			应付共益债务		
固定资产			应付职工薪酬		
在建工程			应交税费		
无形资产			……		
……					
资产总计			负债合计		
			清算净值:		
			清算净值		
			负债及清算净值总计		

2.编制方法

（1）本表列示的项目不区分流动和非流动。

①"应收账款"或"其他应收款"项目，应分别根据"应收账款"或"其他应收款"的科目余额填列，同时，"长期应收款"科目余额也在上述两项目中分析填列；

②"借款"项目，应根据"短期借款"和"长期借款"科目余额合计数填列；

③"应付账款"或"其他应付款"项目，应分别根据"应付账款""其他应付款"的科目余额填列，同时，"长期应付款"科目余额也在该项目中分析填列；

④"金融资产投资"项目，应根据"以公允价值计量且其变动计入当期损益的金融资产""以摊余成本计量的金融资产"和"以公允价值计量且其变动计入其他综合收益的金融资产"的科目余额合计数填列。

（2）本表的"清算净值"项目反映破产企业于破产报表日的清算净值。本项目应根据"清算净值"科目余额填列。

（二）清算损益表

清算损益表反映破产企业在破产清算期间发生的各项收益、费用。清算损益表至少应当单独列示反映下列信息的项目：资产处置净收益（损失）、债务清偿净收益（损失）、破产资产和负债净值变动净收益（损失）、破产费用、共益债务支出、所得税费用等。

1.清算损益表的格式和内容

清算损益表

会清02表

编制单位：　　　　　　年　　月　　日至年　　月　　日　　　　　　单位：元

项目	行次	本期数	累计数
一、清算收益（清算损失以"－"号表示）			
（一）资产处置净收益（净损失以"－"号表示）			
（二）债务清偿净收益（净损失以"－"号表示）			
（三）破产资产和负债净值变动净收益（净损失以"－"号表示）			
（四）其他收益			
小计			
二、清算费用			
（一）破产费用（以"－"号表示）			
（二）共益债务支出（以"－"号表示）			
（三）其他费用（以"－"号表示）			
（四）所得税费用（以"－"号表示）			
小计			
三、清算净收益（清算净损失以"－"号表示）			

2.编制方法

①本期数反映破产企业从上一破产报表日至本破产报表日期间有关项目的发生额，累计数反映破产企业从被法院宣告破产之日至本破产报表日期间有关项目的发生额。

②"资产处置净收益"项目，根据"资产处置净损益"科目的发生额填列。

③"债务清偿净收益"项目，根据"债务清偿净损益"科目的发生额填列。

④"破产资产和负债净值变动净收益"项目，根据"破产资产和负债净值变动净损益"科目的发生额填列。

⑤"清算净收益"项目，根据"清算净损益"科目的发生额填列。"清算净收益"项目金额应当为"清算收益"与"清算费用"之和。

（三）清算现金流量表

清算现金流量表反映破产企业在破产清算期间货币资金余额的变动情况。清算现金流量表应当采用直接法编制，至少应当单独列示反映下列信息的项目：处置资产收到的现金净额、清偿债务支付的现金、支付破产费用的现金、支付共益债务支出的现金、支付所得税的现金等。

1.清算现金流量表的格式和内容

清算现金流量表

编制单位： 　　　　年　　月　　日至年　　月　　日　　　　单位：元

项目	行次	本期数	累计数
一、期初货币资金余额			
二、清算现金流入			
（一）处置资产收到的现金净额			
（二）收到的其他现金			
清算现金流入小计			
三、清算现金流出			
（一）清偿债务支付的现金			
（二）支付破产费用的现金			
（三）支付共益债务的现金			
（四）支付所得税费用的现金			
（五）支付的其他现金			
清算现金流出小计			
四、期末货币资金余额			

2.编制方法

本表应当根据货币资金科目的变动额分析填列。本期数反映破产企业从上一破产报表日至本破产报表日期间有关项目的发生额,累计数反映破产企业从被法院宣告破产之日至本破产报表日期间有关项目的发生额。

（四）债务清偿表

债务清偿表反映破产企业在破产清算期间发生的债务清偿情况。债务清偿表应当根据《破产法》规定的债务清偿顺序，按照各项债务的明细单独列示。债务清偿表中列示的各项债务至少应当反映其确认金额、清偿比例、实际需清偿金额、已清偿金额、尚未清偿金额等信息。

本表应按有担保的债务和普通债务分类设项。期末数为负债按照破产债务清偿价值确定的金额。经法院确认的债务金额为经债权人申报并由法院确认的金额；未经确认的债务，无须填写该金额。清偿比例为根据《破产法》的规定，当破产资产不足以清偿同一顺序的清偿要求时，按比例进行分配时所采用的比例。

（五）破产清算报表附注

破产企业应当在清算财务报表附注中披露的信息：

（1）破产资产明细信息，需区分是否用作担保，进行分别披露。

（2）破产管理人依法追回的账外资产明细信息，包括追回资产的时间、名称、破产资产清算净值等。

（3）破产管理人依法取回的质物和留置物的明细信息，包括取回资产的时间、名称、破产资产清算净值等。

（4）经法院确认以及未经法院确认的债务的明细信息，如债务项目名称以及有关金额等。

（5）应付职工薪酬的明细信息，如所欠职工的工资和医疗、伤残补助、抚恤费用，所欠的应当划入职工个人账户的基本养老保险、基本医疗保险费用，以及法律、行政法规规定应当支付给职工的补偿金。

（6）期末货币资金余额中已经提存用于向特定债权人分配或向国家缴纳税款的金额。

（7）资产处置损益的明细信息，包括资产性质、处置收入、处置费用及处置净收益。

（8）破产费用的明细信息，包括费用性质、金额等。

（9）共益债务支出的明细信息，包括具体项目、金额等。

冲关地图

📖 : 要听懂
!!! : 你得背
√+-×÷ : 你得算
👓 : 有空看

第十九章 企业破产清算会计

企业破产清算概述
- 👓 破产清算业务
- 👓 企业破产清算的适用范围
- 📖 企业破产清算的编制基础
- 📖 破产清算的计量属性
- 📖 企业破产清算的科目设置及核算内容

企业破产清算财务报表的列报
- 企业破产清算财务报表的组成 → 📖 企业破产清算财务报表的组成
- 企业破产清算财务报表的格式、内容及编制方法
  - 📖 清算资产负债表
  - 📖 清算损益表
  - 📖 清算现金流量表
  - 👓 债务清偿表
  - 👓 附注

参考文献

［1］全国税务师职业资格考试教材编写组.《2022年全国税务师职业资格考试教材——财务与会计》［M］.中国税务出版社.2022-04.

［2］企业财务会计报告条例（中华人民共和国国务院令第287号，2000年6月21日）

［3］企业会计准则——基本准则（中华人民共和国财政部令第76号——财政部关于修改《企业会计准则——基本准则》的决定，2014年）

［4］企业会计准则汇编（2021）（财政部会计司编写组编，中国财经出版传媒集团经济科学出版社出版）

［5］企业会计准则解释第1号（财会〔2007〕14号）

［6］企业会计准则解释第2号（财会〔2008〕11号）

［7］企业会计准则解释第3号（财会〔2009〕8号）

［8］企业会计准则解释第4号（财会〔2010〕15号）

［9］企业会计准则解释第5号（财会〔2012〕19号）

［10］企业会计准则解释第6号（财会〔2014〕1号）

［11］关于印发《金融负债与权益工具的区分及相关会计处理规定》的通知（财会〔2014〕13号）

［12］企业会计准则解释第7号（财会〔2015〕19号）

［13］企业会计准则解释第8号（财会〔2015〕23号）

［14］关于印发《增值税会计处理规定》的通知（财会〔2016〕22号）

［15］企业会计准则解释第9号——关于权益法下投资净损失的会计处理（财会〔2017〕16号）

［16］企业会计准则解释第10号——关于以使用固定资产产生的收入为基础的折旧方法（财会〔2017〕17号）

［17］企业会计准则解释第11号——关于以使用无形资产产生的收入为基础的摊销方法（财会〔2017〕18号）

［18］关于印发《企业会计准则解释第13号》的通知（财会〔2019〕21号）

［19］关于印发《永续债相关会计处理的规定》的通知（财会〔2019〕2号）

［20］关于修订印发2019年度一般企业财务报表格式的通知（财会〔2019〕6号）

［21］关于印发《企业会计准则解释第14号》的通知（财会〔2021〕1号）

［22］关于印发《企业会计准则解释第15号》的通知（财会〔2021〕35号）

［23］《中华人民共和国公司法》（中华人民共和国主席令第15号，2018年10月26日修订）

［24］《中华人民共和国证券法》（中华人民共和国主席令第37号，2019年12月28日修订，2020年3月1日起施行）

［25］《中华人民共和国企业破产法》（中华人民共和国主席令第54号，2006年8月27日修订，2007年6月1日起施行）

〔26〕《中华人民共和国企业所得税法》（中华人民共和国主席令第23号，2018年12月29日修订）

〔27〕《中华人民共和国企业所得税法实施条例》（中华人民共和国国务院令第714号，2019年4月23日修订）

〔28〕《国务院关于开展优先股试点的指导意见》（国发〔2013〕46号，2013年11月30日）

〔29〕《优先股试点管理办法》（证监会令第184号，2021年6月11日施行）

〔30〕《可转换公司债券管理办法》（证监会令第178号，2021年1月31日起施行）

〔31〕《企业产品成本核算制度（试行）》（财会〔2013〕17号，2013年8月16日）

不要让来之不易的"收获"被时间偷偷带走，写下你的心得和感悟吧

一句话总结……

逢考必过